叢書・ウニベルシタス　289

ヴィーコ自叙伝

ジャンバッティスタ・ヴィーコ
福鎌忠恕訳

法政大学出版局

目　次

凡　例　　5
『ジャンバッティスタ・ヴィーコ自叙伝』解説　　11
まえがき　　39

ジャンバッティスタ・ヴィーコ
本人自身により執筆された生涯

〔A　自叙伝本文——1725－28年に執筆〕　　49

〔I　幼少年時代——1668－86年〕　　49

〔II　ヴァトッラ滞在および自己完成的研究——1686－95年〕
　　　60

〔III　ナポリへの帰還・ヴィーコ哲学の第1期形態——1695－1707年〕　　78

〔IV　ヴィーコ哲学の第2期形態——1708－16年〕　　97

〔V　ヴィーコ哲学の決定的形態・「法学」講座公募試験——1717－23年〕　　111

〔VI　『新科学・初版』——1723－25年〕　　123

〔B 自叙伝補遺——1728-31年に執筆〕 135
　〔I 各種の二次的著作——1702-27年〕 135
　〔II 『弁明』および『新科学・再版』——1728-31年〕 148
　訳　註　173

ヴィッラローザ侯爵補記

〔補記本文——1818年〕 315
　訳　註　323

参考論文・文献〔福鎌忠恕〕

I　ヴィーコとル・クレール　329
　〔付〕ル・クレール「ヴィーコ『普遍法』書評」
II　思想史における「伝説」(légendes) の諸問題　365
　　——モンテスキューとヴィーコをめぐって——

　訳者あとがき
　人名索引

凡　　例

1 ——本書は，Giambattista Vico : "Vita di Giambattista Vico scritta da sé medesimo" (1725-31) の全訳である。

　(1)——底本には，Giambattista Vico : "Opere," A cura di Fausto Nicolini, Riccardo Riccardi Editore, Milano, Napoli, 1953 (La Letteratura Italiana : Storia e Testi Volume 43) 中の "Autobiografia" (pp. 3-93)【N版】を用いた。

　　また，優れた校訂版として，"Giambattista Vico : Autobiografia, Seguita da una scelta di lettere, orazioni e rime," A cura di Mario Fubini, Giulio Einaudi editore, 1965 (Nuova Universale Einaudi 59)【F版】を参照した。

　(2)——全集版としては，G. B. Vico : "Opere," 8 voll. (Scrittori D'Italia)【ON版】中の第5巻 Giambattista Vico : "L'Autobiografia, il Carteggio e le Poesie Varie," A cura di Benedetto Croce, Bari, Gius. Laterza & Figli, 1911 所載の "Vita di Giambattista Vico scritta da se medesimo," pp.1-128 および，古典的全集版 "Opere di Giambattista Vico," A cura di Giuseppe Ferrari, 1835-37 ; 1852-54 (Reprint ed. Zentralantiquariat der deutschen Demokratischen Republik, Leibzig, 1970, 8 voll.) Vol. I, II (1858) A cura ai Francesco Sav. Pomodoro ; Vol. III (1861) ditto ; Vol. IV, V (1859) A cura di Giuseppe Ferrari ; Vol. VI (1860) ditto ; Vol. VII (1865 ?) ; Vol. VIII (1869) A cura di Antonio Galasso【OGV版】中の第1巻に収載の "Vita di Giambattista Vico scritta da sè medesimo," pp. 2-61 をそれぞれ参照した。

　(3)——著作集版としては，『イタリア古典叢書』"Classici Italiani, Collezione fondata da Ferdinando Neri, Diretta da Mario Fubini" 中の "La Scienza Nuova e Opere scelte di Giambattista Vico," A cura di Niccola Abbagnano, 1966^2 (Unione Tipografico - Editrice Torinese) "Vita," pp. 77-173【A版】，『ガルツァン

ティ主要書籍叢書』"I grandi libri Garzanti" 中の "Vico : Autografia, Poesie, Scienza Nuova," A cura di Pasquale Soccio, 1983 (Garanti Editore s. p. a.) "Autobiografia," pp. 1-91【S版】，『リッツォーリ古典叢書』"I Classici Rizzoli" 中の "Giambattista Vico : Opere," A cura di Paolo Rossi, 1959 (Rizzoli Editore) "Vita," pp.59-158【R版】，『世界の声叢書』"Le voce del mondo" 中の "Giambattista Vico : Opere filosofiche," introduzione di Nicòla Badaloni ; testi, versioni e note a cura di Paolo Cristofolini, 1971, Sansoni Editore, "Vita," pp.3-54【BC版】を照合した。

2 ── 関連諸著作

主として上述の二つの全集版（ON版およびOGN版）に依拠した。他の諸校訂版については，引照の都度明記する。

3 ── 外国語訳版

『自叙伝』本文の訳出にさいしては，次の二つの古典的仏訳本──"Mémoires de Vico, écrits par lui-même, suivis de quelques opuscules, lettres, etc. Précédées〔sic〕d'une introduction sur sa vie et ses ouvrages, par M. Michelet," 1837, Société Belge de Librairie (Oeuvres choisies de Vico, 1835, 2 vols, Vol. I, pp.1-301)【M.仏訳版】および "Vie de J.-B. Vico, suivie d'une traduction de l'Autobiographie, d'un choix de Lettres, d'une Poésie et diverses Notes, par J. Chaix-Ruy," 1943, PUF【Ch.仏訳版】，同じく古典的英訳本──"The Autobiography of Giambattista Vico, Translated from the Italian by Max Harold Fish and Thomas Goddard Bergen," 1944, Cornel University Press【F.-B.英訳版】を参照した。

最近の訳書では，"Giambattista Vico : Vie de Giambattista Vico écrite par lui-même, Lettres, la méthode des études de notre temps, Présentation, traduction et notes par Alain Pons," 1981, Edition Grasset et Fasquelle【P.仏訳版】を参照した。リュフナー（V. Rüfner）の独訳版は入手できず未見。

M.仏訳版およびCh.仏訳版は，解説その他に関する限り歴史的価値を持つが，『自叙伝』の訳そのものは──特に前者は──きわめて放恣な自由訳である。

F.-B. 英訳版は「序文」がその当時までの「歴史家」ヴィーコ研究

史の文献として貴重。また『自叙伝』本文の訳業も両古典的仏訳版に比べてはるかに正確である。ただし，アメリカの学者に特有の奔放な解釈がかなり頻出する。

　P. 仏訳版は「まえがき」その他の解説においては最近のヴィーコ研究の動向をかなり採り入れているが，『自叙伝』の訳に関してはもっぱら F.-B. 英訳版に依拠している。ただし註には優れた解説と新文献の指摘が処々に見られる。

4 ── 「表題」その他

　本書の表題は正確に訳出すれば，『ジャンバッティスタ・ヴィーコ本人自身により執筆された生涯』"Vita di Giambattista Vico scrita da sé medesimo" であるが，長すぎるので，イタリア語テキストによる慣例に即して，『ジャンバッティスタ・ヴィーコ自叙伝』"Autobiografia di Giambattista Vico" と表記し，──以下に述べる「補遺」その他をも含めた総称とし──必要に応じて『ヴィーコ自叙伝』ないし『自叙伝』と略記する。

5 ── 『自叙伝』の構成

　『自叙伝』本文は全編が筆者自身の書き下ろしであるが，F判によって内容を正確に表現すれば，

　　〔A〕「ジャンバッティスタ・ヴィーコ本人自身により執筆された生
　　　　涯」（1725 - 28 年に執筆）
　　〔B〕「ヴィーコによりなされた自叙伝補遺」（1728 - 31 年に執筆）

の二つに区分できる。〔A〕，〔B〕とも原典では書き下ろしであるが，引照その他の便宜を考慮して，本訳書では N 版に基づき〔A〕を全 6 章，〔B〕を全 2 章に区分し，さらに各章に「表題」および「内容略記」を付した。

　なお『自叙伝』全体の補足として，若干のイタリア語原典──F 版, ON 版, OGV 版──および F.-B.英訳版には，「ヴィーコの晩年・ヴィッラローザ侯爵の追加」"Gli ultimi anni del Vico : Aggiunta del marchese di Villarosa"──他に「ヴィッラローザ侯爵の補遺」"Appendice di C. A. Villarosa" 等々の呼称あり──が付加されている。本訳書ではこの部分を「ヴィッラローザ侯爵補記」（略称「ヴ侯補記」）として付加する。

　以上を要約して示せば，次のような構成となる。

自叙伝（ヴィーコ自筆）
　〔A〕自叙伝本文（全6章）——1725-28年に執筆〔1728年公刊〕
　〔B〕自叙伝補遺（全2章）——1728-31年に執筆〔生前未発表〕
ヴィッラローザ侯爵補記——1818年
6 ——「解説」，「訳註」，「参考論文」等
　本『ヴィーコ自叙伝』が難解とされている最大原因の一つは，ヴィーコの生きた時代のナポリ国についての宗教的・思想的伝統，社会的・歴史的環境への理解の不足にあると思われるので，簡潔な「解説」と「まえがき」を『自叙伝』本文の冒頭に置いた。
　「訳註」は主として専門研究者のために付されているのであるから，一般読者はこれにこだわらずに本文を通読してほしい。訳註では原典を明示して正確を期したが，何分ヴィーコの思想・業績では厖大かつ広範な文献に言及されているので，未入手，未見の資料が多く，専門研究者諸賢の御教示を心から期待している。なお，ヴィーコ思想の特徴は，その基本的視点をも含めて最終期まで発展，成熟ないし変遷を続けていることにある。したがって『自叙伝』の註記内容は，『新科学・初版』（1725年）成立から『新科学・再版』（1730年）公刊当時までのヴィーコ思想を前提として付されていることを特に強調しておきたい。この問題は特にヴィーコ固有の用語に関して注意されなければならない。分かりやすく表現すれば，『新科学・改訂版』（1744年）と『新科学・初版』（1725年）は内容的・用語的にかなり異質な2著作であり，極言すれば両作品は「全く異なった方法」による2著作であるとさえヴィーコ自身は確言している。この点については「参考論文」を参照されたい。また，この意味においてこそ，本『自叙伝』が『新科学』（初版，再版，改訂版）の読解・研究にとって不可欠の資料なのである。
　「参考論文」として，訳者執筆の
　(1)「ヴィーコとル・クレール」
　(2)「思想史における『伝説』(légendes)の諸問題——モンテスキューとヴィーコをめぐって——」
の2点を巻末に付した。両論文とも『自叙伝』の理解に不可欠の補註であり，ひいては『新科学』各版と，それらの再評価に役立つと信じている。

7 ── 呼称表記，その他
(1) 呼称表記 ── 人名，地名，国名等は慣用の呼称に従い，それ以外の場合にはなるべく原語ないし母国語に近く表記する。ただし，原則としてラテン名，ギリシア名の母音の長・短は区別しない。
(2) 仮名遣い ── ラテン語文は原則として片仮名で記し，そのさい固有名詞は平仮名で表記する。
(3) 原文のイタリック ── 著書，論文の表題は『　』,「　」により表示し，それ以外は傍点を付して示す。
(4) 訳文中の〔　〕内は，すべて訳者の補註的付加である。
8 ── 人名索引
「人名索引」は日本語表記法の不統一に鑑み，それぞれの人名の母国語，ないし本人の表記法に則した「原語」を「見出語」としてアルファベット順に排列した。

ヴィーコ主要著作略記一覧表

Oraz. I-VI (1699-1706) ─ "Le orazioni inaugurali, I‐VI."（『開講演説』I‐VI）

De ratione (1709) ─ "De nostri temporis studiorum ratione."（『現代的研究法』）

De sapientia〔I. metaphysica〕(1710) ─ "De antiquissima Italorum sapientia."（『古代叡智論』〔第1巻・形而上学〕）

Sinopsi (1720) ─ "Sinopsi del Diritto universale."（『普遍法梗概』）

Univ. Ius : I. Principium (1720) ─ "De uno universi iuris principio et fine uno."（『普遍法 = I・原理論』）

Univ. Ius : II. Constantia (1721) ─ "De constantia iurisprudentis."（『普遍法 = II・法律学者恒常性論』）─ 'Pars prior : De constantia philosophiae' : 'Pars posterior : De constantia philologiae'（「前編・哲学ノ恒常性」,「後編・文献言語学ノ恒常性」）より成る。

Univ. Ius : Notae (1722) ─ "Notae in duos libros."（『普遍法 = 註記』）

SN (I, i) (1725) ─ "Principi Di Una Scienza Nuova intorno alla natura delle nazioni per la quale si ritruovano i Principi Di Altro Sistema del diritto naturale delle genti." (『新科学・初版』)

Vita(A)(1728) ― "Vita di Giambattista Vico scritta da se medesimo."(『自叙伝』〔A〕)――ヴィーコに十分な相談なしにカロジェラ神父編『学術小論文集』第1巻("Raccolta degli opuscoli eruditi," Vol. I, 1728, pal padre Angelo Calogerà)に収録・公刊され,誤植も多くヴィーコは不満。しかし,著者生前の唯一の公刊『自叙伝』。

SN(**I, ii**)(1730)―"Cinque Libri di Giambattista Vico de'principi d'una Scienza nuova d'intorno alla comune natura delle nazioni, in questa seconda impressione con più propia maniera condotti e di molto acresciuti."(『新科学・再版』)――かなりの訂正あり。

Heroica(1732)―"De mente heroica."(『英雄的精神論』)

SN(**II**)(1744) ― "Principi Di Scienza Nuova di Giambattista Vico d'intorno alla comune natura delle nazioni. In questa terza impressione Dal medesimo Autore in un gran numero di luoghi Corretta, Schiarita, e notabilmente Accresciuta."(『新科学・〔第3版〕改訂版』)

『ジャンバッティスタ・ヴィーコ自叙伝』解説
—— metafisica, filosofia e filologia ——

1 「太陽の国」にて

「私の一番親しい友人が, ほら, やって来てくれましたよ。さあ, 皆さん」と, この好人物は続けた, 「デカルト氏を出迎えに行きましょう。そら, 今到着なさるところです。ここからわずか3里しかありません。」
　　…………
　　…………

「しかし」, と私は叫んだ, 「地球の国を立ち去られて以来, 貴方はデカルト氏にお会いになっていないのに, 同氏がここから3里のところにおいでだとおっしゃるのは, 勝手に想像なさった夢物語ではありませんか?」

この最後の一言を口に出しているとき, 私はデカルトが到着するのを見た。直ちにカンパネッラは走り寄り, デカルトを抱擁した。二人は長い間話し合った。しかし私は, 二人がお互いに礼儀正しく言葉を交わし合っていた事柄に注意を向けることができなかった。私は, カンパネッラから〔デカルト到着の〕予想の秘密を聞かせてもらいたくて, 興奮しすぎていたからである……。(1)

カンパネッラとデカルトの歴史的会見の場所は「太陽の国」, より詳しくは「太陽」に所在する「真理の王国」——ソクラテスが首長——。日時は1650年2月中旬。この情況の記録者「私」はシラノ・ド・ベルジュラック。

これより3世紀ののち, この「架空会見記」に示唆されてガリンの名論文が執筆される。『カンパネッラからヴィーコへ』。

　……私は意図的にシラノから出発した。彼の中にはカンパネッラと新科学との間の, カンパネッラ, デカルトおよびガッセンディとの間の連続性が存している。……まさに——シラノ……のごとき——16世紀中葉の自由思想

的な観念領域の中においてこそ,イタリア・ルネサンス的伝統と現代人の科学や哲学との間の接合が生じているのである。(2)

　さて,ガッセンディスト,すなわち元子論者として,反宗教的,非敬虔的,時には無神論者とさえ見なされたシラノがデカルトに敬意を払ったのは理解できるとしても,彼は,いかに「太陽の国」においてであるにせよ,どのような洞察からカンパネッラという修道士,信仰人とデカルトとを「抱擁」させることができたのであろうか。
　カンパネッラ——同時にデカルトたち——の活躍した時代から,ヴィーコの哲学思想の完成期までにはちょうど100年,1世紀の歳月が流れ去っている。ガリンは,この1世紀間におけるイタリア本土の思想的風土の変遷にもっぱら注目して,「思想動向における南部〔イタリア〕のますます決定的な進出,さらに,ある点では,哲学的・科学的文化の重心の一種の移動」(3)が見受けられるとし,この「重心移動」の歴史的実態を当時活躍した多くの哲学者,思想家の文献の検討によって簡潔に,しかし克明に裏付けている。それはヴィーコの思想形成における歴史的,思想的背景の研究として大きな成果であり,教示するところも多い。
　しかし,少なくともシラノは預言者(4)としてのカンパネッラを重視して,この修道士とデカルトとを握手させたのではあるまい。シラノは彼の自然科学的(5)教養に鑑みてカンパネッラの思想に関してデカルトが見落としていた重要な半面に通じていたのではあるまいか。それはカンパネッラとガリレイの関係である。

2　「自然の偉大なる書物」

　カンパネッラとガリレイの関係については,こんにちなお資料の不足で不明な点が多く,なかんずくガリレイ側からの文献が全く残されていないという。カンパネッラ側からの最初の現存文書は彼が当時拘禁されていたナポリの牢獄から1611年1月13日付でガリレイに宛てた書簡であるが,この書簡執筆の契機はカンパネッラがガリレイの著書『星界報告者』(Nuncius sidereus, 1610)——木星の四つの遊星の発見,それらをメディチ星と名付けたことなど,ガリレイが望遠鏡によって行なった

画期的大発見を記載——を読んで感銘を受けたからであった。その後1614年カンパネッラはガリレイの一著について批判を執筆したと書き送っている(6)が，1616年には『ガリレイ弁護論』(7)を執筆した。この『弁護論』はちょうどその当時最終段階に入っていた対ガリレイ宗教裁判（第1次）におけるガリレイ弁護文書であり，カンパネッラはこれをボニファチオ・ガエターニ枢機卿の要請で「神学的意見書」(consulto teologico) として執筆した。同卿は問題のガリレイ審問の裁判官の一人であったが，入獄中とはいえ多くの著作で著名なカンパネッラと親しかっただけにガリレイに対しても好意的であったらしい。『弁護論』の内容は『聖書』その他の神学的権威からの引用によって，いわゆる地動説という「仮説」が決して『聖書』にも神学的伝統にも反しないことを「論証」している。

　　がりれうす〔がりれお・がりれい〕ヲ弁護シツツアル，マタ反撃シツツアル，古代オヨビ現代ノ神学者タチヲ引証シテ双方カラ提示サレタ論証ニ対シテ，以下ニオイテ応答スルガ，シカシマズ次ノゴトキ確固タル，疑ウ余地ナク証明サレタ論拠ナイシ仮説ヲ聖人タチノ教義，オヨビ自然ノ法令〔＝自然法〕，オヨビ諸国民ノ賛同カラ設定シテオク。(8)

以下六つの論拠が述べられているが，この文書は幸か不幸か現実の宗教裁判審査には何の役にも立たなかった。カンパネッラ自身ののちの述懐によると，

　　コノ論文〔『弁護論』〕ノ執筆カラ五年後ニ私ハろーまニオイテ〔審問官〕神父タチニヨッテ地球ノ日周運動ノ命題ガ『聖書』ニ背反スルトシテ断罪サレタコトヲ聞イタ。ソレハ，コノ主題ニ関スル私ノ論考ガぼにふぁちお・がえたーに枢機卿ニ届イタ日ニ先立ツ八日目〔七日前〕ノコトデアッタ。(9)

問題の判決は1616年2月24日に下されたのであるから，カンパネッラの『弁護論』は同年3月3日に枢機卿の手許に届いたことになる。カンパネッラがどのような経過で「5年後」に至って初めて自作『弁護論』の「成果」を耳にしたのかは不明であり，それが事実そのままの情報か否かも明らかではない。ただ同『弁護論』が1622年にフランクフ

ルトで公刊されたことは確実である。したがってシラノがこの著書を読んだ可能性は大きい。

シラノが具体的にカンパネッラについて、ことに、この修道士の「自然哲学」について、どの程度の知識を持っていたかは一応問題外として、シラノに見られる一種の「懐疑論」[10]には確かにカンパネッラの「自然」観に通じるものが見出される。そして、従来詳論されていないが、この同じ種類の「自然」観はガリレイ自身にも残存、ないし実在していたのであり、さればこそ、カンパネッラがガリレイの支援に熱中したのである。カンパネッラのガリレイとの書簡による交友関係はその後も継続され、具体的文献としては、1632年代のガリレイ宛4書簡が残されている。その最初の一通はガリレイに『世界体系対話』[11]を寄贈され、それを読破して受けた感激を述べている。

　……われわれがプラトンを羨む必要のないことは確実です。サルヴィアーティ〔対話の主人公の一人、ガリレイの分身〕は産むというより、産ませる偉大なソクラテスです。またサグレード〔ガリレイの他の分身〕は自由な天稟の持主で、スコラ学派の中で変造されることなしに、万事について多くの聡明さで判定しています。すべてのことが私には気に入りました。そして、貴下の論証法がコペルニクスのそれに較べて、どれほど一層の迫力を持つかを私は認めます。もっとも後者が基本的なのではありますが。……
　私は万人に反対して、貴著が地球ノ日周運動等々ニ反対の法令に賛成であることを弁護します。そもそも誰にもせよ小文芸人などがこの教義の経路を乱すことなどできないからです。しかし、私の弟子たちは秘密を知っております。あえて申し上げますが、もしわれわれが田舎で1年間ご一緒にいられたとしたならば、大きな事柄が調整されたことでしょう。そして、貴下お一人で十分とはいえ、ご一緒に加われれば私も自分が有益だと識っております。そして、哲学の第1諸規定に関して、逍遙学派的でも俗流哲学的でもない多くの疑惑をお示ししたことでしょう。神は〔しかし〕それを望んでおられません。神は讃えられよ、です。新しい世界、新しい星、新しい体系、新しい国民等々の古い諸真理のこれらの新しさは新世紀の出発点です。[12]

第2の書簡によると、「私にとって大変な不快にも、貴下の『対話』を禁止するために怒り狂った神学者たちの委員会が設けられつつあると聞きました。しかも、そこには数学も、秘匿された〔秘儀的な〕事柄も

分る人は一人も入っておりません。貴下が地球の運動という見解がすでに禁止されたことを自分は確言していると通報なさったにせよ、だからといって、その反対の理論〔天動説〕が正しいとまで貴下が信じなければならない義務はありません。これが神学的規準というものです。」(13) フィレンツェ大公に書簡を捧呈して「カステッリ神父と私〔カンパネッラ〕」までを同委員会に参加させるよう努められよ云々……。しかし、「貴下のお役に立つべく精一杯のことを果たした」(14) カンパネッラの哲学者的勇気も、弁護に立とうという本人自身が軟禁とはいえ、監禁の身ではないか、と脅かされるに至って挫折した。結局カンパネッラは「長い苦難と誹謗から生まれた私の小心をお許し下さい」(15) とガリレイに陳謝して、身を引くに終った。

さて、事の成否は問わないとしても、カンパネッラはなぜ「異端的」なガリレイ自然学にかくも打ち込んだのであろうか。アメリオの註記によれば、

> カンパネッラはガリレイ的天文学体系に同意したのではなく、かつまた、宇宙誌的概念についても、単に組成的な役割を持つ現象の構図を見直したにすぎない。ガリレイによって発見された天空の新事実は、期待されていた〔世界〕再生 (palingenesia) の摂理的前兆としてのみ、かつまた、それらが神学をアリストテレス主義から決定的に解き放ち、それを純粋な神学的本性 (la teologalità pura) に再び導いてゆくことを可能としたればこそ、彼〔カンパネッラ〕にとって重要性を持っていた。(16)

以上の註釈に間違いはないであろう。より具体的に言えば、ガリレイの天文学体系は、カンパネッラのガリレイ宛の上述の書簡に述べられているごとく、「新しい世界、新しい星、新しい体系、新しい国民等々の古い諸真理のこれらの新しさは新世紀の出発点」(17) であった。後期ルネサンスに続くいわゆるバロッコ〔バロック〕(18) 時代は、一方では近代自然科学の成立前期、他方では反宗教改革時代であった。すなわち、この時代の主要なイタリア哲学者、思想家としてカンパネッラ→ガリレイ→ヴィーコと継承されてゆく思想の系譜の中心的人物ガリレイにおいて、「自然哲学」と「伝統的神学」がもっとも苛烈な衝突を生じたのは、いわば自然の「成り行き」であったと言えよう。かくしてベイコンにおい

ては截然と区別され，並存していた「神のみ言葉の書物」（『聖書』）と「神のみ業の書物」（「自然」）の関係[19]がゆらぎ始める。帰するところは「神のみ言葉の書物」の権威の検討に伴い，問題の焦点は「神のみ業の書物」に集中し始める。「純粋な神学的本性」への回帰の中にキリスト教による世界の「再生」を確信していたカンパネッラは歌う。

　　世界は一冊の書物にして，そこに永遠の叡智は
　その固有の思念を誌し給いぬ，そはまた生ける寺院にして，
　そこに〔神は〕行為と自らの範例を描きて，
　地上と天上とを生きたる彫像にて飾り給いぬ。
　そはすべての霊がここにて，われらを不敬の身と化すことなく，
　技芸と統治を学び，静観んがため，かつはまた
　「われすべての囲りの事物に神を観照ることにより，
　宇宙を成就す」と言いえんがためなり——
　されど我ら，多くの誤謬とともに生けるものより写し取られたる
　書物と死せる寺院に束縛れし魂は，
　それらの誤りをかかる生きたる教訓より良しとするなり。
　あわれ，苦悩よ，争論よ，無知よ，労苦よ，
　われらをしてその過誤に気付かせよかし，
　ああ，我ら神かけて原始の姿に立ち戻らんかし！[20]

ここでは「神のみ言葉の書物」がほとんど「神のみ業の書物」と一体化している。「神がその真理を世界の中に彫り込み給い，真理をいかなる書物の中にも寄託されなかったからである。」[21]「『多くの誤謬とともに生けるものより写し取られたる』書物と死せる寺院よりの解放，そして神の証言としての，生きたる書物の，〔すなわち〕世界の直接の目撃。」[22] カンパネッラの「自然」観，ないし「自然」への「観方」ないし「態度」（Einstellung）は，かくしてガリレイと一致する。

　哲学はわれわれの眼の前に不断にわれわれにとって開かれたままでいる，かの巨大な書物（私は宇宙のことを言っている）の中に書かれている。しかし，その書物はそれが書かれている言葉を理解し，文字を識ることが最初に学ばれなければ理解されえない。この書物〔宇宙〕は数学の言葉で書かれており，文字は三角形，円，およびその他の幾何学的図形であり，これらの手

段なしでは人間として〔自然の〕言語を理解することが不可能であり，これらがなければ薄暗い迷路を空しく徘徊することになる。(23)

以上の有名な一節のほかに『世界体系対話』の「献辞」にも次のごとく述べられている。

> より高いものを眺める者は，それだけより高く〔他の人々より〕区別されるのであります。かくして，哲学の固有の対象である，自然の偉大なる書物に立ち向かうことは眼を高きに向けるための方法であります。この書物の中において，そこに読まれる一切のことは万能の工作者〔神〕の製品として，それだけにきわめて均整的であるとは申せ，それにもかかわらず，われわれの眼に作品と技術がより大きく出現するようなものが，一層入手しやすく，また一層価値があります。(24)

かくして，カンパネッラもガリレイも「自然の偉大なる書物」を読むことにより，「新しい科学」を「再生」しようと努めた。そのさい二人の「自然」への「立ち向い方」(Einstellung) を異ならせ，したがって現代的に表現して，二人それぞれの「パラダイム」をいわば対蹠的たらしめたのは二人の原理ないし形而上学の根本的相違であった。カンパネッラは「自然」を「生ける寺院」と見なし，神の働きの自然的啓示の場と見る。ガリレイは「自然」という「書物」を「数学的文字」を識ることにより理解しようとする。この二つの態度を前者は「信仰」，後者は「知性」に基づく原理であるとして二つに分断することは容易である。しかし，それは18世紀的，いわゆる啓蒙主義的見地からの遡源的解釈であり，現在ではそのままには採れない。では，どう解釈すべきか。

3 「大胆な思弁」

ガリレイは，思弁的，演繹的方法に対抗して経験主義的，実験的方法を完遂した限りにおいて，現代自然科学の父である，としばしば主張されてきた。しかしながら，私の考えによれば，この解釈はさらに厳密な考慮の前に崩れ去る。思弁的な概念的・体系的構成の欠如した経験的方法など存在しない。また，思弁的思惟にして，その諸概念がさらに厳密な注視によっても経験的素材を露呈しないものなど存在しない。経験的素材にこそ諸概念はその

起源を負っているからである。経験的と演繹的見地を上記のごとく鋭く対立させることは人を迷わせやすく，それにはガリレイは全く無縁であった。この事情と直ちに関連するのは，その構造があらゆる経験的内容と完全に切り離されている論理的（数学的）諸体系が19世紀において初めて純粋に蒸留し上がった，という事実である。さらにまた，ガリレイが自由に使いこなせた実験的方法はきわめて不完全であったので，その結果，経験的与件（データ）の欠落箇所を埋め合わすことは大胆な思弁（gewagte Spekulation）にのみ可能であった。（たとえば，1秒以下の時間を計量する手段は存していなかった。）経験主義＝合理主義の反定立（die Antithese Empirismus‐Rationalismus）はガリレイにおいて論争点としては登場していない。ガリレイがアリストテレスやその弟子たちにおける演繹的推論法に反対するのは，それらの前提が彼に恣意的ないし根拠薄弱に思えた時のみであり，さればこそ彼は，彼の反対者たちがそもそも演繹的方法を用いたからというだけの理由では，彼らを非難していない。彼は第1対話の中のいくつかの箇所で，アリストテレスに従ってさえも，すべての論考は，たとえ最高度に蓋然的なものでも，それが経験的所見と両立しないばあいには放棄されなければならない，と強調している。他方，ガリレイにおいても論理的演繹は重要な役割を果たしている。彼の努力は「知ること」（das Wissen）より以上に「〔概念化して〕理解すること」（das Begreifen）に向けられている。しかし，理解することは，すでに受容された論理的一体系から推論することにほかならない。(25)

　上記はアインシュタインがドレイク英訳版『世界体系対話』（1953年刊）に寄稿した「序言」からの引用である。アインシュタインの相対性理論が天動説＝地動説という反定立の一総合理論であることを考慮するとき，彼のガリレイ（アインシュタインは「ガリレオ」と表記）解釈はまことに示唆的である。

　アインシュタインのガリレイ解釈にはなお一つの重大な指摘が含まれている。思弁と経験的方法，経験主義と合理主義，という対立的，反定立的二者をいわば強引に揚棄ないし総合するためには「大胆な思弁」（gewagte Spekulation）が要請されなければならず，「経験的与件（データ）の欠落箇所」をガリレイはかくして「埋め合わせ」たという。しかし，思弁が思弁であり，経験が経験である限り，すべての哲学者，すべての科学者は大なり小なりのガリレイとして，大なり小なりの「大胆な思弁」により経験の「欠落」を「埋め合わ」さなければならないであろう。その

限りにおいて,「真理トハ事実〔作ラレタモノ〕ソノモノデアル。」[26] (verum est ipsum factum) すなわち, あらゆる「真理」とは窮極的には人間によって「作ラレタモノ」(factum), 人間精神——単に「知性」のみでなく, 精神の全能力, 全機能——の「所産」である。

4 「英雄的精神」をもって

ところで, 人間の精神が, その対象の何であるかを問わず,「大胆な思弁」を敢行できるためには勇気が必要である。個人的利害, 得失を超越した, この種の勇気をルネサンス人は「英雄的精神」(mens heroica) と呼んだ。ガリレイは自著『試金用天秤』を教皇ウルバヌス8世に献呈し, 次のように書いている。

> ……われわれは本書を教皇聖下に, 真の栄誉と栄光に溢れた心をお持ちの方, そして英雄的精神を最高の企図に向けられた方に対するものとして, 献辞を付し捧呈するものであります。[27]

それより約100年, 苦心の大著『新科学・再版』を完成し,「生活, 自由および名声を享受しつつ, ソクラテスよりも恵まれている」と自認していた[28]ヴィーコは, 1732年秋定例の新学期開講演説において『英雄的精神ニツイテ』[29]と題して若き学生たちに熱弁を振るった。

> ……偉大ナルうぇるらむ卿〔べいこん〕ノ黄金ノ著書『諸科学ノ進歩』ヲ読ミ給エ。若干ノ例外ヲ別トシテ, コノ書物ヲ常ニ受ケ容レ, 常ニ眼前ニ置クベシ。ソシテ, イカニ諸科学ノ領域ガ今ナオ訂正サレ, 補足サレ, 発見サレナケレバナラナイカヲ考慮シ給エ。
> 不注意ノタメニ, カノ羨望的, ナイシ怠惰ナル風説, ——スナワチ, コノ上ナク祝福サレタルコノ世紀ニオイテ, 学芸ニ関シテカツテ成就サレエナカッタコトドモハ, スベテスデニ解決サレ, 完了サレ, 完成サレテオリ, 学芸ノ面ニハコレ以上望マレルベキコトガ残サレテイナイ, トノ浮説——ニ断ジテ欺カレルコトナカレ。コレハ誤レル風説ニシテ, 小心ナル学芸人ニヨリ行ナワレルナリ。ナゼナラバ, 世界ハ今ヤ若返リツツアレバナリ。現ニ過去七百年ノ間ニ, カツ, コノ歳月ヲ超エナイウチニ, シカモソノ〔歳月ノ〕ウチ四百年ハ野蛮時代トシテ過ギ去ッタニモカカワラズ, ドレホド多クノ新シ

解説 19

イモノガ発見サレ，ドレホド多クノ新シイ技芸ガ，ドレホド多クノ新シイ科学ガ考エ出サレタコトカ。羅針盤，帆船，望遠鏡，とっりちぇっりノ機械，ぼいるノ気圧器，血液循環説，顕微鏡，……，時計，コレラノドノーツモ至善カツ至大デアリ，カツ古代人ニハ全ク知ラレテイナイ。ココヨリ新シキ船乗リト航海術ガ生マレ，コレニヨリ，陸地ノ新シキ領域ガ発見サレ，地理学ノ内容ハ驚クホド拡張サレタ。天文学ノ新シキ観察，現代人ノ新シキ諸方法，新シキ世界体系，機械学ノ新シキ体系，自然学ノ新シキ体系，医学ノ新シキ体系，新シキ解剖学，がれのすガアレホド渇望シタ新シキ錬金術〔化学〕，幾何ノ新シキ方法，マタハルカニ便宜ニナッタ算術，新シキ戦術，安価ニナリ始メタ書物ノアレホドノ入手ノ容易サ，オヨビ内容低下ヲ伴ウアレホドノ多量サ。イカニシテカクモ突如ニ人間ノ天稟ノ本性ガ生ミ出サレタノデアロウカ。ソノ結果トシテ，コレ以上ノ発明ニヨッテ等シク卓越シタモノヲ生ズルコトハ絶望的ナノデアロウカ。

　落胆スルナカレ，大度ナル聴衆諸君ヨ，今ナオ埋モレタママデイルモノガ存在シテオリ，カツソレラハ，ステニ列挙シタスベテニモマシテ，ヨリ偉大，ヨリ優レテイルカモシレナイ。ナゼナラバ，自然ノ大キナ懐ニハ，諸技芸ノ大キナ取引場ニハ，人類ニ役立ツハズノ巨大ナ財産ガ公示サレテイルカラデアル。コレラハコレマデ目ニ留メラレズニ横タワッテイル。ナゼナラ英雄的精神（Mens Heroica）ガコレマデソレヘト注意ヲ払ワナカッタカラデアル。あれくさんどろす大王ハえじぷとニ渡ルヤ………自己ノ名ニ即シあれくさんどりあ市ヲ築イタ。崇高ナルがりれいうす〔がりれい〕ハ小サイ角ノアル金星ヲ観察シテ，世界ノ体系ニツイテ驚嘆スベキコトヲ発見シタ。巨大ナルかるてじうす〔でかると〕ハ投石器ニヨリ投ゲラレタ石ノ運動ヲ観察シ，新シイ自然学体系ヲ考案シタ。くりすとふぉるす・こるんぶす〔ころんぶす〕ハ大西洋カラ風ガ自分ノ顔ニ吹キツケルノヲ感ジタ。ソシテ，ありすとてれすノ次ノ証明――風ハ陸地ヨリ生ズ――ニヨリ海洋ノカナタニ他ノ大陸ガ存在スルト推測シ，新世界領域ヲ発見シタ。偉大ナルうーごー・ぐろてぃうすハ，りゐぃうすノ次ノ言葉――平和ト戦争ノアル種ノ法ガ存在シテイル――ニ真剣ナ注意ヲ払イ，「戦争ト平和ノ法ニツイテ」感嘆スベキ書物ヲ公刊シタ。コノ書物ノ中ヨリ若干ヲ除去シタナラバ，コレハ比類ナキ著作ト当然言ワレテヨカッタデアロウ。

　コレラノ著名ナル論拠ニ照ラシ，コレラノキワメテ豊富ナル先例ニ倣イ，至善，至大ナルコトノタメニ生マレタル青年諸君ヨ，英雄的精神ヲモッテ，マタココヨリシテ大度ヲモッテ，学芸ノ研究ニ没頭セヨ。完全ナル叡智ヲ涵養シ終エヨ。普遍的人間理性ヲ完成セヨ。諸君ノ精神ノホトンド神的ナル本

性ヲ讃美セヨ。神ニ対シ燃エ上レ。神ニ充タサレタル青年タチヨ。崇高ナル魂ヲモッテ聴ケ，読メ，日夜辛苦セヨ。へらくれす〔英雄〕的艱難ヲ甘受セヨ。コレヲ耐エ忍ビ終エテコソ，諸君ハ，真ノ至高・至大ナルゆぴてるニ諸君ノ神的ナル種属〔人類〕ヲ確証サセウルデアロウ。サラニマタ，ソノ他モロモロノ巨大ナ便宜ニヨッテ人類ヲ豊カニスベキ英雄トシテ諸君自身ヲ宣言セヨ。コレラノ便宜ハモットモ広大ニ普遍的人間社会ニ対シテ難ナク入手サレルニ至ルデアロウシ，マタ富裕モ，財産モ，名誉モ，権力モ，諸君ノコノ国家ニ伴イ生ズルデアロウ。シカシ，コレラノモノガ容易ニ至ラナカッタ場合，諸君ハ手ヲコマネイテハイナイデアロウ。マタ，ソレラガ到来シタトキハ，せねかトトモニ不動心ヲモッテ，スナワチ慢心スルコトナシニ，諸君ハソレラヲ受ケ取ルデアロウ。マタ，ソレラガ立チ去ッタトキモ，落胆スルコトナシニ，諸君ハ愚カニ荒レ狂ウ運命ニ忍従スルコトデアロウ。ソシテ諸君ハカノ神的ナ，カツ不滅ノ恩恵ニ満足スルコトデアロウ。ナントナレバ，ワレワレニ，シカモ初メニ述ベタゴトク，人類全体ニ対スル配慮ヲ命ジ給ウ至善・至高神ハ諸君ノ中ヨリ優レタル幾人カヲ選択シ給ウタノデアリ，コノ選バレシ人々ヲ介シテ神ハ地上ニオケル神ノ栄光ヲ展示セント思召メサレテイルカラデアル。(30)

以上の演説は，少なくともヴィーコの最終的思想形態の本質をきわめて簡潔，明快に示している。「古い諸真理のこれらの新しさ」(queste novità di verità antiche) とはいみじくもカンパネラがガリレイに書き送った名言である(31)。このルネサンス的精神は中世以来の伝統の「摂理」観をいわば逆転させて，「自然の偉大なる書物」の中にこそ，神の意志，ないし摂理が「啓示」されているに違いない，という確信ないし信仰へと帰結した。ここよりガリレイのいわば「預言者」的苦闘が開始される。カンパネラのほとんど殉教者的な生涯も成立する。ここで注意されなければならないのは，反宗教改革運動に対する当然の一反応として，のち主としてヨーロッパ北部において簇出した新教諸派，なかんずくカルヴィニズム的，清教徒的な，神の「義認」による個人の「救済」を窮極的目標とする教義によって，カンパネラやガリレイを，また新教の反定立者たち，当時のカトリック僧侶たちを批判してはならないということである。カンパネラはもとより，ガリレイにせよ，ヴィーコにせよ，「個人」としての自己の「救済」などは全く念頭に置いていなかったと言ってよい。たとえば，ガリレイは当時の宗教的常識

に照らせば明らかに正統派とは言えない。しかし，彼には，のちローマ教皇となった枢機卿をも含めて，多数の支援者が実在していた。それはなぜか。ガリレイは彼なりに「神」の人類への「啓示」である数学を活用して，「自然の偉大なる書物」を判読することを現代——現代から見れば近代ないし近世——の「正統的(カトリック)」キリスト教信者の果たすべき義務である，と確信していた。彼はその意味で現代における「預言者」であった。そして，当時の心ある人々，洞察力に恵まれた信仰厚き教養人たちはこの「預言」の正しさ，ないしは全人類的意義についてある種の予感を持っていたに違いない。そして果たせるかな，ガリレイの「預言」は文字通りの「予言」として，その後の世界史を大きく革新ないし転換させたのである。

ヴィーコにおける「預言者」的性向は上述の演説に十二分に表明されている。その限りにおいて，カンパネッラ→ガリレイ→ヴィーコというイタリア・バロック哲学史の系譜付けには批判の余地がない[32]。問題は「自然の偉大なる書物」をヴィーコがどう捉えたかという点に存している。要約して表現すれば，ヴィーコは「歴史」ないし「人類史」という，「時間」的，「空間」的な「自然」の中に神の「啓示」を読み取ろうとした。

> 『諸国民の本性に関する一新科学の諸原理・これ〔新科学〕により諸民族の自然法の別個の体系の諸原理が見出される』[33] "Principi Di Una Scienza Nuova intorno alla natura delle nazioni per la quale si ritruovano i Principi Di Altro Sistema del diritto naturale delle genti," 1725.

「諸国民の本性〔自然〕」(la *natura* delle nazioni) や「自然〔本性〕法」(il diritto *naturale*) の「本性」ないし「自然」の原語が示しているごとく natura, naturale の概念が両義的であることに，当時のさまざまな概念的混乱の源泉があったと言えよう。しかし，逆説的ながら，18世紀哲学，なかんずく新カント学派の「自然科学」対「文化科学」ないし「歴史科学」という二分法に基づく「文化」科学認識論[34]は現代「歴史学」の先駆者ヴィーコという映像を一般的に普及して，人々の正しいヴィーコ理解を長らく妨げてきた。ヴィーコにとって「自然ノ偉大ナル書物」〔magnus liber naturae〕とは「自然」と「本性」を合体

して人類が形成してきた人類史それ自体であった。そして，その中に摂理として時間的に「経過」(corsi) と「反復」〔再経過〕(ricorsi) を繰り返しつつ，示現され続けてきた一つの「普遍法」，いわゆる「自然法」ないし，「永遠不変の人間本性法」の探究とその実践による全人類の平和と福祉の達成，これこそがキリストの教える「地上の天国」の実現であった。

この「ヘラクレス」的大事業は，しかし「選ばれた幾人」かの仕事である。それは預言者に導かれた少数の集団が「英雄的精神」をもって果たすべき一大理想である。ヴィーコ流に表現すれば，今や「英雄」の時代の「反復」が必要とされている。「理性の時代」と呼ばれている18世紀にただ一人「反理性的」理念を抱き，それがため同時代人から理解されず，長らく埋もれていた不幸な天才的先覚者というヴィーコの映像は，ヴィーコ当人にとっては予想外の批判と受け取られたことであろう。19頁に引用した『ヴィーコ自叙伝』の末尾に明記されているごとく，彼はついに『新科学』を「発見」し，「これ以降は生活，自由および名声を享受しつつ，彼はソクラテスよりも恵まれていると自認していた」[35]のである。

ただし，ヴィーコの「新科学」にはなお多くの問題が残されている。社会集団の構造的な相関的多次元性とその変動に関するヴィーコの鋭い洞察には異論の余地はない。しかし，彼の言う「自然」ないし「本性」，また「歴史」とは何を意味するかというような認識論上の基本的諸問題以外に，彼の言う「諸国民」，「諸民族」，「普遍法」等々の多くの概念はそれ自体がかなり不明確である。「文献言語学」の内容はもとより，さまざまな言語解釈法に関しても伝統的な『聖書』釈義の影響が残存しており，彼の「新科学」には古代および中世の「叡智」以外の感化が強く痕跡を留めている。ヴィーコが今や本来の歴史学者からよりも，民俗学者，文化ないし社会人類学者，社会学者，言語学者等々の注目を集めつつあるゆえんである。以上の諸制約，すなわち，これからもなお「非常に多くの箇所において訂正され，解明され，かつ著しく増補され」[36]なければならないヴィーコの著作活動の成果を前提にする限りにおいて，次のガリンの解釈は正鵠を射ていると思われる。

　古代か，それとも現代か。ヴィーコは，彼のあれほど多くの引用の一切の

古代趣味と，あれほど多くの主題の非現実性を持ちながらも，ほぼ1世紀を隔てて，諸国民の世界のために，ガリレイがかつて自然の世界のために試みたことを意識的に行なおうと努めた。そして，方法の点でも，探究の広大な領域においても，彼の企図は無駄とは思われない，と言われるべきである。彼の業績は，その真の歴史的展望の中に復元されたとき，事実ガリレイの事業の水準に位置付けられ，それを完成している。(37)

結　　語

ヴィーコ『自叙伝』は古くより難解をもって知られているが，その原因の一つには彼の思想史的位置付けの問題がからんでいる。粗雑な類比をあえて用いれば，彼の『自叙伝』は，ヴィーコ思想の「個体発生」(ontogeny) の，それも多分に主観的な記録であり，その基盤には彼の哲学の「系統発生」(phylogeny, phylogenesis) が，いわば無条件に前提されている。「民族」や「国民」の歴史の正しい解釈ないし理解には，これら2種類の発生「系統」の交錯と生成の研究が必要であると主張したヴィーコ自身が長らく新ヘーゲル学派的な，もっとも反ヴィーコ的見地から評価されてきたことは，哲学史上の一大皮肉と言えよう。しかしその結果として，ヴィーコの真の立論が次第に理解され始めたことは，ヴィーコ流に言えば摂理の歴史的啓示としての「反復」(ricorsi) であり，ヘーゲルの表現を借用すれば「理性の狡智」(List der Vernunft) であろう。以上のごとき理由から，以下のヴィーコ『自叙伝』の総合的註釈として，本「解説」を冒頭に付したのである。

註

(1) ——Cyrano de Bergerac : "L'Autre Monde, Deuxième partie——Les Estats et Empires du Soleil," 1657, in 〔"Cyrano de Bergerac : OEuvres complètes," 1957, Texte établi et présenté par Jacques Prévot〕. p.506. エドモン・ロスタン (Edmon Rostand, 1868-1918) の有名な「英雄的喜劇」(une comédie héroïque)『シラノ・ド・ベルジュラック』(1897)——いわゆる「鼻のシラノ」——で名高いシラノ (Cyrano de Bergerac, Savinien de, 1619-55) は実在の人物で，一種の奇人，ないし変人的作家として正統派文学史では軽視されているが，その似而非才智主義的『書簡

集』、奔放かつ自由思想的戯曲、とくに空想小説『地球外世界』"L'Autre Monde"——「第1部・地球外世界、別名、月の諸国と諸帝国」"L'Autre Monde ou les Etats et Empires de la Lune," (posth, 1657) および「第2部・太陽の諸国および諸帝国」"Les Etats et Empires du Soleil," (id. 1662) の2部を含む——をもって特異な思想史的地位を占めている。彼によれば「地上の天国」は月世界に存在するとされており、彼は一種のロケット（花火）の力で初め北アメリカ大陸の仏領「ヌーヴェル・フランス」に飛行、次いで月世界の「生命の木」の上に墜落、猿の一種、「動物人間」(les bêtes humaines) に捕えられて見世物にされ等々、辛うじて地球に逃げ帰る。（以上「月世界旅行」）。次いで彼は、月世界旅行談によって一世の人気者になったが、そのため異端の嫌疑を被り追及される。幸い友人の助力で辛くも危険を脱し、今回は太陽光線集光器による動力で4カ月の天空旅行ののち、まず「太陽黒点星」(la Macule) に到着。それより28カ月の飛行で太陽に着陸。この国の住民は鳥類であり、彼は鳥類に捕えられ、裁判の結果、死刑の判決を受ける。幸い特赦で許され、その後人間に出会う。しかし、それは「霊」としての人間である。ついに、ここでシラノはカンパネッラ(Tommaso Campanella, 1568-1639.『太陽の国』"La Città del Sole," 1602 の著者）に出会う。「愛人たちの王国」の住民との挿話などののち、シラノはカンパネッラその他と一緒に「大鷲」(Le Condur) に跨って「哲学者の国」(la Province de philosophes) ないし「真理の王国」(Le Royaume de Vérité) に向かう。この学者国に到着したとき、ちょうど哲学者デカルトがこの王国に「昇天」してきたところであり——デカルトは1650年2月11日死去——、カンパネッラは走り寄って「デカルトを抱擁した」。カンパネッラがデカルトの到着を予知できたのは、人間の肉体から一種の「形質」(les espèces) が発散するからである云々……とカンパネッラがシラノに説明するところで、本小説は中断している。

この『地球外世界』は、思想史的に考察すれば、現在のET小説の一源泉であるばかりでなく、必ずしも小説とは言えないが、少し遅れて一世を風靡したフォントネル (Bernard Le Bovier de Fontenelle, 1657-1757) の『世界の多様性についての対話』"Entretiens sur la pluralité des mondes," 1686 の先駆作品として発想を同じくしている。——最近のイタリアの文献では、Paolo Casini : "Introduzione all'illuminismo, Da Newton a Rousseau," 1980, I. 'Scienza, miscredenza e politica.' 〔ed. Laterza〕p.193 を参照。——また、のちの『ガリヴァー旅行記』の宇宙編

解　　説

的な特性に照らせば，約1世紀のちのヴォルテールの哲学小説『ミクロメガス』"Micromégas," 1752 を先取りしているとも言える。なお，随所に横溢しているピカレスク・ロマン流の奔放，放縦，奇矯，突飛な作者の躍動的空想力と，かなりに緻密な科学的，哲学的思想の混交は一種異様な作風を形成している。しかし，反時代的ないし世評無視的態度の中にシラノの鋭敏な時代感覚が窺われ，その限りにおいて，本書は一種の哲学小説と言われてよいであろう。

(2) ――Eugenio Garin : 'Da Campanella a Vico,' in "Dal Rinascimento all'Illuminismo : Studi e ricerche," 1970〔Saggi Di Varia Umanità〕, pp. 86-7. この論文の原型はカンパネッラとヴィーコの生誕400年および300年を記念して1968年5月ローマで「カンパネッラとヴィーコ」というテーマで開催された国際会議において，冒頭を飾った代表的講演である。のち註記を付して「リンチェイ〔炯眼人士〕翰林院」――ガリレイ時代以来の由緒ある学術団体――により公表された。Cf. "Campanella e Vico," 1969,〔Accademia Nazionale Dei Lincei〕, pp.11-34.

なお，カンパネッラはオランダ訪問のおりデカルトとの会見を切望したが，デカルトはついにこれに応じなかったらしいこと，メルセンヌ神父の仲介でデカルトに贈られた論文――1638年のことという――をデカルトがカンパネッラの「悪文体」に辟易して真剣に読破しなかったことなどについては，Adrien Baillet : "La vie de Monsieur Descartes," 1691, II, pp. 26-7 を参照。要するに，デカルト自身はカンパネッラを重視せず，これに反し，カンパネッラはデカルトを尊敬していた。

なお，カンパネッラとヴィーコを繋ぐ「真理トハ作ラレタモノナリ」(verum-factum) 論を歴史的に古代より辿った簡潔な好著，Rodolfo Mondolfo : "Il 《verum-factum》 prima di Vico," 1969〔Studi Vichiani 1〕を参照。

(3) ――E. Garin : op. cit., p.88. クローチェの古典的ナポリ王国史によれば，「イタリア史において，フィレンツェが芸術と詩を代表したとすれば，ナポリはこれに反し思想と哲学を代表した。そして，ナポリにこそ，フィレンツェにではなく，(本論文は首都ローマがさしあたり求められ，ないし期待されていない時代を取扱っている)，繰り返して言うが，ナポリにこそ，新しいイタリアの首都である権利があったと言えよう。なぜなら，(ヴィーコがそれを論証したが)『理性は空想より高い階段である』からである。」(Benedetto Croce : "Storia del Regno di Napoli,"〔1925〕1980, ed. Laterza, p.4.) 以上の余りにも簡明な主張の補正がガリン説である。

(4) ——カンパネッラは，占星術（l'astrologia giudiziale）に通暁しており，晩年フランスに亡命後 1638 年 9 月 6 日——カンパネッラの誕生日と同日——フランス王家に皇太子が誕生するや，星占いを求められ『ふらんす皇太子ノ瑞兆ニ充テル御生誕慶祝歌集』"Ecloga in portentosam Delphini navitatem"を捧呈した。この皇太子がのちの「太陽王」ルイ 14 世である。

(5) ——シラノはデカルト自然学を十分に研究しており，その片鱗は『地球外世界』第 2 部——「太陽の国」——におけるデカルト自然学，ことに「真空」非実在論批判等にも窺われる。Cf. Cyrano : op. cit., p.494. シラノには，他に断片ながら『自然学，ないし自然の事物の科学』"La physique ou la science des choses naturelles"その他が残されている。すなわち，彼は基本的にはデカルト自然学——真空非実在論をも含めて——に依っているが，一種の懐疑論とその克服のための信仰の必要性をも認めている。「一般的結論は，われわれ自身を別とすれば，われわれは論考なしに何一つ識らないということ。われわれの人生とは，多くの個別的な夢によって中断された，一つの連続的な夢ではないのかという疑い。この疑いの解決は，われわれが常に騙されているとは納得しえないにせよ，絶対的に言って，不可能であるということ。信仰がこの疑いを完全に消散させるということ。……自然学は推測的一科学以外ではありえないこと。その不確実性は神の諸秘密についてのわれわれの無知によって増大されるということ。」("La physique ou la science des choses naturelles," in "Oeuvres complètes." citées, pp.513-14.)

(6) ——Campanella : Lettera a Galileo Galilei (Napoli, 8 marzo 1614). Cf. "Opere di Giordano Bruno e di Tommaso Campanella," 1959, A cura di Augusto Guzzo e di Romano Amerio〔La Letteratura Italiana : Storia e Testi. Vol.33〕pp.975-77. ガリレイ——本論考では日本式慣例により「ガリレイ」と呼称する。イタリア本国では「ガリレオ」が用いられている——の著書は『水面存在物ないし水中運動物論』"Discorso intorno alle cose che stanno in su l'acqua o che in quella si muovono," 1612 である。これに対するカンパネッラの反論『四論文』"Quattro articoli"は失われて現存しない。なお，ガリレイの原典については，原則として"Opere di Galileo Galilei," 1964, A cura di Franz Brunetti, 2 voll.〔Classici Della Scienza〕を用い，その他についてはその都度明示する。

(7) ——この『弁護論』の正確な表題は，『どみにこ会修道士，からーぶりあ州人，とんまーぞ・かんぱねっら著，ふぃれんつぇ出身数学者，がりれ

お〔・がりれい〕ニ対スル弁護・ソノ中デハがりれおガ讃エテイル哲学ノ方法ガ聖書ヲ支援シテイルカ，ソレトモソレニ背反シテイルカガ検討サレテイル』"Thomae Campanellae, calabri, ordinis praedicatorum Apologia pro Galilaeo, mathematico florentino : ubi disquiritur, utrum ratio philosophandi, quam Galilaeus celebrat, faveat Sacris Scripturis, an adversetur," (1616). Cf. Campanella : op. cit., p.1243.

(8) ――'Argumentis utrimque pro veteribus et modernis theologis, Galileum defendentibus et oppugnantibus, respondebo, sed iactis heic prius solidis probatissimisque fundamentis sive hypothesibus ex Sanctorum doctrina, et naturae decretis, et nationum consensu,' ibid., p. 1244.

(9) ――'Post quinque annos ab huius articuli inscriptione audivi Romae a Patribus damnari 〔damnatam esse〕 sententiam de motu telluris diario tanquam Scripturis contrariam, octavo die antequam nostra disputatio de hac materia ad cardinalem B. Gaetanum perveniret,' ibid., p.1244, nota 1.

(10) ――上述，註(5)の引用を参照。

(11) ――『世界体系対話』は略称。正確には，『プトレマイオスおよびコペルニクスの二主要世界体系に関する対話』"Dialogo sopra i due massimi sistemi del mondo tolemaico e copernico," 1632, op. cit., II. pp.7-552 ; "Dialogo," A cura di Libero Sosio, 1982 〔Nuova Universale Einaudi, 110〕.

(12) ――Campanella : Lettera a G. Galilei(Roma, 5 agosto 1632), op. cit., pp.991-92.

(13) ――Campanella : Lettera a G. Galilei (Roma, 21 agosto 1632), op. cit., p.993

(14) ――Campanella : Lettera a G. Galilei(Roma, 25 settembre 1632), op. cit., p.994.

(15) ――Campanella : Lettera a G. Galilei(Frascati, 22 ottobre, 1632), op. cit., p.995. この再度の審問の結果，ガリレイは周知のごとく1633年6月22日断罪を受け，「地動説」という「異端」を誓絶した。

(16) ――Romano Amerio : Nota (1) alla lettera a G. Galilei. (8 marzo 1614), op. cit., p.975.

(17) ――'Queste novità di verità antiche di novi mondi, nove stelle, novi sistemi, nove nazioni etc. son principio di secolo novo.' Campanella :

op. cit., p.992. 上記註(12)参照。

(18) ──ガリンは，自著『イタリア哲学史』で，この時代を「反宗教改革とバロッコ。カンパネッラからヴィーコへ」と題している。Cf. Eugenio Garin : "Storia della filosofia italiana," (1947) 1966, 3 voll. 〔Piccola Biblioteca Einaudi. 80〕. II. Parte Quarta : 'Controriforma e barocco. Da Campanella a Vico,' pp.765-954.

(19) ──Cf. Francis Bacon : "Of the Proficience and Advancement of Learning Divine and Human," 1605, I, 3, (Works〔Spedding ed.〕) Vol. III, p.268.

　ルネサンス期における「印刷」術の発明が果たした役割については，Elizabeth L. Eisenstein :"The Printing Revolution in Early Modern Europe," 1983がきわめて示唆的である。ここでも「2冊の書物」が中心テーマ。「印刷術により行なわれた変化は，〔人間の〕信頼が神の啓示から数学的論考や人為の地図へとどのように転移したかを説明するためのもっとも蓋然的な出発点を提供している。」(ibid., p. 271.)「伝達〔手段の〕転移は西欧キリスト教徒が彼らの聖書と自然界を視るやり方を変化させた。それは神のみ言葉をより多様化 (multiform) して，神の作品〔自然界〕をより一様化 (uniform) して出現させた。」(ibid., p.274.)

(20) ──「哲学の行ない方」と題された，カンパネッラのもっとも有名なソネット哲学詩である。

MODO DI FILOSOFARE

　Il mondo è il libro dove il Senno eterno
scrisse i propri concetti, e vivo tempio
dove, pingendo i gesti e 'l proprio esempio,
di statue vive ornò l'imo e 'l superno ;
　perch'ogni spirto qui l'arte e 'l governo
leggere e contemplar, per non farsi empio,
debba e dir possa : ─Io l'universo adempio,
Dio contemplando a tutte cose interno.─
　Ma noi, strette alme a' libri e tempii morti,
copïati dal vivo con più errori,
gli anteponghiamo a magistero tale.
　O pene, del fallir fatene accorti,

liti, ignoranze, fatiche e dorori :
deh torniamo, per Dio, all'orginale !
(Campanella : op. cit., p.791.)

なお，有名な『太陽の国』"La Città del Sole"については，ibid., pp. 1071-116 を参照。他に各種の版あり。

(21) ――E. Garin : "Storia," citata, p.815.
(22) ――Ibid., p.816.
(23) ――G. Galilei : "Il Saggiatore," 1623, op. cit., I, pp.631-32. イェズイタ派神父・筆名グラッシ著『天文学的・哲学的天秤』――Lotario Sarsi Sigensamo, ditto Horatio Grassi Salonense : "Libra astronomica ac philosophica," 1619――の攻撃に応答してガリレイが彗星論その他を主張したのが本書『試金用天秤』"Il Saggiatore"である。
(24) ――G. Galilei : 'Al Granduca di Toscana' in "Dialogo," citato, op. cit., II, p.13.
(25) ――Albert Einstein : 'Vorwort' zu "Galileo Galilei : Dialogue Concerning the Two Chief World Systems,"(1953)1974, translated by Stillman Drake, foreword by Albert Einsten, pp.xviii-xx.
(26) ――Vico : "Liber primus sive metaphysicus," 1710, Cap. I, 'De vero et facto.'
(27) ――G. Galilei : "Il Saggiatore," 1623. 'Alla Santità DI N. S. Papa Urbano Ottavo,' op. cit., I, p. 606. 教皇ウルバヌス〔ウルバーノ〕8世は1623年教皇に選出された。もとは枢機卿マッフェオ・バルベリーニ (Maffeo Barberini, 1568-1644)。優れた文人でガリレイの支援者。
(28) ――Vico : "Autobiografia,"〔B〕・II,〔N版〕p.93.
(29) ――Vico : "De Mente Heroica Oratio habita in R. Neapolitana Academia XIII Kal. Nov. MDCCXXXII."〔ON, Ⅶ〕pp. 3-20 ;〔OGV, I〕pp.260-69.
(30) ――〔OGV, I〕pp.268-69 ;〔ON, Ⅶ〕pp.18-20. ここに見られる「英雄的精神」は『新科学・初版』(1725年)――予定された出版資金が打ち切られたため急遽短縮して公判――を世に問うたのちのヴィーコの一書簡にすでに表明されている。

　　……摂理〔神の意志の現世的実現〕は永遠に讃えられるべきです。摂理は死すべき定めの人間の脆弱な眼には正義のあらゆる厳格さそのもの

と映じますが，しかも，その時こそ，かつてなかったほど一種の至高の恩恵と化して行使されています。なぜなら，本著作の公刊以降私は一人の新しい人間をわが身に帯びたことを感じますし，私の逆境をこれ以上慨嘆したいとか，このような不遇を私にもたらした，学芸界の腐敗した流行をこれ以上罵倒したい衝動も鎮静された気がするからです。事実，この流行，この運命こそ本著作を執筆するようにと私を支援し，私に助力したのです。さらにまた（これは，ことによると真実ではないかもしれませんが，しかし私はそれを真実と評価したいのです）この著作は私に一種の英雄的精神（un certo spirito eroico）を鼓吹してくれました。この精神のおかげでもはやいかなる死の恐怖も私の心を乱すことはなく，また競争者たちを云々してこれ以上に気を遣う気持ちなど全く感じません。ついに神の裁定は私をいわば高い，堅固な岩石の上に固定して下さいました。神の裁定こそ，賢者たちの尊敬によって天稟の著作に正当な価値を与えてくれます。賢者たちは，常に，また，これまでいつでも，きわめて少数でした。彼らは決して他人の著書の朗読者でもなければ，恋愛や酒の中で毎夜を空費するとか，あるいは，翌日には学者で，善人であると人目に映ずるために前日に犯した愚行と悪業を，真理と美徳の眼をたぶらかしつつ秘匿しなければならない，などという有害な考えに動かされたりはしない人々です。最後に，自分たちの怠惰の陰に完全に安居しつつ，それどころか，世間の濃い闇の中で自分たちの名の識られないことをよいことに時間を空費しながら，有能な人々の価値に与えられた名誉を盗みに行き，他人の信用をあらゆる手段で抹殺しようと熱望する人々でもありません。もっとも，彼らは嫉妬の黒い情念の闇の中で突進し，そして彼ら自身の内臓にと世にも有害な一撃を幾度となく突き立てているのでありますが。しかし，賢者は最高の知性と全く固有の博学の人であり，寛大にして大度であり，文芸の共同体において不滅の作品を完成することにしか努めません。（「B. M.ジャッコ神父宛書簡」'Lettera al Padre Bernardo Maria Giacco,' Napoli 25 ottobre〔novembre？〕1725, 〔N版〕pp.117-18；〔ON, V〕pp.175-76.)

一世一代の労作を資金の不足から止むなく短縮し，しかもそれが世評をほとんど呼ばなかったことへの悲憤と落胆の中にも，ヴィーコの「英雄的精神」の「否定的」ないし「消極的」反面とも言うべき一種の高度の諦念と自信がすでにここに窺われる。

(31) ――上記註(12)の本文末尾参照。

(32)　――上述註(18)のガリン著『イタリア哲学史』を参照。

(33)　――いわゆる『新科学・初版』"La Scienza nuova prima," 1725の全表題である。原題の表記では原典表紙コピーに照合して，大文字，小文字を適宜に使用した。なお，『新科学・〔第3版〕改訂版』"La Scienza nuova seconda," 1744の表題は，

『諸国民の共通的本性をめぐってのジャンバッティスタ・ヴィーコの新科学諸原理・この第3版では，同著者によって，非常に多くの箇所が訂正され，解明され，かつ著しく増補されている』"Principi Di Scienza Nuova di Giambattista Vico d'intorno alla comune natura delle nazioni. In questa terza impressione Dal medesimo Autore in un gran numero di luoghi Corretta, Schiarita, e notabilmente Accresciuta," (1744).

初版本の「一科学」が「科学」に訂正されたほか，副題が除去され，代って，「非常に多くの箇所」における「訂正」，「解明」，「増補」が明記されている。この版が「第3版」とあるのは，1730年に訂正，増補再版が刊行されているからである。他に，出版できなかった「第2版」，いわゆる『新科学・再版(否定的形態)』が存している。『自叙伝』，〔B〕・IIを参照せよ。

(34)　――たとえばクローチェのヴィーコ解釈の限界がここに存している。彼が自らの，今では古典的なヴィーコ論をウィルヘルム・ウィンデルバントに献呈し，第4版「序文」では，この新カント派西南ドイツ学派哲学者の『現代哲学史』(第5版，1911年)におけるヴィーコへの言及に感謝していることは，まことに暗示的である。Benedetto Croce : "La filosofia di Giambattista Vico," (1911) 1962 〔Saggi Filosofici・II〕"Avvertenza," p. ix. Vgl. Wilhelm Windelband : "Lehrbuch der Philosophie,"〔1891〕1980〔17. Aufl.〕, S. 450. 現代の西欧哲学思潮の傾向は，西南ドイツ派的二分法を再検討し，むしろnaturaの多義性を前提に新しい「科学原理」ないし「形而上学」を探求しつつある。

その意味では，ヴィーコにより「論理学は客観的認識の領域，〔すなわち〕数学と自然科学の領域をあえて初めて突破し，それに代って，文化科学の論理学として，〔すなわち〕言語や詩文や歴史の論理学として構成される」に至ったと解釈するマールブルク学派のカッシーラーの解釈が妥当であろう。Vgl. Ernst Cassirer : "Zur Logik des Kulturwissenschaften,"〔1942〕1980, S. 10. このヴィーコ解釈に対してフェルマンは反対しているが，これは，カッシーラーのマールブルク学派的論理主義を，ことに彼が晩年には，現象学的見地に近づいたという事実を全く理解せずに，西南ド

イツ派二元論——「文化」対「自然」——と見なした誤解である。Vgl. "Vico ; Neue Wissenschaft," 1981, 'Einleitung,' S. 14-15. 他に, Ferdinand Fellmann : "Das Vico-Axiom : Der Mensch macht die Gschichte," 1976, S.179 を参照。むしろ,ここでいうカッシーラーの「論理学」は,たとえばジョン・ステュアート・ミルの帰納主義的一元論的論理学の逆転的対極と見なされてよいであろう。Cf. John Stuart Mill : "A System of Logic," 1843.

いずれにせよ今や,ヴィーコの思想の原点への「反復」(ricorsi) が行なわれつつあり,多くの現代哲学者,科学者によってヴィーコは一種の「古代の叡智」(sapientia antica) と見なされている。宗教論との関連では,カトリック——新トーマス主義——的見地からの批判であるが,ヴィーコ哲学が伝統的スコラ哲学から多くを受け継いでいることを明瞭に解明している点で,古い著書だが卓絶しているのは, Giulio Cesare Federici S. I. : "Il principio animatore della Filosofia Vichiana," 1947 である。クローチェ,ジェンティーレ,ニコリーニ等のいわゆる「観念論的解釈」の批判はもとより,神の存在証明に関するフェデリーチの解説は,現在の現象学的ヴィーコ解釈の実質上の一先取りである。Cf. ibid., pp.69-96.

ヴィーコの「自然ノ偉大ナル書物」〔magnus liber naturae〕については,たとえば **De sapientia**, VII, v,〔ON, I〕p.182 を見よ。

(35) ——『ヴィーコ自叙伝』,〔B〕・II末尾参照。上記註(28)参照。

(36) ——上記註(33)の『新科学・改訂版』の表題参照。

ヴィーコの歴史論の解釈については,上述註(34)でふれたフェデリーチの伝統を継承しているセヴェリーノの最近の優れた一解釈——そのかなりのペシミズム的傾向は採れないが——を例示する。周知のごとく,ヴィーコは自分が影響を受けた三大思想家,プラトン,タキトゥス,ベイコンに,のちグロティウスを加えているが,グロティウスの「功利主義」と「理神論」的な「摂理」無視的傾向をのち『新科学』各版においては厳しく批判するに至っている。また,初期の「真理=事実」論〔「真理トハ作ラレタモノナリ」(verum-factum)〕および,のちの「知識」〔識ルコト〕(conoscere) への発展と関連の問題等を要約して,セヴェリーノは次のごとく述べている。

　……人間を助けて堕落シタ自然〔本性〕(natura lapsa) を克服させる摂理とは従って『新科学』においては人間の精神そのもの(la stessa mente umana）であり，この精神をヴィーコは「人間の〔裡なる〕神」(il dio dell'uomo) と定義しているが，この精神はそれ固有の行為〔作ること〕(il proprio fare) とそれ固有の知識〔識ること〕(il proprio conoscere) により身体への隷属から自由となり，地上における市民生活を開始させる。

……ヴィーコにとって，歴史が人間と神の共同作業の成果であるとか，神が人間たちの意図や行為に介入して，それらを別個のより良い目的に向けるなどということ，人間たちの利己主義的で功利主義的な行ないを倫理的で社会的な行ないに変革するなどということは決して主張されえない。なぜなら，もしそうだとすれば，社会の出現の真の原因を知っているのは人間でなく神である，ということになろうし，また，グロティウスの功利主義へのヴィーコの批判もその意義を失ってしまうであろうからである。

出来事やそれらの継続の中に，ヴィーコはそれゆえ神の企図をではなく——人間に啓示を識ることが全くできないかぎり，神の企図をどうして人間が識ることができるのかは分らないのであるから——，人間の歴史性のからみ合い〔のはたらき〕と現実化〔の過程〕(l'articolarsi e l'attuarsi di quella storicità dell'uomo) を認めるのであり，この歴史性は，ヘーゲルやクローチェの意味するごとき，精神の諸契機の理念的一歴史 (una storia ideale dei momenti dello spirito) ではないし，またコントの意味したような現象界の実証的一法則 (una legge positiva del mondo fenomenico) でもなく，永遠の歴史 (la storia eterna) であり，この歴史を精神の諸変容 (le modificazioni della mente) の中で諸原理が通過するのであり，諸民族の自然法はこの歴史的表現である。『新科学』における知識〔識ること〕(il conoscere) はそれゆえ，単に多くの出来事にそれらの経験的意義においてのみかかわるのではなく，それらの出来事の中に存している永遠の諸構造 (la strutture eterne)，神が人間の精神 (la mente dell'uomo) を創造したまうときに設定された神的諸秩序に関係している。(Giulio Severino : "Principi e modificazioni della mente in Vico," 1981,〔il melangolo/università 5〕, pp.35-6——以下〔A〕III, 註(52)-(60), 同VI, 註(22)の前後の本文参照。)

以上の「摂理」の働きによる「永遠の歴史」という解釈は，ヴィーコ自身が『新科学・初版』〔補記〕「一覧表・II, 一般的諸発見一覧」——**SN**〔**I**, i），Tavola II 'Tavola delle discoverte generali,'〔ON,III〕p.281.——で述べている「発見Ⅰ」が裏付けている。

　　Ⅱ．一般的諸発見一覧
　これらの諸発見は，本書においてそれぞれの個別的〔特殊的〕箇所において行なわれている諸発見とは別に，血液が一身体を通じて行なうように，本著作を通じて全体に伝播され，散布されており，以下のごとく〔七つの発見に〕要約される。
　　1．摂理の理念の上に記述された永遠の理念的一歴史（un'istoria ideale eterna）。この歴史の上に時間の中で諸国民の個別的〔特殊的〕諸歴史がそれらの出現，進歩，〔完成〕状態，衰退そして終焉をなして経過して行く。　　　　　　　　　　　　　　　　　　〔2以下略〕

なお，ほぼ同一の，より詳しい文章が「諸校訂用断片」（Brani delle redazioni）中に残されている。Cf. **SN(II)**,〔ON, IV-ii〕p.263.
　さて，以上をヴィーコの「形而上学」（metafisica）とすれば，彼の『新科学・〔第3版〕改訂版』**SN(II)**(1744)における「歴史方法論」の基本的態度は，ヴィーコ自身により次のごとく明言されている。

　　Ⅳ〔131〕——哲学は在るべきものとしての人間を考察する。(La filosofia considera l'uomo quale dev'essere.)
　　Ⅶ〔132〕——立法〔法制定〕は人間を在るがままに考察し，そこから人間社会に善い習俗を作ることを目指す。(La legislatione considera l'uomo qual è, per farne buoni usi nell'umana società.)
　〔133〕——本〔第7〕公理は神の摂理がこの世に存在していること，またそれが一種の神的な立法者精神であることを証明している。この神的精神こそが人間の諸情念から，彼ら全員が個人的諸利益について敏感と化しているにもかかわらず，市民的諸秩序を形成したのであり，さもなければ，これらの諸情念のため人間は孤独の中で残忍な野獣として生きていたことであろうし，また，この市民的諸秩序のおかげで彼らは一つの人間〔的〕社会の中で生きているのである。

　(Questa degnità pruova esservi provvedenza divina e che ella sia una divina mente legislatrice, la quale delle passioni degli uomini, tutti attenuti alle loro private utilità, per le quali viverebbono da fiere bestie dentro le solitudini, ne ha fatto gli ordini civili per gli quali vivano in una umana società.)

Ⅷ〔134〕――諸事物はそれらの自然〔本性〕的状態の外部においては、そこに安定もせず、そこに存続もしない。(Le cose fuori del loro stato naturale né vi si adagiano né vi durano.)

〔135〕――この〔第8〕公理一つだけでも、現に人類は世界の記憶〔記録〕が存在して以来、社会の中でどうにか生活してきたのであるし、また生活しているのであるから、例の大論争に結着を付ける。この論争とは最善の哲学者や道徳学者的神学者たちが今なお懐疑主義者カルネアデスやエピクロス〔感覚主義者元子論者〕を相手に戦わせているもので(グロティウスさえ、この議論に関しては正鵠を射なかった)、自然〔本性〕には〔道徳的〕法が存在するのか、それとも人間本性〔人間的自然〕は社会形成的であるのか、という問題である。この二つの見解は〔本第8公理によれば〕同一のことを述べているのである。(Questa degnità sola, poiché'l gener umano, da che si ha memoria del mondo, ha vivuto e vive comportevolmente in società, elle determina la gran disputa, della guale i migliori filosofi e i morali teologi ancora contendono con Carneade scettico e con Epicuro (né Grozio l'ha pur inchiovata) : se vi sia diritto in natura, o se l'umana natura sia socievole, che suonano la medesima cosa.)

〔136〕――この同じ〔第8〕公理は第7公理およびその系と結ばれて、人間が諸情念から諸美徳を作り出す自由意志を脆弱とはいえ持っていることを証明している。しかし〔それにさいし〕人間は神により、自然的には神の摂理をもって、また超自然的には神の恩寵によって助けられることも論証されている。(Questa medesima degnità, congionta con la settima e'l di lei corollario, pruova che l'uomo abbia libero arbitrio, però debole, di fare delle passioni virtù ; ma che da Dio è aiutato naturalmente con la divina provvedenza, e soprannaturalmente dalla divina grazia.)

Ⅸ〔137〕――人間は諸事物の真理〔真実〕を知らないので、諸事物の確実〔性〕に頼ろうと配慮する。彼らは科学〔知識〕によって知性を満足させえないので、せめて意志が意識〔共感的知識〕に基づくことを欲する。(Gli uomini che non sanno il vero delle cose proccurano d'attenersi al certo, perché, non potendo soddisfare l'intelletto con la scienza, almeno la volontà riposi sulla conscienza.)

Ⅹ〔138〕――哲学は理性を熟考〔静観〕する。ここより、真理〔真

実〕の科学〔知識〕が生ずる。文献言語学は人間的自由意志の〔成果の〕権威〔典拠〕を観察する。ここより，確実〔性〕についての意識〔共感的知識〕が生ずる。(La filosofia contempla la ragione, onde viene la scienza del vero ; la filologia osserva l'autorità dell'umano arbitrio, onde viene la coscienza del certo.)

〔139〕——この公理は第2の部分に関して，文献言語学者とはすべての文法学者，歴史学者，〔文芸〕批評家である，と定義する。彼らは諸民族の言語と所業の認識に関して，国内では習俗や法律がどのようであるか，また同じく国外では戦争，平和，同盟，旅行，商業〔貿易〕がどのようであるかの研究に携わっているからである。(Questa degnità per la seconda parte diffinisce i filologi essere tutti i grammatici, istorici, critici, che son occupati d'intorno alla cognizione delle lingue e de'fatti de'popoli, cosi in casa, come sono i costumi e le leggi, come fuori, quali sono le guerre, le paci, l'alleanze, i viaggi, i commerzi.)

〔140〕——この同じ公理によれば，一方哲学者たちは彼らの理性〔論考〕を文献言語学者の権威〔典拠〕によって確実化〔検証〕しなかったために，他方言語学者たちは彼らの権威〔典拠〕を哲学者たちの理性〔論考〕によって真理化〔理論化〕しようと配慮しなかったために，両者ともに半分の仕事しかしなかったことを証拠立てている。このことを彼らが行なっていたとしたならば，彼らは国家にとって一層有益だったことであろうし，この〔新〕科学を省察〔思弁〕するに関してわれわれの先駆者となっていたことであろう。(Questa medesima degnità dimostra aver mancato per metà così i filosofi che non accertarono le loro ragioni con l'autorità de'filologi, come i filologi che non curarono d'avverare le loro autorità con la ragion de'filosofi ; lo che se avessero fatto, sarebbero stati più utili alle repubbliche e ci avrebbero prevenuto nel meditar questa Scienza.) ——**SN(II)**, Libro Primo, Sezione seconda, 'Degli elementi,' vi-x. 〔ON, IV-i〕pp. 75-77.

超越神，創造神とその摂理の人類史における実現に対する信仰ないし信念がヴィーコの言う「形而上学」である。次いで「哲学」(filosofia) の設定した「真理」〔真実〕(il vero) を「文献言語学」(filologia) は——「語源学」(etimologia, etymologia)，ラテン訳して veriloquium (真理ヲ語ル学問) を活用して——発見した「確実な」文献によって「確実化す

る」(accertare)。他方,「文献言語学」の単なる「確実」(il certo) を「哲学」はそのもっぱら「論考」的な「真理」によって「真理化する」(avverare)。前者は自然科学におけるベイコンの「帰納的検証」法に,後者は同じく実証的自然科学における「原理」発見のための「批判」的方法に類比されてよいであろう。本解説の副題が「形而上学,哲学そして文献言語学」(metafisica, filosofia e filologia) とされた理由である。
(37) ――E. Garin : 'Da Campanella a Vico,' citato, p.117.

まえがき
──tale e non altra──

　ほぼこの時期〔1725年ごろ〕に，レアンドロ・ディ・ポルチーア枢機卿猊下の御令弟，ジィアナルティコ・ディ・ポルチーア伯爵，文芸によっても名門としても著名な人物が，研究の過程にいる青年たちを博学と学説で有名な人々の学芸的伝記に基づいて一層確実に指導してゆこうという方法を御構想遊ばした結果，これに値すると評価なさった8人に及ぶナポリ人たちのうちに……ヴィーコをも加えて下さり，かつ，ヴェネツィアから寄せられた，ジウゼッペ・ルイージ・エスペルティ師を介してローマ経由で届いた非常に丁重な御手紙によって，ロレンツォ・チッカレッリ氏にヴィーコの伝記を入手してくれるようにとの委任状を送付なさった。ヴィーコは半ばは謙譲の念から，半ばは自分の運命〔不運〕が原因で自分は自伝を書く意志を持たないと数回断わった。しかしチッカレッリ氏の繰り返しての親切な懇請に彼もついに屈した。そして，ここに見られるごとく，彼はそれを哲学者として執筆した。さればこそ，彼は自然的ならびに道徳的諸原因と運命の諸契機について瞑想〔省察〕した。他の種類のものに比して特にある種の研究に対して自分が少年時代より抱いていた性向あるいは嫌悪について瞑想した。彼の進歩を促した，ないしは妨げた好機ないし逆境について瞑想した。最後に，自分なりに何らかの正しい方向を求めて行なった彼自身のある種の努力について瞑想した。この努力こそ彼にのちその反省を実らせるに至り，これに基づいて彼は『新科学』という彼の最終的作品を書き上げたのであるが，この著作は彼の文芸的生涯がこのようであり，そしてこれ以外ではなかった（tale e non altra）ことを証拠立てているとされてよいであろう。[1]

　以上はヴィーコ自身の筆による『自叙伝』執筆の契機の記述である。この当時（1725年）彼の「最終的作品」はまだ公刊されていない。ちょうどそのころ『新科学』は当初予定されていた資金が入手不可能となったため著者自身の意に反して著しく短縮された形態で出版が準備されつつあった。この版，いわゆる『新科学・初版』"Scienza　Nuova

Prima" [**SN (I, i)**] は同年 10 月世に出た。その後 1730 年 12 月の再版——かなりに改訂された『新科学・再版』[**SN (I, ii)**]——を経て，最終的には 1744 年 7 月，大改訂・増補を施され，面目を一新した『新科学〔第 3 版〕・改訂版』"Scienza Nuova Seconda"[**SN (II)**] が世に送られた。著者ヴィーコは，同年 1 月 22 日から 23 日にかけての夜半にすでに死去していた。

　以上のごとき『新科学』完成の経過と並行するかのごとく，『自叙伝』も次々と追加・改訂された。そして，さまざまな紆余曲折を経て，現在言うところの 1728 年版「自叙伝本文」のみが著者の意に添わない粗雑な形態で出版された。ヴィーコはその後も「補遺」を執筆したが，それらはついに著者の生前には公刊されなかった。ヴィーコ『自叙伝』と『新科学』はその完成の過程と言い，思想的脈絡と言い，まことに双生児的 2 作品であった。そして，内容的不整合と難解さの点でもヴィーコ全著作中の双璧と言われてよいであろう。

　では，形式的未完成さに由来する諸難点は別として，両著の内容が長らく問題視されてきた理由は何であったのか。『新科学』についてはここでは触れないことにするが，少なくとも『自叙伝』に関するかぎり，著者は上述の引用文の中でみずから言明している。すなわち，ヴィーコは本『自叙伝』を「哲学者として執筆した」。そして，そこには『新科学』の完成に至るまでのヴィーコの「文芸的生涯」——学者としての一生が——「このようであり，そしてこれ以外ではなかった」(tale e non altra) と述べられている。ところが，『自叙伝』も『新科学』もともにヴィーコ自身がみずから納得できる形にまで十分に完結されずに遺された。ヴィーコの「哲学」も「生涯」も双方が，その後論議の的と化したゆえんである。

　しかし，ヴィーコの言う「哲学者として執筆した」という表現の真意を推測することは容易である。ヴィーコにとって『自叙伝』執筆の契機は上記の引用文章に見られる通りであるが，彼に具体的執筆を決心させた一つの最大の学問的，思想的原因ないし動機は一代の大哲学者デカルトに対する反発であった。

　　……ルネ・デカルトがもっぱら自分の哲学と数学を確立せんがために，また神〔学〕的および人間〔人文学〕的知識を完成する他の一切の研究を打倒

せんがために，自分の研究の方法に関して狡猾に捏造した（astutamente finse）事柄が，ここ〔本自叙伝〕で捏造されるようなことはないであろう。むしろ，歴史家の義務である率直さをもってヴィーコが行なった一切の研究が次々と誠実に物語られ，かくして文芸学者としての彼の，このようであり，そしてこれ以外ではない（tale e non altra）成果の固有で本性的な諸原因が知られることであろう。(2)

ヴィーコはデカルトの『方法叙説』に述べられている周知の「自伝」的記述を「狡猾」な「捏造」と見なし，真の「哲学者」——すなわち正しい意味での「歴史家」——としての自分の「率直」(ingenuità) で「誠実」(schiettezza) な記録と対比している。一世を風靡したデカルト哲学ならびにデカルトの人物そのものに対する(3)ヴィーコの特異な反発と弾劾の当否はしばらく措き，ヴィーコがここでも繰り返している「このようであり，そしてこれ以外ではない」(tale e non altra) という表現は，彼の歴史観の基本的原理を図らずも明示している。「歴史」とは大は人類史から小は個人史に至るまで，「このようであり，そしてこれ以外ではない成果〔帰結〕」の「固有で本性的〔自然的〕な諸原因」の記述に外ならない。

以上のヴィーコ自身の断定にもかかわらず，本『自叙伝』(4)の評価は必ずしも一定しない。まして，この自叙伝が著者の人物そのものというより『新科学』との関連において取り上げられるとき，問題はきわめて複雑なものと化す。ヴィーコの場合，上述のごとく自伝と主著がいわば一体化して執筆されているため，『新科学』の評価そのものが著者の生涯の記述の解釈に直結するからである。対象をイタリアの学者に限れば，古くは前世紀前半にフェッラーリが次のごとく批評している。

　　……ヴィーコは自分の思想の歴史を示したい考えで自己の生涯を書いた。しかし，それはまさにそれが始まるべきはずであったところで，すなわち，彼の諸疑念と諸発見が始まったところで終っている。さらにまた，それは彼の若干の読書の物語，全く無益な物語にすぎない。なぜなら，彼がベイコンやグロティウスを読んだことを知るためには彼の告白が必要ではなかったからである。おまけに，この自叙伝では，彼がそれらの書物を読書した当時まだ持っていなかった体系の中で同一書物の読書が判定されている。この錯覚は十分に自然的であった。なぜなら，現実の思想は常に過去へと向けられる

からである。しかし,この錯覚は十分に虚偽的である。なぜなら,歴史はまさにこの錯覚から脱却することに,〔すなわち〕過去に身を移すために自分自身の思想を忘却することに存しているからである。(5)

以上に対蹠的な態度は,ヴィーコ『自叙伝』を著者本人が言明している通りの「誠実」な伝記であると——無条件に(?)——前提して,彼の諸著作を辿っているデ・サンクティスの文学史(6)に見られる。18世紀的,ヒューム的懐疑論者フェッラーリと新理想主義者デ・サンクティスを両極とすれば,この特異な伝記の評価は,「ヴィーコの『自叙伝』は要するに著者の生涯への,すなわち個人的生涯そのものへの『新科学』の拡張である」(7)という新ヘーゲル歴史主義的なクローチェの評言を経て,次のガリンの解釈に帰結したと言えよう。すなわち,ヴィーコの『自叙伝』は,「大事件の欠けた彼の生涯の〔再構成〕というより,むしろ,彼の精神的形成の〔再構成であり〕,また,彼の虐げられた思惟に明晰さを与えるために彼の精神の内奥において戦われた英雄的闘争の再構成」(8)である。

なお,以上のごときヴィーコ『自叙伝』の評価の変遷は,ヴィーコの思想そのもの,より具体的には,主著初め諸主要著作の関連についての解釈の推移ないし変遷と相関的である。フェデリーチの古典的著作にすでに明示されているごとく,ヴィーコ批判には,今世紀の中葉において,

1. 理想主義的解釈 (l'interpretazione idealistica)
2. 実証主義的・唯物論的解釈 (l'interpretazione positivistico-materialistica)
3. プラトン的・キリスト教的解釈 (l'interpretazione platonico-cristiana)

の3思潮(9)が存在したが,それらは現在では history of ideas の視点や現象学的見地より全面的に再検討され始めている。ヴィーコの『形而上学』(10)の第1原理「真理トハ事実〔作ラレタモノ〕ソノモノデアル」(verum est ipsum factum) が重視されつつあるゆえんである。いずれにせよ,今やミシュレが狂喜し,クローチェが感激して「感情移入」した歴史学の一大先駆者ヴィーコという一面的「錯覚」は揚棄されなければならない。そして,ヴィーコの言う「形而上学」(metafisica) が

「哲学」(filosofia)，次いで「文献言語学」(filologia) へと展開して行った過程[11]を綿密に辿ることにより，ヴィーコの広い意味での哲学思想が解明されなければならない。その意味で，本『自叙伝』は依然としてヴィーコ解釈のアルファーであり，オーメガーである。この難解[12]をもって知られるヴィーコ『自叙伝』をあえて訳出して，世に送るゆえんである。

註
(1)——「自叙伝補遺」〔B〕・I，末尾。Cf.〔N版〕p.75.
(2)——「自叙伝本文」〔A〕・I. Cf.〔N版〕p.5.
(3)——ヴィーコのデカルトに対する反応には錯綜した知性的・感情的コンプレックスが見られる。あえて分析すれば，それらは 1. 神学的反駁——デカルトの「人類〔人性〕論的・存在論的神学」(la teologia antropologico-ontologica) に対しヴィーコは「〔新〕プラトン主義的，超越論的神学」(la teologia [neo] platonistico-trascendentistica) を取る——。2. 方法論的対立——デカルトは数学的，機械論的な分析的方法を，ヴィーコは超数学的，有機体的——この表現は曖昧かもしれないが——，現代哲学の用語を用いれば，むしろ現象学的な総合的方法を取る。3. 個人的反感——ヴィーコの時代のイタリア，特にナポリにデカルト哲学が一種の「流行」として導入されたため，彼はデカルト哲学の実体に関して先入見を抱かされたと推測される。南イタリア，ナポリ市の庶民出身であるヴィーコには多分に高踏的なフランス的思考法それ自体が肌に合わなかったのかもしれない。たとえば，以下〔A〕・II，註 (60) 以降の本文参照。Cf.〔N版〕pp.22-3. それにもかかわらず，ヴィーコは初めデカルトに強く影響されたと推測され，それだけにのち反発も強烈だったのであろう。また，彼は「数学者」デカルトに関するかぎり各所でのちに至るまで絶讃している。
(4)——「自叙伝」としてヴィーコの本書としばしば対比される作品にはホッブズの『ラテン詩自叙伝』"Thomae Hobbes Malmesburiensis Vita Carmine Expressa," 1681とハーバート卿の『自叙伝』"The Life of Edward Lord Herbert of Cherbury, Written by Himself." (edited by Horace Walpole, 1764, 1792[4]) がある。前著については拙訳トーマス・ホッブズ著『ラテン詩自叙伝』（東洋大学大学院紀要第18集，昭和57年）参照。ハーバート卿 (Herbert, Edward, first Baron of Cherbury, 1583-1648) は

まえがき　43

「青年時代には武勇と軍事的活躍，中年時代には国事，晩年のより静かな舞台では観想と，後世への報告の作業」('Advertisement' by Horace Walpole to "The Life," p.6.) を行なったと評されているごとく多才な人物。問題の『自叙伝』は筆者の死後百余年のち1764年にホーレス・ウォールポール (Horace Walpole, 1717-97) により初めて上梓され，世評を呼んだ。この自伝はしかし，1624年，すなわち同卿の『真理論』"De Veritate Prout distinguitur a Revelatione, a Verisimili, a Possibili, & a Falso etc.," 1624 の公刊をもって中絶している。しかもそこに至るまでの「青年時代」，「中年時代」の記述は「ロマンティックな決闘者」で辣腕「政治家」の多分に自己吹聴的な自慢話であり，最終部分で突如『真理論』に言及される。また，フランスに亡命したグロティウスがこの著書を評価してくれたことはよいとしても，最終的には神の声を聞いて出版を決心したと書かれている。要するに，この同一人物がなぜ『真理論』というのちイギリス理神論の父，ケンブリッジ・プラトニストの先駆とされるごとき哲学書を執筆できたのかは全く記述されていない。現にウォールポールはハーバート卿の時代錯誤的騎士道精神を註記においてしばしば批判しており，「読者は驚いたことに，ドン・キホーテの歴史がプラトンの生涯であったことを見出すであろう」と「序文」で述べている。Cf. 'Advertisement,' p.4. ハーバートとヴィーコの二つの自叙伝が対極をなすとされる理由であろう。

(5)――G.Ferrari : "La mente di Giambattista Vico," 1837, pp. x-xi.
(6)――Francesco De Sanctis : "Storia della letteratura italiana," (1870) 1982 [Feltrinelli Economica, 2 voll, 223-4] tomo secondo, Capitolo diciannovesimo : La nuova scienza [22]-[26], pp. 726-43. デ・サンクティス (Francesco De Sanctis, 1817-83) は新ヘーゲル学派的観念論を主張。
(7)――Benedetto Croce : "La filosofia di Giambattista Vico," (1911) 1962^6, p.311. 周知のごとく，ヴィーコ研究の画期的名著。
(8)――Eugeno Garin : "Storia della filosofia italiana," (1947) 1966-78, Piccola Biblioteca Einaudi, 3 voll., Volume secondo, Capitolo quinto : Giambattista Vico, I, p. 920. M. フビーニ (Mario Fubini) の解釈については，〔A・I〕註(1)参照。
(9)――Giulio Cesare Federici S.I. : "Il principio animatore della Filosofia Vichana," 1947, 'Introduzione,' p.5. しかし，著者は本書の中で 2 は「序文」で軽く排除，1 と 3 をもっぱら取り扱っている。比較的新しいイタリ

ア以外の研究書でほぼ同じ立場に立つ一例として，Leon Pompa : "Vico : A Study of the 'New Science,'" 1975, pp.15-16 がある。

(10)――"De antiquissima Italorum sapientia ex linguae latinae originibus eruenda―Liber primus sive metaphysica," 1710, caput I, 1. De vero et facto.――**De sapientia**『古代叡智論』。

(11)――前註に引用した **De sapientia** は元来三部作として構想され，第 1 巻「形而上学編」，第 2 巻「自然学編」，第 3 巻「道徳論編」――'Libri tres = Liber primus : metaphysicus ; Liber secundus : physicus; Liber tertius : moralis'――が予定されていた。しかし，第 2，第 3 巻はついに未完成に終った。とはいえ，この 3 区分には，すでに，のちの「形而上学」(metafisica, 第 1 原理の学)，「哲学」(filosofia)――ここでは「自然学」ないし「形而下学」(fisica) と呼ばれている――，および「文献言語学」(filologia) の 3 区分の原型が素描されている。また filosofia と filologia'の対照――「叡智」(sofia, σοφία, sapientia) を「愛する」(φιλεῖν) 学〔哲学〕と「言語」(λόγος) を「愛する」学〔文献言語学〕――にも注意。さらに「文献言語学」(filologia, 後述) の基礎的資料研究にさいして基本的作業仮説ないし指導原理とされている「語源学」(etimologia, veriloquium) の「語義」そのものが「真理〔真実〕を述べること」である事実も忘れられてはなるまい。後述のごとくこの理論体系は『普遍法』I，II (**Univ. Ius, I, II**, 後述)，なかんずく，II，「前編・哲学の恒常性」，「後編・文献言語学ノ恒常性」(**Univ. Ius II**, 'Pars prior : De constantia philosophiae' ; 'Pars posterior : De constantia philologiae') の論考を経て『新科学』――**SN (I, i) SN (I, ii), SN (II)**――へと結実してゆく。フリントは『普遍法』に関して，その古典的著書の中で，「哲学は真理の批判であるはずの一形而上学によって啓蒙されなければならず，また歴史は確実性の記録であるはずの文献言語学によって保証されなければならない」(Robert Flint : "Vico," 1901〔Rep. ed., 1979〕, p. 154) と述べているが，この解釈は今なお新鮮である。他に，the same : "The philosophy of. History in France and Germany," 1874〔Rep. ed., 1971〕pp. 286-87 など。

(12)――「難解」である理由は，哲学思想そのものの解釈は別とすれば，次の 4 点を挙げることができよう。

1. 原典そのものが必ずしも文献学的に確立されていないこと，
2. ヴィーコの文体がすでに古いイタリア語である上に，トスカーナ方言が多く用いられており，決して平易・明快な文章でないこと，

まえがき　45

3. ヴィーコが彼自身自認しているごとく,「自学自習者」($αυτο\text{-}διδάσκαλος$, antodidactus, antodidascolo), 独学者であり, 彼の学問研究の系譜には飛躍が多く, 偶然な「出会い」(Begegnung, rencontre) による急展開が頻出し, その限りにおいて系統的でないこと,

4. ヴィーコは性格そのものが相当に激情的であり, 必ずしも冷静・公平でないため, 記述が整合的でなく, しばしば年代的に行きつ戻りつして読者に混乱を与えること。

ジャンバッティスタ・ヴィーコ
本人自身により執筆された生涯

〔A　自叙伝本文——1725 - 28 年に執筆〕

〔I　幼少年時代——1668 - 86 年〕

〔誕生——墜落と瀕死の重病——初等教育——イェズイタ派神父の大寄宿学校における人文学研究の開始——ヴィーコに加えられた不当な扱い，同学院を軽蔑して脱出する——少年時代の独習——イェズイタ派神父エンマヌエーレ・アルヴァレスの『文法提要』の研究——ピエトロ・ユリアーニ・イスパーノの，次いでパウロ・ヴェネート・ダ・ウディーネの『論理学全書要約』の研究——同書をほとんどないし全く理解できなかったため，1 年半にわたり研究を放棄するに至る——再開された一学園に入学したため研究意欲再燃——大寄宿学校のジウゼッペ・リッチ神父担当哲学クラスに戻る——しかし，スアレスの『形而上学』を独力で研究するため，すぐに学業を放棄——束の間の大学出席——大学においてフェリーチェ・アックワディエスがエルマンノ・ヴルテイオの『市民法提要入門』を賞讃するのを聞く——司教座聖堂参事会員フランチェスコ・ヴェルデの私設法学研究所に通うため派遣さる——しかし，単に外面的なこれらの講義に飽きて，2 カ月で放棄——ヴルテイオの上述の入門書を入手したいと父親に要求——かくて，同書およびエッリゴ・カニジオの『教会法学提要』によって独力で法学研究をなし遂げる——ローマ法の研究から誘発された最初の青年らしい批判的考察——弁護士ファブリツィオ・デル・ヴェッキオのもとに法廷実務修得のため派遣さる——ヴィーコ自身の父親，書店主に対して他の書店主バルトロメオ・モレスキによって提訴された一訴訟事件にさいし，最高王立法院において勝訴——彼の最初のバロック様式詩試作——薔薇についての一詩作——この詩にたいするバロック的イェズイタ派神父ジィアコモ・ルブラーノの評価〕

ジャンバッティスタ・ヴィーコ氏(1)はきわめて立派な世評を残した実直な両親(2)から1670年(3)にナポリで生まれた。父親は陽気な性質，母親は大変に憂鬱な気質であった。かくして，この父母から生まれた幼児の天性には両親ともどもの影響が働いた。このような次第から，この子は幼児としてきわめて活発で，じっとしていられない性質であったが，さて，7歳のとき梯子の高い所から足を踏み外して頭から真っ逆さまに〔床に〕墜落し，そのまま5時間余り身動きもせず，意識も失ったままであった。そして外皮は破損されなかったが，頭蓋骨の右側に損傷を受けた。かくして，この骨折から巨大な腫瘍が誘発され，沢山の深い裂け目から多量に出血したので，幼児は死に瀕した。こんな有様だったので〔呼ばれて来た〕外科医は頭蓋骨が破壊されたのを見，長時間の気絶状態を観察して，この幼児はこれが原因で死ぬか，生き延びても痴愚になるであろうと予告した。しかし，この診断は，有難いことに，そのいずれもが当らなかった。しかし，この不慮の負傷が癒えて以来，幼児はその後憂鬱で苛烈な性質に成長する結果となった。このような性質は天稟(4)に恵まれた深遠な人たちに特有のものだとされているが，この種の人々は天稟によって明敏さで閃光を放ち，熟慮に富むので機智や虚偽を喜ばないのである。

　かくして，3年余りに及ぶ長い回復期ののち，少年ヴィーコは文法クラス(5)に復学した。それは，彼が〔クラス担任〕教師から課されたこと〔在宅宿題〕をすべて自宅ですらすらと片付けたからであった。この機敏さを父親は粗放であると思い込んで，ある日のこと教師に，自分の息子は善良な生徒として課題を果たしているか，

と訊ねた。そして，教師がいかにも果たしていると確言するや，父親は彼に，わが子に対して宿題を倍加してやってほしい，と求めた。しかし，教師が，それはできない，と弁明しながら，〔教師として〕自分は彼の同級生たちの標準に合わせなければならないし，さりとて一人だけのクラスを編成することもできない，また他の一クラスは余りに上級すぎる，などと言っていると，たまたま少年〔ヴィーコ〕がこの議論の席に居合わせていて，教師に向い，どうか上級クラスに進むことを自分に許してほしい，まだ半端にしか学んでいないことはすべて独力で補うつもりだから，と熱心に頼んだ。教師は，現実にこの少年が〔この試みに〕成功するかどうかということよりも，むしろ一つの若々しい天稟が果たすことができるかもしれないことを実験してみるために，彼の願いを容れた。そして彼は，数日後には彼自身〔にとって〕の一少年教師を〔この少年の中に〕見出すという驚くべき体験をしたのであった。

　この最初の教師が居なくなるや，少年は他の〔担任〕教師に託された。この人のもとで彼はわずかの間しか教育されなかった。父親が〔大寄宿学校の〕イェズイタ派神父のもとに少年を送るようにと勧められたからであるが，かくして彼は神父たちから第2クラス[6]に受け容れられた。このクラスの〔担任〕教師は少年が立派な天稟を備えているのを認めるや，自分の生徒たちの中でもっとも有能な三人を競争相手として次から次へと彼に対抗させた。この三人のうち，少年は一人を神父たちの言う「勉励課題」[7]，すなわち特別学業宿題で打ち負かし，次の一人は少年と張り合ったため病気に倒れ，三人目は〔イェズイタ〕教団〔イエズス会〕から好意をもって見られていたので，神父たちの言う「成績表」[8]が読まれる前に

〔Ⅰ　幼少年時代〕　51

「成果優秀」の特典として第1クラスに進級させられた(9)。このことをジャンバッティスタ〔・ヴィーコ〕は自分自身に加えられた一つの侮辱として憤慨したが、第2学期にはまた、前学期にすでになされたことが繰り返される予定であると聞いて、彼は学校から抜け出し、家に閉じこもって、アルヴァレス(10)を頼りに独力で、第1クラスと古典〔人文〕学クラスにおいて神父たちから教えられるはずの残余の事柄を学習し、続く10月は論理学を研究して送った。この時期は夏の季節なので、彼が夜分勉強机に向かっていると、彼の優しい母親は最初の眠りから目覚めて、息子可愛さから、寝床に就いて寝なさいと勧めるのだったが、息子が夜の白むまで勉強し続けているのを何回となく見出すのだった。これこそまさに、文芸(11)の研究の中で年を積むにつれて、彼がのち文芸学者としての自己の名声を強力に擁護するに至ることの前兆であった。

彼は、天の配剤で、唯名論哲学者、イェズイタ派神父、アントニオ・デル・バルツォ(12)を教師に持った。かつまた、立派な全書要約者(13)は有為な哲学者であり、全書要約書を著わした最善の著者はピエトロ・イスパーノ(14)である、とヴィーコはクラスで耳にしていたので、この哲学者の研究に全力を注いだ。次いで彼は、パウロ・ヴェネート(15)がすべての全書要約者のうちもっとも明敏な著者であると自分の教師から教えられたので、そこから学び取るために、この学者をも取り上げた。しかし、少年ヴィーコの天稟もこの種のクリュシッポス的論理学(16)に耐えるのにはなお脆弱だったので、危うくそこで自滅しかけ、そのため彼はこの書物を大きな悲嘆とともに放棄せざるをえなかった。こうして生じた絶望から（若者に彼の年齢には不相応の学問を研究させることは、かくも危険なことで

ある！）彼は学問研究の落伍者と化し，そのため１年半の間迷路をさ迷った。ルネ・デカルト[17]がもっぱら自分の哲学と数学を確立せんがために，また神〔学〕的および人間〔人文学〕的知識を完成する他の一切の研究を打倒せんがために，自分の研究の方法に関して狡猾に捏造した事柄が，ここ〔本自叙伝〕で捏造されるようなことはないであろう。むしろ，歴史家の義務である率直さをもってヴィーコが行なった一切の研究が次々と誠実に物語られ，かくして文芸学者としての彼の，このようであり，そしてこれ以外ではない成果の固有で本性的な諸原因が知られることであろう。

ヴィーコは規律正しい青春初期の真っ当な行路からこのように迷い出ていたが，あたかも，戦場においてかつてしばしば十分に訓練された，しかしその後長らく平原伝いに牧草を食むにまかせて放牧されていた駿馬が，たまたま戦陣ラッパの響きを聞くや戦闘的意欲が心中に俄然湧き上り，騎士に打ち跨がられ，戦場へと導いて行かれたくて身をあがくように，まさにかかる軍馬さながらに，ヴィーコは，有為な文芸家たち[18]が市の主要な弁護士，上院議員および貴族とともに連繋し合っていたサン・ロレンツォ市に，有名なインフリアーティ学園[19]が長い歳月ののちに再建されたのを機会に，自己の天分に揺り起こされて，放棄していた進路を取り戻し，ふたたび前進し始めた。輝かしい学園は都市というものにこのような素晴しく美しい成果を与えるのである。なぜなら，青年たちの年代は彼らの優れた血統と乏しい経験のゆえに万事を信頼し切っていて，高邁な希望に溢れているので，彼らは賞讃と栄光への道を求めて研究に熱中する，しかるのち思慮の年代，功利を求める年齢に至るやそれら二つを彼らは功労と功績によって誠実に獲得できるのだから

である。このようにして、ヴィーコはジウゼッペ・リッチ神父[20]、イェズイタ派とはいえ、きわめて明敏な天稟の人物、教派上はスコトゥス主義者[21]、心底ではゼノン主義者[22]である人のもとで〔大寄宿学校で〕再び新たに〔哲学〕コースへと戻った。この神父から、彼は「抽象的実体」が唯名論者バルツォの「様相」よりも多くの実在性を持つことを聞いて非常に喜んだ。これは彼がやがて他のすべてよりもプラトン哲学を愛好するに至る前兆であった。事実、スコラ哲学のどれ一つといえどもスコトゥス主義的哲学ほどこの〔プラトン〕哲学に接近していないからである。また、ヴィーコがその後、自著『形而上学』[23]の中で行なったように、アリストテレスの変造された見地とは別の見解でゼノンの「点」を論考するに至る予告であった。しかし、彼にはリッチが存在者と実体〔のそれぞれ〕が形而上学的段階によってどの程度区別されるかという解釈に余りにもかかずらわりすぎていると思われた。なぜなら、ヴィーコは新しい思想を渇望していたからである。そして、スアレス神父[24]がその著『形而上学』の中において、形而上学者に相応しい卓越したやり方で、また、この哲学者は事実比類のない雄弁で卓絶していたので、この上もなく明晰かつ平易な文体で、哲学における一切の識られうべき事柄について論考していると聞くや、ヴィーコは前回とは異なり、優れた目途のために学校を見捨て、スアレスを研究するため1年間自室に閉じこもった。

　この間において[25]、彼は1回だけ〔ナポリ〕王立研究大学へ赴き、幸運にもフェリーチェ・アックワディエス[26]のクラスに入ることとなった。この人は有能な首席法学講師で、時あたかも弟子たちにエルマンノ・ヴルテイオ[27]について、この人物こそ市民法註解に

関してこれまで著述した人々のうちで最も優秀であるとの評価を下していた。この言葉はヴィーコの記憶に留まって，彼の研究に最善の手順をもたらす一要因となり，大いに役立った。なぜなら，その後ヴィーコは父親の勧めで法律研究に専念させられ，一つには近隣であるため，いやそれ以上にこの講師の名声に惹かれて，ドン・フランチェスコ・ヴェルデ[28]のもとにやられたからである。青年ヴィーコは，この人のもとにわずか2カ月間留まっただけで，二つの法廷〔市民法と教会法〕の双方についてのきわめて詳細な実務的事例で終始している講義からはその諸原理を見出せないと知るや，形而上学から発して普遍的精神を形成することや公理ないしは格率によって特殊〔個別〕的事物について推論することをすでに開始している学究として，父親に対し，ヴェルデからは何一つ学ぶところがない気がするので，あの人物のもとにこれ以上研究に赴く意志はない，と話した。そして，アックワディエスから聞かされた言葉を利用して，父親に，エルマンノ・ウルテイオの版本1冊をニコロ・マリア・ジャナッタージオ〔ジャンネッタージオ〕[29]という名前の一法学博士から借用してほしい，と懇請した。この学者は，法廷実務では名も知られていなかったが，正当な法学の学識を備え，長期かつ多大の努力をもって幅広い法学専門書のきわめて貴重な文庫を蒐集していたのであった。そこで，このような著者〔ウルテイオ〕に〔著書によって〕従うことにより，自分は独力で市民法提要を研究するつもりである，と青年は父親に述べた。これを聞いて父親は，講師ヴェルデの世間的な大名声にとらわれていただけに非常に驚いた。しかし彼は大変慎重な人だったので，この件では息子の望みを叶えることにし，ニコロ・マリアにそれ[30]〔ウルテイオの著書〕を借用したいと

求めた。というのも，父親は，――息子がヴルテイオの著作をぜひ読みたいと望んでいるものの，それはナポリではとても入手困難だった――書店主であっただけに，その少し以前にこの書物を1冊この人に売り渡したことを想い出したからであった。ニコロ・マリアは，御子息自身から要請の理由を聞きたい，と求めたので，これに答えて，息子ヴィーコが，ヴェルデは講義にさいして記憶の訓練のほかは何もせず，知性はなすこともなしに放置されて苦しんだ，と述べるや，この善良で，こうした事情に通じている人物には，この少年のとても少年のものとは思えない判断，というよりむしろ正当な感覚が大変気に入り，父親に対して，この分ならこの御子息の立派な成長は間違いないと予言するとともに，ヴルテイオの著作だけではなく，さらにエッリゴ・カニジオ(31)の『教会法学提要』までを，それも貸すのではなく，贈与してくれた。それは，ニコロ・マリアには，この学者がこれまで著作した教会法学者の中で最善の著者と思えたからであった。かくして，アックワディエスの善言とニコロ・マリアの善行がヴィーコを一方の法〔市民法〕と他方の法〔教会法〕の〔双方の〕正しい道を通じて導いて行ったのである(32)。

さて，彼はとりわけ市民法の引用諸箇所に出会って，二つの点で大きな喜びを感じた。一つは，訴訟の公正さを目的として法学者や皇帝が警告してきていた衡平の個別的な判決諸理由が，明敏な解釈者たち(33)によって，諸法律全書の中で，正義の一般的格率へと抽象されている，と思案する(34)ことであった。このことこそが，彼に古代の解釈者たち〔中世の註釈者たち〕への愛着を抱かせたのであり，彼はのちに彼らを自然的衡平の哲学者と認め，評価するに至った。もう一つ〔の喜び〕は，中世の法学者たちがどれほどの勤

勉さで法律の語彙，元老院の法令(35)，およびそれらの法令を解釈する執政官たちの布告を検討していたかを観察することであった。この観察こそが，彼を博学な解釈者たち(36)と和解させたのであり，彼はかくして彼らをローマ市民法の本当の歴史家であると認め，尊重するに至ったのである。そして，この二つの喜びは双方ともに，それぞれが，一方は普遍法学の諸原理の探求のために彼がこれから行なうはずのすべての研究の前兆であり，他方はラテン語に関して，なかんずくローマ法学の慣行について彼が今後獲得するはずの利益の予告であった。ローマ法学のもっとも困難な部分は法律用語を定義するやり方を知ることだからである。

　市民法も教会法も等しくそれぞれの原典について一方〔市民法〕および他方〔教会法〕の提要を研究し終えるや，彼は5年間の法律教育の間中これら「教科」(37)と呼ばれるものを学習する気持を毛頭持たずにいたにもかかわらず，法廷の業務に専念しようと欲した。きわめて廉潔な上院議員でヴィーコ家の庇護者，ドン・カルロ・アントニオ・デ・ローザ氏(38)により，彼は法廷実務を学ぶためにファブリツィオ・デル・ヴェッキオ氏のもとに連れて行かれた。この人はきわめて誠実な弁護士で，のち老齢に至って極貧のうちに亡くなった。また，彼〔ヴィーコ〕に裁判上の駆け引きをよりよく学ばせるためにであろうか，運命の定めるところによって，すぐそののち彼〔ヴィーコ〕の父親に対して最高〔王立〕法院に訴訟が起こされるという事態が生じた。この事件はかねがねドン・ジェロニモ・アックワヴィーヴァ氏に〔予審判事として〕委託されていたのであったが，この訴訟を彼〔ヴィーコ〕は16歳(39)の身でありながら独力で指導し，次いで〔最高王立法院〕〔民事〕部局(40)においてファ

〔Ⅰ　幼少年時代〕　57

ブリツィオ・デル・ヴェッキオ氏の援助のもとに弁護し，勝訴するに至った。この訴訟で論争したのち，彼は，きわめて学識深き法学者，この部局の評議員〔裁判官〕であるピエール・アントニオ・チアヴァッリ氏から賞讃を受け，また退出にさいして，この法廷の老齢の弁護士で彼の論敵であったフランチェスコ・アントニオ・アクウィランテ氏から祝福の抱擁を得た。

 しかし，このような事情からも，きわめて多くの類似的な論拠からも容易に知ることができるのは，知識のある諸部分において立派に正道に置かれている人々も，他の諸部分においては完全であらゆる部分において照応する一種の叡智によって導かれ，指導されなければ，惨めな邪道をさ迷い歩く，ということである[41]。このようにして，ヴィーコの心の中にまず，『現代ニオケル研究法ニツイテ云々……』[42]の証明が素描され，次いでそれは著作『普遍法ノ唯一ノ原理ニツイテ云々……』[43]をもって完結されたが，この作品への追加が他の一著『法律学者ノ恒常性ニツイテ』[44]である。彼は初めから形而上学的精神の人であり，彼の一切の労苦は真実なものを類〔概念〕によって理解することであり，諸類〔概念〕の〔中の〕諸種〔概念〕を通じて逐次に導き出された正確な区分〔分類〕とともに真実なものをその最終的諸種差〔差異〕において認めることであるにもかかわらず，彼はもっぱら度外れのものや虚偽のものによってのみ人を喜ばせようとしている現代の作詩法[45]のもっとも腐敗したやり方で〔その当時は〕自得していた。この様式に関して，彼は次の出来事によって確信〔堅信の秘蹟〕を授けられた。それはヴィーコがジィアコモ・ルブラーノ神父[46]（無限に博学なイェズイタ派修道士で，その頃ほとんどあらゆるところにおいて腐敗してし

まっていた宗教的雄弁術により信望が高かった人物）のもとに赴いたことであった。そして，自分の作詩法が向上したかどうかを判定してもらうために，薔薇についての一歌謡〔カンツォーネ〕の修正を請うた。この歌はもともと寛大で柔和なこの神父に大変気に入り，その結果，神父はすでに老齢でもあり，かつ宗教的雄弁家の最高の名声に達した身でありながら，それまで会ったこともなかった一青年ヴィーコに向かって，同一主題で書いた自作の田園詩を自分の方からも朗詠したのだった。しかし，ヴィーコはこの種の作詩法を機智の作品においての天稟の訓練のために学んだだけのことであった(47)。こうした作詩法は，もっぱら虚偽なものを用いて聴衆の真っ当な期待の裏をかき，奇を衒ってその歓心を買おうとするものにすぎないからである。ここよりして，この種の詩は慎重で厳格な人々には不快感を抱かせるおそれがあるが，同時に，いまだに脆弱で未熟な心には楽しみをもたらす。また事実このような誤りは，年齢相応の灼熱した活力を保つため天稟が行きすぎずにはいない年代において，形而上学の研究の中であまりにも尖鋭化され，気負っている，青年たちの天稟にとって，ほとんど必要不可欠な気晴らしと言われてよいかもしれない。この活気を凍えさせたり，涸れ果てさせたりしてはならないし，また，円熟した年代，それも時期尚早に獲得された成年時代に固有の，非常に厳しい批判によって，この活力がその後もはや何を行なうためにも燃え上らないようなことがあってはならないからである。

〔Ⅰ　幼少年時代〕

〔II ヴァトッラ滞在および自己完成的研究——1686-95年〕

〔イスキア司教，ジェロニモ・ロッカ卿——同卿の弟，ヴァトッラ侯爵，ドメニコ・ロッカ卿の家庭に同侯爵の令息たちの家庭教師として入ってほしいという同司教からの招請——ヴァトッラ在住——イェズイタ派修道士アントニウス・リカルドゥス（エティエンヌ・デシャン）の研究，および恩寵の問題に対する態度——ヴァトッラのサンタ・マリア・デッラ・ピエタ=フランチェスコ派修道院の図書館——ラテンおよびイタリア詩人たちの研究——倫理学の最初の研究——法学と形而上学の新たな研究——アリストテレス形而上学とプラトン形而上学——ストア主義者ならびにエピクロス主義者の道徳に対する嫌悪——プラトン形而上学の研究——幾何学の研究。もっともユークリドの第5命題以上には行なわれず——開講演説断片，年代未詳——幾何学的方法の本質——ナポリにおいてエピクロス主義が，また，その帰結としてルクレティウスが享受された流行——両者の批判——ヴィーコのプラトン主義（ないし，より正確には，ルネサンス期の新プラトン主義）への確固たる不断の固執——実験的自然学とロバート・ボイル——デカルト自然学——誤ってデカルトの著作とされた，アンリ・デュ・ロワ（ヘンドリーク・ファン・ロイ；エンリコ・レジオ）の『自然学ノ基礎』によるヴィーコの〔デカルト〕自然学研究——デカルト自然学および形而上学の批判——デカルトの『情念論』——マールブランシュとパスカル——ポール=ロワイヤール（アルノー）の『論理学』——ヴィーコのバロック的作詩法より新ペトラルカ作詩法への移行——青年時代の若干の歌謡曲〕

とかくするうちに，彼は肺結核に罹り虚弱な体質を損ね始め，また家庭の財政状態はきわめて逼迫していたが，自分の研究を続けるために余暇を熱望し，法廷の喧騒を嫌悪していた。折も折，幸運にもたまたまある書店で，イスキア司教，ジェロニモ・ロッカ卿(1)と

いう，その諸著作が証拠立てているごとく，きわめて著名な法律学者が，ヴィーコその人と法学を教える良い方法について論議した。同卿はこの議論に非常に満足した結果，きわめて美しい敷地(2)ときわめて申し分のない環境のチレントの館に来て自分の甥たちに法学を教えてくれないかと彼を勧誘した。この城は同卿の弟，ドン・ドメニコ・ロッカ氏(3)の所領であったが（のちにヴィーコは，同氏をもっとも親切な自分の庇護者と識り，また，同氏は同じような作詩法を同様に楽しんでいたが），同氏がヴィーコを自分の息子たち〔ロッカ卿にとっての甥たち〕と全く同様に取り扱ってくれるであろうし（事実，のち同氏はそう取り扱ったが），また，同地では土地の良い空気のため健康を回復することであろうし，また思うがままに勉強もできるであろうから，ということであった。

　この通りに事態は進んだ。ヴィーコはその地に9年余り滞在し，彼の研究の大部分の課程を終え，〔市民〕法と教会法を深く学び，これを自分の責務とした。そして，教会法的論考のおかげで彼は教義の研究に立ち入り，その後恩寵の問題に関しては，カトリック教会教理のちょうど中間に位置した。これは特にソルボンヌの神学者リカルドゥス〔エティエンヌ・デシャン〕(4)の繙読による成果であったが（この人の著作を彼は運よくも父親の書店から携えてきていた），この神学者は両極論，つまりいわばカルヴィン主義的教理とペラギウス(5)的教説との間，また，この両説のいずれかに接近する他の一切の見解の間の真中に置かれたものとして聖アウグスティヌスの教理を幾何学的方法によって示している。この性向は，結果としてその後，彼に諸国民の自然法原理について思索させる効果を持った。この原理は，ローマ法の起源，および歴史に関してその他

〔II　ヴァトッラ滞在および自己完成的研究〕　61

のあらゆる国民〔異民族〕の市民法を解釈するのに便宜でもあり，また道徳哲学に関する点では恩寵についての健全な教理に適合してもいるはずであった。この同じ時期のことであるが，ロレンツォ・ヴァッラ[6]がローマの法律学者たちをラテン語の優雅さの点で非難しているのが契機となって，ヴィーコはラテン語の研究に専心しなければならないと感じ，キケロの作品から着手した。

　しかし，作詩法についてはなお偏見にとらわれて暮しているうちに，彼は幸運なことにも，この城[7]の聖フランチェスコ厳修会修道士たちのある書庫の中からたまたま1冊の書物を手に取った。この本の末尾に身分は聖堂参事会員でマッサ[8]という姓の一紳士によるある寸鉄詩の批判か，良くは記憶していないが，あるいは弁護かが記載されており，そこでは驚嘆すべき詩韻律，とくにウェルギリウスによって遵守された韻律が論じられていた。ヴィーコはいたく感嘆し，ラテン詩人たちを，その第一人者〔ウェルギリウス〕から始めて研究したいと渇望した。かくして，自分の現代的作詩法が不快に感じられ始めたので，彼はトスカーナ語をその第一人者たち，散文ではボッカッチョ，韻文ではダンテとペトラルカ[9]を手本にして錬磨することに方向を転じた。そして日程を交互に代えてキケロ[10]，あるいはウェルギリウス[11]，あるいはまたホラティウス[12]を，最初のキケロはボッカッチョと，第2のウェルギリウスはダンテと，第3のホラティウスはペトラルカと対比させながら，彼らの相違を完全無欠な判断をもって認めたいという詮索心に駆られつつ研究した。そして，これら3作家すべての中でラテン語がどれほどイタリア語より優れているかを学んだが，それはこれらのもっとも教養のある著作家たちを次の順序で常に3回読むことによってで

あった。この順序とは，第1回は創作の統一性を理解するため，第2回目は素材の結合と連続を認めるため，第3回目はより詳細に立ち入って，着想と表明の見事な形式〔方式〕を蒐集するため，という読み方の3段階であった。そして〔発見した〕見事な形式を彼は書物そのものの上に註記し，常套語集ないし語彙集に書き込まなかった。このやり方は彼の評価によれば，必要に応じて，それらの形式の存在場所を想い出せさえすれば，立派な活用にも十分に通じるのであった。活用こそ事実，良い着想と善い表明の唯一の存在理由である[13]。

続いて，ホラティウスの『詩論』[14]の中で，作詩法のもっとも豊かな〔知的〕備品は道徳哲学者たちの繙読により獲られる，と読むや，彼は古代ギリシアの道徳の研究に真剣に専念し，アリストテレスの倫理学から着手した。この哲学者については，きわめてしばしば市民的制度のさまざまな原理に関して権威者たちが言及しているのを彼はかねて読んでいたからである。そして，このような研究の中で彼は，ローマ法学が衡平の一技術[15]であり，この技術は自然的正義[16]の無数の，微細な規定とともに教えられたものであり，法律の論拠と立法者の意志の中で法律学者によって発掘されたものであることに気付いた。しかし，道徳哲学者たちの教える正義の科学〔学問〕はわずかの永遠の真理より由来しており，それらの真理は形而上学において一つの理想的正義〔概念〕[17]によって教示されたものであった。さて，この理想的正義は都市〔国家〕の構築にさいして建築技師の役割を演じ，二つの特殊〔個別〕的正義，すなわち交換的正義と配分的正義[18]に，神の〔遣わされた〕二人の職人に対するごとく命令する。この二人の神聖な職人は，算術的と幾何学

的という二つの永遠の測定法を用いて，ちょうど数学において証明された比例が測定法であるように，利益を測定する。このようにして，彼は，世に行なわれている一般的な研究法によっては法律の学問はその半分以下程度しか学ばれないと認識し始めた。そこで，彼は再び形而上学に赴かなければならないと考えた。しかし，彼がスアレスから学んだアリストテレスの形而上学は役に立ってくれないので，その理由は自分でも明らかでなかったが，プラトンが神聖な哲学者の王者であるという名声だけに惹かれて全く独力でプラトン形而上学の研究に向かった。そして，この研究が進捗したかなりのちになって，彼はアリストテレスの形而上学が道徳の研究にとって，アヴェロエスに対して全然役に立たなかったのと全く同様に，彼自身にも益するところがなかった原因を理解した。現にアヴェロエスの『註釈』[19]は，アラブ人たちを彼らのそれ以前の状態以上に人道的にも文明的にも教化しなかった。それというのも，アリストテレスの形而上学は自然学的一原理に帰結し，その原理は，そこから特殊〔個別〕的諸形相が引き出される質料だからである。かくして，神が一陶工を作り，この陶工が自己の外部の諸事物を細工するとされている。ところが，プラトンの形而上学は形而上学的一原理[20]に帰結する。それは永遠の理念（イデア）であり，この理念（イデア）が自分自身で自分に卵子を形成する種子精気[21]と同様に，自分の中から物質（マテリア）そのものを引き出し，創造する。この形而上学に従って，プラトンは一つの道徳を一つの美徳，ないし理想的正義〔概念〕，あるいは建築家〔建造〕的正義〔概念〕[22]の上に基礎付け，この正義の帰結として，一理想国家〔共和国〕[23]を思索するに努め，この理想国に彼はその諸法とともにまた理想的な法を与えた。このような次第で，ヴィー

コが，道徳を良く理解するためにはアリストテレスの形而上学では満足できないと感じ，プラトンの形而上学によって教えられるところが多いと体験した時以来，彼のうちに，自分では気付かなかったが一つの考えが目覚め始めた。それは，普遍的一都市〔国家〕において，摂理の理念ないし意図のうちに普及されるべき一つの永遠の理想的な法を，すなわちその上にこそ，自今一切の時代の，一切の諸国民の一切の国家〔共和国〕が築かれる永遠的理想法(24)を思索しようという考えであった。これはプラトンがその形而上学の帰結として思弁すべきはずの理想的国家〔共和国〕であった。しかし，彼は罪に堕ちた最初の人間〔アダム〕については知識がなかったので，それを少しも行なうことができなかったのである。

　同じ頃のことであるが，キケロ，アリストテレスおよびプラトン(25)の哲学的著作は，すべて市民社会〔国家〕において人間を規制するのを目的として仕上げられており，〔そのことに気づいた〕彼〔ヴィーコ〕には，ストア主義者(26)の道徳もエピクロス主義者(27)の道徳も，両者ともに一種の孤独人の道徳(28)であって，全くではないにせよほとんど受け容れられないものとなってしまった。エピクロス主義者は彼らの小庭園に閉じ籠もったのらくら者たちだからであり，ストア主義者たちは情念を感じないことに精を出す瞑想家たちだからである。そして，まず最初に行なった論理学から形而上学への飛躍の結果，ヴィーコはそのすぐあと(29)アリストテレス，エピクロス，および最終的にはルネ・デカルトの自然学に関心を持つに至った。ここより，彼はプラトンによって範とされた，世界が数で作られていると主張するティマイオスの自然学(30)に満足を覚えるに至り，またストア自然学を軽蔑することは差し控えなければなら

ないという気持に立ち戻った。ストア自然学[31]は世界は点より成ると主張するので，これら二つの〔自然学の〕間には実質的に何らの相違も存していないからである。この問題はのち彼が自著『古代いたりあ人ノ最古ノ叡智ニツイテ』[32]において確立に努めた通りである。そして，最終的には，エピクロス，デカルト両者ともにその機械論的自然学は誤った立論であるから，冗談にもせよ真剣にもせよ到底受け容れられないと知った[33]。

　しかし，ヴィーコは，アリストテレスによってもプラトンによっても等しく，彼らが哲学において論考〔推論〕する事柄を論証するために，非常にしばしば数学的証明が用いられているのを見るや，この点に関して彼らを十分に理解するだけの能力が自分に不足しているのを知った。そこで，幾何学に専念しようと決意し，ユークリッドの第5命題[34]まで進んだ。そして，この証明の中には要するに，それぞれの辺とそれぞれの角によって個別的に検討された諸三角形の合同〔一致〕が含まれていること，つまり，同一の面積をもつとき，それぞれの辺と角は他の三角形の辺と角に一致し合うことが証明されているのを考察して，彼はこれらの微細な真理を，いわば一種の形而上学におけるごとく，すべて一括して理解することの方がこれらの個別的な幾何学的量の理解よりも容易なことであるとわれとわが心に感得し始めた。そして，この苦い体験によって，彼は，形而上学によってすでに普遍的と化しているすべての精神にとって，微細な天稟に適切なこのような研究〔幾何学〕はうまく行なわれえないことを経験し，それを続けるのを中止した[35]。事実，この研究は形而上学の多くの論究によってすでに類概念〔一般概念〕の無限界を飛翔するのに馴れた彼の精神を束縛し狭小なものに

しつつあったのである。そして，雄弁家，歴史家および詩人たちを頼りに繙読することによってきわめて遠く隔たった諸々の事物の間にそれらを何らかの共通の関連のうちに結合するような紐帯を認めては，天稟を楽しませた。これらの紐帯こそ，明敏さ[36]を楽しいものと化す，雄弁術の美しいリボン飾りである。

　かくして，古代人たちは正当にも幾何学の勉強を子供たちが専念するのに適している研究と評価し，幾何学をこの幼い年代に相応しい論理学と見なした。この年代は個別的なものをよく理解し，それらを順次に配列することを知るだけに，事物の類概念〔一般概念〕を把握することはそれだけ困難である。そしてアリストテレス自身も，幾何学で利用された方法から三段論法術を抽象したにもかかわらず，なおかつ，児童たちには言語，歴史および幾何学が記憶，空想力および天稟を訓練するのにもっとも適している素材として教えられるべきである，と同意ないし主張している。ここより，現在若干の人々によって，勉強法についての二つの非常に有害な慣行がどれほどの損傷を伴って，どのような少年訓育法に従って実行されているかが容易に理解できる。その第1は，文法学校を出たばかりの児童にいわゆる『アルノーの論理学』[37]に即して哲学が開始されることである。この論理学は，高等な学問の秘匿された，大衆の常識から全く疎遠な主題に関するきわめて厳密な判断で充満している。これによって年少者の心の中で，本来記憶は言語の研究をもって，空想力は詩人，歴史家および雄弁家を読むことによって，天稟は線画的〔平面〕幾何学によって，というように，それぞれが適切な一技術によって規制され促進されるべきはずの，若々しい精神の資産が歪められるに至る。この幾何学とはある点では一種の絵画であり，この絵画はその多数の要素によって記憶を強化し，その繊細な図形と，緻密きわまる線を備えて描かれた，あれほど多くの図面によって空想力を洗練し，天稟にすべての線に目を通させ，それらの中から求められている大きさを証明するために必要な一切の線を集めるべく敏速に対処させる。そして，これら一切は，円熟した判断力の年代において，雄弁，活発かつ明敏な叡智を実らせるのを目的としている。しかるに，この種の論理学に

〔II　ヴァトッラ滞在および自己完成的研究〕

よって，少年が時期尚早に批判に向かわせられると，つまり言い換えれば，最初に理解し次に判断し最後に論考するという，観念の自然の過程に反して，十分に理解する以前に十分に判断させられるに至るや，少年期は自己表現に不毛となり，何も行なうことなしにすべてのことについて判断しようと欲する。これに反し，彼らが天稟の時期，すなわち少年期において，論点論(38)に専心したとすれば，これは発見の技術であり，天稟のある人の独自の特権であるから（ヴィーコがキケロ(39)に教えられて，少年期に専心したように），彼らはその後正しく判断するための素材を準備できることであろう。なぜなら，事物の全体が識られてしまわないかぎり，正しい判断は下されないのであり，論点論はそれぞれの事物においてその事物の中に在るもの一切を発見する技術だからである。かくして，少年たちは本性そのものから哲学者や弁舌家と成るに至るであろう。他の一つの〔有害な〕慣行は代数学の方法によって大きさの学問の要素が少年に与えられることである。この方法は，若者の素質の最大の活力をも一切凍えさせ，彼らの空想力を曇らせ，記憶を衰弱させ，天稟を怠惰なものにし，知性を鈍化させるが(40)，この四つのもの〔空想力，記憶，天稟，知性〕こそより良き人類の涵養にとってきわめて必要なものなのである。すなわち，第1のもの〔空想力〕は絵画，彫刻，建築，音楽，詩学および雄弁術にとって，第2のもの〔記憶〕は諸言語や歴史の博学のために，第3のもの〔天稟〕は発見のために，第4のもの〔知性〕は慎慮のために，不可欠である。ところが，例の代数学は大きさの自然的記号を恣意的に若干の数字に，つまりアラブ人たちによれば数の記号にと還元するアラブ的新方策(41)であると思われる。これらの数の記号は〔古代〕ギリシア人やラテン人たちのもとでは彼らの〔アルファベットの〕文字であった(42)が，これらは両国民のもとで，少なくとも大文字は規則正しい幾何学的諸直線である。これらの文字を彼ら〔アラブ人たち〕は10個のきわめて微細な数字に還元してしまった。かくして，代数学によって天稟は苦悩する。なぜなら，代数学は自分の足下に在るもの以外は見ないからである。代数学は記憶を損なう。それは第2の記号が見出されれば，もはや第1の記号に注意を払わないからである。代数学は空想力を盲目化する。それは事実上何一つ空想しないからである。代数学は知性を破壊する。それは予言の能力を持つと公言するからである。かくして，この学問に多くの時間を費した少年はその後

の社会生活の実践において，彼らにとってこの上もなく残念かつ遺憾にも，社会生活に〔他の人々に比して〕より不適当なわが身を見出すに至る。ここよりして，代数学はそれが多少の効用をもたらし，それほど大きないかなる損害も及ぼさないためには，数学コースの終りにわずかの期間学ばれるべきであり，それはローマ人たちが数について行なったように用いられるべきであろう(43)。彼らは，非常に大きな総額のばあい点によって記述するのを常とした。かくして，求められている大きさを発見するために，われわれの人間知性によって総合〔的方法〕のために一種の死物狂いの辛苦が続けられなければならないようなばあい，われわれはその時こそ分析〔的方法〕の神託に助けを求めるべきであろう。なぜなら，この種の〔分析的〕方法によって正しく論考〔推論〕するかぎりにおいては，分析的形而上学によって〔論考する〕習慣を養う方がよいからであり，すべての問題において，存在者の無限(44)の中に真〔理〕を獲得するために赴くべきであり，そののちに，実体の類〔概念〕を経過して徐々に，類〔概念〕の〔包摂している〕一切の種〔概念〕にわたって〔求めている〕事物〔そのもの〕ではないものを〔すべて〕除去しつつ進んで行き，ついには窮極的種差に到達できるからである。この種差こそ識ることが求められている事物の本質を成している。(45)

さて，われわれの本題に戻るとして，——彼が，幾何学的方法の一切の秘密は次のことに含まれているのを発見するや，すなわち，論考するために用いなければならない言葉〔語〕をまず定義し，次いで論考が行なわれる相手も同意するような共通の格率を設定し，最後に，本性上譲歩できるような諸事物を，必要とあれば慎重に要求し，ついには，何らかの前提なしには結論に達しなかったであろうような推論が可能となるようにすること，そして，これらの諸原理によって，より単純な論証された諸真理から出発して徐々により複合的な諸真理へと進んで行き，また複合的諸真理をもそれらを複合している諸部分がまず個別的に検討されないかぎり肯定しないこ

〔II　ヴァトッラ滞在および自己完成的研究〕　69

と,以上のことに〔幾何学的方法の一切の秘密が〕含まれているのを発見するや,——彼は幾何学者が彼らの推論にさいしてどのように処置してゆくかを知ったことはそれだけでも有益であったと評価した。なぜなら,今後万一このような論考法が必要とされたとしても,彼はそれに通じていたからであった。事実,その後彼は,自著『普遍法ノ唯一ノ原理ニツイテ』(46)においてこの論考法を厳密に用いたのであり,この作品をジャン〔・ル〕・クレール氏(47)は,のち然るべき場所で触れられるであろうように,「厳格な数学的方法によって組成されている」と判断したのである。

さて,ヴィーコの哲学研究の進歩を順を追って知るためには,ここで多少過去に遡らなければならない。というのも,彼がナポリを立ち去ったころ,エピクロス哲学はピエール・ガッセンディ(48)を介してすでに研究され始めていたが,それから2年後にヴィーコは青年たちが熱狂的にこの哲学の讃美に努めているという情報を得た。このため,彼の心の中にルクレティウス(49)によってこの哲学を識りたいという意欲が目覚めた。この作家の繙読によってヴィーコは知ったのだが,エピクロスは,精神が物体とは別のものであることを否認したため,優れた形而上学が欠如して狭隘な精神から出られず,哲学の原理としては,すでに形成されている物体を,さらに他の諸部分の複合による,多様な窮極的諸部分に分割された物体を設定せざるをえなかったのである。またエピクロスは,これらの他の諸部分は不可欠であると想像したが,それもそれらの間に散在している真空というものは存在しないからである。これは子供たちの狭い精神や下賤な女たちの脆弱な心を満足させる哲学である。そして,エピクロスは幾何学の知識さえないにもかかわらず,なおか

つ，よく秩序立った一連の諸帰結によって一種の機械論的自然学に基づいて完全に感覚だけの形而上学を形成しているが，これは正しくジョン・ロック(50)の形而上学であり，快楽の道徳と言われてよいであろう。事実，この種の道徳は，エピクロスが自分の学派を信奉した人々に現に命令したごとく，孤独の中で生活するはずの人間たちに適しているのであった。そして，ヴィーコは，エピクロスの功績を正しく認めるために，この哲学者により物体の本性が説明されるのを見て喜んだが，〔一方〕それと同じ程度の嘲笑あるいは憐憫の念で，彼が人間精神の作用するやり方を説明するため無数の瑣事と愚行に陥るという苦境に立たされているのを見た。かくして，以上のことはプラトンの教義にいやまして確信を抱く大きな動機として彼にもっぱら役立った。プラトンは，われわれの人間精神の形相から発して，何らの仮説もなしに，一切の事物の原理として，永遠の理念(イデア)をわれわれがわれわれ自身について持つ知識〔科学〕(scienza)と意識(coscienza)の上に確立する。なぜなら，われわれの精神の中にはわれわれが認めないことも否定することもできない，したがってわれわれから生じているのではない若干の永遠の真理が存しているからである。しかし，その他についてはわれわれは，身体〔物体〕に依存する一切の事物を意図することによって行なう一種の自由をわれわれのうちに感得する。そしてさればこそ，われわれは適時に，すなわちわれわれが専念しようと欲するときに，それらのことを行なうのであり，また，それらすべてをわれわれはそれらを識ることにより行なうのであり，それらすべてをわれわれの内部に包括する。たとえば，空想力によって映像を，記憶によって想起を，欲求によって情念を，感官によって嗅い，味，色，音，触覚を

われわれはわれわれの内部に包括する。しかし，永遠の諸真理については，それらはわれわれから生じておらず，われわれの身体〔物体〕に依存していないのであるから，われわれは一切の事物の原理が物体〔身体〕とは別な一つの永遠の理念(イデア)であることを知らなければならない。そしてこの理念(イデア)はその認識〔力〕の中で，欲しさえすればいつでも，一切の事物を時間の中で創造し，それらを自己の内部に包括し，かつそれらを包括しながら，それらを支持する。この哲学原理からプラトンは形而上学において，抽象的実体の方が物体的実体(51)より多くの実在性を持つということを確立し，そこから文明生活にきわめてよく適した道徳を導き出している。ソクラテス学派がみずから，またその後継者たちによって，平和と戦争の双方の技術についてギリシアでの最大の光明を与えるに至ったのはこのためである。そしてヴィーコはティマイオスの自然学(52)，すなわちピタゴラスの自然学に賛同する。この自然学は世界が数より成り立っていると主張するが，数はある様相からすれば形而上学的な点よりもさらに抽象的である。これらの形而上学的な点にゼノン(53)は自然の諸事物について説明するために行き当たったが，それはちょうどのちヴィーコが自著『形而上学』で証明しているのと同様である。これについては以下で述べる予定である。

それからしばらくして，ヴィーコは，実験的自然学が世評の的になっており，これがために至る所でロバート・ボイル(54)の名が叫ばれていることを知った。この自然学をヴィーコは医学とスパルギリスト的医療化学(55)にとっては有益と判断したが，それだけに自分からは遠ざけようと欲した。なぜなら，この自然学は人間の哲学に少しも貢献しないからであり，また野蛮な方式(56)で説明されざる

をえなかったからでもあった。そこで彼はローマ法の研究に主として専念したが,これらの法律の主要な基盤は人間の慣習の哲学,および言語とローマの政府〔統治〕の科学であり,これら〔の哲学と科学〕はひとえにラテン著作家たちに基づいて学ばれるのである。

9年余り続いた孤独な生活の終りごろにヴィーコは,ルネ・デカルトの自然学が過去の一切の自然学の名声を曇らせてしまったという情報を得て,これを確認しようという意欲で燃え立った。〔神の〕恩寵とも言うべき欺瞞的行為のおかげで,彼はデカルト自然学についてすでに通じていた。というのは,ヴィーコは父親の書店から他の諸著作の中にまぎれこませてアンリ・デュ・ロワ(57)の『自然哲学』を持ち出して来ていたが,この仮名でデカルトが自己の自然学をユトレヒトで公刊し始めていたからであった。そして,ヴィーコはルクレティウスに次いでデュ・ロワを研究し始めたが,この哲学者は職業上は医者で,数学以外の学識は持っていないことを示していたので,ヴィーコはこの人もエピクロスがかつてそうであったのに劣らず形而上学に無知であると確信した。もっとも,エピクロスは数学については決して何も知ろうとしなかった。デュ・ロワもまた誤って設定された一原理——すでに形成された物体——を自然の中に定立するが,この原理はエピクロスのそれと次の諸点で異なるにすぎない。すなわち,エピクロスは物体の可分性を元子〔の段階〕で留（とど）めるが,デュ・ロワはその3要素を無限に可分的となる。前者は運動を真空の中に,後者は充実の中に置く。前者は彼の無限の諸世界を諸元子自体の目方と重量の下方への運動によるそれら諸元子の偶発的な傾斜から形成し始めるが,後者は不活性の,それゆえまだ分割されていない物質の一断片に伝導された衝撃から彼の未限定

〔II　ヴァトッラ滞在および自己完成的研究〕

な諸渦動を形成し始める。この物質は伝導された運動とともに諸立方体へと分割され[58]，さらに，自己の質量によって阻害され，直線運動をなして運動することに努めるのを余儀なくされるにもかかわらず，物質それ自体の充実のためそれができないので，その諸立方体に分割されて，それぞれの立方体の中心を巡って運動し始めるに至る。かくして，エピクロスが彼の諸元子の偶発的傾斜から由来して世界を偶然のなすがままに任すのと同様に，同じくデカルトの最初の微小諸物体が直線的運動を行なわざるをえない必然性から，ヴィーコには，このような体系は世界を運命に隷属させる人々にとって格好のものであるように思われた。そして，ヴィーコはその後ナポリに帰って，デュ・ロワの自然学がデカルトのものであると聞き及ぶや，デカルト本人の『形而上学的諸省察』[59]の研究に没頭し始め，しかるのち，上述のごときみずからの判定に大変満足したのであった。というのは，デカルトは栄誉を求める気持がきわめて強く，エピクロス自然学と類似の構想に基づいて考案されたみずからの自然学がヨーロッパでもっとも著名な一大学，すなわちユトレヒト大学の教壇に初めて一医学的自然学者〔デュ・ロワ〕によって登場させられたので，この自然学によって医学の教授たちの間で著名になりたいと切望したが，それと同様に彼はそののちプラトンのやり方に倣って形而上学の相当量の最初の梗概を著述——その中で彼は2種類の実体[60]，一つは延長している実体，他の一つは思惟する実体を確立し，物質を支配する一行為者，すなわちプラトンの「神」に当たるような，物質でない行為者〔の存在〕を証明するために全力を注いでいる——したからであり，しかも，それは11世紀[61]までアリストテレスの形而上学が導入されていた諸修道院に

おいてもまた〔自己の哲学の〕支配権をいつの日にか獲たいがためであった。なぜなら，この哲学者〔アリストテレス〕が自説として貢献したことそのもののため，彼の形而上学は不敬虔なアヴェロエス[62]学派に役立ったりはしたが，なんといってもその骨幹はプラトンの形而上学であったから，キリスト教はそれを容易にこの哲学者〔アリストテレス〕の師〔プラトン〕の敬虔な意図へと矯正し，かくして，キリスト教はその発端から11世紀に至るまではプラトン形而上学をもって支配してきたものの，同じくそれ以降はアリストテレス哲学によって統治したからである。そして事実，デカルト自然学が賞讃されていた最大の熱意に応じて，ヴィーコはナポリに戻るや，自分に大変親しかった偉大なデカルト主義哲学者，グレゴーリオ・カロプレーゾ氏[63]が上述の〔デカルトの哲学が修道院を支配する〕ことについてしばしば語るのを耳にした。しかし，デカルトの哲学はその諸部分の統一性の点で，決して一つの体系としては堅実でない。なぜなら，彼の自然学には物体的実体という一種類のみを確立する一形而上学が対応しているからであり，この物体的実体は，既述のごとく，ちょうどエピクロスの自然学にも偶然から作用する物体的実体の一種類だけが対応しているように，必然性により作用するからである。すなわち，デカルトは，物体の一切の無限の異なった形態が物体的実体の変容であり，これらの変容は実体の中には全く存在しないと説く点で，エピクロスとみごとに一致している。彼の形而上学はキリスト教に適したいかなる道徳をも決して実らせなかった。彼が道徳について書いたわずかの事柄は道徳論を構成しないばかりでなく，『情念論』[64]も道徳よりもむしろ医学に役立っているからである。そして，マールブランシュ神父[65]さえも

キリスト教的道徳体系について仕事を完成できなかったし、パスカルの『瞑想録』(66)もまた散在的な光明を有するにすぎない。デカルトの形而上学からは決して固有〔本来の意味〕の論理学は生じない。現にアルノーはその論理学(67)をアリストテレスの論理学に基づいて完成している。またそれ〔デカルト哲学〕は医学そのものにも役立たない。デカルトの人間は解剖学者によれば自然の中に見出されず、その結果、デカルトの哲学と対比すれば、数学を何も知らなかったエピクロスの哲学の方が体系を成していて、はるかに指導性を持つからである。これらすべての理由に気付くや、ヴィーコはかくして、一方ではルクレティウスの繙読によってプラトン的形而上学にさらに加担したこと、他方ではデュ・ロワの通読とともに一層プラトン形而上学に確信を抱くに至ったことに、われながら大変な満足を覚えたのである(68)。

　これらの自然学〔体系〕は、ヴィーコにとってはプラトン的形而上学者についての真剣な瞑想〔省察〕からの気晴らしのようなものであり、彼に作詩の習慣にさいして空想力を飛翔させるのに役立った。作詩については彼はしばしば歌謡曲(カンツォーネ)を書いて練習したが、イタリア語で作詩するという最初の習慣を守り続けながらも、トスカーナの最良の詩人たちに導かれてラテンの輝かしい諸理念を引き出すことに心を用いた。マニリア法の演説(69)の中にキケロによって大ポンペイウスに対して織り込まれた頌辞は、全ラテン語文献の中でこの種の演説としてはこれ以上荘重なものはないとされているが、ヴィーコはこの頌辞に倣い、ペトラルカの「三人姉妹」(70)を模倣して、三つの歌謡曲から成る一頌辞『マクシミリアン・バイエルン選挙侯を讃えて』(71)を書き上げた。この歌謡曲は1709年ルッカにお

いて出版されたリッピ氏〔編〕の『イタリア詩人選集』(72)の中で世に出ている。また1701年，ナポリで公刊された『ナポリ詩人集』というアカンポーラ氏(73)の選集の中にも，ポーポリ公爵家一族のドンナ・イッポリータ・カンテルミ嬢(74)とブルッツァーノ公爵，現在のロッチェッラ太公，ドン・ヴィンチェンツォ・カラーファとの結婚式によせた他の一歌謡曲が出ている。この小曲はヴィーコがカトゥッルス(75)のきわめて優美な歌謡曲「夕ベナリ」に対抗して作詩したものであるが，このラテン小曲をそれよりさきすでにトルクワート・タッソ(76)が似たような主題で同じく一歌謡曲によって模倣したことをヴィーコはのち読んで知った。そして，彼は一つにはこのような，またこれほどの大詩人への畏敬の念のため，また，自分がこの詩人にすでに先を越されたと知っていたとすれば上述の歌謡曲をあえて作詩することも，それを楽しむこともできなかったであろうと思われたので，当初に何の事情も知らなかったことをかえって嬉しく思った。これら以外にも，プラトンの「最大の年」(77)の理念について，ウェルギリウスがきわめて博学な田園詩「しちりあノ芸術神タチ」を創作したのに倣って，同じ主題でヴィーコもバイエルン公爵とポーランドのテレーザ皇女との結婚式によせる歌謡曲を作詩した。この詩は1723年ナポリにおいて出版されたアルバーノ氏〔編〕の『ナポリ詩人選集』(78)第1巻に入っている。

〔III　ナポリへの帰還・ヴィーコ哲学の第1期形態
　　　――1695-1707年〕

〔ナポリへの最終的帰還――同地における形而上学，論理学，医学，法学の研究状況――詩文における「カープア主義」ないし純正主義――人文主義的研究はほとんど愛好されず――ギリシア語およびイタリア語（それ以上にフランス語）の研究を無視して，ヴィーコはラテン的な美しい文体の形態の涵養に全面的に献身――ガエターノ・ディ・アンドレーア神父よりテアティーノ修道会に入ることを要請され，断わる――ジウゼッペ・ルチーナにより，弁護士ニコロ・カラヴィータの文芸集会に紹介さる（1695年末）――カラヴィータに委託されて，〔スペイン〕国王代理，フランチェスコ・ディ・サントステファーノ伯爵のスペインへの帰国にさいして公刊された寄稿詩集の序言としてラテン語演説を執筆す（1696年3月）――グレゴーリオ・カロプレーゾより「自学自習者」と綽名さる――〔スペイン〕国王代理ルイージ・ディ・メディナチェーリ公爵母堂逝去にさいしての他の一寄稿文集のためヴィーコにより執筆された，よりよく普及されている序文演説――カラヴィータに支援され，大学の修辞学講座教授公募に応募し成功す（1698-99年）――メディナチェーリにより創立された王宮付属学院の会員に就任（1699年）――「ディ・マッキア」と呼ばれている陰謀事件後のメディナチェーリ公爵のスペイン本国への召還および同公爵の後任としてのデカルト主義者エスカローナ公爵の来任はナポリにおいて反人文主義的流行を強化す――この帰結としてのヴィーコの困惑――パオロ・マッティア・ドーリアと友情を結ぶ――プラトンとタキトゥスに彼の第3の「著作家」，ベイコンを加える――ヴィーコの最初の大学開講6講演（いわゆる開講演説）――各講演の詳細な梗概〕

　このような教義とこのような博学を備えてヴィーコは，われとわが生まれ故郷の中での異国人[(1)]としてナポリに帰ったが，その地

で彼が見出したのはデカルトの自然学が声望のある文芸人たちによって最高度に礼讃されているということであった。アリストテレスの自然学は，それ自体が原因で，またそれ以上に，スコラ哲学者たちによる極端な改竄のため，すでに笑いぐさと化していた。形而上学——16世紀において文芸界の最高級の位階をなしてマルシーリオ・フィチーノ[2]，ピーコ・デッラ・ミランドラ[3]，ニーフォおよびステウキィオの二人のアウグスティーノ〔アゴスティーノ〕[4]，ジャコポ〔イャコポ〕・マッツォーニ[5]，アレッサンドロ・ピッコローミニ[6]，マッテオ・アックワヴィーヴァ[7]，フランチェスコ・パトリーチ[8]のごとき人物たちを次々と輩出し，詩作において，歴史において，雄弁学において，かつてもっとも学芸が栄え弁論が隆盛であった時代の〔古代〕ギリシア全体がイタリアに再現されたかと思われるほどの業績を挙げたことのあった形而上学——は修道院の中に閉じ込められるに値する学問と見なされていた。そして，プラトンについてのみ，作詩用に，あるいは記憶による博学の誇示のために，多少の部分が時折持ち出されたのであった。スコラ論理学は弾劾され，それに代ってユークリッドの『〔幾何学〕原理』がふたたび認められ始めていた。医学は自然学諸体系の頻繁な変更のため懐疑主義に陥っており，医者は病気の本性についての真相に関して診断不明[9]ないし理解不可能の態度を取り始めており，診断を下し有効な治療を施すことを意図的な判断停止(エポケ)[10]によって中断してしまっていた。また，以前にはギリシア哲学とギリシア語をもって学習され，あれほど多くの比類なき医学者を世に送ったガレノス学派[11]も，この時代の学派継承者たちの大きな無知のため極度に軽蔑されていた。市民法の古典的註釈家たち[12]は学院におけ

〔III ナポリへの帰還・ヴィーコ哲学の第1期形態〕 79

る彼らの高い名声より墜落し果て，〔旧〕法廷に多大の損害を与えていたが，それには現代の博学な法学者たちも加担していた。なぜなら，後者〔現代法学者〕がローマ法の批判のために必要であるのと同じ程度に，前者〔古典的註釈者たち〕も疑わしい衡平の判例においては法律的論点論(13)のために不可欠だからである。きわめて学識に豊むカルロ・ブラーニャ氏(14)は賞讃すべき作詩法を回復したが，しかしそれをジョヴァンニ・デッラ・カーサ(15)の模倣の中で余りにも狭隘なものに制約してしまい，ギリシアあるいはラテンの源泉から，あるいはペトラルカの詩集の清冽なせせらぎから，あるいはダンテの歌謡曲(カンツォーネ)の偉大な急流から，何ら繊細なものも，また強靭なものも汲み取ってはこなかった。世にも博学なリオナルド・ダ・カーポヴァ(16)〔レオナルド・ディ・カープア〕氏は，典雅さと優美さに溢れた立派なトスカーナ散文語を再興していた。しかし，これらの美点をもってしても，習俗に対処するためのギリシア的叡智によって生気を与えられた弁舌も，感情を揺り動かすローマ的偉大さによって強化された演説も聴くことはできなかった。そして最後に，もっともラテン的なトマーゾ〔トッマーゾ〕・コルネーリオ氏(17)は，そのもっとも純粋な著作『自然学訓育入門』をもって青年たちの天稟を強化してその後ラテン語の学習に努めさせるのではなく，むしろ彼らを驚愕させただけであった。こういう次第であったから，ヴィーコは自分が師を持たず，師の言葉に誓約して服従を誓ったこともないのを幸いと思い，また自己の守護神に導かれつつ，自分の勉学の大部分の経路をいかなる党派感情もなしに進んできた場所が〔ヴァトッラ城その他の〕森林の中であったこと，そして，衣裳の流行同様に，そこは文芸の嗜好も二，三年ごとに変化する都会

ではなかったことに感謝した。そして，立派なラテン語散文〔習得〕への一般的な怠慢を見て，彼はますますその涵養に努めようと決心した。そして，コルネーリオがギリシア語については有能でなかったこと，トスカーナ語にも心を用いなかったこと，また批評を全く，あるいはきわめてわずかしか好まなかったことを知って，——多言語学習者が自分の知っている多数の言語のため，どの一言語をも完全には用いないということ，また批評家は執筆者の欠点を指摘することにのみ常にこだわるため言語の〔持つ〕美徳〔能力〕を追求しないということに恐らく気付いたからであろうが，——ヴィーコは，イェズイタ派神父の第2クラスで学習した，グレッセーロ[18]〔グレッツァー〕の『〔ギリシア語〕概要』以来学び続けていたギリシア語とトスカーナ語を放棄し（同じ理由から彼はもはやフランス語も全く知ろうとしなかった），全力でラテン語の学力強化に努める決心をした。また，そのほか，古典語辞典や註釈書の公刊につれてラテン語が退廃したのを考察して，彼はその種の書物を決して手にするまいと覚悟し，ジューニオ[19]の用語解説辞典だけを諸技芸の術語の理解のために手許に置き，註記なしのラテン著作家たち〔の著作〕を哲学的批判によって彼らの精神に立ち入りつつ読むことにした。このやり方は16世紀のラテン作家たちが行なったことそのままであり，それらの著者たちの中でもヴィーコは，ジョーヴィオ[20]を豊饒さのために，ナウジェーロ[21]〔ナヴァジェーロ〕を残された僅かな作品から感得される繊細さと，さらにまた，この作家の『歴史』が被った大損失を嘆かせずにはいない，余りにも優雅な味わいのために賞讃したのであった。

これらの理由からヴィーコは，彼の祖国〔ナポリ〕において異邦

人としてばかりでなく、また見知られることもなしに生活していた。彼がこのような感情を抱き、このような孤独な生活態度を続けていたからといって、彼はそれだけに文芸の学問で信頼を受けている老齢の人々を叡智の神意として遠くから畏敬しなかったわけではなかったし、また他の青年たちがこれらの大家たちと会談できる幸運を見ては正直なところ気をもんでいたし、羨望しなかったわけでもなかった。ところで、青年たちが一層大きな利益〔や栄達〕を手にするのに不可欠な性向、つまり邪悪なあるいは無知な師の言辞に頼って自らの生涯を他人の嗜好に従わせたり、並みの知識を得ることで満足してしまうことは潔しとしない気質、を備えていたおかげで、ヴィーコは、最初に二人の有力者の目に留まった。一人はテアティーノ会修道士ドン・ガエターノ・ディ・アンドレーア[22]〔ダンドレーア〕神父であったが、この人はのち至聖な司教として世を全うした。同神父は不滅の名を残した両者、フランチェスコ[23]およびジェンナイオ〔ジェンナーロ〕氏の兄弟であった。この神父は、ヴィーコとある書店で教会法規集の歴史についてたまたま議論したさい、青年にすでに妻帯しているのかと訊ねた。ヴィーコが、いいえ、と答えるや、彼はさらに言葉を継いで、テアティーノ会修道士になる気はないか、と聞いた。これに対し、ヴィーコが、自分は貴族の家柄ではありません、と返答するや、神父は、そんなことは少しも問題ではないであろう、ローマ〔教皇〕から特免状を貰ってあげるから、と応じた。ここで、ヴィーコは神父からこれほどの敬意を払われているのを知って、私は私だけを頼りにしている貧しい老齢の両親を持っているのです、と打ち明けた。ところが、神父は文人というものは家族にとって役に立つより、むしろ負担になるもの

だ，と応えたので，ヴィーコは，自分のばあい，恐らくその逆を証拠立てるでしょう，と断言した。すると神父は，「それは貴君の天職ではない」と述べて会話を終えた。第2の人物はドン・ジウゼッペ・ルチーナ氏(24)であった。この人はあらゆる種類の人文学的および神学的知識についてギリシア，ラテンおよびトスカーナ語での広大，該博な教養の持主であったが，青年ヴィーコがどれほどの能力を持っているかを見抜いて，この人物を〔ナポリ〕市で何かの役に立たせられないものであろうか，と親切にも心を痛めてくれていた。折も折，彼を押し立てる絶好の機会が同氏に提供された。それは，天禀の明敏さ，判決の厳格さおよびトスカーナ語文体の純粋さで法廷における第一級の弁護士であり，また文人たちの偉大な庇護者であるドン・ニコロ・カラヴィータ氏(25)がナポリ〔駐箚スペイン〕国王代理サントステファーノ伯爵(26)の帰国にさいし，同伯爵を讃えて一寄稿作品文集の作成を志したことであった。これはわれわれの記憶しているかぎり，ナポリで公刊された最初の文集であり，数日以内というきつい制約の中で上梓されなければならなかった。そこでルチーナは，すべての人々に対し最大の権威を持っていたので，ヴィーコを同弁護士に推薦し，他の寄稿作品の冒頭に置かなければならない〔序言〕演説の執筆を託したいと申し入れた。そして，彼はこの起用が同弁護士より受け容れられたので，ヴィーコにそのよしを伝え，かつて自分自身がこの弁護士より最大の支援者として恩恵を被ったように，ヴィーコに一人の文学庇護者から厚誼をもって認められる絶好の機会を指示してくれたのである。このことは青年ヴィーコにとってそれ自体願ってもない事態であった。そして事実，トスカーナ語関係の研究をすでに放棄していたので，彼は

問題の作品集のためにラテン語の〔序言〕演説[27]を1696年，ジウゼッペ・ロゼッリ印刷所まで出向いて書き上げた。これ以来，彼は文人としての名声を高め始め，なかでも上で述べたグレゴーリオ・カロプレーゾ氏[28]は（エピクロスについて言われたごとくに）敬意をもって，彼を「自学自習者」[29]，すなわち自分自身の教師，と呼ぶのが常であった。次に，ナポリ〔駐箚〕国王代理，メディナチェーリ公爵御母堂『ドンナ・カテリーナ・ダラゴーナ刀自葬儀式典』[30]の中で，きわめて博学のカルロ・ロッシ氏[31]がギリシア語で，著名な宗教演説家ドン・エンマヌエル・チカテッリ氏[32]がイタリア語で，ヴィーコがラテン語で，それぞれ〔追悼〕演説を書いたが，このラテン語演説は他の作品とともに1697年[33]に二折判で公刊された1巻本で世に出された。

　その後しばらくして，担当教授[34]の死亡により修辞学講座が空席となった。この席はわずか年額100スクード[35]足らずの収入にしかならず，それも，この種の教授が法学研究の資格を学生に認定する証明書手数料[36]から手に入れる，他の僅少で不確実な金額の追加収入も加算した上でのことであった。カラヴィータ氏から，即座ニ〔教授公募に〕応募するようにと言われたのだが，彼は断った。なぜなら，その数カ月前に行なった他の応募，〔ナポリ〕市秘書官職[37]が不幸な結果に終っていたからであった。ニコロ〔・カラヴィータ〕氏は彼を才智に乏しい人間として（確かに功利に関する事柄については，彼は全くその通りである）親切にたしなめて，貴君はその場〔審査場〕で行なう講義のことだけに専心していればよろしい，応募は自分がしてあげるから，と彼に言った。かくしてヴィーコは，ファビウス・クウィンティリアヌス[38]のもっとも長い

一章「論件ノ諸論拠ニツイテ」⁽³⁹⁾の最初の数節についての1時間の講義をもって競争に加わったのであるが,「論拠〔状態〕」という用語の語源と区別に対象を絞った講義はギリシアとラテンの博識と批判に溢れていた。この講義により彼は多量の得票⁽⁴⁰⁾をもって教授職の就任に値するとされたのであった。

その間に,国王代理メディナチェーリ公爵は,アルフォンソ・ディ・アラゴーナ〔ダラゴーナ〕⁽⁴¹⁾の時代以来かつて見られたことのなかった優れた文芸の光輝を,文人たちの精華(エリート)を起用して同市の啓発のためにナポリに一学院⁽⁴²⁾を設立したことにより,すでに再興していた。この学院は文学の良き嗜好を持つナポリの勲功爵(カヴァリエーレ)で文人の偉大な尊敬者,ドン・フェデリコ・パッパコーダ⁽⁴³⁾とニコロ・カラヴィータによって公爵に提案されたのであった。それゆえ,最高度に涵養された文学が貴族階級のもとで最高の声望にまで高まり始めたので,ヴィーコはこの学院会員の一人に加えられる⁽⁴⁴⁾という名誉によっても,ますます鼓舞され,人文学の教授に全力で専心した。

運命は青年たちの友である,と言われるが,そのわけは,彼らが自分たちの生涯の仕事を彼らの若い時代に花盛りである技芸ないし職業に即して選択するからである。しかし,世間はその本性上数年ごとに嗜好を変えるものであるから,彼らはのち,年老いたとき,もはや人に喜ばれない,したがって利益を生みもしない知識についてのみ自分が有能であることに気づく。まさにこのような次第から,文芸の事態の一大急転回がナポリで一挙に行なわれ,16世紀の最善の文学のすべてが長い期間にわたって再興されるはずであると信じられていた時に,国王代理公爵の退去とともに事態が一変

し(45)，きわめて短い時間の間に〔古い〕一切をあらゆる予想に反して崩壊させてしまったのである。形而上学は修道院に閉じ込められるべきである，と二，三年前には言っていた有為な文人たちも，われ遅れじとそれを涵養し始めたが，この形而上学は16世紀においてあれほど多くの偉大な文学者が依拠してきたマルシーリオ〔・フィチーノ〕(46)を介してのプラトンやプロティノス(47)のごとき人々のそれではもはやなく，ルネ・デカルトの『省察』(48)のそれであった。これには彼の著作『方法叙説』(49)が続いたが，その中で彼は，諸言語，雄弁家，歴史家および詩人の研究を否認し，自己の形而上学，自然学および数学を展開しつつ，文学をアラブ人たちの知識にまで引き下ろしている。ところが，彼らアラブ人たちこそ，形而上学におけるアヴェロエス(50)のごとき人たちや，あれほど多くの有名な天文学者や医学者のごとく，上記3部門〔形而上学，自然学および数学〕のすべてにおいてきわめて学識豊かな学者を出したのであり，彼らは天文学においても医学においても説明に必要な用語を今なお残している。かくして，どれほど学識ある偉大な天稟にとっても，その誰もが最初に，長い間，微粒子的自然学，実験および機械に携わったからには，デカルトの『省察』が深遠至極に思われないわけがなく，結局は，瞑想〔省察〕するために精神を感覚から引き戻すことができない。かくして，「彼はルネ〔・デカルト〕の『省察』を理解している」ということが大哲学者の頌辞となった。また，このころ，ヴィーコとドン・パオロ・ドーリア(51)はカラヴィータ氏邸に足繁く出入りした。氏の家は文人の集会所であったが，この偉大な貴族であると同時に偉大な哲学者でもある人物こそヴィーコがともに形而上学を論考し始めることのできた最初の人であった。

そしてドーリアがデカルトの中で崇高,偉大かつ新鮮として賞讃したことを,ヴィーコは,プラトン主義者の間ではそれは旧弊で卑俗であったと警告したのであった。しかし,ドーリアの論考から,彼の精神においてはプラトン的神性の煌々たる光明がしばしば閃光を発しているのを,ヴィーコは認めた。かくして,この時以来,二人は一つの信頼と高雅な友情で結ばれ続けたのである。

この時代までヴィーコは,他のすべての学者のうち,二人だけを讃美していた。それはプラトンとタキトゥスであったが,その理由は比類のない形而上学的精神をもって,タキトゥスは人間をその在るがままに,プラトンは人間を在るべきものとして観察しているからである。そして,プラトンが普遍的学問をもって,理念(イデア)の叡智の人(52)を構成している高潔さのあらゆる側面について縷説しているように,同じくタキトゥスは奸策や運命の無限で不規則な出来事の中にあって実践の叡智の人(53)が立派に切り抜けてゆけるようにと,有効なあらゆる勧告にまで立ち入っている。この二人の偉大な著作家のこのような姿への感嘆こそ,ヴィーコにとっては彼がのち永遠の理念的・歴史を仕上げたときに規範とした構想の一原点であった。事実,彼はこの理念的歴史に即してすべての時代の普遍史を訂正し(54),市民的事態の若干の永遠の特性に依拠して一切の諸国民の台頭,〔完成〕状態,衰微を導き出して行ったが,ここより,プラトンの〔言う〕隠された叡智の智者(55)であるばかりか,同時にタキトゥスの〔言う〕世俗的叡智〔処世知〕の智者(56)でもある智者が形成されるに至るはずであった。そのとき,最後にヴェルラム卿フランシス・ベイコン(57),等しく世俗的でもあり,隠されてもいる,比類のない叡智の〔持主である〕人物,が彼の目に留まった。この

人は教義においても実践においても全く等しく一人の普遍的な人間であり、同時に稀有な哲学者であり、イギリスの大宰相でもあった。そこで、彼〔ベイコン〕の他の一切の著作を、それらの中の主題は〔ベイコンに〕同等ないしより優れた著作家によって取り扱われているかもしれないので、一切度外視し、『諸科学ノ進歩ニツイテ』(58)により〔ベイコンを〕熱心に学んだ。その結果、プラトンはギリシア人の叡智〔智恵〕の第一人者であるが、一人のタキトゥスをもギリシア人たちが持っていないように、同じく一人のベイコンがラテン人にもギリシア人にも欠けているということ、文芸の世界には発見され、向上されなければならない、いかに多くのことが手付かずのまま残されているか、またすでに存在するものの中でも、どのような欠点がどの程度矯正される必要があるかをたった一人の人間だけが見抜いたということ、また、特定の職業や独自の教派への愛着からではなく、正統な宗教(59)に反するわずかの事柄は別として、彼〔ベイコン〕は一切の学問〔科学〕を公平に取り扱い、それぞれが文芸の普遍的共和国〔学芸の全世界的共和国〕たる〔学芸〕全書の中においてそれぞれの持分で貢献するようにと、それらすべてに助言していること、を知った。かくして、これら三人の独特な著作家(60)がヴィーコには瞑想〔省察〕にさいしても執筆にさいしても常に眼前に置かれるべき模範として提示され、彼はそのようにして自己の天稟の諸労作(61)を彫琢して行ったが、それらが次いで最終作品『普遍法唯一原理論』(62)に結実したのである。

　かくしてヴィーコは、王立大学における学業開始にさいして行なわれた〔開講〕諸演説(63)で、形而上学から市民的実践へと下降した普遍的証明を提示するやり方を常に用いた。そして、この観点に

よって，最初の6演説のばあいのごとくに研究の諸目的を取り扱ったり，あるいは第6演説の第2部や第7演説に見るように，研究方法を論じた。最初の3演説は人間本性に適合している諸目的を主として取り扱い，他の2演説は主として政治的諸目的を，第6演説はキリスト教徒の目的を対象としている(64)。

第1演説(65)は1699年10月18日に朗読され，われわれはわれわれの神的精神の力をその全機能にわたって涵養しなければならないことを次の論題に基づいて提唱している。自分自身ノ認識ハ諸教義ノ全領域ヲ短時間ニ踏破スルタメニハ各人ニトッテ最大ノ刺激デアルコト。そして人間の精神は，類比して言えば，神が万物の精神であるごとくに，人間〔にとって〕の神であることを証明している。同演説は，精神の機能の諸々の驚異を逐一示しており，それらの働きが，諸感官であれ，空想力であれ，記憶であれ，天禀であれ，論考であれ，いかに迅速，容易かつ効果的に機能し，それら神的諸力によって，同時に，いかにきわめてさまざまな，多くのことを行なうものであるかを，論証している。幼児は悪い感情や悪徳から無垢であるまま，2年から4年ぐらいの間遊び暮らしているうちに早くも彼らの母国語の完全な語彙を覚えてしまうということ，ソクラテスは哲学的道徳を天空から呼び戻したというよりも，むしろわれわれの魂をそこにまで高めたのであり，諸発見によって天上の神々の間に引き揚げられた人たちは，われわれ一人一人の〔本来備えている〕天禀〔そのものの発露した姿〕であることが論じられている。煙が眼に，悪臭が鼻に逆らうように，知識を持たないこと，騙されること，過ちを犯すことは精神に逆らうものであるのに，かくも多くの無知な人々が存在するのは驚くべきことであり，したがって怠

〔III ナポリへの帰還・ヴィーコ哲学の第1期形態〕 89

慢は最高度に非難されなければならないとも述べられている。われわれがすべてのことについて十分な学識を持っていないのは、ひとえにわれわれがそうなろうと欲しないからであり、現にわれわれは効果的な意志作用のみの力で、霊感によって忘我の境地に置かれるや、なされてしまったあとで見れば、われわれによってではなく、一人の神によってなされたかのごとくわれながら感嘆するようなことを行なうことができる、ということも論じられている。かくして本演説は、わずかの年数の間に一人の若者が諸学問の全領域を渉猟し尽くせないとすれば、その原因は、彼がその意志を欠いていたか、あるいは、彼に意志が欠けていなかったとすれば、それは教師か、あるいは優れた研究順序か、あるいはわれわれの魂の一種の神性を涵養すること(66)以外に置かれた研究目的の欠如に由来している、と結論している。

　第2演説(67)は1700年に朗読され、われわれが精神(68)の抱く真理の成果にもとづいて魂に諸美徳を伝えるということを内容としており、その論旨は以下のとおりである。すなわち、イカナル敵モ己レノ敵ニ対シテ、愚者ガ自分自身ニ対スルホド敵意ヤ悪意ヲ抱クモノデハナイ。そして、本論説はこの宇宙を一大都市として示しているが、この都市の中で神は永遠の法によって愚者を断罪し、われとわが身に対して戦いを挑ませ給うとされており、以下のごとく考えられている。「万能〔ノ神〕ノ指ニヨッテ指令サレタ、コノ法ノ章ノ数ダケ事物ノ諸本性(69)〔ト諸権能〕ガ存シテイル。人間ニツイテノ章ヲ朗読シヨウ。(70)人間ヲシテ死スベキ肉体、永遠ノ魂ヲ備エタモノタラシメヨ。人間ヲ二ツノモノ、真実ト誠実ノタメニ、ナイシハ自我タダ一ツノタメニ生マレサセヨ。精神ニ真ト偽ヲ識別サセ

ヨ。諸感官ヲシテ精神ヲ欺カシムルナカレ。理性ニ人生ノ支援，指導オヨビ支配ヲ受ケ持タシメヨ。モロモロノ欲望ヲ理性ニ従ワシメヨ[71]。………魂〔心〕ノヨキ諸技芸ニヨリ賞讚ヲ獲得セシメヨ[72]。美徳ト節操ニヨリ人間的至福ヲ獲得セシメヨ。モシ邪惡ナル惡意[73]ナイシ贅沢ナイシ怠惰ナイシ不注意サエニヨッテ，アル愚者ガ〔上述ト〕異ナッタ行為ヲシタトスレバ，彼ハ〔人間本性ニ対スル〕反逆罪ノ犯人デアリ，[74]彼ヲシテ自分自身ニ対シ戦イヲ挑マセヨ」，そしてそこには戦争が悲劇的に描写されている。このような箇所から明らかに見られるのは，彼がのちに論じた『普遍法』の論旨をこの時代から熟考していたということである。

　第3演説[75]は1701(ママ)年に朗読され，さきの2講演のいわば実践的補説であり，その論題は以下のとおりである。文芸的社会カラハ，モシ諸君ガ見セカケデナク真ノ，空疎デナク堅固ナ博学ニヨッテ飾ラレタイト切望スルナラバ，一切ノ悪シキ欺瞞ガ欠ケテイルベキデアル。そして，文芸界においては公正をもって生きなければならず，この〔文芸界の〕共有財産より不正に貢物を強要する自分勝手な批評家，共有財産の増大を阻止する諸党派の頑迷固陋な者たち，文芸の共有財産への自分たちの負担金をごまかす詐欺師たちは弾劾されることを論証している。

　第4演説[76]は1704(ママ)年に朗読され，次の主題を提示している。すなわち，モシ誰カガ文芸研究カラ最大ノ利益ヲ，シカモ常ニ誠実ト結合サレタ利益ヲ獲ヨウト欲スルナラバ，栄光ノタメ，ナイシハ公共的善ノタメ教育サレルベシ。この論説は，利益のためにのみ研究を行ない，利益を求める余りに学者であることよりも学者に見えることに心を用い，そして設定した目的が達成されるや，怠け始め，

学者であるという世論を失わないためにどんな下劣な策をも用いる偽学者に反対している。ヴィーコがこの論考の過半をすでに朗読したとき，王立最高法院議長，スペイン行政官のカトー〔と言われた〕ドン・フェリーチェ・ランツィーナ・ウッリョア氏(77)が到着したので，同氏を讃えてヴィーコはより一層心をこめ，すでに述べた事柄に余り長くない新たな言い回しを加えて，続いて言うべきこととうまくつなぎ合わせた。これに類する才気煥発さを，クレメンス11世(78)〔アルバーニ〕は修道院長だったとき，ウモリスティ学院(80)においてイタリア語で彼の保護者，デトレ枢機卿(79)を讃えたさいに発揮し，これによりインノセンス12世(81)のもとで幸運の端緒を摑み，ローマ教皇の位にまで昇ったのであった。

　第5演説(82)は1705年に朗読され，そこに提示されているのは，国家〔共和国〕ハ文芸ニヨッテモットモ栄エテイタトキコソ，マタ戦争ノ栄光ニヨリモットモ名高ク，カツ政治的支配力ガ強力デアッタ，ということである。そして，みごとな論考で力強く証明が行なわれ，次いで以下のごとき一連の例証によって確証されている。アッシリアにカルデア人，すなわち世界で最初の学者が登場し，その地に最初の大君主国が樹立された。ギリシアがそれ以前のあらゆる時代をも越えて知識で華やいでいたころ，ペルシア王国はアレクサンドロスによって打倒された。ローマは世界帝国をスピキオ(83)のもとでカルタゴの崩壊の上に打ち立てたが，彼が哲学，雄弁術および詩文について十分な知識を持っていたことは，テレンティウス(84)のかの比類を絶した喜劇が十分に証拠立てている。というのは，これらの喜劇はスピキオが友人ラエリウス(85)と共同で創作したのであるが，自分の偉大な名のもとに世に出すには値しないと評

価して，現在その作者とされている人物〔テレンティウス〕の名のもとに公表させたのであり，この〔公称〕作者も若干の自作部分を付け加えたらしいとされているからである。確かにローマ君主国はアウグストゥスの治下に確立され，その治下にはローマの国語の光輝とともにギリシアのすべての知識〔叡智〕が輝いた。イタリアのもっとも輝かしい王国は，テオドリクス[86]の治下にカッシオドルス[87]のごとき人々の助言によって煌々たる光明を放った。カール大帝[88]をもってローマ帝国はドイツに再興された。西欧の諸王廷においてすでに完全に死滅していた文芸がこの大帝の宮廷においてアルクイヌス[89]のごとき人々とともに再生し始めたからである。ホメロスはアレクサンドロスを生み出した。この王は武勇においてアキレウスに倣いたいと全身で燃え上っていた。またユリウス・カエサル[90]は，このアレクサンドロスの先例に倣ってかの大計画に生涯を捧げた。したがって，これら二人の偉大な軍司令官は，そのいずれが他より高い評価を受けるべきかを誰一人としてあえて断定できなかったが，二人ともホメロスの英雄たちの弟子である。二人の枢機卿，両者ともに最大の哲学者かつ神学者であり，しかも中の一人はその上偉大な宗教的雄弁家である，ヒメネス[91]とリシュリュー[92]は前者がスペイン王国の，後者がフランス王国の設計図を描いた。トルコ人は大帝国を野蛮行為によって建設したが，学者で不敬虔なキリスト教修道僧，セルギウス[93]とかの助言を受けており，この人物が無学なマホメット[94]に建国のための法律を提供した。そして，ギリシア人たちがアジアから始まって，次いで至る所で野蛮状態に入ってしまった間に，アラブ人たちは形而上学，数学，天文学，医学を涵養し，そして，最大限に涵養された人文学で

はないものの, 学者たちのこの知識によって, 全く野蛮で残忍なアルマンツォッロ(95)たちを征服の最大の栄光にまで駆り立て, トルコ人が一帝国を設立するのを助けたが, そこでは一切の文芸が禁止されるに至ったという。しかし, 彼らに時として諸技芸や戦争の策略を提供した, 最初はギリシア人の, 次にはラテン人の背信的キリスト教徒たちが居なかったとすれば, 彼ら〔トルコ人〕の広大な帝国はおのずから壊滅していたことであろう。

　1707年に朗読された第6演説(96)では, 研究目的と研究順序が混合された主題が取り扱われている。堕落サセラレタ人間本性ノ認識ハ自由諸学芸オヨビ諸学問ノ全領域ヲ渉猟スルコトヲ勧誘シ, 駆リ立テ, ソレラヲ完全ニ習得スルタメノ正シイ, 容易ナ, カツ不断ノ順序ヲ提供シカツ提示スル。そこにおいては, 彼〔ヴィーコ〕は聴講者を自分自身についての瞑想〔省察〕に入らせる。それは〔アダムの〕罪の罰として, 人間が人間から言語によって, 精神によって, そして心情によって分断されていることについてである。言語によってとは, 言語がしばしば役に立たず, またしばしば観念を正しく伝えないからである。かくして観念によって人間はできれば人間と結ばれたいと欲しながらも, それができない。精神によってとは, 嗜好と感覚の多様性から生じている見解の多様性のためである。つまり, 嗜好と感覚については他の人と一致しないからである。そして最後に, 心情によってとは, 心情は〔原罪の結果〕堕落させられているのであるから, 悪徳の画一性さえ人間と人間とを相互に和解させないからである。ここよりして, われわれの堕落の〔ために科せられている〕罰は美徳により, 科学〔学問〕により, 雄弁学によって矯正されなければならないこと, この三つのものによってのみ,

各人は他の人間と同一であると感得することが論証される。さて，以上が，諸研究の目的にかかわる事柄についてである。研究の順序に関しては，言語が人間社会を築くうえでのもっとも強力な手段であったのであるから，言語からこそ研究は開始されなければならないことが論じられている。言語はすべて記憶に依存しており，記憶については少年期が驚嘆すべき能力を持つからである。少年の年代は論考力が脆弱であるから，実例以外のものでは規制されず，実例は感動させるために活発な想像力をもって学習されなければならない。この能力の点では少年期は驚異的である。ここよりして，少年は架空的にせよ，真実にせよ，物語の繙読に専心させられなければならない。少年の時期は理性的なのではあるが，しかし論考する材料を持たない。少年は計量の諸学問〔科学〕の中で良い論考の技術を訓練されるべきである。この種の学問は記憶と想像力を求め，かつそれと同時に彼らの空想力の豊かな能力を弱める。この能力こそ，〔余りに〕頑強なばあい，われわれの一切の誤謬と困惑の母である。青年初期には感覚が支配的で，純粋な精神を引きずってゆく。青年は自然学に専心すべきである。自然学は物体の宇宙の観照〔熟考〕へと導き，世界体系の科学のために数学を必要とする。ここよりして，自然学的な豊かで広大な諸観念と数と線の繊細な諸観念から青年は存在者と唯一者の学問により形而上学における抽象的な無限を理解するのに備えなければならない。この学問の中で青年は彼ら自身の精神を識ったならば，彼ら自身の魂を認知するのに専念すべきである。また，魂が堕落させられているのを永遠の諸真理に従って見るべきである。かくして，少年時代においてもっとも激烈である諸情念をいかに自己が不手際にしか指導できないかについ

てすでに若干の体験がなされた年代において、道徳により魂を本性から矯正することを可能ならしめよ。そして、異教的道徳が自己愛[97]ないし自惚れ[98]を鎮め克服するには十分でないのを識ったとき、そして形而上学においては有限よりも無限が、物体〔身体〕よりも精神が、人間よりも神が一層確実であると知ることを経験したならば、もともと人間はどうして自分が動くのか、どうして自分が感覚を持つのか、どうして自分が識るのか、その仕組みを知らないのであるから、青年は謙譲な知性をもって、啓示された神学を受け容れるのに備えなければならない。かくして、啓示神学の帰結としてキリスト教道徳に下降し、このようにして浄化されて、青年たちは最終的にキリスト教法学へと向かうべきである。[99]

〔IV　ヴィーコ哲学の第2期形態——1708-16年〕

〔1708年の儀式的大学開講演説,すなわち『現代ニオケル研究法』——論述の反デカルト的性格——ナポリに支配的な折衷主義からヴィーコ的と呼ばれることが可能な一着想に移行——古代ローマ法律家たちに関する余談——聖堂大司祭ディエゴ・ヴィンチェンツォ・デ・ヴィダーニア卿との書簡による礼儀正しい論争——エッリコ・ブレンクマンより『〔現代的〕研究法』に寄せられた頌辞——また,ドメニコ・ド・アウリジオよりも頌辞を受け,ヴィーコはこの人と長い冷却期間ののち,友情関係を固める——ヴィーコが最古代イタリア人たちの自然学と見なした学問についての最初の哲学的・語源学的研究——磁化針〔羅針盤用針〕についてパウロ・マッティア・ドーリアとの議論——経度と緯度を計るために磁化針の特性を利用することを目的とする一実験を提案——古代エジプト人たちによって,「弛緩ト緊張ニツイテ」の医学が涵養されたと考えて,研究を開始——このようなやり方で,『生物体ノ均衡ニツイテ』を着想——ラテン語古語の歴史的語源学を介して,彼は自然学より,彼が最古代イタリア人たちの形而上学と見なした学問,むしろ彼の個人的な形而上学であった学問を深めるべく導かれる——連鎖式,すなわちストア主義者たちの論理学について付記を着想ないし素描す——ルカントニオ・ポルツィオとの彼の科学的諸談話——『古代いたりあ人タチノ最古ノ叡智ニツイテ』は全3巻として構想されたにもかかわらず,『形而上学論』〔第1巻〕のみを公刊(1710年)——『イタリア文芸家雑誌』の一匿名批評家,すなわち恐らくはベルナルド・トレヴィザーノの第1および第2論文——ヴィーコの第1および第2反論(1711年,および同12年)——彼の心の中で,のち彼の哲学的言語学,彼の美学,および彼の神話教義の基本的原理となるはずの諸原理が輪郭付けられ始める——故アントニオ・カラッファ元帥(1642-93年)の古文書の多様な資料に基づいて,『アントニオ・カラッファ伝』を執筆(1713-15年),公刊(1716年)——グロティウスを再読し,この人物がヴィーコの第4番目の「著作家」となる——さらに『戦争ト平和ノ法ニツイテ』の註解に着手〕

すでに述べた第1の開講演説以来，また，この演説を介して，また，それに続く他のすべてを介して，またすべての中でも最後〔第6〕の演説を介して明らかに見られるごとく，ヴィーコは原理において一切の人間的かつ神的な知識を統合するような，新しくもあり，偉大でもある，ある種の論題を心の中で思いめぐらしつつあった。しかし，彼によって取り扱われた上記の一切〔の演説〕は問題の論題とは余りにかけ離れていた。それゆえ，彼はそれらの演説を世に出さなくて良かったと思った。彼は書籍のあれほどの重量のため耐えられないでいる文芸界がこれ以上書物の重荷を負わされるべきではなく，重要な発見やきわめて有益な発明の書物のみが出版されるべきだと考えていたからである。しかし，1708年，王立大学が儀式的な公開学期開講式を行なうことを決定し，それをナポリ駐箚〔スペイン〕国王代理グリマーニ枢機卿[1]の御前で朗読される演説とともに〔スペイン〕国王[2]に献呈することを決議するや，また，それゆえにこの演説は印刷に付されなければならなかったので，文芸界に何らかの有益な新しい発見をもたらすような論題，ベイコンの『諸科学ノ新機関』[3]の中のその他もろもろの要望にかなう望ましい論題を立案することが幸いにもヴィーコに求められた。この論題は，われわれの研究のやり方が，あらゆる種類の知識において古代人のやり方と対比されたばあい，その利点と不利点はどのようであるかに関して展開されており，またわれわれの方法のどのような不利点が，またどのような根拠によって回避されうるのか，また回避されえない不利点は古代人のどのような利点によって補足されうるのかが取り扱われているが，その結果として，たとえ言

えば，現代の完璧な一大学とは，古代人たちに較べてわれわれが享受している，一切のより多くのものを身に帯びたプラトン一人ではあるまいかとされている(4)。なぜならば，人間的および神的な知識の一切は至る所で一つの精神をもって統治し，この〔知識の〕一切の諸部分に存続している(5)からであり，かくして，諸科学は相互に手を貸し合っており，どの一つも他のどれにも障害となってはならないからである。この論文〔『現代的研究法』〕は同年(6)にフェリーチェ・モスカ印刷所より十二折判で世に出た。この論題は事実，彼がのちに著わした著作『普遍法ノ唯一ノ原理ニツイテ云々』(7)の素描である。さらに，この作品の補巻が他の一著作『法律学者ノ恒常性ニツイテ』(8)である。

またヴィーコは法律学の分野において，それを若者たちに教えること以外の手段によっても大学に対して自分なりの功績を果たすことを常に目指していたので，古代ローマ法律学者たちの法律の秘儀について，その論文〔『現代的研究法』〕では多く取り扱い，ローマ統治体の〔基本〕法(9)の観点から，法律を私法に関するかぎり解釈する一法律学体系の一試案を提供した。この部分に関して，〔スペイン〕王立研究所長官，ヴィンチェンツォ・ヴィダーニア卿(10)，ローマ古代，特に法律に関してきわめて学識のある人物が，その当時バルセロナに滞在していたにもかかわらず，きわめて尊敬に値する論文(11)によってヴィーコが確信している点に関して反論した。すなわち，ヴィーコは古代ローマの法律家たちは全員が貴族であった，と主張したからであった。この反論に対して，ヴィーコは当時個人的に返答し，次いで自著『普遍法論』によって公的に十分に応答したので，この著作の脚註において，このきわめて著名なヴィ

ダーニアの論文とヴィーコの返答を読むことができる。しかし，きわめて学識のあるオランダ人法律家，エッリコ・ブレンクマン氏[12]は，法律学に関してヴィーコによって思索された事柄に非常な満足を覚え，フィレンツェ版『ユスティニアヌス法典大全』[13]を再読するためフィレンツェに滞在中，たまたま一ナポリ大貴族[14]の訴訟の弁護のためナポリからその地まで足を運んでいたアントニオ・ディ・リナルド氏[15]と〔ヴィーコの〕この内容について尊敬に値する論考を行なった。この論文[16]〔『現代的研究法』〕は〔スペイン〕国王代理，枢機卿の御前で君侯にとって非常に大切なものである時間を濫用しないためヴィーコが言い尽くしえなかった部分を増補して世に出たが，それが契機となって，市民法の夜間〔講座〕第1講師[17]，諸言語および諸学問に通暁した万能的博学者，ドメニコ・ド・アウリジオ〔ダウリジオ〕氏[18]が（この人はその当時まで大学においてヴィーコを悪く見ていたが，それはヴィーコの業績のためにではなく，随分以前にナポリで燃え上がった文芸上の一大論争[19]において，ヴィーコがこの人に反対のカーボヴァ[20]〔カープア〕の党派に属していた文人たちの友人だったためで，それにはここで触れる必要はないが），〔大学の〕講座の公募選考が実施されたある日，ヴィーコを自分の傍らに坐るようにと招き寄せた。そして彼に「例の小著」を読んだと話し（というのは，彼は教会法〔講座〕の第1講師[21]との席次争いのため，開講式に出席していなかったからだが），「そして自分はこの作品が〔原典を読まずに〕索引を解説するのではない人[22]の著作であると評価するし，また，この書物のどの頁も分厚い数巻を書くだけの動機を他の人に与えることができそうに思われる」と述べた。さなきだに，どちらかと言えば気む

ずかしく，人を褒めることが非常に稀な人物からのこれほど丁重な扱いとこれほど好意的な評価とは，ヴィーコにこの人がヴィーコ自身に対して持っている一種独自な度量の大きさを認めさせた。この日以来ここにきわめて親密な友情が結ばれ，それはこの偉大な文人が存命であった限り続いたのである。

その間にもヴィーコは，ヴェルラム卿ベイコンの，真実であるというよりむしろ天稟と学識に富んだ論文『古代人ノ叡智ニツイテ』(23)を繙読して，詩人たちの寓話の中よりもさらに遠くに〔叡智の〕諸原理を訊ねなければならないと奮起させられ，『クラテュロス』(24)でギリシア語の起源の中にまでそれら〔諸原理〕を詮索しに行ったプラトンの権威に感動を受けて，その実行に取りかかったのである。そして，文法学者たちの語源学が気に入らなくなり始めたという，すでに彼が陥っていた性向にさらに駆り立てられ，彼はラテン語単語の起源の中に語源を追跡するのに努めた。なぜなら，確かに〔古代〕イタリア学派(25)の知識は，のちに同じギリシアで始まった知識よりも一層深く，ピタゴラス学派においてはるか早い時代に開花したからである。そして，「天空」(26)（coelum）という語は等しく「鑿」（bolino, bulino）と「空気〔下空〕の大集合体」（il grand corpo dell'aria）を意味するので，この語からヴィーコは推測して，ピタゴラスがそのもとに学んだというエジプト人たちは自然が一切の事物を製作するにさいして用いた道具は楔（il cuneo）であると考えたのではあるまいか，また，このことをエジプト人たちは彼らのピラミッドで表示しようと欲したのではないか，と考えた。また，ラテン人たちは自然(27)〔本性〕（natura）を「生来ノモノ〔天稟〕」（ingenium）と言ったが，その主要な特性は尖鋭〔明敏サ〕（acutezza, acumen) である。かくして，自然はあらゆる形相を空気〔下空〕[28]という鑿によって形成し，変形するに至るのであり，〔自然は〕軽く切り込むことにより物質を形成するが，この鑿を深く打ち込むことにより物質を変形し，同じこの鑿によって空気〔下空〕が一切を荒廃させるに至る。そして，この道具を操作する手は上空であり，上空の精神は万人によりユピテルであると信じられていた[29]。そしてラテン人たちは「空気〔下空〕」を「魂」(anima) と言い，それをそこから宇宙が運動し生命を持つ原理であると見なしたが，女性としてのこの魂の上に，男性としての上空が作用するのであり，生物体に入り込んだとき，上空はラテン人によって「心」(animus) と言われた[30]。この語に，ラテン語的特性の庶民的区別，「ウレウレハ魂ニヨッテ生キ〔生命ヲ持チ〕，心ニヨッテ感ジル〔感覚ヲ持ッ[31]〕」が由来している。かくして，魂，ないし空気〔下空〕が，血液に入り込めば，人間においては生命の原理であり，上空が神経に入り込めば，感覚の原理である。そして，上空が下空より一層能動的である割合だけ，動物精神〔心的精気〕は生命精神〔魂的精気〕より一層動的かつ迅速である。そして魂の上に心が作用するように，同様に心の上にはラテン人によって「思考」(mens) と言われたものが作用するが，これは「考え」(pensiero) と同じ意味であり，この語に由来してラテン人には「心の思考」[32] (mens animi) という言葉が残った。また，考え，ないし思考〔力〕はユピテルから人間に与えられたのであり，ユピテルこそ上空の思考〔力〕である。事情がかくのごとしとすれば，自然における一切の事物の作用的原理はピラミッド形の微粒子でなければならないことになる。そして確かに，結合された空気〔下空〕[33] が火である。さて，このよ

うな諸原理に基づいて，ある日のこと，ドン・ルーチョ・ディ・サングロ氏[34]の家でヴィーコは，ドーリア氏と次のような議論を行なった。それは，自然学者は，自分たちが磁石の中においては不可解な作用として感嘆していることが，火の中においては大変平凡なことにすぎないのを反省していないのではないか，ということであった。すなわち，磁石の現象のうちもっとも驚異的なことは3点あり，鉄の吸引，磁力の鉄への伝達，および極地の指向である。しかも，〔熱度に〕比例した距離において熱することが火を誘発し，かつ，火が触発し合って炎を生じ，炎がわれわれに光を伝えることや，また炎がその上空の頂上を指向することほど平凡なことはない。かくして，もし磁石が炎のごとく稀薄で，炎が磁石のように濃厚だったとすれば，後者〔磁石〕は極地ではなく天頂を指向したことであろうし，炎はその頂上ではなく極地を指向したことであろう。磁石が努力して向かうことのできるのが天空の最高部分であるからというので，それが極地を指向するのだとすれば，一体ことはどうなるのであろうか。相当に長い針の先端に置かれた磁石のばあいに明白に観察されるごとく，磁石が極地を指向しながらも，天頂へと高まろうとしていくのが明白に見られる。したがって，磁石が旅行者によって，上記のような様相を備えているのが観察され，ある場所においてそれが他の場所以上に高まるのが認められたならば，恐らくその磁石は地球の緯度の正確な計算を与えることができるであろうし，この計算を次々と求め続けて行けばついには地理学を完成させるに至るであろう。[35]

　この考えはドーリア氏に非常に喜ばれたので，ヴィーコはそれをさらに医学に役立てることに没頭した。というのは，自然をピラ

〔IV　ヴィーコ哲学の第2期形態〕

ミッドによって表示した同じエジプト人たちのもとに独自の機械論的医学,弛緩と緊張の医学が存在し,これをきわめて博識なプロスペロ・アルピーノ(36)が最大の教義と博学をもって賞讚したからである。そして,さらに加えて,ヴィーコはデカルト(37)が定義しているような熱さと冷たさ——すなわち,冷たさは外部より内部への,熱さはその反対に内部から外部への運動であるということ——を医者の誰一人としてこれまで利用したことがないのを見て,この説を一医学体系に基礎付けたいという気持を喚起された。高熱は,恐らく心臓の中心から周辺への静脈内の空気が,外側に反対の部分において閉塞された血管の直径を健康な状態に適切な程度以上に拡張することに由来するのではあるまいか。また,これと反対に悪性熱(38)は血管内の空気の外側から内側への運動であり,この運動が内側に反対の部分において閉塞された血管の直径を健康な状態に適切な程度を超えて拡張するからではあるまいか。かくして,生物体の中心である心臓に,身体を動かすためにも,よい状態に保つためにも必要な空気が欠乏することにより,心臓の運動が弱化し,血液がそのため凝結するに至るのであり,これが主として急性熱の原因ではあるまいか。そして,これこそヒポクラテスが,この種の熱を生ぜしめる「神的ナアルモノ」(39)〔未知の原因〕と述べたものではあるまいか。この考えには全自然の中から合理的な推測が支持を与えている。なぜなら,冷たさと熱さは等しく諸事物の発生に寄与しているからである。冷たさは燕麦の種子を発芽させることに,死骸の中では蛆の発生(40)に,湿った暗い場所ではその他の動物の発生に役立つ。また極度の冷たさは火と同様に壊疽を生ぜしめるのであり,スウェーデンでは壊疽が氷片で治療されている。この考えは悪性熱に

おいての冷たい感触と溶液化的発汗(41)の症候によって裏付けられる。この発汗は分泌管の大きな拡張を理解させるからである。高熱においては，灼熱した粗い感触が〔私の主張を〕裏付けてくれる。この感触はその粗い感覚によって，褶曲させられ緊張させられた管が外部に存していることを十二分に示しているからである。それゆえ，すべての病気を最高の属〔概念〕「破壊サレタモノ」(ruptum)に還元したラテン人たちにとっては，イタリアに一種の古代の医学が存在したということ，この医学はすべての疾病が個体物〔血管〕の欠陥から始まるということ，そして最終的には同じラテン人たちの言う「モロトモニ破壊サレタモノ」(42)(corruptum) に帰着するということを結論するほかはなかったのではあるまいか。

　それゆえ，ヴィーコはその後，世に出した小著作の中に盛り込まれた論考によって，この自然学を独自の形而上学の上に確立することに立ち向かった(43)。そして，ラテン語の言い回しの諸起源についての同じ処理によって，アリストテレスによって歪曲された記録からゼノン(44)の点を浄化し，ゼノン主義者たちの点が抽象的諸事物から物体的諸事物に下降して行くための唯一の仮説であること，同じく，幾何学が科学によって物体的諸事物から抽象的諸事物に移って行くための唯一の道であることを示した。物体は抽象的事物から成立しているからである。──そして，点とは諸部分を持たないものであると定義されるや（これは抽象的延長の無限の一原理を基礎付けることにほかならないが），点は広がりを持たないのであるから，一種の延び広がり(45)により線の広がりを成し，かくして無限の一実体が存在するに至り，この実体がそれ自体のやり方の延び広がり，発生〔産出〕とでも言うべきものによって有限の諸事物

に形相を与える。――またピタゴラスは，世界が数より成り立っているのは，数があるやり方では線よりも抽象的だからこそである，と主張し，その理由として，1は数ではなく，数〔というもの〕(il numero) を生むのであり，すべての等しくない数の中には1がその中に不可分に存している（ここよりアリストテレスが本質は数と同様に不可分であり，それらを分割することはそれらを絶滅させることにほかならないと述べたが）からである，と言っているが，同様に点は等しくない，広がった線の下に存しているのであるから（ここよりして，例えば正方形の対角線は側辺線とここで言うばあい以外には通約不可能な線であるが，同一の諸点において交差する），点は無延長の一実体[46]〔下方存在物〕の一仮説であり，この実体は等しくない物体の下に等しく存在しており，等しくそれらを支えている。かくして，このような形而上学に，ストア主義者たちの論理学が引き続いて到達した。この論理学の中で彼らは連鎖式[47]によって論考することを教えられたからであり，これはいわば一種の幾何学的方法による彼ら固有の一証明法であった。自然学は，幾何学において生ずる最初の合成された図形が三角形であるのと同様のやり方で，一切の物体的諸形相の原理として楔を前提するが，それと同じく最初の単純な図形は，もっとも完全な神の象徴，円である。また，かくして，ここよりエジプト人たちの自然学が容易に出現できた。彼らは自然を一つのピラミッドと解したが，ピラミッドは四つの三角形の面を持つ一固体であり，弛緩と緊張のエジプト医学がそこに適合できた。この医学に関しヴィーコは『生物体ノ均衡ニツイテ』[48]と題された数葉の一著作を他の人々に卓絶して医学の事柄に非常に知識のあるドメニコ・ド・アウリジオ氏[49]に捧

げて執筆した。そのほかにまた，これについてルカントニオ・ポルツィオ氏(50)と頻繁な論議を行なったが，ここよりして，その後親密な友情とそれに基づく一種の最高の信頼がもたらされ，ガリレイ学派最後のこのイタリア哲学者の死に至るまで，ヴィーコはその友情を維持した。この哲学者は，ヴィーコによって思索された事柄が，彼の表現を用いて言えば，自分を畏服させた，としばしば友人たちと語るのが常であった。しかし，ただ一つ『形而上学』(51)だけが『らてん語ノ起源ヨリ発掘サレルベキ古代いたりあ人ノ最古ノ叡智ニツイテ』の第1巻として，ドン・パオロ・ドーリア氏への献辞とともに1710年〔出版者〕フェリーチェ・モスカによって十二折判でナポリにて公刊された。たちまち，ヴェネツィアの雑誌寄稿者諸氏(52)と著者ヴィーコとの間に論争が生じ，1711年，彼による『反駁』(53)，1712年同じく『反論』(54)が〔出版者〕モスカにより十二折判でナポリにおいて出版された。この論争は双方の側から礼儀正しく行なわれ，かつ非常に円満に終結された。しかし，ヴィーコの心中にかねて感じられ始めていた，文法的語源に対する不満足感は，その後彼が最後の諸著作において，すべての言語に共通の本性の一原理から引き出された諸言語の起源(55)を発見した出発点の前兆であった。そしてまた，この原理に基づいて彼はすべての死んだ言語および生きている言語に起源を付与するための一種の普遍的語源学型態(56)の諸原理を確立している。また，ヴェルラム卿〔ベイコン〕はその著書(57)〔『古代人ノ叡智ニツイテ』〕の中で詩人たちの寓話から古代人たちの叡智を探索するのに努めているが，この作品に対する〔ヴィーコ自身の〕不満こそ，ギリシア人やラテン人やその後の他の諸国民がそれまで信じていたのとは別個の詩の諸原理をヴィー

コがその最終的諸作品の中において発見する源となったことの他の一兆候であった。そして，この原理に基づいて，彼は神話学の他の諸原理を確立しているが，この原理によれば，寓話は，ひとえに最初の最古代のギリシア諸共和国にとって歴史的意義を帯びていたとされ，かつヴィーコはそこから英雄的諸共和国の一切の寓話的歴史を説明している。(58)

その後しばらくして，ヴィーコがかつてその教育に多くの歳月を費やしたトラエット公爵，ドン・アドリアーノ・カラッファ氏(59)より公爵の伯父，元帥アントニオ・カラッファ(60)の伝記を執筆することを丁重に要請された。そこで，ヴィーコは真実を愛する精神をすでに形成していたのでこの要求に応じた。公爵の手許には，かねてより保存されていた，優れた，信頼に値する記録の山ほどの筆写文献が用意されていたからである。そして，1日の勤務を終えたあと夜間だけが伝記の執筆のために残されていたので，その完成に彼は2カ年を費やした。1年はこれらの非常に散漫で混乱している記録から註釈を準備するために，あとの1年はそれらから一代記を編成するためであったが，この全期間中に彼は左腕のきわめて激烈な心気症的発作に苦しめられた。そして，誰でもが当時目撃できたことであるが，ヴィーコは夕方ごとに伝記を〔ラテン語で〕書いていた全期間中，あたかも母国語で執筆しているかのごとく，目の前の机の上には註釈のほか何一つ持たなかった。しかもそれは家庭内の騒ぎの真只中で，かつしばしば友人たちと歓談しながら行なわれた。このようにして，彼は主題への尊敬，君侯への敬意，および真実に対して持たれるべきまともな見方が鋳込まれた作品を完成したのである。この著作はフェリーチェ・モスカの印刷所から八折判の立派

な1巻本として素晴らしい出来で1716年世に出た[61]が，これはオランダの印刷の様式でナポリの出版所から公刊された最初の書物であった。そして，公爵によって教皇クレメンス11世[62]に贈られ，御嘉納のよしの勅書の中で「不滅の伝記」という頌辞を賜わった。そして，さらにイタリアのもっとも著名な文人，ジャンヴィンチェンツォ・グラヴィーナ氏[63]の尊敬と友情をヴィーコにかちえさせたのであるが，彼はこの人物とその死（1718年）に至るまで親密な文通を交わし続けた。

　この伝記を執筆するための準備中に，ヴィーコはフーゴー・グロティウス[64]の『戦争ト平和ノ法ニツイテ』を読む必要に迫られた。そして，ここに彼はすでに自己の指針として設定していた他の3人に付加すべき第4の著作家[65]を見出した。なぜなら，プラトンは彼の隠された叡智[66]をホメロスの民衆的叡智[67]によって確証するというより，むしろ修飾しているからであり，タキトゥスは諸事実が散漫かつ混乱した状態で体系を成さずに古い時代から彼の眼前にまで出現するにつれて，それら諸事実に対して彼自身の形而上学，道徳および政治学〔の見解〕を散開させているからである。ベイコンはおよそ〔当時〕存在している一切の神的ならびに人間的知識が，まだ持たれていない点では補充されるべきであり，持たれている点では改善されるべきであることを見てはいるが，しかし，法律に関するかぎり，彼は彼の規範によって諸都市〔国家〕〔について〕の普遍的概念とすべての時代の全〔移行〕過程にまで通暁しているとは言えず，また，一切の諸国民の全範囲まで及んでいない。ところが，フーゴー・グロティウスは一つの普遍的法体系の中に一切の哲学と文献言語学[68]を置き，さらにこの後者の3部門，すなわち，

一方では寓話的なものであれ，確実なものであれ，諸事物の歴史の部門，他方ではキリスト教の手を経てわれわれのもとに至っている学問的な三つの古代言語であるヘブライ語，ギリシア語，およびラテン語の歴史の部門を包括している。そしてヴィーコがその後グロティウスのこの著作の研究をさらに深めたとき，たまたまこの書物の再出版(69)が計画され，彼は若干の註釈を書くことを求められた。これをヴィーコは書き始めたが，それはグロティウスに対してというよりも，むしろグローノフ(70)〔グロノヴィウス〕が書いた註記を修正したいという意図によってであった。この筆者は正義を正当に評価するためよりも，むしろ自由な政体に取り入らんがためにそれらの註記を付加していたからである。さて，すでに第1巻と第2巻の半ばまで進んだところで，ヴィーコの註記は中断された。宗教上カトリックの人間にとって〔新教徒という〕異端的著作家の作品を註記で飾ることは相応しくないと反省したからであった。

〔V　ヴィーコ哲学の決定的形態・「法学」講座公募試験
　　──1717‐23 年〕

〔観念と事実の間の（哲学と文献言語学の間の）二元論を合体するような唯一の一原理を発見したいという，つのり行く欲求──それを発見し，それを彼の決定的着想の出発点として，ヴィーコはこの新しい探究の最初の成果を 1719 年 10 月 18 日の今は散逸した一開講演説において提示──この演説によってナポリ市で喚起された口頭による諸批判──十分な量の著作の中でこの演説の内容を敷衍する必要に迫られ，『普遍法梗概』の名称で識られている一種の要約的宣言を小冊子の形でまず公刊（1720 年 7 月）──アントン・マリア・サルヴィーニとの礼儀正しい論争──ヴィーコにより誤ってウルリコ・ウベルノ（1694 年にすでに死去）とクリスティアーノ・トマージオに帰された，その他の諸批判──『普遍法』という総称をもって識られている 2 作品，『普遍法ノ唯一ノ原理オヨビ唯一ノ目的ニツイテ』（1720 年 9 月）および『法律学者ノ恒常性ニツイテ』（1721 年 9 月）の出版──この 2 著作に対する口頭による諸批判──難解という非難──他方ジャン・ル・クレールの声高な賞讃的書簡──『普遍法』への『註記』の出版（1722 年 8 月）──市民法の〔ナポリ〕大学早朝講座のための公募試験布告さる（1723 年 1 月 19 日）──試問用講義のために籤で引かれた 3 論題の中からヴィーコはパピニアヌスの『審問集』の一節（『ユスティニアヌス法典』XIX, 5, 1）を選ぶ──この講義は 1723 年 4 月 10 日聖トーマス・アクウィナス修道院において朗読さる──その骨幹──朗読にさいし彼が犯した言イ誤リとそれを訂正したときの優雅さ──同講義を書き留める──不成功が確実なので，競争から身を引く〕

　これらの研究を果たし，これらの知識を備え，彼が他のすべての著作家を超えて感嘆していたこれら 4 人に学び，彼らをカトリック教の用途に服せしめたいという欲求を身に帯びて，ついにヴィーコ

は最善の哲学，つまりキリスト教に従属させられたプラトン哲学が一種の文献言語学と調和しているような一体系が文芸界〔学界〕にはいまなお存在していないことを知った。そして，この文献言語学はその2部門，すなわち一つは諸言語の歴史，他の一つは諸事物の歴史という二つの歴史，この2部門の双方に科学の〔持つ〕必然性を導入するものでなければならない。そして諸事物の歴史から諸言語の歴史が確実化〔検証〕されなければならず[1]，このようなやり方の結果，いわゆる体系が諸学院の智者たち[2]の格率とも，共和国〔国家〕の智者たち[3]の実践とも，友好的に調和するようでなければならない。そして，このような理解により，かつてヴィーコが最初のいくつかの開講演説において内心探索してきたもの，また論文『現代ニオケル研究法ニツイテ』の中では大ざっぱに，『形而上学』の中では多少の洗練を加味して素描したものの一切が彼の心から熟し落ちた[4]。そこで1719年度の授業開始公開式典において，彼は以下の論題を提示した[5]。スベテノ神的オヨビ人間的学問ノ要素ハ，知ルコト，欲スルコト，出来ルコト[6]，ノ三ツナリ。コレラ〔三要素〕ノ唯一ノ原理ハ精神デアリ，精神ノ眼ガ理性デアリ，コノ眼ニ神ハ永遠ニシテ真ナルモノノ光明ヲ供シ給ウ。そしてこの論題を次のごとく区分した。「サテコレラ三要素デアルガ，ソレラガ存在シカツワレワレノモノデアルコトヲ，ワレワレハワレワレ自身ガ生キテイルコトヲ知ッテイルノト同様ニ確実ニ知ッテイルノデアルカラ，ソレラ〔三要素〕ヲワレワレハワレワレガ決シテ疑ウコトノデキナイ一ツノモノ，ホカデモナイ，思惟ニヨッテ説明シタイ。コレヲ一層容易ニ行ウタメニ，本論考全体ヲ三部門ニ分ツ。ソノ第一部門デハ一切ノ科学〔学問〕ノ諸原理ハ神ヨリ由来シテイ

ルコト，第二部門デハ神的ナ光明ナイシ永遠ニシテ真ナルモノハスデニ述ベタ三要素ヲ通ジテ一切ノ科学ニ浸透シテイルノデアリ，ソレラスベテガ一種ノキワメテ緊密ナ結合力ニヨッテ結ビ付ケラレルヤ，ソレラ一切ヲソレゾレ別個ノ然ルベキ所ヘ導キ，ソシテソレラノ総体ヲソレラノ原理，スナワチ神ノ許ニ呼ビ戻ストイウコト，第三部門デハ，コレマデニ神的オヨビ人間的学問ノ諸原理ニツイテ書カレ，言ウレタコトデ，コノ〔ワレワレノ〕諸原理ト合致スルモノハスベテ真，不一致ノモノハスベテ偽デアルトイウコト，ヲワレワレハ論証シタイ。マタサラニ神的オヨビ人間的諸事物ノ認知ニツイテ次ノ三点，スナワチ起源ニツイテ，循環ニツイテ，恒常性ニツイテノ三点ヲ取リ扱イタイ。ソシテスベテノ起源ハ神ヨリ由来スルコト，一切ノ事物ハ循環ヲナシテ神ヘト戻ッテ行クコト，恒常性ニヨリ一切ハ神ニオイテ存立シ，一切ノ事物ソノモノモ神ナシデハ暗闇デアリ，彷徨〔誤リ〕デアルコトヲ示シタイ。」[7]このように，ヴィーコはこれらについて1時間余り論考した。

この論題は若干の人々には，特にその第3部門によって，壮大ではあるがそれほど効果的でないものと受け取られ，彼らはピーコ・デッラ・ミランドラ[8]が「一切ノ知ラレウベキモノニツイテノ結論」を維持しようと試みたときさえも，これほどの累が身に及ぶことを敢えて行なおうとはしなかった，と言った。なぜなら，ピーコは文献言語学の主要な大部分を除外したからであり，かつこの言語学が宗教，言語，法律，慣習，所有権，交易，至上権，統治，階級，その他の無数の事柄にかかわり，その発端においては断片的，不明確，非合理的，信頼不可能で，科学の諸原理に還元される可能性は全く望みがたいとされているからである。そこでヴィーコは，

そのような一体系が実現しうるということを論証する一つの理念を予め与えるために，1720年〔7月〕一要論(9)を世に出したが，これはイタリアおよびアルプスの彼方の国々の文人たちの手に行きわたり，その何人かからは不利な評価を被った。しかし，これらの批判者たちも，〔ヴィーコの〕著作そのもの(10)が世に出て，きわめて学識のある文人たちの非常に名誉ある評価で飾られたとき，なお彼らの主張を維持していたわけではないし，このような碩学によって作品は効果的に賞讃されたのでもあるから，ここで前者の姓名に言及する必要はないであろう。イタリアの偉大なる誇り，アントン・サルヴィーニ氏(11)がこの著作に対し若干の文献言語学的難点を指摘して下さったので（氏はこれをきわめて学識のある，かつ御祖父，ジウゼッペ氏から遺された著名なヴァレッタ文庫の相応しい相続人，フランチェスコ・ヴァレッタ氏(12)に宛てて書かれた書簡を介してヴィーコに届けさせられた），これに対しヴィーコは「文献言語学の恒常性」の中で応答した(13)。他の哲学的批判はドイツの有名な文芸界の人物，ウルリコ・ウベルノ(14)〔ウールリッヒ・ヒューバー〕とクリスティアーノ・トマージオ(15)〔クリスティアヌス・トマジウス〕からのもので，ルードウィッヒ・フォン・ゲンミンゲン男爵(16)がヴィーコに手渡した。この批判に対しては，ヴィーコは，自著『法律学者ノ恒常性ニツイテ』の末尾で見られるごとく，著書それ自体によって満足な返答をすでに与えていると自認した。

　第1巻が『普遍法ノ唯一ノ原理オヨビ唯一ノ目的ニツイテ』の表題で同じ1720年〔9月〕にフェリーチェ・モスカの印刷所から四折判で出るや，ヴィーコはその中で論文の第1および第2部門を証明していたのであるが，未知の人々から口頭でなされた反論や若干の

人々によって単に私的に行なわれた反駁が著者の耳に達した。これらのどれ一つも体系そのものを覆すものではなく，些細な個別的な事柄に関するものだった。そしてそれらの大部分は，この体系がまさにそれに反対して構想された，古い臆見の帰結であった。これらの反対者たちから，ヴィーコは敵対者たちを自分勝手に捏造しておいて次いで打倒していると思われてはならないので，次に公刊した著作『法律学者ノ恒常性ニツイテ』の中で名前を挙げずに応答した。それは，彼らがおよそ無名の人たちであったとはいえ，万一この書物を手にすることがあったならば，全員が一人ずつ，密かに自分たちは応答してもらったと分かるようにとの考えからであった。次いで，同じモスカの印刷所から同じく四折判で翌1721年〔9月〕に〔上述の〕他の1巻が『法律学者ノ恒常性ニツイテ』の表題で出たが，この中では本論文の第3部門がより詳細に証明されている。本論文はこの巻では2部に区分され，1部は「哲学ノ恒常性」，他の1部は「文献言語学ノ恒常性」である。そして，この第2部の中で次のように着想された1章，すなわち「新シキ科学ガ試ミラレル」[17]が若干の人々に不快感を与えたが，ここより発して，文献言語学は科学の諸原理に還元され始めるのであり，かつまたヴィーコによって論文の第3部門においてなされた約束は単に哲学の部分についてのみではなく，それ以上のことであったが，それに劣らず文献言語学の部分についても決して空しくはなかったことや，さらに加えて，このような体系に基づいて，すべての時代のすべての学者の見解からは全く遠く，新しい諸事物の多くの重大な発見がなされていることが現に見出されるので，この著作については，それは理解できない，という非難以外は聞かれなかった。むしろ，それは非

常に良く理解できるということを〔ナポリ〕市のきわめて学識ある人々が確言し、公的にそれを是認し、威厳と説得力をもって賞讃した。彼らの頌辞はこの著書そのものの中で読むことができる。

このような事態の進行中に、ジャン・ル・クレール氏[18]から次のような内容の一書簡が著者に書き送られた。

謹啓，数日前ニキワメテ著名ナルうぃるでんしゅたいん伯爵家ノ執事ヨリ法ト文献言語学ノ起源ニツイテ貴著ヲ拝受致シマシタガ、御著ヲゆとれひとニ滞在中ハ，ホトンド軽クシカ披見デキマセンデシタ。幾ツカノ用件ノタメあむすてるだむニ戻ルコトヲ余儀ナクサレ、カクモ清澄ナル泉水ニテワガ身ヲ洗イ清メルタメノ十分ナ時間ガ小生ニハナカッタカラデアリマス。シカシナガラ一瞥ニシテ小生ハ哲学的ニモ、マタ文献言語学的ニモ多クノ卓絶シタ事柄ヲ見出シマシタ。コレラハワレワレノ北方ノ学者タチニ彼ラノモトニ劣ラズいたりあ人タチノモトニオイテモ明敏サト学識ガ発見サレルコトヲ示ス機会ヲ小生ニ提供スルコトデアリマショウ。イヤ事実ソレドコロカ、寒冷地域ノ住民カラ期待サレウルコト以上ニ学識ノアル、明敏ナ事柄がいたりあ人タチニヨッテ言ワレテイルコトヲ示スデアリマショウ。明日小生ハゆとれひとニ帰ル予定デスガ、ソノ地ニ数週間逗留シ、コノ人里離レタ場所デ貴著ヲ心ユクマデ楽シムツモリデオリマス。同地デハあむすてるだむニオケルホド邪魔ガ入ラナイカラデス。小生ハ貴兄ノ御考エヲ適切ニ理解シタ上デ、『古代近世〔現代〕文庫』[19]第十八巻ノ第二部ニオイテ貴著ガイカニ高ク評価サレルベキカヲ示ス予定デス。貴兄ノ卓抜ナ学識ノ正シイ評価者タチノ数ニ小生ヲモ加エテ頂クコトヲ望ミツツ、宜シク。千七百二十二年九月八日、あむすてるだむニオイテ、乱筆ニテ恐惶謹言。

この書簡はヴィーコの著書に賛成の評価を下した有能な人々を大いに喜ばせたが、それと同じ程度にその正反対を感じた人々に不快感を与えた。そこで、これらの人々は、これはル・クレールの個人

的御世辞であろう，とみずからあえて納得し，万一ル・クレールが『文庫』にこの書物の公的評価を掲載することでもあれば，その時こそ彼とても彼らにとって正しいと思われる判断に即して評価を下すことであろう，と見ていた。彼らの言い分によれば，ル・クレールが，イタリアではアルプスの彼方の国々から出される諸作品に天稟の点でも学説の点でも比肩できるような著作は執筆されないとほぼ50年来常に言ってきていながら，ヴィーコのこの作品を契機に今さら前言取り消しの詠詩を歌う気になるということは不可能であった。また，その間ヴィーコは優れた人々の尊敬を自分は大いに歓迎はするが，だからと言って，それを自分の仕事の目的や目標には決してしないということを世間に証明するために，ホメロスの二つの詩の双方[20]を彼の文献言語学原理の観点から読み，これに関して，彼が創意したある種の神話学諸規範[21]によって，これらの詩をこれまで観察されてきた外観とは別の外貌のもとで世に示し，ウァッロの区分[22]による暗黒時代と英雄時代というギリシア史の2群が2主題に基づいて〔ホメロスの二つの詩の中で〕神わざのごとく織り上げられていることを示している。ホメロスについてのこれらの論議[23]は，その規範[24]とともに，同じくモスカの印刷所から四折判で翌1722年〔8月〕に次の表題で世に出された。『よはんねす・ばぷてぃすた・うぃーこノ書物二巻，ソノ一巻ハ「普遍法ノ原理ニツイテ」，他ノ一巻ハ「法律学者ノ恒常性ニツイテ」ニ対スル註記』[25]。

　その後しばらくして，法律の早朝第1講座[26]が空席となった。この講座は年額600スクードの俸給で夜間講座[27]より小さかった。そこで，ヴィーコは特に法律学の分野における上述のごとき業績か

ら，この講座を獲得できそうだという希望で心が躍った。このようなことのため，彼は大学に対してかねてから成果〔業績〕を積み重ねてきていたのであり，あまつさえ彼は講座在任の点では全教員のうちの最古参者であった。なぜなら，カルロス２世の署名で講座を所有しているのは彼一人であり，他の全員はそれよりのちの国王の署名で講座を持っていたからである。また，彼は祖国〔ナポリ〕でこれまで送ってきた生活の中で信望を受けていた。その地で彼はその天禀を注いだ諸著作によって全同胞に栄誉をもたらし，多くの人々を援助し，誰一人をも害することはなかったからである。〔競争試問の〕その前日，今回は「ローマ法旧判例」(28)に関して〔論ずべき〕法律が籤で引かれることになっていたので，慣例に従って〔無作為に〕この法典〔の頁〕が開かれ，ヴィーコは次の三つの法律を引き当てた。すなわち，一つは事物請求権ニツイテ(29)という表題下の法律，他の一つは〔譲渡個人〕財産ニツイテという表題下の法律，第３は〔双務的〕公示条項ニツイテという表題下の最初の法律，という三つであった。そして，この３法律のすべてが多量な原典だったので，ヴィーコはこれまで法律学を教授したことが全くなかったにもかかわらず，この試練に進んで応じる能力を試験監督官ヴィダーニア猊下(30)に示すため，三つのうちから一つを私のために何とぞ決めて頂きたい，それに基づいて24時間のちに〔試問〕講義を行なうつもりですから，と願い出た。しかし監督官が固辞したので，ヴィーコは最後の法律を選び，その理由として，この法律はパピニアヌス(31)のものであるが，この人は他のすべての人々を超えて最高の分別を備えた法律家であるし，また，この法律は法律学において上手に切り抜けてゆくのが最大の難事業である，法律用

〔A　自叙伝本文〕

語の定義付けにかかわっているからである、と言った。彼〔ヴィーコ〕がこのような法律を選んだからと言って誹謗に値すると考えるような人は厚かましい無知な人間だとされてよかったであろう、なぜなら、そのような非難は彼がこのように難しい題材を選択したということのゆえに彼を非難するのに等しいからである。このことを彼はすでに見抜いていた。さればこそ、キュジャス(32)は法律用語を定義するとき、当然のことながら得意になり、彼が『ローマ法判例全書法令釈義（遺言追加書論）』(33)においてどのように行なっているかを万人が彼のもとに学びに来る、と言っている。そして、彼〔キュジャス〕がパピニアヌスをローマ法律学者の君主〔第一人者〕と信ずる理由は、誰一人として彼〔パピニアヌス〕より良く定義付けをしていないし、誰一人として彼より優れた定義を彼よりも多く法律学に導入しなかったからにほかならない。

　他の競争者たちは四つの事柄に彼らの希望を託していたが、それらがいわば岩礁となりヴィーコは難破しかねない惧れがあった。彼らはその全員がヴィーコに対して抱いている内面的な敬意に動かされていたのであるから、大学に対する自己の功績について彼が荘重で長文の序説を行なうに相違ないと確信していた。彼のやりそうなことを知っている二、三の者は、彼が自著『普遍法原理』のために原典について論考し、これにより聴問者(34)の〔非難の〕ざわめきを喚起しつつ法律学の競争試問について定着している規則を破ることであろうと予想した。〔講座担当者としての〕資格の持主はそれを青年たちに教えている学部の教員たちだけである、と評価している大部分の競争者たちは、彼の〔選んだ〕法はオトマン(35)が非常な博学をもって述べている法律の一つであるから、彼はオトマンを引

〔Ⅴ　ヴィーコ哲学の決定的形態〕

照しつつ全知識をひけらかすであろうとか，この問題の法律についてファーヴル[36]が解釈者たちすべての最初の解明を攻撃し尽くし，ファーヴルに応答した者はその後一人もいなかったのであるから，ヴィーコは講義をファーヴル〔の引用〕で充満させるだけで，この学者を攻撃することはないであろうとか，勝手に想像していた。しかし，ヴィーコの講義は彼らの期待を全く覆して成功した。というのも，彼は簡潔，荘重かつ感銘的な呼びかけから講義を開始し，直ちに法律の原理を読み上げ，その論題を原理に制限し，他の諸項目には言及しなかったからである。次いで講義が要約され，区分されたのち，彼は直ちに，至る所で「法イウク」，「元老院議決イウク」，「法務官イウク」と繰り返すローマ法律学者によってこの種のいわゆる試問〔講義〕においてあれほど用いられたやり方に較べてきわめて耳新しい方法により，「法律学者イウク」という類似的な常套句を用いて法律用語を一つ一つ個別的に解釈し，この種の競争にさいしてしばしば聞かれる，ことによると原典から逸脱したのではないか，という非難に対応したのであった。なぜなら，問題の法律が何らかのスコラ哲学的法学提要の方法で『ローマ法典大全』の中にすでに収められていないがゆえに論者〔ヴィーコ〕が表題の原理に基づいて論じることが可能であったのに，それが原因で講義の価値を低く評価しようとする人がいたとすれば，それは全く無知で悪意のある人だったであろうからである。また，彼はこの原理でパピニアヌスに準拠していたように，他の用語と他の意味をもってここで取り扱われている訴訟の定義を与えるような他の法律学者に依拠することも等しく大いに可能であった。かくして，用語の解釈からヴィーコはパピニアヌスの定義の意味を引き出し，キュジャスに

よって例証し、ここより、この定義がギリシア人解釈者たちの定義と適合していることを示す。その後直ちに彼はファーヴルと対決し、この学者がいかに軽薄ないし詭弁的ないし空疎な論考によってアックルジオ(37)、次いでパウロ・ディ・カストロ(38)、さらにアルプスの彼方の古典的解釈者たち(39)、引き続いてアンドレア・アルチアーティ(40)を非難しているかを証明した。また、さらに進んで、ファーヴルによる非難の順位においてオトマンがキュジャスの前に置かれているにもかかわらず、順を追ってゆくうちに彼〔ヴィーコ〕はオトマンを、次いでアルチアーティを忘却し、キュジャスを弁護した。このことに気付くや、彼は以下の言葉を挿入した。「シカシ私ハ記憶違イカラくいやきうす〔きゅじゃす〕ヲおとまぬす〔おとまん〕ノ先ニ置イタ。シカシ今ヤくいやきうす〔きゅじゃす〕ガ片付イタノデ、おとまぬす〔おとまん〕ヲふぁうるす〔ふぁーうる〕カラ弁護スルデアロウ。」彼はオトマンと競争することにかくも勝利の期待を懸けていたのであった。結局、彼がオトマンの弁護に入ろうとした時点で講義の時間が切れた。

彼は読書したり、執筆したり、瞑想〔省察〕したりするとき常に習慣であったように、友人たちとともに議論しつつ、自分の息子たちの騒ぎの中で、この講義をその前夜の明け方5時まで考えた。彼は講義を主な章に要約し、これらをそれぞれ1頁にまとめ、これまでの全生涯でこれ以外の朗読をしたことがないかのごとく、他人ならば2時間にわたり演説したであろうほどの多くの表現を用いて、きわめてすらすらと講演した。それはもっとも該博な法律学の法的優雅さの精華とさらにギリシア語の技芸用語によって飾られていた。そしてスコラ哲学的表現が必要とされるときには、野蛮な用

〔V ヴィーコ哲学の決定的形態〕 121

語⁽⁴¹⁾よりもギリシア名辞を好んで用いた。ただ一度だけ、プロゲグランメノーン（προγεγραμμένων）という単語の〔発音の〕困難さのため、少しばかり躊躇した。しかし、すぐ付け加えて言った。「私ガ中断シタコトヲ不思議ガラナイデイタダキタイ。ナゼナラ、用語ノ返リ討チ〔反撃〕⁽⁴²⁾（ἀντιτυπία）ソノモノガ私ヲタメラワセタノダカラデアル。」そのため、多くの人々には彼がこの瞬間的狼狽を故意に行なったように見えた。彼がきわめて適切で優雅な他のギリシア語単語〔返り討ち〕を用いて自分を取り戻したからである。次の日、彼はこの講義を朗読したとおりに書き上げ、写しを人々に配布したが、その中にはドン・ドメニコ・カラヴィータ氏⁽⁴³⁾もいた。同氏は最高法廷の一級弁護士であり、ドン・ニコロ氏のきわめて立派な御子息であるが、講義に列席できなかったのである。

ヴィーコはもっぱら自分に対する評価と講義による試問の結果とから、このような自負に溢れた行動をしてよいと判断した。列席者全員の拍手喝采により彼は講座を確実に獲得できそうだという希望⁽⁴⁴⁾を持たされたからであった。〔ところが〕彼は不幸な結果についてそれとなく気付かされるや、こういう出来事はこの講座を目指して卒業したばかりの連中の身の上にさえ現に生じたことなのだが、〔関係者を〕訪問して廻ることも、懇願することも、候補者としてのその他の実直な諸礼節を果たすこともしないことが繊細さに欠け、傲慢であると受け取られたのであるから、上述のドン・ドメニコ・カラヴィータ氏という賢明で彼にとってきわめて好意的な人物の勧告と権威により、身を引くのが適当であると判断された。そのため、度量を見せて、応募を取り止める旨言明しに行ったのである⁽⁴⁵⁾。

〔A　自叙伝本文〕

〔VI 『新科学・初版』——1723‐25年〕

〔『普遍法』に関するル・クレールの2書評——いわゆる『新科学・否定的形態版』、2巻本（1723‐25）の作成。その草稿はすでに当時紛失さる——ロレンツォ・コルシーニ枢機卿が出版費用の補助を拒絶したため、はるかに短い1巻本に短縮せざるをえなくなる（1725年8・9月間）——このようにして、1725年10月著者の自費で公刊された、いわゆる『新科学・初版』——作品の委曲を尽くした概要——カトリック教の信仰告白——上述のコルシーニ枢機卿からの概括的一頌辞〕

ヴィーコのこの不運(1)は彼に今後なおその母国〔ナポリ〕において相応しい地位を得ることをすでに絶望させたが、たまたま彼はジャン・ル・クレールの〔ヴィーコの著作『普遍法』の〕書評によって慰められた。ル・クレールはヴィーコの作品に対して若干の人々から向けられた非難を耳にしたかのごとく、『古代近世文庫』、第18巻の第2部、第8論文において(2)、フランス語から正確に訳して示せば次のような言葉で、この著作を訳が分からないと言っている人々に反対して一般的に評価している。すなわち、本作品は「隠された素材、きわめて多様な考察に溢れており、簡潔な文体で書かれている。」無数の論点は〔理解されるためには〕非常に長い要約を必要とするかもしれない。それは「数学的方法」によって組成されており、この方法は「わずかな原理から無限の帰結を引き出す」のである。本書は注意を払って、中断することなく、初めから終り

まで読まれるべきであり、また、その諸理念とその文体に慣れる必要がある。かくして、本書について思索することにより、読者は読み進んで行くにつれて、いよいよますます、「そこにさらに予想外の多くの発見および興味深い見解を見出すであろう。」この論文の第3部門〔『普遍法=II』〕があれほどの世評を喚起した原因となった問題の部分について、ル・クレールは、哲学に関しては次のごとく言っている。「神的および人間的学識の諸原理について、これまで何回も言われたことで、前巻に書かれていることに一致する事柄は、一切が必然的に真である。」文献言語学に関しては、彼は次のごとく評価している。「彼〔ヴィーコ〕は〔ノアの〕大洪水から、ハンニバルがイタリアに戦火をもたらした時代までの主要な諸時期を要約して示している。なぜなら、彼はこの書物全体においてこの年代間に次々と生じたさまざまな事柄について論じており、また、非常に精通した学者たちさえ、これまで全く注目しなかった多数の民衆的誤謬を訂正しつつ、非常に多数の題材について文献言語学の多くの考察を行なっているからである。」[3] そして最後に、全読者のために次のごとく結論している。「ここに見られるのは哲学的、法律学的および文献言語学的な題材の不断の一混合体[4]である。なぜなら、ヴィーコ氏は、同氏の諸著作を読むすべての人が同意するであろうごとく、これら三つの科学に特に専念し、それらについて十分に思索されたからである。これらの3科学の間にはきわめて強靭な一つの紐帯が存しているので、他の二つについてさらに加えて最大限の知識を持たないかぎり、どの一つについてもその全範囲にわたって深く立ち入り、識ったとは、誰も誇りえない。さればこそ全巻の末尾に、イタリアの学者たちがこの著作に寄せた頌辞が見ら

れるのである。これによっても，彼らが著者を形而上学，法律学および文献言語学にもっとも精通した学者と見なし，また彼の著作を重大な発見に満ちた独創的作品と見なしていることが理解されうるのである。」

しかし，(5)ヴィーコが，祖国〔ナポリ〕の，したがって，彼がモロッコではなくイタリアの地に生まれ，その地で文人として成功したのであるかぎり，全イタリアの栄誉のため生まれていることはもっぱら次のごとき事実によって明白に理解されうる。すなわち，他の人々ならば文芸に没頭したことを後悔はしないまでも，全文芸をそのため放棄したかもしれないような，このような非運の打撃によっても，彼は少しも臆せず他の諸著作を執筆し続けた。事実，彼は全2部に区分された一作品をすでに仕上げており，これらは四折判でたっぷり2巻となりそうであった。これらの第1巻の中で彼は諸民族の自然法の諸原理を諸国民の人間性の諸原理の中に(6)発見しようと志していたが，それは他の人たちがこれまで論考するというよりもむしろ想像した一切の事柄の真実〔真理〕非類似性(7)，非整合性(8)，および不可能性を示すやり方で行なわれた。この巻に続いて第2巻では，彼は人間的習俗〔風俗〕(9)の発生をギリシア人たちの暗黒時代および寓話時代の一種の論考された年代記によって解釈していた。これらの〔ギリシアの〕諸時代からわれわれはわれわれが異教徒の古代について持つ一切を受け継いでいる。そして，この作品(10)はナポリ教会のきわめて学識豊かな神学者，ドン・ジュリオ・トルノ氏(11)によってすでに校閲され終えていたが，ヴィーコは——このような否定的論証法は，それによって人間精神は少しも解明されないため，空想力に大騒動を喚起するのと同じ程度に知性

にとって心地よくないことを反省し，またそれ以外にも，不幸な運命の一撃(12)のため著書を出版することができないという苦境に置かれてしまい，しかも公刊を約束していたため，それを世に出す好機に迫られた余りに，自分の全精神を激烈な思索に集中し，積極的で，それだけ一層厳密な，したがってさらに効果的な一方法の発見に努めたのである。

1725年の終りに彼は，ナポリでフェリーチェ・モスカの印刷所から用紙12枚にも及ばない，十二折判〔288頁〕で，小作品用活字を用いた一著作を『諸国民の本性に関する一新科学の諸原理，これらにより諸民族の自然法のその他の諸原理が見出さる』(13)という表題で世に出したが，〔その冒頭において〕一題辞詩(14)をもってヨーロッパの諸大学に呼びかけている。この作品(15)の中で，彼はそれまでの諸自著ではなお混乱したまま，かつ完全な判明さを欠いたまま理解していた原理がついに完全に解釈されたのを見出した。その結果，彼は，このような科学の最初の諸起源を聖書史の諸原理から求めることの不可避的で，かつ人間的な必要性を容認する。そして，異教諸国民の最初の創始者たちの中に進歩〔の段階〕を発見することは哲学者たちによっても文献言語学者たちによっても絶望的であるということが論証されているのであるから，彼は——前著作〔『普遍法』〕にジャン・ル・クレール氏が寄せてくれていた評価の一つ，本書において著者は「世界大洪水から第2次ポエニ戦争に至るまでを要約してここに与えられている主要な諸時期を通じて，この期間に次々と生じたさまざまな事柄について論じつつ，非常に精通した学者たちさえこれまで少しも気付かなかった多数の民衆的誤謬を訂正しつつ，非常に多数の題材について文献言語学の多くの考察

を行なっている」(16)，という趣旨をさらに十分に，かつ幅広く利用して——諸国民それ自体の創始者たちのもとで，彼らが創設した諸国民の民衆的伝統の内部において真実を判定するための新しい一批判技術の力によってこの新〔規の〕科学(17)を発見したのである。これら創始者の何千年ののちに至って著作家たちが出現したのであるのに，この後者についてのみ従来の批判はとらわれている。そこで，彼は上述のごとき新批判技術の松明（たいまつ）によって，科学であれ技芸であれ，ほぼ一切の学術の起源についてこれまで想像されてきたのとは全く別なものを発見する。この起源は，明白な観念をもって，また的確な言葉をもって諸国民の自然法を論考するために，これらすべての学術が必要としているからである(18)。ここよりして，彼は諸原理を2部門，一つは観念の部門，他は言語の部門に区分する。そして観念の部門のために，彼は年代記と地理学とのさらに新たな〔2〕原理を発見する。これらは歴史の二つの眼であり，したがって普遍史の2原理であり，これまでわれわれに欠如していたものである。彼は哲学の他の新たな歴史的諸原理を発見し，初めて人類の一形而上学，すなわち一切の諸国民の一自然的神学(19)をも発見する。この神学によって各民衆はそれぞれが自分自身で彼ら固有の神々を人間が神性について持っているある種の自然的本能によって自ずから捏造した。これらの神々への畏怖から諸国民の最初の創始者たちは生涯の不断の伴侶としてある女性たちと結ばれるに至り，これが結婚による最初の人間社会であった。そして，異教徒たちの神学の大原理と神学的詩人たちの詩の原理とが同一物であったことが発見される。これらの詩人たちは世界最初の詩人，かつ異教的人類の詩人であったからである。彼はこのような形而上学から諸

〔VI 『新科学・初版』〕　127

国民に共通な一道徳，そこからさらに，一政治学を発見し，この両者の上に，ある種の時代風俗[20]によって変化する人類の法律学を建設する。さて，この建設はこれからの諸国民が彼らの本性の諸観念をさらに一層展開して行くのにつれて行なわれ，より一層展開されたこれらの諸観念の結果として，諸政府〔統治形態〕も変えてゆく。政府の最終的形態を彼は君主政体であると証明しているが，この形態の中に諸国民は本性上，最終的に定着するに至るとされる。このようにして，彼は〔従来の〕普遍史がその諸原理の中に残存させていた大きな空白を埋め，世界史はアッシリア人の君主国からニヌス[21]とともに始まる〔ものとする〕。言語の部門については，彼は詩と歌謡曲と韻文のその他の諸原理を発見し，前者〔詩〕も後者二つ〔歌謡曲と韻文〕も均一な本性の必然性によってすべての原初的な諸国民の中で生まれたことを証明している。このような諸原理に従って彼は英雄の紋印[22]のその他の起源を発見するが，これら紋印とは分節のある言語がまだ畸形的であった時代においての一切の最初の諸国民の聾啞的言葉であった。ここより彼は，紋章の科学のその他の諸原理を発見し，これらが鋳貨の科学〔古銭学〕の諸原理と同一であるのを見出し，この科学の中で，彼はオーストリア家とフランス家の2家系の起源が連綿たる至上権の4000年にわたる英雄〔時代〕的なものであることを指摘している。諸言語の起源の発見の成果の中から彼は全言語に共通のある諸原理を見出し，一試論によってラテン語の真の諸原因を発見している。そして，この言語の例に即して他の一切の言語について同じことを行なうのを学者たちに託している。彼は，一切の生来の言語に共通な一語源学型態という観念と，それとは別の異国起源の語の語源学型態という他の一

観念を提示し，諸国民の自然法を的確に論考するために必要な言語の学問のために一種の普遍的語源学型態という一観念を最終的に展開しようとした。観念と言語の双方のこのような諸原理によって，つまり，人類についてのこのような哲学と文献言語学によって，彼は摂理の観念についての永遠の理念的—歴史を展開し，この歴史より出発して全著作を通じて彼は諸民族の〔神により〕制定された自然法を論証している。この永遠の歴史の上を諸国民の一切の個別的歴史はそれぞれの発生，進歩，〔完成〕状態，衰微そして終焉をなして時間の中を走り過ぎてゆく。かくして，ギリシア人を嘲って，彼らは古代について知っていない，彼らはいつまでも若者である，と言ったエジプト人から発して，彼は古代の二つの大きな遺物断片を取り上げ，利用する。一つは，彼らが自分たち以前に過ぎ去った一切の時代を三つの時期，すなわち，第1に神々の時代，次いで英雄たちの時代，第3に人間たちの時代に区分した[23]ことである。他の一つは，この諸部分への順序と数そのものとともに，同じ長さの数世紀の広がりの中で，次々と順序に即して3種の言語が，すなわち一つには神的な，象形文字によるにせよ神聖な文字によるにせよ聾唖的な言語が，次には象徴的な，ないし英雄的な言葉にほかならない隠喩による言語が，第3には生活の日常の使用の中で同意された話し言葉による意図伝達的な言語[24]が，話されていたということである。したがって，彼が示しているところによれば，最初の時期と〔最初の〕言語は家族の時代の中に存していたが，家族は確かにすべての国民のもとにおいて都市の〔成立する〕前に存在したし，誰もが認めるごとく，家族から都市が発生した。これらの家族を父親は至高の君主として神々の統治のもとに，一切の人間的事象

を神聖なト占に即して命令しつつ支配した。かくして，ヴィーコは最大の自然さと簡潔さでこの時代の歴史をギリシア人たちの神聖な物語〔神話〕の中で解釈している。その中で，彼の考察によれば，東洋〔東方諸国〕の神々がのちカルデア人たちによって星辰界まで上昇させられ，フェニキア人たちによってギリシアに導入され（これがホメロスの時代ののちに起こったことを彼は証明している），その地でギリシアの神々の名称によってそれぞれ適宜に受け容れられたのであるが，同じように次いで，これらの神々がラティウムに導入され，ラテンの神々の名称によって適宜に受け容れられた。したがって，彼が示しているところによれば，このような事態がラテン人たち，ギリシア人たち，そしてアジア人たちの間で等しく，しかし，一方から他方へと順次に，過ぎ去った。次に彼は第2の象徴的言語を備えた第2の時期が最初の市民的統治の時代の中に存したことを示しているが，彼の証明によれば，この市民的統治はある種の英雄的王国ないし支配的な貴族階級によるものであり，これを最古代ギリシア人たちは「ヘラクレス的人種」[25]と呼んだ。彼らは最初の平民の上に立つ神的な血統の出身と見なされ，彼らから平民は動物の血統とされていた。彼はこの歴史がギリシア人たちにより彼らのテーベのヘラクレスの性格の中に完全に描写されていることをきわめて容易に説明している。このヘラクレスは確かにギリシアの英雄のうちで最大の人物であったし，彼からヘラクレス族が確かに出自しており，この一族出身の二人の国王によってスパルタ王国は統治されたのであったが，この王国は文句なしに貴族制であった。そして，エジプト人たちとギリシア人たちが等しく，どの国民の中にも一人のヘラクレスを見出しているし，ラテン人たちの中では

ウァッロ[26]が40人に及ぶヘラクレスを数え上げるに至っているのであるから，ヴィーコはすべての異教徒国民を通じて，神々の次には英雄たちが支配したことを，また古代ギリシア文献の一大断片によって，クレタ島住民たちがギリシアからクレタへ，サトゥルニアすなわちイタリアへ，そしてアジアへと移住したことを証明している。彼はこれらの移住民たちがラテンのクウィリテス[27]族であったことを発見しているが，この種族の一派がローマ・クウィリテス〔ローマ公民〕，すなわち槍で武装されて集っている人々であった。ここよりして，ローマ公民の法は一切の英雄的民族の法であった。そして彼はアテナイから来たという十二銅板法の物語の虚構を証明しているが，彼の発見によれば，ラティウムの英雄的諸民族の三つの土着的法がローマに導入されて遵守され，次いで銅表に刻印されたが，これらの法に基づいてこそ〔ローマの〕統治の諸動因，すなわち，平時においては法律による，戦時においては征服による〔男性的〕美徳と正義が存続したのである。そうでないとすれば，古代ローマ史は現在の諸観念をもって読まれたばあい，ギリシア人たちの物語的歴史以上に信じられないことであろう。このような光を掲げてヴィーコは，ローマ法律学の真の諸原理を説明している。最後に彼は，人間たちの時代と民衆的言語との第3の時期が人間本性の諸観念の時代において完全に展開され，したがって万人の中に均等に認められることを証明している。ここより，このような〔人間〕本性は人間的統治の諸形態をもたらすのであり，それが民衆政体および君主政体であることを，彼は示している。このような時代風俗の同調者であったのが皇帝治下におけるローマの法律学者たちであった。このようにして彼は，君主政体こそ諸国民がついに到達す

る窮極的統治形態であることを証明するに至る。また，仮に最初の王が現在の王と同様な君主であったと空想したならば，事実，国家体制を開始することは不可能だったことであろう。まして，これまで想定されていたように，欺瞞や暴力によって諸国民を現実に発生させることは不可能だったであろう。このような，またその他大量に行なわれた，より小さな発見によって，彼は諸民族の自然法について論考し，同時に，どのような特定の時代に，またどのような所定の仕方で，この法の全組成を成就している習俗が初めて誕生したのかを証明している。さて，習俗とは，宗教，言語，所有権，交易，階級，支配権，法律，軍隊，司直，刑罰，戦争，平和および同盟であり，このような時代とそのあり方から彼は永遠の諸特性を説明しているが，それらの諸性質はこれら習俗の本性，すなわち生成のあり方と時代がこのようであり，それ以外ではないことを確証している。彼は常にヘブライ人たちと異教徒たちとの間の本質的相違に注目したが，それは，前者が永遠の正義の実践に関して確信を抱いて台頭し，不動であったのに対し，異教的諸国民は神の摂理のみに絶対的に導かれて，3種の法を通じて，エジプト人たちの三つの時期と言語に対応しつつ，恒常的な均等性をもって変化し続けて行ったことであった。最初の法は，ヘブライ人たちのもとでは真の神法，異教徒の間では偽の神々の統治下における神法である。第2の法は，英雄法，すなわち神々と人間たちの中間に置かれた英雄たちに固有の法である。第3の法は，人間法，すなわち完全に展開され，万人のうちに平等と見なされた人間本性の法であり，この窮極的法からしてのみ諸国民の中に哲学者たちが登場できる。哲学者は永遠の正義の格率に関する論考によってこの第3の法を完成するこ

とができる。この点に関して，グロティウス[28]，セルデン[29]およびプーフェンドルフ[30]はともに誤った。彼らは諸国民そのものの創始者たちについての批判技術を欠いていたので，創始者たちが隠された叡智の賢者であると思い込み，異教徒たちにとっては摂理が民衆的叡智の教師であったことも，この民衆的叡智から彼らの間に数世紀〔の期間〕が発端の役をして隠された叡智が出現したことも見なかった。ここよりして彼ら3人は，諸国民自身の習俗とともに出現した，諸国民の自然法を哲学者たちの自然法と混同し，この自然法を論考の力により理解したため，他の一切の諸国民によっては失われている，神の真の祭祀のために神によって選ばれている一国民を何らの特典をもって区別することもしなかった。同じ批判技術のこのような欠如はそれ以前においてもローマ法の博学な解釈者たちを惑わせてしまい，彼らはアテナイから渡来した〔と言われている十二銅板の〕法律の物語に基づきローマ法律学の中にその本性そのものに反して哲学者たちの学派，それも特にストア主義者やエピクロス主義者たちの党派を導入した。これらの学派の原理ほどこの〔ローマ〕法律学の原理ばかりか，一切の文明の原理に反するものはない。また，彼らはこの法律学を彼ら自身の学派に固有の原理によって取り扱うこともできなかった。彼らの党派はローマ法律学者たちがそのように取り扱ったと明白に言明しているごとく，時代風俗[31]〔という党派〕であった。

　この作品によってヴィーコはカトリック教の栄光に加えて，わがイタリアに新教国オランダ，イギリスおよびドイツに対してこの科学の彼らの3首領〔オランダのグロティウス，イギリスのセルデン，ドイツのプーフェンドルフ〕を羨望しないですむという利点をもたら

し，さらにまた，このわれわれの時代において正統(カットリカ)な教会の懐で一切の人間および神的な異教的知識の諸原理が発見されたことを示している。これらすべての事情から，この書物は幸いにもロレンツォ・コルシーニ枢機卿猊下から，同猊下への献呈に応えて，以下のごとき少なからざる御讃辞とともに御嘉納の光栄に浴した。「本著作は，確かに言語の古典的性質と学説の堅実さによって，今日なおイタリア精神の中にはトスカーナ的雄弁にきわめて独自な生来の素質に劣らず，もっとも困難な学問の中での新しい所産への逞しく恵まれた勇気が生きていることを知らせるに足ります。それゆえ，余は貴著によりこの上なく光輝を与えられた祖国を慶賀するものであります。」(32)

〔B　自叙伝補遺――1728‐31年に執筆，生前未発表〕

〔I　各種の二次的著作――1702‐27年〕

〔『新科学・初版』のさまざまな人々への，中にもル・クレールとニュートンへの送付――ジウゼッペ・アティアスによる関係書簡――本来の歩調への回帰と若干の二次的諸著作への前兆（1730年ごろラテン語で執筆された1701年のナポリ陰謀事件に関する歴史的詳論の除去をも含む）――スペイン王フェリーペ〔フィリッポ〕5世のナポリ来訪に対する『讃辞』（1702年）――カルロ・ディ・サングロおよびジウゼッペ・カペーチェの葬儀のための碑文（1708年）――皇帝ヨーゼフ〔ジウゼッペ〕1世大喪用の碑文（1711年）――さらにレオノーレ・フォン・ノイブルク皇太后葬礼用の碑文（1720年）――これに関連しての逸話――ジャンバッティスタ・フィロマリーノの婚礼用の詩文集と『踊るユノー』（1721年）――イタリア詩の起源，進歩および没落に関する一歌謡曲（1723年）――ヴィーコ，自分の女婿アントニオ・セルヴィッロの弁護人となる（1724年）――この件について判事フランチェスコ・サントロに対するヴィーコの恩義――その恩返しとして，国王代理アルタンの母堂の逝去にさいし詩文集の準備に協力し，また同母堂のために弔辞序文を執筆す（1724年）――スペイン王位継承戦争に関する余談――ドン・ジウゼッペ・カラッチョロのこれに関連しての滑稽な冗談――ドンナ・アンジェーラ・チンミーノの文芸サロン――同女史の夭折と追悼詩文集（1727年）――それに序文としてヴィーコは弔辞を付加し，かつ出版の世話を引き受ける――聖堂参事会員ロベルト・ソステーニ。ヴィーコを識るための同参事のナポリ来訪と夭折――ヴィーコに自叙伝を書くようにとのジャン・アルティコ・ディ・ポルチーア伯爵の配慮（1725年）――哲学者として自伝を執筆す〕

『新科学〔・初版〕』が世に出るや，著者はさまざまな人々の中でもジャン・ル・クレール[1]氏に同著を送る手配をしたが，リヴォルノ経由によるもっとも安全な経路を選び，同氏あて書簡とともに小包としてジウゼッペ・アティアス[2]氏にあてて同地に発送した。ヴィーコはこの人とはナポリの地ですでに友誼を結んでいたが，彼は同時代のユダヤ人の間で〔旧約〕聖書言語の研究で最大の学者と評価されており，それは彼の講義とともにアムステルダムで出版された『旧約聖書』[3]が学芸界において著名となった作品であることが証明している。彼は以下の返信とともに〔ヴィーコの〕依頼を親切に受け容れてくれた。

　11月3日付御懇情溢るる貴翰に接し，欣快の情筆舌に尽くしえません。おかげをもって快適極まる御地〔ナポリ〕での素晴しい滞在の日々を想い出しております。まことに，私は御地にあって著名なる文芸人諸氏，なかんずく貴下御自身から賜わりました御厚意と御温情に終始満たされておりました，と申し上げるのが精一杯であります。あの節貴下より抜群かつ卓越なる数々の御高著[4]を賜わりましたが，これは私の議論仲間や，私がその後イタリアおよびフランス旅行の間に親交を結びました文人たちに対する自慢の種でございました。小包および貴翰はル・クレール氏に送りますが，アムステルダムの私の友人自身の手を煩わして同氏に届けてもらう予定です。さて，私の義務を果たし，貴下の御要請を実行しましたうえで，改めて，[5]拝受致しました御高著に対し衷心よりの感謝の念を表明致します。御著はわれわれの交友仲間の間ですでに読まれ，題材の卓抜さと新しい思想の豊かさがすでに賞讃されておりますが，それはル・クレール氏が申しているごとくであります〔〔アティアス氏は〕ル・クレール氏を上述の『文庫』の中で読んだに相違なかった〕[6]。さらに，貴下の全御業績からは，注意深く読まれたばあい，愉悦と利益が得られるのでありますが，それらを越えて，今回の御高著は

新奇で偉大な卓絶さと崇高さによって多くのことを考える動機を与えてくれます。末筆ながら，ソステーニ神父(7)に宜しく御鶴声のほど願い上げます。敬具。

しかし，ヴィーコは自分の書簡に対して〔ル・クレールから〕何らの返辞も受けなかった。(8)恐らくル・クレール氏が死去してしまったのか，老齢のため学芸と学芸的通信を放棄してしまったのか，いずれかだったと思われる。

このような苛烈な研究の間にもなお，ヴィーコには気楽な仕事を楽しむ機会も欠けていなかった。たとえば，〔スペイン〕国王フェリーペ〔フィリッポ〕5世がナポリに行幸(9)されるや，ヴィーコは当時ナポリ王国を統治していたエスカローナ公爵(10)から命令を受けた。この命令は，かつての卓絶した弁護士，当時の法務省長官セラフィーノ・ビスカルディ(11)氏を介してヴィーコに伝達されたが，それは彼に雄弁学欽定講座担当教授として国王の来臨にさいし歓迎演説を起草せよ，というものであった。しかも，国王の御出発までに8日足らずの日数しかなかったので，彼は印刷所で演説を執筆しなければならなかった。これは『すぺいん国王ふぃりっぷす〔ふぇりーぺ〕五世陛下ニ謹呈シ奉ル讃辞』(12)という表題のもとに十二折判で世に出た。

その後，この〔ナポリ〕王国が〔1707年〕オーストリア家〔皇帝家〕の支配下に入るや，その王国の当時の皇帝軍司令長官ウィーリッヒ・フォン・ダウン伯爵(13)から，ヴィーコは以下のきわめて名誉ある書簡をもって次のごとき命令を受けた。

〔I　各種の二次的著作〕

謹呈。ナポリ王立大学教授，ジョヴァン・バッティスタ・ディ・ヴィーコ殿。――恭しくも畏きカトリック教信奉者，皇帝陛下の御勅命をかたじけなくし，ドン・ジウゼッペ・カペーチェ[14]およびドン・カルロ・ディ・サングロ[15]両氏に対する葬儀を国王陛下の御尊厳と故両勲功士の絶大なる武勲に相応しき壮麗さをもって挙行せしめよとの思召しを拝受せしため，ベネディクト会修道院長，ドン・ベネディクト・ラウダーティ[16]神父に弔辞の作成がすでに委託されました。また，さらに墓碑銘のため他の創作が必要とされておりますが，貴下の令名高き文体に信頼を寄せて，万人周知の貴下の天稟にこの問題を委託したいと勘案致した次第であり，これほど価値ある仕事に付随するであろう栄誉のほかに貴下の尊き御労苦の記憶は今後も生々しく心に留まるであろうことを貴下に確言する次第であります。なお，何らかの好機に貴下に御役に立てることを望みつつ，貴下のあらゆる恵福を祈願するものであります。恐惶謹言。
　　　ナポリの宮殿より。

　　　　　　　　　　　　　　　　　　　　1707年10月11日
　　　　（自筆にて）伯爵フォン・ダウン

　このような次第で，ヴィーコは，この葬儀の墓碑銘，格言詩，格言的標語および記録を執筆し，高貴な習俗の人物にして神学と教会法の大学者，〔ベネディクト会〕修道院長ラウダーティ神父が弔辞を朗読したが，これらは二折判の図版付き1巻本として，国王御内帑金によって豪華に印刷され，『かろるす・さんぐりうす〔かるろ・でぃ・さんぐろ〕ナラビニいょぜふす・かぴきうす〔じうぜっぺ・かぺーちぇ〕ノ葬儀記録』[17]という表題で世に出た。

　その後しばらくして〔ナポリ〕国王代理カルロ・ボッロメオ伯爵[18]の名誉ある指令により，ヴィーコは皇帝ヨーゼフ〔ジウゼッペ〕陛下崩御にさいし王室用礼拝堂で挙行された御大葬用の墓碑銘[19]を作成した。

次いで不運が彼の文人としての名声に打撃を与えようとした[20]。しかし，これは彼の主張の是非にかかわりのないことであったのであるから，〔むしろ〕この不幸な出来事こそ，君主政治下において臣下からは期待することが決して許されないような栄誉を彼にもたらした〔といえる〕。国王代理，ウォルフガング・フォン・シュロッテンバッハ[21]枢機卿から，ヴィーコはレオノーレ皇后[22]の御葬儀にさいし以下のごとき墓碑銘の作成を命ぜられたのである。彼はこの碑文を巧みな手法で構想した，つまりそれらは，別々の〔銘文〕それぞれが独立しているが，全部を合体すれば一つの弔辞を成すというものであった。王室用礼拝堂の門扉に刻まれる予定の銘文は序文をその内容としている。

のいぶるく公爵家御出身ノ──至尊ナルへりおのら〔れおのーれ〕──れおぽるどぅす〔れおぽると〕皇帝ノ比類ナキ皇后陛下ニ──あうすとりあノかろるす〔かるる〕六世・〔神聖〕ろーま〔帝国〕皇帝・すぺいんナラビニなぽり国王ハ──最善ノ母堂トシテ──ココニ〔子トシテノ〕務メヲ果タス──国家ノ歓喜タル君主ハ──悲嘆ニ沈ム──市民タチヨ──ココニ来タリテ──大葬ノ義務ヲ果タセ。

礼拝堂の四つのアーチの上に据えられる予定の四つの銘文の最初の碑銘は〔故人の〕讃辞を内容としている。

汝，己ガ眼ニテ，ココニ空虚ナル墓ヲ見ル人ヨ──心ニテ空虚ナルモノヲ思惟セヨ──思エ，コノ后ニハ王侯ノ恵福ノ歓喜ノ中ニ移ロイヤスキ快楽カラノ回避アリ──女性ノ高位ノ頂上ニアリテ──最下層ノ身分ニ至ル謙譲アリ──人類ノ死スベキ定メノ者タチノ間ニアリテ永遠ナルモノヘノ愛着アリキ──コレラ永遠ナルモノハ──至尊ナルへりおのら

〔れおのーれ〕逝去シ給イテ——地上至ル所ニテ地ニ横タワレド——ココニ——至高ノ栄誉トトモニ累積セリ。

　第2の銘文はその損失の大きさを説明している。

　モシ地上ノ尊敬スベキ国王タチガ——法ニヨルヨリモ範例ニヨリ——諸国民オヨビ諸民族ノ堕落セル習俗ヲ矯正シ——国家ノ市民的幸福ヲ維持スルトスレバ——へりおのら〔れおのーれ〕ハ——至尊ナル御伴侶ノ命運ノミナラズ己ガ美徳ニヨッテ——世界ニオケル真ニ第一位ノ女性デアリ——皇后ナラビニ皇帝タチノ母堂トシテ——生涯ノ貞潔ニヨリきりすと教帝国ノ至福ニ——婦人トシテデキウルカギリ貢献シ給エリ——悲シイカナ，コノ損失ハスベテノ優レタル人ニヨリ衷心ヨリ悲シマルベキモノナリ。

　第3の碑銘は悲嘆を喚起している。

　汝ラ，最高ノ歓喜ヲ——至善ナル王侯・かるるす皇帝ヨリ——受クル者——市民タチヨ——汝ラハ皇帝ノ至尊ナル御母堂・逝去シ給イシへりおのら〔れおのーれ〕カラハ——同ジク最大ノ悲嘆ヲ受クルナリ——コノ王妃ハ恵マレシ豊饒ノ御身ニヨリ——待チ望マレオリシコトナガラ——あうすとりあ家ヨリ汝ラニ君主ヲ与エ給エリ——カツ，君侯ノ美徳ノ稀少カツ光輝アル範例ニヨッテ——モットモ待チ望マレオリシコトナガラ——汝ラニ最善ノ君主ヲ与エ給イヌ。

　第4にして最後のものは鎮魂の銘文である。

　涙ヲモッテ——モットモ心コモレル祈願ヲ宣ベヨ——汝ラ，市民タチヨ——ソハ——へれおのら〔れおのーれ〕ノ——天ニ召サレシ御霊ガ——カツテ生前れおぽると〔皇帝〕ニミズカラ子孫ヲ与エ給イシゴトク

——至尊ナル〔皇后〕えりざべた〔えりざべーと〕ヨリ皇帝かろるすニ——至高ナル神意ニヨリ——御子孫誕生ノ祈願ヲ満タサレンガタメ——マタ，御母堂陛下ガソノ御本願ヲ永遠ニ全ク成就セヌママニ——きりすと教世界ヲ——去ラレルコトナカランガタメナリ。

　これらの碑文はのち〔所定の場所に〕掲げられることはなかった(23)。しかし，葬儀の第1日が過ぎるやいなや，ナポリ出身のきわめて高貴な勲功士(カヴァリエーレ)，かつての雄弁な弁護士で当時の軍事裁判所陪席判事，ドン・ニッコロ・ダッフリット(24)（また同氏は枢機卿猊下のもとで秘書官として勤めていたが，この大きな信頼が大きな労苦と重なって，のち同氏に死をもたらし，この死はすべての立派な人々から哀惜された）から，ヴィーコあてに，何はともあれお願いするが，今晩訪問したいので在宅して欲しい，と伝言があり，同氏は来着するや，次のような言葉を述べた。——「私は，国王代理閣下ときわめて重要な用件を論じていたのを中断して，ここに参りました。そんな次第で，私はすぐ宮殿に戻って用件と再度取り組むつもりです。」こうして，きわめて短時間続いた話合いの間に，同氏はヴィーコに言った。——「枢機卿猊下が私に仰せられたところでは，理不尽にも貴君に生じた恥辱は猊下にとっても非常に御不快であるとのことです。」これに対し，ヴィーコは答えて，そのような高貴なお心尽くしは高官が臣下に対して向けられるのに相応しく，それについて同氏と枢機卿猊下には無限の感謝の意を表明致します。そもそも臣下たる者の最大の光栄は君主への恭順であります，と言った。(25)

　これらの多くの葬儀に関する機会の中に混じって，結婚式という

楽しい動機もヴィーコに生じた。それは信仰心が厚く，度量が大きく，重々しい習俗，そしてもっとも優雅な思慮を持つ勲功士〔カヴァリエーレ〕，ドン・ジャンバッティスタ・フィロマリーノ[26]氏のサン・テラーモ侯爵家出身のドンナ・マリア・ヴィットリア・カラッチョロ嬢との婚儀であった。そして四折判で印刷された，この婚礼のために創作された『作品集』〔1721年公刊〕の中で，ヴィーコは新しい観念の祝婚歌を作成したが，これは『踊るユノー』[27]という表題の独唱的な演劇詩であり，その中で婚礼の女神ユノー一人がより偉大な他の神々に話しかけ，舞踊へと招いており，また主題に関しては，『新科学』の中ですべて展開されている歴史的神話の諸原理について論考している。

同じ諸原理に基づいて彼は，『〔イタリア〕詩史』[28]を詩の誕生からわれわれの時代に至るまで，ピンダロス風の，しかし無韻詩の形で，一歌謡曲〔カンツォーネ〕に作り上げた。この歌謡曲は，ジェノヴァ貴族カリニャーノ公爵夫人，有能にして賢明なるドンナ・マリア・デッラ・トッレ夫人に献呈された。

さて今や，彼が青年時代に行なった，俗語の著作家たちの研究が，長い年月の間中断されていたにもかかわらず，老齢となったとき彼に，そのような俗語でそれらの詩を作成したり，同じく2編の弔辞を作り上げ，さらにこれよりして，あれほどの壮麗な言語表現力をもって『新科学』を執筆する能力を与えた。弔辞のうち最初の一つは，当時の国王代理フォン・アルタン枢機卿[29]猊下の御母堂，アンナ・フォン・アスペルモント，フォン・アルタン伯爵夫人の逝去に際してのものであった。ヴィーコがこの弔辞を書いたのは，当時の〔ナポリ〕王国秘書官，ドン・フランチェスコ・サントロ[30]氏

から受けた，ある恩恵に謝意を示すためであった。サントロ氏は国王代理管轄の民事法廷判事であり，またヴィーコの女婿[31]に対する一訴訟の担当官であったところ，この訴訟は〔民事法廷と刑事法廷の〕合同法廷で審理されるに至った。それは水曜日2回にわたり継続して行なわれたが（水曜日に民事法廷は訴訟事件を報告するために並列王室会議に出向するのである），当時の国王代理管轄法廷裁判長代理，ドン・アントニオ・カラッチョロ，デッラモローサ侯爵[32]（同侯爵の廉直と慎慮による〔ナポリ〕市の統治は優に4代にわたり国王代理に好意をもって受け容れられた）はヴィーコを支援するために，わざわざ2回とも臨席してくれた。同裁判長代理に対し，サントロ氏は事件をきわめて完全，明快かつ正確に報告したので，事実関係の立証が省略された。事実，立証が必要とされたとすれば，事件は訴訟相手によって長引かされ，勝訴をもぎ取られたかもしれなかった。この事件をヴィーコは即席できわめて多岐にわたって立証したので，公証人という生きている一証拠文書に対して実に37件に及ぶ虚偽推定証拠が見出されるに至った。これらすべてをヴィーコは事件を秩序立てて論考するために確実な項目に整頓し，かつ秩序立てることによって，それらすべてを記憶に留めなければならなかった。そして，事件を非常な情熱をこめて開陳したので，上述の裁判官たち全員が最高の好意を抱き，彼が論述している全時間中誰一人口をきかなかったばかりか，お互に顔を見合わすことさえしなかった。そして，最後に裁判長代理閣下は深い感動に打たれたが，その高い公的地位に相応しい荘重さをもって感情を抑えつつ，なお一方では被告〔容疑者〕に対する同情，他方では原告〔告訴人〕に対する軽蔑が見事に混同した身振りを示した。それゆ

え，国王代理管轄法廷は，もともと判決を下すことについて若干制約されているので，〔訴訟の〕虚偽性を犯罪として立証することは避けながら，被告に無罪の判決を下した。

　このような理由からヴィーコは上述の弔辞を書いたが，それはサントロ氏が編集した『作品集』の中に採用され，四折判で印刷されて世に出ている。この弔辞の中で，スペイン王国の王位継承のために行なわれた戦争に参加された，かくも神聖なる〔故〕母后陛下の御二人の親王殿下に言及した機会に，ヴィーコは散文体と韻文体の間の中間的文体を用いた一余談に筆を及ぼした。(このような文体はキケロによれば歴史の文体でなければならないとされており，彼が示している歴史を書くについての簡潔で含蓄的な理念によれば，歴史は「ホトンド常ニ詩人タチノ用語」[33]を使用するべきである，と主張されているが，それは恐らく歴史家たちを彼らの最古の遺産の中に引き留めておくためであろう。この遺産とは，諸国民の最初の歴史家たちは詩人であったということであり，それは『新科学』の中で十分に論証されている。) そして，ヴィーコはこの余談の中で問題の〔スペイン王位継承〕戦争をその原因，協議，機因，事実および帰結の全体にわたって全面的に取り上げ，さらにこれらすべての点について，何十世紀の記録の中でかつて行なわれた最大の戦争である第2次ポエニ戦争と正確に対比し，スペイン王位継承戦争の方がさらに大きかったことを証明している。この余談[34]について，重厚な習俗と思慮と立派な文芸趣味の勲功王(カヴァリエーロ)，サン・テラーモ侯爵家出身のドン・ジウゼッペ・カラッチョロ太公[35]は非常な厚意をもって，これを白色用紙の一大冊に収載し，外側に『スペイン王国によって行なわれた戦争の歴史』と表題を付してもらいたい，と

言ったものだった。

　他の一つの弔辞は，ドンナ・アンジェーラ〔アンジョーラ〕・チンミーノ〔チミーニ〕・デッラ・ペトレッラ侯爵夫人(36)の逝去にさいして執筆された。夫人は有能にして賢明な貴夫人で，自邸におけるきわめて品位のある，また大部分は学問のある男性たちによる会談の中で，行動の点でも，また論考の点でもきわめて重厚な道徳的かつ市民的美徳を知らず識らずに発散し，鼓吹していた。ここよりして，そこで会談していた人々は，自分では気付くことなしに，自然に愛情をもって夫人と再会したくなり，再会とともに夫人に愛情を寄せるに至るのであった。ヴィーコはそこで，「夫人はその生涯によって美徳の甘さ・苦さを教えた」(37)という個人的論題を，真実と尊厳をもって全面的に取り上げるために，どれほどまでギリシア的諸感覚の繊細さがローマ的諸表現の偉大さと相容れることが可能であるのか，またどこまでイタリア語がこの二つのそれぞれに関して能力を持つかを実証しようと欲した。この弔辞は四折判の手の込んだ豪華な一選集の中に収められて世に出たが，そこでは各作家の作品の最初の文字は銅版彫りで描かれ，主題にちなんでヴィーコが考案した寓意画が付されていた。その序文はフィレンツェ人のラテラーノ聖堂参事会員，ドン・ロベルト・ソステーニ神父(38)が執筆した。この人は最善の教養のため，またもっとも愛すべき品行のためこの都市〔ナポリ〕の讃歎の的であった。同神父は，初めわが身の中で胆汁の体液〔怒りやすい体質〕が余りに過ちを犯すので（この体液はしばしば彼に生死にかかわる疾病をもたらし，ついに右脇腹にできた膿腫が死因となったが，彼を識っていたすべての人に等しく痛惜された），慎慮をもって矯正に努めた結果，本性上きわめて温和

であるように見えるに至った。彼は非常に著名なアントン・マリア・サルヴィーニ師[39]の弟子だったので、同師から学んで東洋諸言語、ギリシア語を知っており、またラテン語、特にラテン韻文に非常な能力を持っていた。トスカーナ語では、彼はカーサ[40]流の十分に力強い文体で執筆したが、現代語の中では、今ではいわば一般化しているフランス語のほかに英語、ドイツ語さらに若干はトルコ語に通じていた。散文においても彼は十分に推論的で優雅であった。彼は彼自身その善良さから公的に言明していたごとく、ヴィーコがサルヴィーニに送った『普遍法』を読んだのが機因となってナポリにやって来た。次いで彼はナポリで一種の深遠で厳格な文芸が涵養されているのを識った。そして、ヴィーコは彼が識り合いたいと欲した第一の人物だったので、彼はヴィーコと緊密な交信関係を結んだ。もともと、この文通の結果としてヴィーコは以上の頌辞を彼に呈上したのである。

ほぼこの時期に、レアンドロ・ディ・ポルチーア枢機卿[41]猊下の御令弟、ジィアナルティコ・ディ・ポルチーア伯爵[42]、文芸によっても名門としても著名な人物が、研究の過程にいる青年たちを博学と学説で有名な人々の学芸的伝記に基づいて一層確実に指導してゆこうという方法を御構想遊ばした結果、これに値すると評価なさった8人[43]に及ぶナポリ人たちのうちに（これらの人々の姓名は、たまたま同伯爵に識られるに至らなかったため選択に漏れた他の最高の学者たちを傷つけないようにと挙げられていないが）ヴィーコをも加えて下さり、かつ、ヴェネツィアから寄せられた、ジウゼッペ・ルイージ・エスペルティ師[44]を介してローマ経由で届いた非常に丁重な御手紙[45]によって、ロレンツォ・チッカレッリ氏[46]に

ヴィーコの伝記を入手してくれるようにとの委任状を送付なさった。ヴィーコは半ばは謙譲の念から，半ばは自分の運命〔不運〕が原因で自分は自伝を書く意志を持たないと数回断った。しかしチッカレッリ氏の繰り返しての親切な懇請に彼もついに屈した。そして，ここに見られるごとく，彼はそれを哲学者として執筆した。さればこそ，彼は自然的ならびに道徳的諸原因と運命の諸契機について瞑想〔省察〕した。他の種類のものに比して特にある種の研究に対して自分が少年時代より抱いていた性向あるいは嫌悪について瞑想した。彼の進歩を促した，ないしは妨げた好機ないし逆境について瞑想した。最後に，自分なりに何らかの正しい方向を求めて行なった彼自身のある種の努力について瞑想した。この努力こそ彼にのちその反省を実らせるに至り，これに基づいて彼は『新科学』という彼の最終的作品を書き上げたのであるが，この著作は彼の文芸的生涯がこのようであり，そしてこれ以外ではなかったことを証拠立てているとされてよいであろう。

〔II 『弁明』および『新科学・再版』——1728-31年〕

〔『新科学・初版』の版本の欠乏——ロドーリ神父，アントニオ・コンティおよびディ・ポルチーア伯爵からの同書を訂正・補足してヴェネツィアで再版してほしいという書簡による要請——コンティの他の一書簡——ヴィーコは同作品に長い一連の「註釈」を付加しようと準備——ふたたび『自叙伝』について——自伝を単独に他の伝記への一本として出版したいというポルチーアの断固とした意志。他の伝記もこれに倣って他のイタリアの学者たちから送られてくるに相違ないはずだと思われた——この小冊子はヴェネツィアで公刊さる（1728年）。しかし，あらゆる種類の誤植によって汚損されていた——『新科学・初版』に関してメンケ〔メンケン〕によって1727年のライプツィッヒの『学者論文集』に掲載された軽蔑的な小註記——ナポリより書評家に送られた，ヴィーコに関する嘲笑的情報——ヴィーコは『弁明』（1729年）によって応答す——その概要——メンケ〔メンケン〕あての個人的な，次いで発送中止の書簡——ヴィーコの諸作品を一冊の『全集』に収載したいと申し出たヴェネツィアの出版者たちに対する拒絶——『新科学・否定的形態』への新たな兆候——『新科学・初版』への「註釈」のヴェネツィアへの発送——しかし，ヴェネツィアの出版者が犯した配慮の不足に立腹して，ヴィーコは草稿を引き上げる——この草稿と『新科学・初版』を『新科学・再版』に改鋳——彼がなお満足している，『新科学・初版』の３カ所——『新科学・再版』に付加された二つの「推論」，すなわち，十二銅板法の発生について，および，いわゆる「主制定法」について——『普遍法』，『新科学・否定的形態』および『新科学・初版』を明瞭に否認す——非常な短期間（1729年12月25日—1730年４月９日）で『新科学・再版』が完成される——元来は『新科学・再版』への序言として書かれた「学芸情報」——次いで破棄され，「本著作の理念」に置き換えられる——巻末に，印刷にさいし挿入された「訂正，改訂および補足」の最初の系列——1731年１月小冊子として公刊された，同種類の「訂正」の第２の系列。同冊子にはディ・スカレア太公への公開一書簡が冒頭に付されている——この原典——「訂正」の草稿による第３系列の開始——ロレンツォ・コルシーニ枢機卿への『新科学・再版』の献呈。この間に同枢機卿は教皇クレメンス12世となっていた——ネーリ・コルシー

ニ枢機卿からの書簡——『新科学・初版』への「註釈」を内容とする草稿のイェズイタ派神父ドメニコ・ロドヴィーチへの贈与——ヴィーコの，その公的および私的教育において信奉した方法——彼の激烈で怒りやすい性格——「狂気」によって，ないし少なくとも奇行によって非難さる——結論〕

この間に『新科学・初版』はすでに全イタリアを通じて，特にヴェネツィアにおいて有名になっていた。この時代のヴェネツィアのナポリ駐箚官(1)は同書を印刷したフェリーチェ・モスカ(2)のもとに残っていた全部数を買い取ってしまっており，それにさいしモスカに要請して，あの都市〔ヴェネツィア〕から沢山の注文を受けているので，なお入手できる部数があったら全部自分のところへ届けてくれと言ってきた。このような次第で，3年間でこの作品は非常に稀少になってしまい，12葉の十二折版の小型本が多くの人々から2スクードで，さらにそれ以上で購入された。そのころのことであるが，ヴィーコは普段余り行ったことのない郵便局に自分あての数書簡があることをやっと聞き及んだ。その1通はヴェネツィア共和国の神学者，聖フランチェスコ修道士団のカルロ・ロドーリ神父(3)からのもので，1728年1月15日付でヴィーコにあてて書かれており，ほぼ7普通便(4)の間，郵便局に保管されていたのであった。この手紙によって神父は，次のような文面でヴィーコに問題の書物をヴェネツィアで再版するよう要請していた。

当地ヴェネツィアでは言葉に尽くせないほどの賞讃とともに，深遠きわまる御高著『諸国民の本性に関する一新科学の諸原理』が有識者たちの手から手へと回読されております。そして，人々は御著を読めば読む

ほど，一層この書物を執筆された貴下の精神への感嘆と尊敬へと引き込まれて行きます。讃辞とともに，また議論とともに評判がいよいよ広まってゆき，御著はますます探し求められるに至り，当市のどこにも見当りませんのでナポリから若干部数を取り寄せております。しかし，これは遠距離のため非常に不便ですので，幾人かがヴェネツィアで御高著を再版させてはどうかと考慮し始めております。私もまたこの意見に賛成ですので，著者であらせられる貴下の御言葉を前もって頂いておくのが適当であると愚考致しました。それは，第一にこの考えが貴意に副うものであるか否かを知るため，次に，なお増補ないし変更すべき点がおありかどうか，そしてそのばあいそれについて御連絡頂けるかどうかを伺いたいためであります。

　同神父は，以上の要求を，ヴェネツィア貴族アントニオ・コンティ師(5)からの要請をも付加して強調した。同師は，偉大な形而上学者および数学者であり，隠された学問〔秘教的哲学〕に通暁しており，また学芸的旅行によって，ニュートン，ライプニッツおよびその他のわれわれの時代の第一級の学者たちのもとで学芸上の高い評価を受けているが，また『カエサル』という悲劇によってもイタリア，フランス，イギリスにおいて有名であった。同師はこのような高貴さ，教説および学識に相応した丁重さをもって，1728 年 1 月 3 日付で，ヴィーコに次のように書いた。

　神父ロドーリ尊師が御高著『新科学の諸原理』を再版させるよう申し出られておりますが，同尊師ほどあらゆる種類の学問に通暁し，かつ書籍商人に対して権威を持っている連絡者を他に見出すことはおできにならなかったはずです。私も貴著を最初に拝読し，味読し，さらに他の友人たちに味読させた者の一人でしたが，彼らが声を揃えて同意しておりますところでは，これ以上に博学で哲学的な事柄を，しかもそれらすべてがそれぞれの種類なりに独創的である事柄を含んでいる書物はイタリ

ア語でわれわれは他に1冊も持っておりません。私は御著の小抜粋をフランスに送り，フランス人たちに，年代記学や神話学の諸理念についても，すでにあれほど彼らが研究した道徳や法律学の理念に劣らず多くのことが付加，あるいは訂正される可能性があることを知らせてやりました。イギリス人も御著を見れば同じことを告白せざるをえないでありましょう。いずれにせよ，御著を出版によって，かつより読みやすい活字によって，さらに普及することが必要です。学問や教説をさらに拡大されるためにせよ，簡略に示唆されたにすぎなかった若干の理念を発展させられるためにせよ，一層御意図にかなうとお考えのことのすべてを増補なさるのには好い機会であります。私は御著書の冒頭に一序文を付されることをお勧めしたく存じます。その序文は御著が取り扱う諸主題の真の諸原理と，それらから生ずる調和的体系を説明すべきものであり，ついには未来の諸事物にまで及ぶでありましょう。さてこれらの諸事物はそのすべてがかの永遠の歴史の諸法に依存しており，この歴史に付与なさった理念はかくも崇高にして，かくも豊饒なのであります。

同じように郵便局に留まっていた他の1通の書簡は，上記で讃辞を呈したジャン・アルティコ・ディ・ポルチーア伯爵[6]からのものであって，伯爵はヴィーコあてに1727年12月14日付で次のごとく書いていた。

ロドーリ神父が私に確言されたところによりますと（同神父はコンティ尊師と御一緒に貴下への敬意を表明されており，このお二方ともども貴下の御才幹に対して抱いておられる絶大な尊崇の念を確言申し上げております），感嘆すべき御高著『新科学の諸原理』を〔再〕出版してくれる人が見当りそうだとのことであります。もし何かを増補なさるおつもりでしたら，お気の済むまでして頂きたいとのことです。要するに，貴下は今やこの御著作の中で思う存分に羽を伸ばして執筆がおできになるわけです。学者たちは御著書の中から表現されていること以上に多くのことについて知ることができると明言しておりますし，御著を傑作と

見なしております。ここに謹んで祝意を呈し,かつ貴下の御著作のごとき強靱さと盤石の所産がいつかは認められるに至り,識別力と知性力を備えた読者が欠如しないかぎり好運を欠くこともないのを見まして,御同慶の至りと存じます。

このような,そしてこれほどの人物たちからの親切な要請と権威ある支援に対し,ヴィーコは問題の再版に同意し,註釈と増補を書く義務を負わされたと信じた。そして,ヴィーコの最初の返事がヴェネツィアに届く時期以前に,上述のごとき事情から返信が非常に遅延したためもあって,アントニオ・コンティ尊師はヴィーコと彼の作品に対する特別な親愛の情に動かされて,1728年3月10日付で以下のごとき他の一書簡をヴィーコに下さった。

2カ月以前に御手紙を差し上げましたが,同封致しましたロドーリ御神父の書簡ともども,すでに御手許に届いているものと拝察申し上げます。何らの御返答をいまだに頂いておりませんので,失礼ながら再びお心を煩わせます。私がひとえに念願致しますのは,私がどれほどの感嘆の念を抱いておりますかということや,御高著『一新科学の諸原理』の中に沢山盛り込まれました御教示をどれほど利用致したいと切望しているかを御理解頂きたい,ということのみであります。私はフランスから帰国するや,ただちに御著を最大の喜びをもって拝読し,単に教訓的であるばかりでなく新鮮でもある,批判的,歴史的および道徳的な諸発見を致させて頂きました。若干の人々が同御高著の再版を企図し,もっと読みやすい活字と,もっときちんとした形態で印刷したいと望んでおります。ロドーリ神父はこの意図をかねて抱いておられ,すでに書面をもって,題材そのものについての他の諸論考,ないし御著書そのものの諸章の例証などを,万一それらをすでに御完成のばあいには,付加していただきたいと御願い申し上げたと聞かされております。ディ・ポルチーア伯爵は同ロドーリ神父に,貴下が御自身について書かれ,かつ他の御

著書の中で樹立されている歴史的，批判的体系の発展に関する，さまざまな該博な知識を含んでいる『自叙伝』〔の原稿〕を発送なさいました。この出版も大変に待ち望まれており，私からこの御著書そのものの概要を示されたフランス人たちは今か今かと出版を待ち望んでおります。

ここよりして，ヴィーコは例の作品の註記と註解を書く気持がますます高められるのを感じた。そして，約２年(7)続いたのだが，彼がこの仕事に携わっている間に，ディ・ポルチーア伯爵がここで特に言及するには当らないある機会に，まずヴィーコあてにたまたま手紙(8)を寄せて，公刊された作品あるいは学識と学説の名声によって，もっとも著名で，もっとも卓抜な『イタリア文芸人諸氏に寄せる計画』(9)を印刷したい，と書いてきた。この案とは，すでに述べたごとく，青年たちの研究の過程において彼らに一層確実に，また一層有効に役立つ新たな一方法を促進したいという同伯爵の一理念に即して，上述の人々が「文芸的自伝」を執筆してくれることであり，そこで同伯爵あてにヴィーコがすでに発送していた『自叙伝』を一つの範例として同『計画』に付加したい，というのであった。その理由は，すでに伯爵の手許に届いている多くの自伝の中で，ヴィーコの作品が伯爵には自分の意図する形態にいわばぴったり当て嵌まったように思われたからであった。そこでヴィーコは，『自叙伝』を伯爵が全員の『自伝集』と合体して印刷するものと思い込んでいたし，またそれを伯爵に送付するにさいして，かくも輝かしい一作品集の中で最後の一人であることがすでに最高の名誉と考えると宣言していたので，どんなことがあっても提案の実行は止めてほしい，と全力を挙げて懇願した。なぜなら，そんなことをす

れば伯爵はその目的を達成できないかもしれず，またヴィーコは自分に何の落度もないのに羨望のため迫害されかねないからであった。しかし，これら一切にもかかわらず，伯爵は自分の決意を断固として変えないので，ヴィーコは，ジウゼッペ・ルイージ・エスペルティ師[10]という経路でローマから抗議したほかに，ロドーリ神父という他の経路でヴェネツィアからも別途に抗議した。ロドーリ神父は，同伯爵が同地で伯爵自身の『計画』についても，ヴィーコ自身の『自叙伝』についても印刷を進めていることを伯爵からすでに聞いて知っていたからである。同じく，ヴィーコ〔の『自叙伝』〕を『学術小作品集』[11]の第1巻に印刷したカロジェラ神父[12]は同書の序言の役を果たしている，ヴァッリスニエリ氏[13]への一書簡の中でヴィーコ〔の上述の経緯〕を世間に公表してしまった。同神父はこの点でヴィーコに大いに好意を示してくれたが，その分だけ印刷者に不快感を与え，その結果，印刷者は重要な諸箇所においてさえ多数の誤植を冒す粗雑な印刷を行なった[14]。ところで，この『自叙伝』の末尾に記載されているヴィーコ著作一覧表の最後に以下のごとく印刷で公表された。「『諸国民の本性に関する一科学の諸原理』，著者の『註釈』とともにヴェネツィアにおいて再版印刷中。」[15]

さらにまた，ほぼ同じ時期に『新科学』に関してヴィーコに対し一種の卑劣な詐欺的行為が行なわれた。これは1727年度8号の『ライプツィッヒ学者論文集』[16]の「学芸情報」の中に採用されて記載されている。この記事[17]は学術情報記者の主要な義務である著書の表題の〔完全な〕表記を黙殺し（というのは，単に『新科学』と書いているのみで，どのような主題に関しているかを少しも

説明していないからである)、書物の形態を誤記し、八折判であると述べ(事実は十二折判である)、著者について虚偽を伝え、筆者の一友人の確言によれば、著者はヴィーコ家出身の一「修道士」であると言い(ヴィーコ本人は〔修道士ではなく〕子供を持つ父親であり、息子や娘を介して祖父でもある)、同書では自然法についての一体系、ないしむしろ「寓話」が取り扱われていると語っている(筆者は、著者がそこで論考している諸民族の自然法をわれわれの道徳的神学者たちが論考している哲学者たちの自然法から区別せず、そして後者があたかも『新科学』の主題であるかのごとく見なしているが、それは同著の一つの必然的派生論〔一系論〕にすぎない)。筆者の詳論によれば、同書は従来哲学者たちが結論を出すのに用いてきた諸原理とは別個な原理から演繹されており(この点で筆者は図らずも真理を告白している。なぜなら、そのような〔旧〕原理から演繹された科学は「新科学」ではないであろうからである)、それはローマ・カトリック教の嗜好に適応していると註記されている(あたかも神の摂理に基礎付けられていることが一切のキリスト教の、すべての宗教さえもの性質ではないかのごとき言葉であり、この点において、筆者自身がエピクロス主義者かスピノーザ主義として自己告発をしており、かつ著者には告発の代わりに、もっとも美しい賞讃を、すなわち敬虔であるという讃辞を与えている)。筆者はグロティウスとプーフェンドルフの学説を攻撃するため、そこでは非常な努力が行なわれていると指摘している(しかもセルデンについては、この学説の第3の首領であるにもかかわらず、沈黙している。恐らくこの学者〔セルデン〕がヘブライ語に精通していたからであろう)。筆者は本書が真理よりも天稟〔才智〕に喜ばれ

ようとしていると判断している（が、これに関してはヴィーコは〔『註記』で〕一つの余談[18]をもって、天稟〔才智〕、笑い、および明敏で鋭利な表現のもっとも深遠な諸原理を取り扱っている。すなわち、天稟〔才智〕は常に真理へと立ち向かう[19]のであり、明敏な表現の父であり、また脆弱な想像力は鋭敏さの母である。そしてヴィーコは嘲笑家の本性は人間的というより動物的であることを証明している）。筆者は著者が彼の推定の長期にわたる重荷のもとで力が欠乏していると語っている（が、同時に著者の推定の重荷が長期であることを告白している）。また、著者が諸国民の創設者たちに関して著者独自の新たな批判的技術をもって苦労していると述べている（が、これらの諸国民の間に辛うじて１千年ののちに至って著作家たちが登場するのであるから、この批判技術は彼らの権威を利用できなかった）。最後に筆者は、イタリア人たちからこの作品は喝采をもってというより、むしろ嫌悪をもって迎えられたと結論している（が、この作品は出版後３年も経てばイタリア全土できわめて稀少となり、たまたまその１冊が発見されるや、すでに言及されたごとく、非常な高値で購入されてきた。しかも、一イタリア人が不敬虔な虚言をもってライプツィッヒの新教徒学芸人諸先生に、カトリック教義を内容とする一書物がイタリア全土で国民に気に入られていないと報告したとは！）。ヴィーコは『らいぷつぃっひ学者論文集ニ反対スル註記』[20]という表題の十二折判の一小著で応答せざるをえなかったが、ちょうどその時期に、咽喉にできた壊疽的潰瘍のため（同じ時期に症状[21]の知らせを受けたので）、60歳の老齢にもかかわらず、きわめて博学できわめて熟練した医師、ドメニコ・ヴィトーロ氏[22]から辰砂の蒸気により危険な治療法を受けるこ

とを強制された。この療法は、青年でさえも万一不運にして神経に障れば、卒中を誘発するようなものだった。種々厳しく勘案して、ヴィーコはこの欺瞞的行為の画策者を「未知の放浪者」[23]と呼んでいる。彼はこのような醜悪な誹謗の根底にまで立ち入り、これが以下のように五つの目的[24]のために彼に対して企てられたことを証明している。第1の目的は、著者〔ヴィーコ〕に対する嫌がらせ、第2の目的は、無名な一著者の空疎で、虚偽的で、カトリック教的な一書物を探し求めたりしないようにライプツィッヒの学芸人たちの関心を殺ぐこと、第3の目的は、万が一彼らにこの書物に対する意欲が生じたばあいにも、表題、形態および著者の身分を偽ることによって、容易なことでは〔書物が〕見付けられないようにすること、第4の目的は、仮に見つけ出したとしても、かくも多くの〔評言とは異なった〕真の情況から、それを別の著者の作品と思い込ませること、第5の目的は、ドイツ人諸氏から〔自分が〕良い友人であると信じられるようになりたいということ、である。ヴィーコは、ライプツィッヒの雑誌寄稿家先生たちを、誠実で有名な一国民の学芸人階級に相応しい礼儀をもって取り扱い、このような一友人に対しては今後警戒した方がよいと勧告している。すなわち、この種の友人はともに友情を祝い合った人々を破滅させるのであり、彼らを現に二つの最悪の情況の中に陥れてしまっている。その一つは彼らが自分たちの『論集』の中に読みもしない書物の報告や評価を記載していることを自己糾弾しなければならないことであり、他の一つは同一の作品を自分たちの間で全く反対の判定に基づいて判定していることである。ヴィーコはこの友人〔報告者〕に重大な諫言[25]を行ない、彼は自分の敵よりも自分の友人たちをより悪く取り扱って

いるばかりか，自国民の偽りの中傷者であり，他国民の卑劣な背信者であるから，人間の世界から脱出して，アフリカの砂漠の中の野獣たちの間に行って暮すべきである，と述べている。ヴィーコは〔この『註記』の〕一部を同誌編集部の責任者，現ポーランド王国の首相，ブルクハルト・メンケ氏[26]あての次の書簡とともに送付する決心をしていた。

　著名ナルらいぷつぃっぴ学者〔論文集編集〕会議ナラビニ同会議ノ比類ナキ議長ぶるかるどうす・めんけにうす殿　よはんねす・ばぷてぃすた・うぃくす敬白

　私ト致シマシテハマコトニ哀痛ノキワミデアリマシタガ，私ノ不運ハ貴下タチヲモ逆境ニト誘致スルニ至リ，ソノ結果トシテ貴下タチハ貴下タチノ偽装セルいたりあノ友人ニ欺カレテ私自身ナラビニ『諸国民の人間性に関する一新科学の諸原理』ト題スル私ノ著書ニツイテ，アリトアラユル空シク，偽リデ，不当ナ事柄ヲ貴下タチノ『学者論文集』ニ記載サレマシタ。シカシ，コノ苦痛モ私ニトッテハ以下ノゴトキ慰メガ軽減シテクレマシタ。スナワチ，コノコトハコトノ本性カラシテ生ジタノデアリマスカラ，私ハ貴下タチノ無辜，大度オヨビ善意ヲ介シテ，カノ人物ノ悪意，嫉妬ナラビニ背信ヲ罰シウルノデアリマス。マタ，ココニ貴下タチニオ送リ申シ上ゲルコノキワメテ短編ノ書物ハ彼ノ違犯行為トソノ処罰ト，貴下タチノ市民的美徳ソノモノトソレラノ賞讃トノ双方ヲ包括スルニ至ッタノデアリマス。カクシテ，コレラ『註記』ヲ大部分ハモッパラ貴下タチノタメニ学問ノ名ヲ護ランガタメ公刊シタノデアリマスカラ，同書ガ決シテ憤激ヲ生ムヨウナコトガナク，カエッテ貴下タチヨリ私ガ感謝サレル機会ヲモタラシテクレルコトヲ希望シテオリマス。ナカンズク貴下ニ，スナワチ卓絶シタ学識ニヨリ，カノ一世ニ名高キ学者会議ノ代表的地位ヲ占メテオラレルぶるかるどうす・めんけぬす殿ニ感謝ガ向ケラレルコトヲ希求シテオリマス。御多幸ヲ祈リマス。なぽりニテ，一千七百二十九年旧暦十一月十四日〔十月十九日〕。

以上の書簡は，文面に見られるごとく，あらゆる礼譲を尽くして筆が運ばれていたとはいえ，やはり，それは例の文芸人たちに対していわば面と向かって彼らの義務心の欠如を叱責したかのごとくであることや，また，彼らは，ヨーロッパで毎日毎日出版者から出される書物を買い占めるのを仕事としているのであるから，自分たちの領域に属するものを主として見分ける義務があることなどを示唆しているので，ヴィーコは本来の礼節を守ってこの書簡の発送を見合わせた。

　さて，以上の論議の発端に立ち戻れば，ヴィーコはライプツィッヒの雑誌寄稿家諸氏に応答しなければならないと考えたが，その応答の中でヴェネツィアにおいて進行中の例の自著〔『新科学』〕の再版[27]について言及する必要があったので，ロドーリ神父に許可を求めるため（事実，神父は許可を寄越したが）手紙を書いた。かくして，新たに応答〔『註記』〕の中で印刷された文面をもって，『新科学の諸原理』が著者の註釈付きでヴェネツィアで再版されつつあることが公表された。

　またこのころ，ヴェネツィアの出版者たちが文芸人の仮面のもとに，ジェッサーリ[28]とモスカ[29]という二人のナポリ人，前者は書店主，後者は印刷者を介して，ヴィーコにその全作品を，つまり例の一覧表[30]に記載されている著作を既刊も未公刊もすべて入手したいと申し入れさせていた。彼らの言っているところによれば，彼らはそれらの作品によって，彼らの博物館を飾りたいと望んでいたが，事実はそれらを一つの全集として印刷したかったのであり，〔それに加えられた〕『新科学』がこの全集の消化を容易にするであ

ろうと期待していたのであった。ヴィーコは彼らに対してそれらの作品を自分がどう理解しているかを知らせてやるため，自分は自分の息切れのした天稟の脆弱な全所産のうち，唯一つ『新科学』だけが世に残ってもらいたいと欲しているが，この著作がヴェネツィアで再版されようとしていることを彼らは知ることができるはずである，と彼らにそれとなく知らせてやった。さらに，彼特有の寛大さから，自分の死後にまでも出版者にこの再版権を保証したいと欲して，ロドーリ神父に約500葉〔1000頁〕の草稿を提供したが，その中でヴィーコはこの「諸原理」を否定的なやり方で[31]探究しようとしていた。この方法を用いれば『新科学』という書物は非常に拡大化される可能性があったのであり，現に聖堂参事会員できわめて学識のあるナポリ教会神学者，ドン・ジュリオ・トルノ氏[32]は高潔な心をもってヴィーコの身辺に関心を寄せていたので，そのような版を幾人かの仲間と協力して当地で印刷させようと欲した。しかし，ヴィーコ自身が，それら諸原理をすでに肯定的なやり方で発見しているのだから，と彼に懇請して思い留まらせた。

ついに1729年10月，既刊の版の訂正および註釈と註記の完成原稿が，ほぼ300葉〔600頁〕の草稿として，ヴェネツィアに到着し，ロドーリ神父に送り届けられた。

さて，『新科学』が増補とともにヴェネツィアで再版されつつあることが〔『自叙伝』と『註記』で〕2回に及んで印刷して公表されるや，また，同地に全草稿が到着[33]するや，この再版の取引を引き受けていた人物[34]がヴィーコと折衝を始めたが，彼はヴィーコをどんなことがあってもその地〔ヴェネツィア〕で出版してもらわなければならない立場にいる人間[35]として取り扱った。このよ

うな事情から，ヴィーコは自分自身の名誉にかかわる問題として，ヴェネツィアに送った一切の草稿の返還を要求した。この返却は6カ月ののちようやく行なわれたが，その間にこの著書の半分以上がすでに印刷されてしまっていた。そして，上述のごとき理由から，この作品はナポリにおいても，その他の地においても，費用を負担して出版するような出版者を見出せなかった[36]ので，ヴィーコは別な処置を考え出した。恐らくそれは，この作品が当然受けるべきである適切な処置であったかもしれないが，ヴィーコにしてもこのような必要に迫られなかったとすれば到底考え付かなかったことだったであろう。この方法は，最初に出版された書物と対照すれば，以前に用いられたやり方とは天地の差ほど異なっていることが見分けられる。また，以前の方法において，作品の筋を追うために「註釈」の中で分離され，分散されて読まれた一切は今や非常に多くの増補もろとも一つの精神によって執筆され，一つの精神によって支配されているのが見られ，しかも強力な秩序の力が貫いているので（この力はのちの方法にとっては，説明の的確であることのほかに，簡潔であることの一要因でもある），既刊の書物〔初版本〕と草稿とではわずか3葉〔6頁〕分しか増大しなかった。この点については，たとえば実例として，諸民族の自然法の性質について実証することができる。この問題に関して最初の方法では第1章[37]，第7節において約6葉〔12頁〕論考されたが，のちの方法では若干行しか論じられていない。

　[38]しかし，初版本はヴィーコによって3カ所[39]のために元の版のまま残された。この3カ所にヴィーコは完全に満足していたからである。この箇所があればこそ，最初に印刷された『新科学』の版

〔II　『弁明』および『新科学・再版』〕　　161

本が主としてなお必要なのであり,彼が『新科学』を,ないしは「註釈付き作品」を引照するときは,この初版本を意味しているのであり,彼が「他の自著」を引照して,『普遍法』の3巻を意味するときとは異なっているのである。したがって,この『新科学・初版』は,再版本が別に印刷されたとしても,それと並んで印刷されるべきであり,少なくとも,この版が〔不足して〕渇望されたりすることがないように,せめて上述の3カ所は印刷されるべきである。さらにまた,『普遍法』の3巻は決して渇望されることなどなきように願いたい。ヴィーコはこの作品については,『新科学』と較べたとき,いわばその素描にすぎないとして,ほんのわずかしか満足していなかった。そして,この作品は次の2カ所(40)によってのみ必要と評価していた。——その一つはアテナイより到来した十二銅板法に関する寓話の箇所,他の一つはトリボニアノス(41)の国王制定法の寓話の箇所である。——なお,彼はそれらを,さらに大きな統一性とさらに強い活力で取り扱われている二つの「論考」(42)の中で対比した。この二つの寓話はジャン・ル・クレールが『古代近世文庫』の中で,この作品に言及しつつ,「非常に精通した人々さえかつて気付かなかった多くの民衆的誤謬が非常に多くの主題においてそこでは訂正されている」(43)と述べている誤謬の中の二つである。

(44)ヴィーコがこのような人々から自著に与えられた有利な評価に満足せずに,次いでそれを否認し,拒否していることが増上慢として誰かに受け取られるようなことは決してあるべきではない。なぜなら,これこそ彼がこのような人々に対して抱いている最高の尊崇と敬意の証拠であり,その逆ではないからである。粗野で高慢な

著作家は自分の作品を他の人々の正当な非難や筋道の通った修正に反対してまでも維持しようとするものだからである。他の者たちは，たまたま小心であるばあい，彼らの著作に与えられた好意的評価に満足し，まさにこの評価そのものがあだとなって，もはや自著を完全なものにしようとはしない。ところがヴィーコにとっては，偉大な人々の賞讃は，精神を拡大せしめて彼の作品を訂正し，補足し，さらに優れた形態に変革させるに至るものであった。かくして彼は「註釈」(45)を否認する。これらが否定的やり方でかの諸原理を求めようとしていたからであり，この方法はその証明を非恒常性，不条理性，不可能性によって行なうからである。これらの特性はその醜い様相によって，知性を養うよりも苦しませるのであり，知性にとっては肯定的なやり方こそ甘美に感じられる。肯定的な方法は真理の美を形成する適切なもの，便宜なもの，均一なものを知性に表示するからであり，真理によってのみ人間の精神は喜び，身を養うからである。ヴィーコは『普遍法』の諸巻に不満足である。なぜならば，その中でヴィーコはプラトン及びその他の著名な哲学者たちの精神から異教民族の創始者たちの愚昧で単純な精神へと下降して行くことを試みていたからである。ところが，全く反対の進路を取るべきであった。かくして，彼はそこでは若干の主題で誤りを犯すに至った。『新科学・初版』においては，主題においてではないにせよ，順序について確かに誤った。なぜなら，諸言語の原理から切り離して理念の原理を取り扱ったからである。この両原理は本性上相互間で結合されていた。さらにまた，両者を相互に切り離しつつ，ヴィーコはこの科学の主題が取り扱われた〔否定的〕方法から論考したが，これら主題は他の〔肯定的〕方法をもってすれば，上

述の2原理双方から徐々に出現してくるはずであった。ここよりして，そこには順序の点で多くの誤りが生じた。

(46)これらすべては『新科学・再版』において訂正された。しかし，ヴィーコがこの作品を，一種のいわば運命的な霊感とともに，いわば印刷機のもとで思弁し，執筆するのを余儀なくされていた，きわめて短い期間に，この霊感は彼を駆り立ててきわめて迅速に作品を思弁し執筆させたので，彼は降誕祭(47)の朝に着手し，復活祭の日の21時に完成した。——それから，この作品の半分以上が印刷されたのち，さらに最後の不測の出来事(48)をヴェネツィアから知らされて，ヴィーコは印刷済みの43葉〔86頁〕を改変することを余儀なくされた。この部分は一種の「学芸情報」(49)を含んでいたのであったが（ここには，この問題に関するロドーリ神父と著者の手紙がそれに関連する反省とともに全文が順を追って記録されていた），それの代りにヴィーコは書物の扉に挿絵を置くことにし，この絵の説明について必要な量だけ書いて，この小さな1巻の空白部分を埋めるようにした。——これに加えて，長い重い病気があった。これは当時全イタリアに蔓延していたカタル性流行病から感染したものであった。——そして最後にヴィーコの生活の孤独があった。——これら一切の原因がヴィーコに勤勉〔入念さ〕を発揮することを許さなかった。勤勉は偉大さを持つ論証のために働くと消失してゆかずにはいない。なぜならば，勤勉は微細な，そして微細であるがゆえに，さらに緩慢な美徳だからである。こういうすべての事情から，ヴィーコは，混乱していれば秩序付けられ，素描されていれば磨き上げられ，短かければ引き延ばされなければならなかった，いかなる表現にも注意を集中させえず，また散文では回避されなけ

ればならなかった多量の詩的韻律にも気付くことができなかった。最後にまた記憶の若干の変調にも注意を払えなかった。もっとも、この変調は単語の誤りをもたらすものにすぎなかったので、少しも理解力を害してはいなかった。このような次第から、この著書〔諸巻〕(50)の末尾に、「第1註釈」とともに、同じく印刷誤植の訂正とも合わせて（誤植は上述の諸原因からきわめて多数生ぜずにはいなかったので）、M〔訂〕とA〔増〕という文字を付けて訂正と増補を付した。続けて同じことを「第2註釈」(51)について行なった。この註釈は作品が公刊された数日後に書かれたもので、その契機は卓越した哲学者で特にギリシアについての教養豊かな学識で飾られているドン・フランチェスコ・スピネッリ、ディ・スカレア太公(52)が著書全巻を3日間を費やして読破している間に目に留めた三つの誤謬をヴィーコに指摘して下さったことであった。この好意ある忠告に対しヴィーコは、太公に同註釈に付加して印刷されている次の書簡で感謝を表明し、これにより他の学者たちにも同じことをしてくれることを暗黙のうちに要請した。なぜなら、彼は彼らの訂正〔指示〕を喜んで受け容れたいからと言うのであった。

　私は殿下に無限の感謝を捧げなければなりません。と申しますのは、最近出版されました『新科学』一部を愚息(53)を介して殿下に贈呈申し上げて早くも3日後には、常日頃は崇高な哲学的瞑想なり、難解きわまる作家、特にギリシアの著作家の繙読なりに費やされる貴重な御時間を割愛遊ばされて、愚作を御完読下さったからでございます。御天稟の驚異的な御明敏と御知性の高度なる御理解力によって、殿下は同書をいわば一気に読破されると同時に、同書の内容の全範囲にわたって、その精髄まで見抜かれたと拝察申し上げます。そして、高き御身分に相応しき御寛大さから私に賜わりました御好意溢るる御高評につきましては謹んで

沈黙を守らせて頂くと致しまして，私は殿下より絶大なる御友誼をかたじけなくしましたことを心より御礼申し上げます。殿下にはさらに有難くも以下の箇所を御指示下さり，その中に若干の誤謬を御指摘のうえ，記憶間違いだったのであろうとお慰め賜わり，それらは，それらが生じた箇所においてさえ，論じられている主題の意図を何ら損ねていないとおっしゃって下さいました。

最初の誤謬は 313 頁 19 行目にあり，その箇所で私はブリセイスをアガメムノンに，クリュセイスをアキレウスに帰属させております。そしてアガメムノンはクリュセイスが彼女の父親，アポロンの神官クリュセスに返還されるよう命令しました。この神官は〔娘が略奪されたので〕ギリシア軍を疫病で壊滅させつつあったからです。そして，アキレウスは〔アガメムノンの命令を〕聴き入れようとしませんでした。以上の事実はホメロスにより全く反対に語られております。しかし，われわれが犯しましたこの誤謬は習俗のもっとも重要な部分について，われわれ自身も気付かないながら，事実はホメロスの一改善です。すなわち，なおアキレウスは聴き入れようとしなかったのですし，アガメムノンは軍隊の安全のために命令を下したとするのだからです。しかし，ホメロスはこの点に関して確かに修辞を維持していましたので，賢明であるとした人物を，同時に同じく強い首領と想定しました。またいわばアキレウスから暴力を加えられた形でクリュセイスを〔アガメムノンは〕返還し，これは自分の体面にかかわる問題だと判断して，名誉を回復するためにアキレウスから彼の〔寵愛している女奴隷〕ブリセイスを不当にも奪い取ったのです。この所業のためギリシア人の他の大多数が破滅するに至りました。このような次第で，ホメロスは『イリアス』の中で一人の非常に愚かな首領を歌っていることになります。したがって，このわれわれの誤謬は次の点で事実われわれに不利となっています。すなわち，それは，この誤謬がそれまで信用されていた人物〔ホメロス〕の〔隠された〕叡智について，真のホメロスの発見を確証している，今一つの大きな証拠をわれわれに見させることがなかった，ということです。それゆえ，アキレウスは，ホメロスによって「非の打ちどころなき」という不断の付加語とともに英雄的美徳の典型としてギリシアの国民に対して歌われているにもかかわらず，学者の定義する種類の英雄の観念には決して適合致しません。なぜなら，アキレウスの苦悩がいかに正当であったにもせ

よ，それゆえに，――自分の輩下たちとともに戦場から離脱し，全軍の艦隊から自分の船艦を引き揚げて，疫病を免れた残余のギリシア人たちをヘクトル〔トロヤ軍首領〕が撃滅するようにという不敬虔な誓願を立て，それがかなえられるのを見て彼は喜んでいるからです（ちょうど，これらの事柄を御一緒に論議した折に，殿下が私に，アキレウスが〔親友〕パトロクロスと声を合わせて，すべてのギリシア人とトロヤ人が死亡し，彼ら２人だけがこの戦争に生き残るのが望ましい，と述べている箇所を御指摘下さいましたように）。――これは悪辣きわまる復讐でした。

第２の誤謬は 314 頁 38 行目および 315 頁 1 行目にあり，そこで殿下は私に次のような御注意を賜わっております。すなわち，カピトリウム城塞をガリア人たちから防禦したマンリウスはカピトリヌスであり，彼に次いで別のマンリウスが出現し，この人物はトルクゥァトゥスという家名を名乗ったが，自分の息子を斬首させたのであること，また，この二人のうち後者ではなく，前者こそが，貧しい平民の利益のために新しい決算法を導入しようと欲したため，民衆の人気によって僭主になろうとしているという嫌疑を貴族たちから受け，断罪され，タルペウス山から投げ落とされた，ということです。この記憶違いはわれわれにとって以下の点で大変に有害でした。それは，この間違いが古代ローマやスパルタの貴族制国家の均一性についての強力な証拠をわれわれから奪い取ったからです。スパルタでは勇敢で大度なアギス王が，いわばラケダエモン〔スパルタ〕のマンリウス・カピトリヌスとして，新決算法の同じような法律のために，もはや何らかの農業法のためにではなく，かつ他の一遺言法のために執政官によって絞首刑にされました。

第３の誤謬は第５巻末尾，445 頁 37 行目にあります。そこでは，「ヌマンティア市民たち」(numantini) と読むべきです（これらの人々がここで，この論考によって特に取り上げられているからです）。

以上のごとき殿下の有難き御注意により私は自著を再読し始め，第２の訂正，修正および増補を書き上げた次第であります。

この第１および第２の註釈は，他のわずかな[54]，しかしきわめて重要な註釈とともに，著者がこの作品について友人たちと時々論

議するにつれて，とぎれとぎれに書かれた上で，3度目の版が印刷されるさいには，それぞれ指示された箇所に挿入されることとなろう。

　ヴィーコが『新科学・再版』を執筆し，印刷していた間に，コルシーニ枢機卿猊下は教皇位に昇進された(55)。同猊下には，枢機卿のとき，初版が献呈されていたので，教皇聖下にこの第2版もまた献呈されるのが当然であった。教皇聖下は捧呈を受けられたとき，献呈されているのを御覧になった。そこで御甥のネーリ・コルシーニ枢機卿(56)猊下が著者より書簡を付さずに送られた1部に対して礼状を出される機会に，教皇聖下の御名において以下のごとく著者に返辞するように，と御意図を漏らされた。

謹啓
　貴著『一新科学の諸原理』は最初の御出版にさいし，当時枢機卿であらせられた教皇聖下より，あらゆる御讃辞を受けられました。また，貴著は今回再び印刷されるに至り，貴下の明晰なる天稟に由来するさらに大なる知識と学識によって増補されて，教皇聖下の御仁慈極まりなき御心の中で，あらゆる御好意をもって迎えられました。私は私に贈呈されました貴著に関して御礼申し上げると同時に，上述の事情についてお喜びを申し述べたく存じた次第であります。御高著につきましては，私は貴著にとって当然のあらゆる敬意を抱いておりますし，機会あらばいつでも曲げてお役に立ちたいと存じつつ，御多幸を祈り上げます。
　ローマにて，1731年1月6日。

敬白
枢機卿ネーリ・コルシーニ

　このような名誉に満たされてヴィーコは，今やこれ以上にこの世で望むべきことを持たなかった。それゆえ，老齢のため，あれほど

多くの労苦に疲れ果てていたし，老いた身であれほど多くの家庭的心労に悩まされ，大腿と脚部の痙攣的苦痛および頭の下方の骨と口蓋の間の内部全体をほとんど蝕んでしまった一種の異常な悪疾に苦しめられて，研究を完全に放棄した[57]。そして，彼は比類のない哀歌調ラテン語詩人で，きわめて高潔な習俗を持つドメニコ・ロドヴィーチ神父[58]に，『新科学・初版』用に書かれた註釈の草稿を次の銘記とともに贈与した。

キリスト教徒ティブッロス──ドメニコ・ロドヴィーチ神父に──この──不幸なる『新科学』の──惨めなる──地面にも，また海面にも投げ倒されたる──残余物を──絶えることなき暴風のごとき運命に──揺さぶられ，悩まされて──あたかも最後の安全な港のごとく──ジャンバッティスタ・ヴィーコは──切り裂かれ疲れ果てて，ついに引き渡します

彼は彼の専門の教授の仕事にさいして青年たちの進歩に最大の関心を寄せた。そして，彼らに自分たちの誤りを自覚させるため，ないしは彼らを偽学者の誤りに陥れさせないためには，専門学者の憎悪を受けることなど全く顧慮しなかった。彼は雄弁学の問題については，叡智と関係させずには決して論議せずに，雄弁学とは話をする叡智にほかならず，それゆえ，自分の講座は天稟を指導し，それを普遍的なものにすべき任務を負っている部門である，と言うのが常であった。そして，他の諸講座は部分〔的知識〕に関心を向けているが，自分のこの講座は総体的知識を教えなければならず，このような知識によってのみ，諸部分はそれら相互間で十分に対応し合えるのであり，また全体の中で十分に理解されうるのである，と主

張していた。それゆえ，良く話すこと〔雄弁術〕に関するすべての個別的主題について，ヴィーコは，その題材がいわば単一の精神によって，〔すなわち〕その主題と関係を持つ一切の諸科学によって，生気を与えられるほどの熱弁を振るった。これはヴィーコが『現代的研究法』(59)という書物の中ですでに書いていたことであるが，すなわち，もっとも顕著な事例を挙げれば，一人のプラトンは，古代人たちのもとにあって，彼の全体が一つの体系にまで調和された，諸研究のためのわれわれにとっての一大学総体であった。このようにして，ヴィーコは毎日非常な華麗さと深遠さで，さまざまな学問や学説について，あたかも外国の著名な文芸人たちが彼の学校に彼を聴講するためにやって来ているかのごとくに論述した。彼は怒りやすいという欠点を持っていたので，執筆にさいしては全力を尽くしてこの欠点に対して用心し，この点で自分は欠けた人間であると公然と告白も重ねていた。すなわち，彼は余りにも憤慨したやり方で彼の競争者である文芸人たちの天稟なり学説なりの誤りや邪悪な習俗を罵倒したのであったが，これらの人々を，彼はキリスト教の愛の精神によって，また真の哲学者として庇ってやるなり，容赦してやるべきであった。しかし，彼自身と彼の仕事にけちを付けようとする人々に対して苛烈であったのと同じ程度に，彼は自分と自分の業績を正しく評価してくれる人々に対しては大変丁重であった。そして事実，これらの人々は常に〔ナポリ〕市のもっとも優れた人士であり，最大の学者たちであった。半端者や偽善者の中で，というのは前者も後者も邪悪な学者だからであるが，もっとも度しがたい連中は彼を気狂いと呼び，ないしは，それより若干丁寧な用語を用いて，彼を変人であり，奇妙なあるいは曖昧な観念の持主であると

言っていた。もっと悪意のある連中は次のような讃辞で苦しめた。すなわち，ある人々の言ったところでは，ヴィーコは青年たちが彼らの研究の全過程を終えたのち，すなわち彼らの知識によって彼らが研究欲をすでに満たされてしまったときに，青年たちを教えるのに適していた。これではクウィンティリアヌス(60)の祈願は誤りということになってしまうであろう。この哲学者は高官の子弟が幼少時代から，アレクサンドロス大王のように，アリストテレスのごとき人物の膝下に託されることを欲したのである。他の人々は一種の大げさであるだけにそれだけ一層破滅的な讃辞にまで及んだ。すなわち，ヴィーコは教師たちに善い指針を与える能力を備えていた，しかし，彼はすべての逆境を好機として祝福し，それを契機として，他の諸著作を思弁し執筆するために，あたかも高く聳える難攻不落の彼の城塞に立てこもるように，書斎机へと閉じこもった，そして彼は，これらの作品を「彼の誹謗者たちに対する寛大な復讐」と呼んでいた，と言うのであった。これらの復讐は事実，彼を導いてついに『新科学』を発見させた。これ以降は生活，自由および名声を享受しつつ，彼はソクラテスよりも恵まれていると自認していた。この哲人に触れて，われらがファエドルスは次のような高潔な祈願を述べている。

　　コノ人ノゴトキ死ヲモ，モシソノ名声ヲ求メエバ，我ハ避ケズ，
　　マタ，モシ灰トシテ無実タリウレバ，我ハ憎悪ヲ甘受ス。(61)

訳　　　註

〔A〕・I

(1)——「ジャンバッティスタ・ヴィーコ氏」(Il signor Giambattista Vico) とヴィーコは自分を「三人称」で記述している。この手法は「私」を用いる，いわゆる「告白」的自叙伝——アウグスティヌス，ルソーら——の対極を成す様式である。これを文法的ないし修辞学的に考察すれば「自由間接話法」(style indirect libre) ないし「演出的話法」(represented speech)，すなわち「直接話法」と「間接話法」の中間的話法——「彼は考えた。彼は行くべきであろうか。」(間接話法では「彼は，自分は行くべきであろうかと考えた」。直接話法では「彼は考えた。『私は行くべきであろうか』」)——の裏返し的表現法と言えよう。「自由間接話法」が「間接話法」に固有の客観性への「演出」的な「主観性」の介入ないし感情移入とすれば，ヴィーコの「三人称」的「自叙伝」はその逆に，「主観性」の「演出」的な「客観化」を目指しているからである。

　では，ヴィーコの「演出」的「客観化」の「規範」は何か。それは「個人」的「体験」をも，「国民」的「体験」をも貫いている「歴史」の中に求められなければならない。かくして「歴史」の「客観化」，「規範化」，要するに「科学化」が要請されるに至る。「歴史」と無関係に，「数学」の客観的普遍妥当性に安居しつつ，「一人称」をもって「私的」体験を『方法叙説』の中で「一つの物語」(une fable) として——同書第1部参照——綿々と綴ったデカルトに対するヴィーコの憎悪の——心理学的な——源泉はここに発している。また本『自叙伝』がヴィーコの主著『新科学』にとって不可欠な註釈書の価値を持つゆえんでもある。つまり，『新科学』の確立が前提となって，本『自叙伝』が執筆され始めた，という逆説的解釈が成立するのである。

　　……自叙伝筆者ヴィーコと現代のヴィーコ伝筆者の間には観点についてのみ相違が存しているのではないのであり，また，『自叙伝』の中でヴィーコは確かに一つの歴史〔記述〕とはいえ，一種の神話的歴史〔記述〕(una storia mitica) を世に送ったと言われてよいであろ

う。すなわち，彼は『新科学』の完結にさいして，自分の過去に自分の思想と自分の現在の精神状態を投影したとき，自分に現われずにはいなかったままの，自分自身についての神話を与えたのであり，……彼はそれにさいし，余りにも遠い未来に及ぶ予感を露呈し，そのため自分の精神的発達をより単純かつ単調化したりしている。しかし……ヴィーコの自叙伝はこの作品を鼓吹した歴史感覚や，自分自身の作品を<u>永遠ノ相ノ下ニ</u> (sub specie aeternitatis) 観察している筆者の的確な文体の厳正さの中で適切な表現を見出す歴史性の感覚によって依然として卓絶した記録的名作 (monumento insigne) である。

以上のフビーニの有名な解説は大綱において妥当であろう。Mario Fubini: 'Prefazione,' a "G. Vico: Autobiografia" 〔F版〕, p. xiii.

(2)——ヴィーコの父親アントニオ (Antonio di Vico da Maddaloni, circ. 1638-1706) は零細小地主の農家の出身。1656年ごろナポリに来て，ヴィーコの誕生当時は聖ビアジョ・書店町31番地 (31 Via San Biagio dei Librai) で小さな本屋を経営していた。1706年9月2日朝ベッドの中で死んでいたのを発見されたという。母親カンディーダ (Candida Masullo da Napoli, 1633-99) は，ナポリの馬車製造業者マスッロ (Giambattista Masullo) の娘。父親ヴィーコの2度目の妻。結婚は1659年3月6日。ヴィーコはこの母より生まれた8人の子供の6番目。ヴィーコは上述の書店の「中2階」で生まれたが，その地にはクローチェによる記念碑が1941年に建てられたという。

(3)——「1670年」は誤記。正確な誕生日は「1688年6月23日」，翌日に聖ジェンナーロ・アルロルモ教会で洗礼を受けたことが同教会の受洗証明書により確認されているという。

F.-B. 英訳版の註では，幼児ヴィーコは父親の店で高い棚の書物を取ろうとして，梯子の頂上から床に落ちたのであろうとしているが，この推測の当否はともあれ，のち「諸理念の梯子」(scala delle idee) を信じたヴィーコの人生が「梯子」の頂上からの墜落と，その結果としての瀕死の重傷から開始されていることはまことに象徴的である。

(4)——「天稟」(ingegno)。「天与の明敏な才能」の意味で「天稟(てんびん)」と訳したが，ingegno はラテン語 ingenium に由来し，キケロの修辞学論以来「明敏さ」acumen (イタリア語 acutezza) の縁語。たとえば，「天賦の頭脳明晰」(l'acutezza d'ingegno) 等。この2特性は修辞学的発想力，美学的創造性の基本原理として，イタリア・ルネサンス期，さらにはバロック期(17世紀)まで伝承された。ヴィーコもこの伝統を受け継

いでいるが，これをフランス語の「才智」(esprit) と対比して，次のごとく述べている。

　　ワレワレノ弁舌家ガ流暢，明快，雄弁ニ語ルトイウノデ，ワレワレガ彼ヲ賞讃スルノニ対シ，彼ラ〔ふらんす人タチ〕ハ〔彼ラノ演説家タチヲ〕真実ヲ思惟シタトイウノデ讃美スルトイウ。ソシテ切レ切レナ事物ヲ素早ク，適切ニ，カツ巧妙ニ結合スル，心ノ能力，スナワチワレワレ〔いたりあ人〕ニトッテ天稟 (ingenium-ingegno) ト言ワレテイル能力ヲ名付ケヨウトスルトキニハ，ソレヲ彼ラ〔ふらんす人〕ハ才智 (spiritus-esprit) ト呼ビ，合成スルコトニ存シテイル，心ノ力ヲ単純キワマルコト評価スル。ナゼナラ，彼ラノ繊細キワマル心ハ合成〔力〕ニヨッテデハナク，思惟ノ精細サニヨッテ優レテイルカラデアル。『現代的研究法』**De ratione,** Ⅶ,〔ON, I〕p. 95. ——本『現代的研究法』(1709) については，以下〔A〕・Ⅳ, 註(6)参照。

　以上の文章には修辞学教授ヴィーコの面目が躍如としており，人文主義的伝統におけるイタリアの総合的，直観的「天稟」(ingegno) とフランスの分析的，思弁的，繊細な「才智」(esprit) の対照が鋭く洞察されている。のち再述。

(5)——「文法クラス」(la scuola della grammatica)。ヴィーコがすでに通学していた学校——ほぼ現在の中学校に当る——のクラス。ヴィーコの記事にはこのあたりに多くの省略があり，彼の初等教育の実体はきわめて不明確。ともあれ，当時の学制は——のちヴィーコが入学した「〔イェズイタ派神父〕大寄宿学校」(il Collegio Massimo dei Gesuiti) の例によれば——次のごとし。

　　〔I〕下級コース (i corsi inferiori)
　　　1. 文法コース (il corso grammatica)
　　　　(1) 第3クラス (la terza scuola)
　　　　(2) 第2クラス (la seconda scuola)
　　　　(3) 第1クラス (la prima scuola)
　　　2. 古典〔人文〕学コース (i corsi di umanità)
　　　3. 修辞学コース (i corsi di retorica)
　　〔II〕上級コース (i corsi superiori)
　　　1. 哲学コース (i corsi di filosofia)
　　　2. 数学コース (i corsi di matematica)
　　　3. 神学コース (i corsi di teologia)

なお，当時の中学校は全員合宿制であった。
(6)——上記註(5)参照。「下級コース」のうちの「文法コース」の「第2クラス」(la seconda scuola) に受け容れられたのである。授業内容は中級ラテン語とギリシア語初歩であったという。
(7)——「勉励課題」(le diligenze)。当時のイェズイタ派神父の学園の「通用語」(ジャルゴン)であろう。「特別学業宿題」(straordinarie fatiche scolastiche) と説明あり。なお，'gesuita' は「イエズス会」所属の修道士。神父等を意味するが，「ヤンセン派」(giansenista) との対比から慣習的な「イェズイタ派」という仮訳を用いる。
(8)——「成績表」(la lista)。「成果優秀」(approfittato)——「良い成果を挙げた」の意——。いずれも当時の学園のジャルゴンであろう。全生徒の成績順位を毎学期末（7月ごろ）公表したのであろう。イェズイタ派神父は褒賞によって生徒の競争心を煽るという教育法を用いるので知られている。
(9)——「第1クラスに云々」。1.「文法コース」の最上級クラス。次いで，2.「古典〔人文〕学コース」に進んで，古典語，古典文芸——「人文学」——を本格的に学び始める。上記註(5)参照。
(10)——アルヴァレス (Emanuele Alvares, 1526-83)。ポルトガル生まれのイェズイタ派神父，哲学者。『文法提要』全3巻 Emmanuelis Alvari e Societate Jesu: "De institutione grammatica libri tres," 1572 の著者。イェズイタ派学園では必携書とされていた。なお，この『提要』は1572年にイタリア語訳が出され，1588年にはローマ版として要約書も公刊されたという。
(11)——「文芸」(le lettere) と訳したが，現在の「文学」を意味するのではない。主として古典語——ラテン語次いでギリシア語——の文法的，修辞学的，論理学的研究に依拠する「人文学」(la umanità) よりも広い，現代から見ればかなり曖昧な概念。「文芸学者」(il letterato) も同じ。「文芸を科学〔学問〕(scienza) としてではなく，芸術〔技芸〕(arte) として識り，かつ研究し，さらに自分自身も芸術〔技芸〕活動を行なう人」(Zingarelli: "Vocabolario Della Lingua Italiano," 1957)。*scienza* と *arte* の両義性——傍点筆者——のため，この現代的定義によれば，「文芸学者」ヴィーコが新「科学」を提唱したのは自己矛盾と化す。事実は，ここにこそヴィーコの真価が存している。要するに，当時の用語の「文芸」，「文芸学者」とは幅の広い学者，批評家，知識人を示す総括概念である。

⑿——アントニオ・デル・バルツォ (il padre Antonio del Balzo, filosofo nominale, 1650-1725)。ナポリ人唯名論者 (nominalista napoletano) と註にあり。「唯名論」は中世伝統の普遍論争において「実念論」(il realismo) と対峙したが、のち法学理論、政治体原理では主意説的唯名論 (il nominalismo volontaristico) として社会契約説 (la teoria di contratto sociale) の原理を成す。つまり、ヴィーコはのちの彼の原理に正反対の理論にいきなり対決させられた。

⒀——「全書要約者」(il sommolista)。「全書」(la somma, Summa)——哲学、神学などの全集積体、いわゆる「大全」——の要約書 (sommola, summulae) の著者。

⒁——ピエトロ・ユリアーニ・イスパーノ (Pietro Juliani ispano da Lisbona, 1226-76)。その著『論理学全書要約』 "Summulae logicales" は中世論理学の代表的体系書として著名。のち 1276 年、ヨハネス 21 世 (Giovanni [Johannes] XXI) としてローマ教皇に選ばれた。

⒂——パウロ・ヴェネート (Paulo veneto, ossia Paulo Nicoletti da Udine, circ. 1327-1429)。アウグスティヌス会隠修士 (eremitano dell' ordine di Sant' Agostino) で、著書に『大論理学』"Logica Magna"——この「要約」をヴィーコは読んだという——、『自然哲学全書』 "Summa de philosophia naturali" あり。後著にはアヴェロエス (Averroes, 1126-98) の汎神論的(?)な影響が見られるという。

⒃——「クリュシッポス的論理学」(logica crisipea)。クリュシッポス (Chrysippos, circ. 282-206 B. C.) はストア哲学理論の体系的完成者と言われている。この人物と学説については、ディオゲネス・ラエルティオスに周知の伝記あり。Diogenes Laertius, VII, Chap. 7, v. 179-202 (Loeb ed., II) pp. 286-318.

⒄——ルネ・デカルト (René Descartes; Renato Delle Carte, 1596-1650)。デカルトの数学至上主義、その合理論哲学への憎悪が生々しく表明されている。そのさい『方法叙説』"Discours de la methode," 1637 の中の多くの自叙伝的記事も、その「一人称」的記述からヴィーコには一種の「捏造」と映じたに相違ない。デカルトについては後に詳述。

⒅——「文芸家たち」(letterati uomini)。「文芸学者」(letterati)——註⑾参照——より広い意味、のちの英仏の「文人」(men of letters, gens de lettres) に当り、学者、知識人の総称。

「上院議員」(senatori)。当時のナポリ市民は「最高王立法院」(il

Sacro Regio Consiglio) の「評議員」(consiglieri) を「上院議員」と呼んでいたという。この「最高王立法院」は 1442 年に設立された当時の最高法廷。

(19) ── 「インフリアーティ学園〔狂暴人学園〕」(Accademia degl' Infuriati)。この学園は 1620 年代に創設され，1672 年 6 月閉鎖，90 年 4 月再開され，92 年 2 月「ウニーティ学園〔提携者学園〕」(Accademia degl' Uniti) に改変された。ヴィーコの研究再開は 1683 年であるから，本文の文面によれば，7 年のずれが生ずる。1683 年に再建されたのは「インヴェスティガンティ学園〔研究者学園〕」(Accademia degl' Investiganti) であるから，ヴィーコの誤記であろう。もっとも「ウニーティ学園」にもヴィーコは「参加者」(Raccolto) の名称で参加し，何回か会合に出たという。

(20) ── ジウゼッペ・リッチ神父 (il padre Giuseppe Ricci, 1650-1713)。『道徳的神学概説』"Fundamentum theologiae moralis seu de conscientia probabile," 1702 の著者。

(21) ── 「スコトゥス主義者」(scotista)。ドゥンス・スコトゥス (Duns Scotus, 1265-1308) の教説 ── 形式主義的実念論 (realismus formalis) ── の信奉者。ヴィーコへの影響について，「スコトゥス主義的実体主義」(il sostanzialismo scotista) はゴシック式大聖堂のごとく，その壮麗な体系的一大総合性によってヴィーコを魅了したが，のちには壮大な牢獄のごとく「圧迫と窒息の感覚」を与えるに至った，とジョルダーノは巧みに説明している。Pietro Giordano: "Vico filosofo del suo tempo," 1974, p.8.

(22) ── 「ゼノン主義者」(zenonista)。ゼノンという著名な二人の哲学者は「エレアのゼノン」(Zenon of Elea, circ. 490-circ. 430B. C.) と「キュプロスのゼノン」(Zenon of Cypros, circ. 335-263B. C.)。ヴィーコは両者を混同して同一人と見た。しかし以下の文意より推測して，ここでは主として後者 ── ストア哲学の創始者 ── を指している。〔A〕・IV 註(44)でも述べる。

(23) ── 自著『形而上学』(sa *Metafisica*.)。ヴィーコの著作『古代いたりあ人ノ最古ノ叡智ニツイテ』"De antiquissima Italorum sapientia ex linguae latinae originibus eruenda libri tres," 1710 ── 略称『古代叡智論』**De sapientia** ── の第 1 巻を指す。全 3 巻 ── 第 1 巻「形而上学編」，第 2 巻「自然学編」，第 3 巻「道徳論編」'Liber primus: metaphysicus': 'Liber secundus: physicus'; Liber tertius: moralis' ── の

予定が第1巻のみ完成。ゼノンの「点」については，ibid., Cap. IV, ii (OGV版ではCap. IV, i) を参照。〔A〕・II章，註(31)以下で詳論。オットーの優れた「序文」が付された羅独対訳テキストあり。"Giambattista Vico. Liber metaphysicus (De antiquissima Italorum sapientia liber primus) 1710 ; Riposte, 1711, 1712, mit einer Einleitung von Stephan Otto," 1979. 羅仏対訳テキストは，"Giambattista Vico. De la très ancienne philosophie des peuples iteliques, traduit du latin par G. Malhos et G. Granel," 1987（対訳のみ）——以下〔A〕・IV，註(51)および本文を参照。

(24)——「スアレス神父」(Francisco Suarez, 1548-1617)。スペインのイェズィタ派哲学者。スコラ哲学形而上学の代表作とされる『形而上学論争』"Disputationes metaphysicae," 1597の著者。その他多数の著作あり。ヴィーコはオランダ人学者G. Blaevの1636年版『スアレス精髄』"Suarez repurgatus"を読んだという。

(25)——「この間において」とは「スアレスの研究中に」の意味。ナポリ大学入学は1684年。その後，彼は1689-91年，1690-92年および1691-92年法律学部に在籍。博士号取得は1694年11月12日。これはナポリでなくサレルノ大学院 (il Collegio dei dottori di Salerno) で得たと推定されている。

(26)—— フェリーチェ・アックワディエス〔アックワディーア〕(Felice Acquadies〔Acquadia〕da Campagna, 1635 - 1695)。法律学者で，ヴィーコが1684年聴講した当時教会法を教えていたという。なお，ヴィーコはAquadiesと綴っている。

(27)——エルマンノ・ヴルテイオ (Ermanno Vulteio, 1565-1634)。『ユスティニアヌス編市民法学提要註解』"In »Institutiones juris civilis« a Justiniano compositas commentarius"の著者。当時著名な法律家で，その後ヴィーコも諸著作の中でしばしば引用している。

(28)——ドン・フランチェスコ・ヴェルデ (don Francesco Verde di Sant' Antimo, 1631-1706)。donは聖職者，貴族の称号，ナポリ地方では一般的だった，という。ヴェルデは教会法学者で当時有名な私設法学研究所を主宰していた。のち，ヴィーコ・エクウェンセ地区司教 (vescovo di Vico Equense)。

(29)——ニコロ・マリア・ジァナッタージオ〔ジャンネッタージオ〕(Nicola Partenio Maria Gianattasio〔Giannettasio〕, 1648-1715)。ナポリ出身のイェズィタ派修道士，詩人で，ヴィーコの父親の親しい友人だったと

いう。

(30)——「それ」テキストの (le) が「ヴルテイオ〔の著書〕」(il Vulteio) を指すことは明らか。底本の le を OGV 版, BC 版により lo に訂正して訳す。

(31)——エッリゴ・カニジオ (Errigo Canisio, ?〔生没年不詳〕)。17 世紀のイェズイタ派僧。『教会法学提要概説』"Henricus Canisius : Summa juris canonici in quatuor Institutionum libros contracta," 1620 の著者。

(32)——「かくして, アックワディエスの……導いて行った。」'E si il ben detto dell' Aquadies e 'l ben fatto di Nicolò Maria avviarono il Vico per le buone strade dell' una e dell' altra ragione.'「善言」(il ben detto) と「善行」(il ben fatto),「一方の法」(l'una ragione) と「他方の法」(l'altra ragiono) ——「法」にはここでは「理性」をも意味する ragione が故意に用いられている——の対照に見られるごとく修辞学の粋を尽くした名文章であるが, 同時にヴィーコ哲学の基本的源泉をも明示している。なお, il dirrito civile, la ragione civile は現在の用語「民法」と訳しては狭すぎるので,「教会法」(il dirrito canonico, la ragione canonica) との対比から,「世俗的」,「国家的」の含意で「市民法」と訳した。

(33)——「明敏な解釈者たち」(gli acuti interpetri) とは, アックルジオ (Francesco Accursio, 1182-1260) やその追従者たちを指す。

　　ト言ウノハ, あっくるしうす〔あっくるじお〕, オヨビ, キワメテ明敏デコノ上ナク熟達シタ衡平ノ探求者トシテ彼ノ跡ヲ継イダ人タチハ, ワレワレノ時代ニ即応シテ, ろーま法ヲ確カニキワメテ賢明ニ解釈シタカラデアル。ナゼナラ, キワメテ徴小デ, ワレワレノスベテノ私事ニ非常ニ無用ナ法律カラ, 彼ラハアル種ノ正義ヲ, 答弁シタリ判決ヲ下シタリスルニサイシテ特ニ必要ナモノニ仕立テアゲタノデアル。ソシテ, ソノ結果トシテ「法律全書」ト呼バレルモノノウチ私法ニツイテノ一般的法律ガモットモ賢明ニ考エ出サレタヨウニ思ワレル。(『現代的研究法』**De ratione,** XI,〔ON, I〕p.110.)

(34)——「思案する」は riflettere の訳。「一つ〔の喜び〕は, 法学者や……思案することであった」'〔un sommo piacere in due cose :〕una in riflettere nelle somme delle leggi, dagli acuti interpetri *astratti* in massime generali di giusto, i particolari motivi dell' equità, ch' avevano i giureconsulti e gl'imperadori avvertiti per la giustizia delle cause.'——底本N版，F版，A版，S版，R版，BC版にはコンマ全くなし。他の版により補った。イタリックは訳者の付加。——この長い句は構文がきわめて不分明。英仏訳版ではF.-B.英訳版は不正確な意訳，M.仏訳版は故意か不注意のためか上記の句を含む全一節（段落）を脱落させている。Ch.仏訳版およびP.仏訳版が意訳ながら原著の真意に近いと思われる。

　問題の要点は 1. astratti がどこにかかるか，2. riflettere の解釈，の2点。まず，1. について言うと，訳者は，構文から考えて，astratti は直前のコンマの次にあるべきで，i particolari にかかると解釈する。この解釈はまた上記註(33)に引用の文献によっても裏付けられる。2. については，riflettere を 'piegarsi a considerare'「屈服して考慮する」，「考え直さざるをえなくなる」の意味に解し，「思案する」と訳す。ヴィーコが「法律全書」(le somme delle leggi, legum summae) の意義をウルテイオの著書に導かれながら，いわば「帰納的」，「実証的」に発見させられた思想的苦悶と「喜び」を含蓄した一語だからである。前註(33)の引用文参照。

(35)——「元老院の法令」(i decreti del senato)。「執政官たちの布告」(gli editti de' pretori)。senato, senatus; decreto, decretum; pretore, praetor; editto, edictum, は定訳なく，仮訳した。

(36)——「博学な解釈者たち」(gl' interpetri eruditi)。アルチアーティ (Andrea Alciati, 1492-1550)——ヴィーコによれば，Alciato——とその追従者たち「アルチアティアーニ」(gl' Alciatiani) を指す。アルチアーティは歴史法学の創始者と言われ，歴史書と古典文芸の綿密な研究に基づいて法学原理を確立せんとした。

　ソノ後〔あっくるしうすオヨビソノ追従者ノノチ〕いたりあニあんどれあす・あるきあとぅす〔あんどれあ・あるちあーと〕ガ出現シタガ，コノ人ヲソノ後ふらんす人タチハ大イニ讃美シテ追従シタ。ソシテ彼ラハ法学者ノ諸古代ノ学派ガソレラノ創始者タチカラ名称ヲ受ケタゴトクニ，あるきあとぅす〔あるちあーと〕派ト呼バレルベキデアロウガ，らてん語オヨビぎりしあ語ノ熟達ト，ろーまノ諸歴史書ノ該博ナ知識ニヨッテ，ろーま法ニソノ華麗サヲ回復サセタ。シカシ，彼ラハワレワレノ国家ニ適当ナ法律ヲワレワレニモタラシタトイウヨリ，ムシロろーま人タチニ彼ラノ法律ヲ返却シタ。カクシテ，私法ニツイテノ彼ラノコノ賢明サニモカカワラズ，彼ラハワレワレノ時代ノ私法上ノ論争ニ関シテ返答スルトカ，判定スルタメニハ，あっくるし

訳　註(A・I)　181

うす〔あっくるじお〕学派ノ人々ヲ解釈シ，コレラノ人々カラ衡平ノ証明ヲ借用スルノミデアル。『現代的研究法』**De ratione,** XI,〔ON, I〕p.110.

以上により明らかなごとく，ヴィーコの研究法は中世およびルネサンスにおける厖大なローマ法解釈法学書を介して，一方では「原理」問題を「思案し」，他方では「歴史」問題を「観察」したものと言えよう。前者については「アックルジオ」が，後者に関しては「アルチアーティ」が示唆を与え，かくして「哲学」（filosofia）と「文献言語学」（filologia）──仮りに「文献言語学」と訳したが，ヴィーコの定義によれば，「文献言語学トハ言語一般ノ研究デアリ，マタ言葉ノ起源ト進歩ヲ詳述シ，カクシテ言語ヲ諸時期ニ区分シ，ソノ結果トシテ言語ノ諸特性，転換オヨビ用法ヲ把握シヨウトスルコトニヨリ，言葉ヲ取リ扱イ，カツ言葉ノ歴史ヲ述ベル探索デアル。」**Univ. Ius : II,** Pars post. Cap. I,〔ON, II-ii〕p.308.──を介してヴィーコ独自の「歴史哲学」が成立する。

少し古い文献であるが，デ・ルーヴォによれば，「ヴィーコは，絶対（l'Assoluto）と特殊〔個別〕（il Particolare）の関係の解決の中に，アックルジオ学派が依拠していた抽象的，合理的法律とアンドレーア〔・アルチアーティ〕がローマ法の解釈によって準拠しようと欲していた，歴史的かつ言語学的資料の個別的な偶然性の解決を見出していた。」Cf. Vincenzo De Ruvo ; 'Introduzione,' alla sua edizione di **"De ratione,"** 1941, p. xi.

(37)──「教科」（materie）とあり，「これら教科と呼ばれるもの」（queste che si dicon «materie»）と表現されているが，materie の正確な意味は不明。英訳版も仏訳版も直訳しているのみ。「これら」（queste）とあるし，また文脈に照らして両法学部門についての実習的科目ではないかと推測する。

なお，ニコリーニの註記によれば，本文中に「5年間の法律教育」とあるごとく，当時のナポリ大学では法理論の研究は5年間が原則であったという。

(38)──ドン・カルロ・アントニオ・デ・ローザ（don Carlo Antonio de Rosa, 1638-1717）。1684 年以降「最高王立法院」（il Sacro Consiglio）の「評議員」（consigliere）──裁判官──。「ファブリツィオ・デル・ヴェッキオ」（Fabrizio del Vecchio）については一切不明という。「ドン・ジェロニモ・アックワヴィーヴァ」（don Geronimo Acquaviva）も同じ。こ

の人は「委託裁判官」(commissario) —— こんにちの「予審判事」(relatore) —— だった。

(39)—— 「16歳の身でありながら」(in età di sedici)。問題の訴訟事件は1686年6月のことであり，ヴィーコは18歳だった。生年月日が2年 —— 1668年が1670年に —— 繰り下げられた結果として当然の計算である。ヴィーコがなぜ生年月日を繰り下げたかは疑問。自己の早熟な才能を誇示するためのみとは考えられない。彼なりの心理的，ないし「神話」的な根拠があったかもしれない。

なお，この訴訟は原告は書店主バルトロメオ・モレスキ（Bartolomeo Moreschi）。2書店主間の訴訟事件だったらしい。

(40)—— 「部局」(ruota)。ニコリーニの註記によれば，ruotaはここでは「部局」(sezione) ——「民事部」，「刑事部」の一つ —— を意味するという。ピエール・アントニオ・チアヴァッリ（Pier Antonio Ciavarri）はスペイン人（Pietro Ciavarri Eguya）で『古代・中世・近世法学複合教育法』"Didascalia multiplex veteris, mediae et infimae iurisprudentiae"の著者。フランチェスコ・アントニオ・アクウィランテ（Francesco Antonio Aquilante, 1632-?）は未詳。ニコリーニによれば1691年には生存中だったという。

(41)—— 「このようにして，……『法律学者ノ恒常性ニツイテ』である」までの一文章はヴィーコ原典に存在し，その後の諸版でも採用されているが，底本N版では削除されている。F版の校訂者フビーニもこの部分を「ヴィーコにより行なわれた追記が誤って先に置かれた」と判断して，削除。BC版その他も同じ。確かに以下 ——〔A〕・III，末尾 —— に類似の内容が見当るが，完全な同文章ではなく，必ずしも誤りの加筆と判定する必然的根拠はないと思われるので本文中に付加した。

(42)—— 上記註(4)参照。『現代的研究法』De ratione は元来は「開講演説」(1708年度)。以下〔A〕・IV，註(6)参照。

(43)—— 完全な表題は『普遍法ノ唯一ノ原理オヨビ唯一ノ目的ニツイテ第一巻』"De universi iuris uno principio et fine uno liber unus," 1720.〔ON, II-i〕；〔OGV, II〕pp.1-272. —— 略称『普遍法=I・原理論』**Univ. Ius : I. Principium**.

(44)—— 『法律学者ノ恒常性ニツイテ・第2巻』"De Constantia iurisprudentis liber alter," 1724,〔ON, II-ii〕；〔OGV, III〕pp.1-416. —— 略称『普遍法=II・法律学者恒常性論』**Univ. Ius : II. Constantia**. —— 以下〔A〕・V，註(10)参照。

(45)——マリーノ (Giambattista Marino, 1569-1625) により流行させられたバロック的，ないし後期バロック的，似而非才智的(プレシオジテ)作詩法を指す。この一派は17世紀末においてもナポリでなお支配的であったという。この時代については，代表的な古典的著作 Benedetto Croce: "Storia dell' età barocca in Italia," (1929) 1967, pp.252-72 を参照せよ。

詩人マリーノの評価は従来きわめて低い。たとえば，デ・サンクティスはその古典的イタリア文学史で，マリーノの詩の一節，

　　詩人の目指すもの，そは驚異なり。
　　拙き詩人ではなく，優れたる詩人について我は言う。
　　驚愕を生む才なき者は，行きて馬丁たれ。
　　　　("La Murtoleide," Fischiata XVIII)

を引用して，次のごとく述べている。「〔この詩人の目指した〕輝かしさ (il lustro) はもっとも深刻に探求された，ないし感得された内面的人格からでなく，偶然的な，それゆえ逆説や不条理へと傾く類似ないし不一致に鼓吹された，純粋に主観的な組成物から由来している。ここよりマリーノが詩の主要な効果をその中に置く驚愕が生じている。」要するに，「軽薄で月並みな理想，現実的生活感の欠如，空疎な組立て，消耗した手持用語，社会と全く無関係で，絶対的な内面的無為，冷たい傾向の抒情的高揚，聖域の几帳の陰の粗雑な自然主義，独創性の誇示のもとでの陳腐な言い回し，華美で崇高な形式下の軽薄さ，不条理と逆説とに結ばれた瑣事，表面的で軽率な物の見方，基底から切断され，かつ人為的関係により変質された表面，理念から切り離され，空虚な音響と化した言葉，以上が天稟の相違はもとよりとしても，すべての退廃期の詩人の性格である。」(De Sanctis: "Storia della letteratura itliana," (1956) 1982, tomo secondo, 〔Universale Economica Faltrinelli〕 pp. 644-46.)

以上の酷評に対し，次の歴史的批判も注意されるべきであろう。

　　これらの人々〔批評家〕の眼からすればマリーノは幼稚な無自覚によって，調和と美を世俗性の刻印を押された一文学の支離滅裂で軽薄な形式へと汚辱して崩壊させてしまった犯人であった。われわれは逆に，……この破壊の中にマリーノが現代詩人であるための，すなわち，ルネサンスがその中にその危機と解体を客観的に意識していた一時代の子であるための最初の基本的条件を，自分自身のためにも他の人々のためにも（理論上）設定したことを逆説的ながら認めるべきであろう。……事実マリーノは，新しいものへの愛を発見の本質的革新

と結合させる能力を欠いたがためにこそ，多くの他の人々が——マリーノを知らない者さえもが——その後イタリアにおいて走り過ぎて行く道を指示している。(Alberto Asor Rosa: 'Introduzione,' a "Giambattista Marino: Opere," 1967, 〔I Clasici Rizzoli〕p.77.)

以上の歴史的マリーノ評価はヴィーコの詩人的資質の発展段階においてマリーニズモ（マリーノ主義）が果たした役割を的確に指摘していると言えよう。

(46)——ジィアコモ・ルブラーノ神父（Giacomo Lubrano）。詳細不明。クローチェは「聖職者であり，有名な説教師であった」と，この人の軽妙な詩に言及している。Cf. B. Croce: op. cit., pp.429-30.

(47)——この一文章は恐らくのちのヴィーコの自己批判であり，青年ヴィーコの当時の意見ではあるまい。このような「自我」の二重性はヴィーコが三人称で執筆していることにより，さらに鮮明化する。それにしても，お人好しの老雄弁家神父に対比して，ヴィーコの「覚めた」眼は何と鋭いことか！ 「マリーニズモ」(il marinismo)，クローチェの言う「バロック的擬似作詩法」(la pseudopoesia barocca)——cf. B. Croce: op. cit., pp.252-73——の真価も限界も，さらにこの種の作詩の青年学究にとっての心理療法的意義についてさえ，ヴィーコは言及している。本『自叙伝』は精神分析学者にとってまことに興味ある対象であろう。ヴィーコの現存している最初の詩作は歌謡「憂鬱者の想い」'Canzone: Affetti di un malinconico, 1693'——「憂鬱者」はのち「絶望者」(un disperato)が正しいとされて訂正——である。これは，のち〔A〕・IIで触れるドメニコ・ロッカ侯爵に捧げられた詩。この詩はヴィーコのバロック様式より新ペトラルカ様式への推移を示していると評価されている。Cf.〔OGV, VI〕pp. 231-35;〔ON,V〕pp. 273-77. 他に，〔S版〕pp.111-15.

〔A〕・II
(1)——「イスキア司教・ジェロニモ・ロッカ卿」(monsignor Geronimo Rocca, vescovo d'Ischia, circ. 1623-91)。詳細未詳。著書は『法学討論選集』"Disputationum iuris selectarum cum decisionibus super eis libri tres," 1686-1687. 同司教は1686年，ナポリに病気の治療に行き，ヴィーコに出会ったという。

「ある書店」とは父親ヴィーコの友人で隣人，商売仲間のジャンバッ

ティスタ・パーチ (Giambattista Paci) の店であったという。このパーチが同司教の著書の出版者。

(2)——「敷地」(il sito)。この「敷地」は「ヴァトッラ」(Vatolla) と呼ばれていたという。ヴィーコはチレントのこのヴァトッラ城に 1686-95 年の間滞在, その間健康を回復。もっともその間ヴィーコはしばしばロッカー家とともに同家の本宅のあるナポリや別荘のある所領ポルティーチに居を移し, チレントの城には年2回逗留するのが常であったという。しかし, 詳細は資料不足で不明。ドメニコ・ロッカの息子たちは幼かったから, ヴィーコが彼らに法学を教えた形跡はない。その後ヴァトッラの敷地にはロッカ一族の子孫によりヴィーコの同地滞在の記念碑が建てられたという。

(3)——ドン・ドメニコ・ロッカ氏(signor don Domenico Rocca, circ. 1641-99)。詳細未詳。子供たちは 1672-77 年に生まれた4人。フランチェスコ・アントニオ (Francesco Antonio), ジュリア・モニカ(Giulia Monica)——この娘のためヴィーコはのち祝婚歌を作詩した。Nel giorno delle nozze di Giullo Cesare Mozzacane principe d' Omignano con Giulia Rocca dei marchesi di Vatolla : Epitalmo, 1695, 〔ON, VIII〕pp. 28-32 ; 〔OGV, VI〕pp. 266-69 を参照。——, カルラントニオ (Carlantonio) およびサヴェリオ (Saverio)。

(4)——「ソルボンヌの神学者, リカルドゥス」(Ricardo. teologo sorbonico)。フランスのジェズイタ派神父エティエンヌ・デシャン (Etienne Deschamps, 1613-1701)。アントニウス・リカルドゥス (Antonius Richardus) の筆名で『自由意志論議』"Disputatio de libero arbitrio, 1645" や『ヤンセン主義的異端論』"De haeresi ianseniana ob apostolica Sede proscripta," 1654 を著わす。

(5)——ペラギウス(Pelagius. circ. 360-circ. 420.)。人間における「自由意志」およびその行使による「救済」を強調し, 聖アウグスティヌスたちより非難され, 異端として断罪された。この両派の対立はルネサンス以降大別して, カルヴィン主義的「恩寵」絶対論と伝統カトリック教会的「恩寵・自由意志」折衷論の対立として宗教論争や宗教戦争を惹起し, 個別的には旧教内では「ヤンセン派」対「イェズイタ派」——前者はカトリック教会内の「新教」と言われ,「恩寵」の絶対を主張する——の相剋としてフランス革命の一源泉を成し, 新教内でもたとえばイギリスに見られるごとく,「非国教論者」(清教徒その他)対イギリス国教会(多分にカトリック教会的残滓あり)の対立, 抗争として革命や反革命

を招来した。

なお、アウグスティヌスが「両極論」のちょうど「真中」に位置するというヴィーコの解釈は必ずしも正しくない。もっとも現在の西欧キリスト教会では新教、旧教の大合同の気運が進展しつつあるので、現象学を介してフッサール学派とマルクス主義学者が手を結びつつあるごとく、聖トーマスと聖アウグスティヌスの類似点がもっぱら強調される傾向が盛んになりつつある。しかしイデオロギー的態度の揚棄は安易なアンティ・イデオロギーという「イデオロギー」では達成できないのではあるまいか。アウグスティヌスについては、以下〔A〕・IV、Vで詳論。

(6)──ロレンツォ・ヴァッラ (Lorenzo Valla, 1407-57)。その著『らてん語ノ優雅サ』"Elegantiae linguae Latinae," 1444 により、乱れた中世ラテン語を批判し、純粋な古典ラテン語への復帰を主唱す。

この書物はルネサンス期のラテン語による執筆家にとって必読書であった。たとえば、カルヴィン〔カルヴァン〕はラテン語の名文家であったが、ヴァッラの著作で文体を「完成した」と言われている。Cf. 'Introduction' à "Jean Calvin : Institution de la religion chrétienne," Texte établi et présenté par Jacques Pannier, 1961, 4 vols, Tome premier, p. xxi.

その他に、『欲望論』"De voluptate,"〔1431〕1433, 『自由意志論』"De libero arbitrio," 1439 等をもって知られる。なかんずく、『コンスタンティヌス〔皇帝〕寄進文書論』"De donatione Constantini," 1440 によってコンスタンティヌス大帝 (Flavius Varelius Aurelius Claudius Constantinus Magnus, circ. 280 - 〔306-337〕) がローマ皇帝シルウェステル (Sylwester Primus〔314-335〕) に西ローマ領を寄進した証書とされていた文献が後代の偽書であることを証明し、その後の宗教改革運動に重大な影響を及ぼした。ガリンの要約によれば、

ヴァッラの中でルネサンスは、そのもっとも際立った一様相を論争的熱意をもって示している。それは、一切の人為を一掃された一種の純粋さへの回帰の要請、もはや十分でない一文化の束縛からの解放である。ヴァッラは古代を崇拝する傾向を持っていたどころか、ギリシア人に対する辛辣な批判者であり、直接の体験としての信仰の必要性を確信しているキリスト教徒だったので、人間精神の律動に、よりよく即していると思われた新論理学の構成を〔文献〕言語学的関心の中で示しながら、古代への回帰に彼独自の意味深い独創性を与えてい

る。(E. Garin : "Storia della filosofia italiana," Vol. Primo, pp. 323-24.)

(7)――「この城」とは正確には,「サンタ・マリア・デッラ・ピエタ・ディ・ヴァトッラ修道院」(il convento di S. Maria della Pietà di Vatolla) を指すという。

(8)――マッサ (Massa)。詳細不明。いずれにせよ,マッサの批判ないし弁護論のみによって,ヴィーコが古典ラテン詩人を読み始め,それまでの「マリーニズモ」――上記〔A〕・I,註(45)参照――から「新ペトラルカ主義」(il neopetorarchismo) ないし「純正主義」(il purismo) に回心したというのは,契機をもっぱら強調した挿話的記述であろう。この動向の成果には以下で言及されているレオナルド・ディ・カープアや「カープア派」の長期にわたる闘争が貢献していた。以下〔A〕・III,註(16)参照。

(9)――ボッカッチョ (Giovanni Boccaccio, 1313-75)。ダンテ (Dante Alghieri, 1265-1321)。ペトラルカ (Francesco Petrarca, 1304-74)。

(10)――キケロ (Marcus Tullius Cicero, 106-43 B. C.)。

(11)――ウェルギリウス (Publius Vergilius 〔Virgilius〕 Maro, 70-19 B. C.)。

(12)――ホラティウス (Quintus Horatius Flaccus, 65-8 B. C.)。

(13)――「このやり方は……通じるのであった。活用こそ……存在理由である。」'La qual pratica stimava condurre assai per bene usarle ai bisogni, ove le si ricordava ne' luoghi loro : che è l'unica ragione del ben concepire e del bene spiegarsi.' この一節, M. 仏訳版は論外として, F.-B. 英訳版も, P. 仏訳版も文意が不明。その原因は, 1. l'unica ragione の主語 che を直前の「それらの場所を想い出す」(le si ricordava ne'luoghi loro) にかけたためである。che の前のコロンが明示しているごとく――古い版ではセミコロン――この che は「立派に活用する」(bene usarle) にかかる。2. したがって l'unica ragione は「唯一の手段」――この訳では文意が不明――ではなく,「唯一の存在理由」である。3.「良い着想」(il bel concepire) と「善い表明(表現)」(il bene spiegarsi) の bel と bene の対比を上記3訳では実全に無視,ないし訳出しえなかったと思われる。

ヴィーコの見地は,古典の中の優れた「着想」と「表現」を蒐集するのもその「活用」のためである,という一種の明快なプラグマティズムである。しかし,これは彼の認識論や歴史哲学の基本原理に直結する。

(14)——『詩論』"De arte poetica." ホラティウスのもっとも有名な書簡詩。最晩年の作とされている。問題の箇所は次の通り (vv. 309-16)。
　　正シク書クコトノ知識ハ始マリデアリ、カツ源泉ナリ。
　　内容ハそくらてすノ書キシモノガ汝ニ示シウルナラン、
　　カツ言葉ハヨク考エラレタル内容ニオノズカラ従イユカン。
　　祖国ニ、マタ朋友ニ己レハ何ヲ負エルカヲ、
　　イカナル愛モテ親、マタ兄弟、来客ハ愛サルベキカヲ、
　　何ガ元老院議員ノ、裁判官ノ義務ナルカヲ、マタ戦場ニ
　　派遣サレシ将軍ノ任務トハ何カヲ学ビ取リシ者ノミ、マコトニ
　　ソレゾレノ人物ニ適切ナルモノヲ与エウルナリ。
(15)——「衡平の一技術」(un' arte di equità)。「衡平」を「発見し」、かつ「実践する」ための「一技術」の意味。
(16)——「自然的正義」(giusto naturale)。il giusto は特殊（個別）的事例に関して用いられている。
(17)——「一つの理想的正義〔概念〕」(una giustizia ideale)。la giustizia は総括的概念。il giusto と区別するため、必要に応じて「概念」を付加する。
(18)——「交換的正義と配分的正義」(la giustizia commutativa et distributiva)。「交換的正義」が「算術的」、「配分的正義」が「幾何学的」であるという類比は恐らくボダンから示唆されたと思われる。ヴィーコがボダンを研究したことは確実である。現にボダン (Jean Bodin, 1530-96) の『国家論』全6巻 "Les six livres sur la république," 1576 は『新科学・改訂版』**SN (II)** の中でその政体変遷過程論——君主制→僭主制→民主〔民衆〕制→貴族制——を批判されている。Cf. G. Vico: op. cit., Lib. IV, Sec. xiii, 3. もっともボダンによれば、君主制においては、「配分的ないし幾何学的正義」〔貴族制に固有〕と「交換的ないし算術的正義」〔民衆ないし民主制に固有〕が「合成」されて「調和的正義」(la justice harmonique) が成立する、とされている。Cf. J. Bodin: op. cit., Livre VI, chap. vi.
(19)——『註釈』"il Commento"。アヴェロエスの現存著作の大部分は彼が尊崇したアリストテレスの註釈であった。それらを総称して『註釈』と呼んだのであろう。
(20)——「形而上学的一原理」(un principio metafisico)。底本 N 版、F 版では原典——初版本か——に戻って un principio fisico と訂正している。その理由は底本 N 版では un «principio naturalistico»「自然主義

的原理」，F 版では un «principio della natura»「自然〔本性〕の原理」である，としているが牽強付会である。その後の諸版——A 版, S 版等——すべてこの説に盲従し，P.仏訳版もこの説に従い，「物質的事物を生産する原理」と解説しているが，意味曖昧。以下の文脈から推測しても「形而上学」のままで可。M.仏訳版，Ch.仏訳版およびF.-B.英訳が可。

(21)——「種子精気」(uno spirito seminale)。男性ないし雄の働きの原理として仮定された精気ないし精神。

(22)——「建築家〔建造〕的正義〔概念〕」(una giustizia architetta)。前文で「交換的正義」と「配分的正義」を「二人の神聖な職人」(due fabre〔fabbre〕)——「正義」が女性名詞ゆえ「女職人」となっている——に類比したので，両正義を率率，指揮する「理想的正義〔概念〕」はいわば「職人頭」(architteta)——「建築家」——とされている。この語のギリシア原語は architecton, これより形容詞 architectonico「建造的」が生じた。以上はすべてアリストテレスの『形而上学』より由来する伝統的用法。

(23)——「一理想国家〔共和国〕」(una ideale repubblica)。repubblica はアリストテレスの言う $\pi o\lambda\iota\tau\epsilon i\alpha$ のラテン語訳 respublica に由来し，元来理想的国家を意味し，同時に国家一般をも意味する。したがって必ずしも「共和国」の意味ではない。しかし，他の語と区別するため，この語のばあい〔共和国〕を付加する。

(24)——「普遍的一都市〔国家〕……永遠的理想法」(un diritto ideale eterno che celebrassesi in una città universale nell'idea o disegno della providenza, sopra la quale idea son poi fondate tutte le repubbliche di tutti i tempi, di tutte le nazioni)。この一句はのちの『新科学・改訂版』の結論を予告しており，『自叙伝』のこの段階に登場するのは確かに時代錯誤であろう。

(25)——キケロ，アリストテレス，プラトン——年代順では逆になるが——は，周知のごとく，いずれも「国家論」を哲学の主要課題とした。

(26)——「ストア主義者」について，ディオゲネス・ラエルティオス『哲学者列伝』中の「ゼノン伝」に次の有名な記述あり ("Lives," VII, 130, 〔Loeb ed., II〕p. 234)。

　　生活には，観想〔学理探求〕的，実践的，および理性的の３種があるが，第３が選ばれるべきである，と彼ら〔ストア主義者〕は言う。理性的存在者こそ自然〔本性〕により，学理と実践を目的として，わざ

わざ生まれているのだからである。かつ正当な理由があれば賢者は、と彼らは言う、祖国のため、また友人たちのため、また不具になったり、あるいは不治の病いで到底耐えられない苦痛に陥ったときなどには自分から人生を離脱するのである。

「自殺」の容認はもとよりとして、周知の「不動心」（$\alpha\pi\alpha\theta\epsilon\iota\alpha$）の主張もヴィーコには自己中心的道徳と思われたのであろう。

(27)――「エピクロス主義者」については、この学派の創始者エピクロスについて上述『哲学者列伝』に次の記述あり。

　　……一般的に言って、万人に対する彼〔エピクロス〕の人間愛は明らかであった。また、神々に対する敬虔と祖国に対する愛情については到底述べ尽くしえない。彼は事実、心の優しさが過ぎて政治に従事できなかった。しかし当時きわめて困難な事態がギリシアに生じていたにもかかわらず、二、三回友人を訪ねてイオニアの地に旅したほかは生涯祖国で暮した。他方、友人たちはあらゆる地方から彼のもとにやってきて彼と一緒にその庭園で生活した。(Diogenes: op. cit., X, 10〔II〕p. 538)

周知の「平安心」（$\alpha\tau\alpha\rho\alpha\xi\iota\alpha$）については、たとえば有名なエピクロス学派「40至高格率」（$\tau\epsilon\tau\tau\alpha\rho\alpha\kappa o\nu\tau\alpha\ K\iota\rho\iota\alpha\iota\ \Delta\delta\xi\alpha\iota$）に次の一文がある。

　　正しい人間は最高度に平安心を持ち、正しくない人間はもっとも多くの動揺で心が一杯である。〔第17格率。〕'〔XVII〕'$O\ \delta\iota\kappa\alpha\iota o\varsigma\ \alpha\tau\alpha\rho\alpha\kappa\tau\delta\tau\alpha\tau o\varsigma,\ \delta\ \delta'\alpha\delta\iota\kappa o\varsigma\ \pi\lambda\epsilon\iota\sigma\tau\eta\varsigma\ \tau\alpha\rho\alpha\chi\eta\varsigma\ \gamma\epsilon\mu\omega\nu.$' Diogenes Laertius: op. cit., p. 668.

(28)――「一種の孤独人の道徳」(una morale di solitari)。上記註(26)、(27)で示したごとく、ストア主義もエピクロス主義も一種の個人的修養道であることを指す。

(29)――「そのすぐあと」(poco poi)。poco poi を poco dopo の意味に解して訳す。pocoを動詞にかける訳――F. -B. 英訳、P. 仏訳――は構文的にも、後の文章との文脈上も無理なので、ここではM. 仏訳の解釈を採る。

(30)――「ティマイオスの自然学」(la fisica timaica)。プラトンがその対話編『ティマイオス』で述べた製作神（$\delta\ \delta\eta\mu\iota o\upsilon\rho\gamma\delta\varsigma$）による世界創造説で、『旧約聖書』の「創世記」としばしば対比される。「世界が数で作られていると主張する」(la quale vuole il mondo fatto di numeri) は曖昧な文章であるが、恐らく次の一節の要約（？）であろう。すなわ

ち，ティマイオスの主張によれば「全天空界」($\overset{\circ}{o} \pi\tilde{\alpha}\varsigma\ o\mathring{v}\rho\alpha\nu\acute{o}\varsigma$) ない
し「宇宙〔秩序界〕」($\overset{\circ}{o}\ \kappa\acute{o}\sigma\mu o\varsigma$) ―― 28. b. ―― が「製作神」($\overset{\circ}{o}$
$\delta\eta\mu\iota o\upsilon\rho\gamma\acute{o}\varsigma$)によって形成される以前においても「存在」($\overset{\circ}{o}\nu$)，「場」
($\chi\acute{\omega}\rho\alpha$) および「生成」($\gamma\acute{\epsilon}\nu\epsilon\sigma\iota\varsigma$) は「三者三様に」($\tau\rho\acute{\iota}\alpha\ \tau\rho\iota\chi\widehat{\eta}$)
「有」($\hat{\epsilon}\tilde{\iota}\nu\alpha\iota$) った ―― 52. D ――。

しかし，それ〔宇宙創世〕以前のこれら一切のものは無比率〔無理性〕かつ無尺度〔無韻律〕の状態でした。万有が秩序づけられ始めたとき，神は最初に火を，次いで水と土と空気を，つまりそれらはそれら自体の何らかの痕跡を持ってはいるものの，神が欠けているばあいに必ずそれぞれが示しそうな状態に置かれているので，このような当時の在り方をしているそれら〔4者〕を初めて形〔形態〕と数を用いて作り上げ給うたのです。("Timaeus," 53, A-B, Loeb ed., p. 126, 傍点筆者)

さて，次の文章が問題である。

第一に，火と土と水と空気が物体であるということ，これはどうやら誰にも明らかでしょう。しかし，物体のすべての形〔形態〕はまた厚さを持っています。さらに厚さを平面的実在物が包囲しつくしていることは絶対に必然的です。平面的底辺の〔対応物である〕直角は三角形から形成されています。そしてすべての三角形は2種類の三角形から派生しており，そのどれもが1直角と2鋭角を持っています。さて，この2種類の三角形のうち，一つは等しい〔2〕辺に配分された1直角の一部分を〔その直角の〕双方の側に持ち，他方は等しくないもの〔2辺〕に割り当てられた1直角の等しくない2部分〔2辺〕を〔双方の側〕に持っています。(同書, 53, C-D. 傍点筆者)

この一節の前半の解釈は難問として知られている。ジョーウィット(B. Jowett) 以来の根本的誤解はプラトン（ないしティマイオス）の幾何学を近代的幾何学の概念で受け取っていることにあろう。1. まず，「宇宙」創世以前に「存在」と「場」と「生成」が在った ――「有った」―― とされている。「製作神」とは「創造神」ではないからである。この三者が「有った」ということはすでに「場」を介して三次元的世界がいわば「混沌」の状態で「有った」ことを意味する。したがって「四大」――火，水，土，空気――の「形」ないし「形態」ないし，幾何学的に言って「図形」は「立体的」な「形〔形態〕」ないし「図形」である。2, したがって上述の引用文の冒頭の $\epsilon\tilde{\iota}\delta o\varsigma$ は「形〔形態〕」を意味する。3. $\eta\ \ \ \epsilon\pi\acute{\iota}\pi\epsilon\delta o\varsigma\ \ \ \varphi\acute{v}\sigma\iota\varsigma$ を「表面」ないし「面」―― surface

(B. Jowett, R. G. Bury), das Wesen der Fläche (Hieronymus Müller)——と訳すのは不可解。論考は「面」から開始されていない。文脈から明らかなごとく「三角形」，それも立体的な三角形の「形〔形態〕」ないし「図形」がここでは導入されていると考えられるので，仮訳ながら「平面的存在物」と訳す。3. 同じ解釈から η $\dot{o}\rho\theta\dot{\eta}$ $\tau\hat{\eta}s$ $\dot{\epsilon}\pi\iota\pi\acute{\epsilon}\delta o\nu$ $\beta\acute{\alpha}\tau\epsilon\omega s$ を「平面的底辺」の「直角」と訳す。このような属格の用法は続く文章でも用いられている。この一句がなぜ every rectilinear surface (Jowett), the rectilinear plane (Bury), die rechtwinklige Fläche (Müller)——「直線的平面」——と訳しうるのか，またそれが何を意味するのか全く理解できない。これ以下の文章についてはかなり曖昧な文脈ながら本質的には従来の解釈が妥当であろう。

次いで，「すべての三角形のうちもっとも美しい三角形として」，二つ合体すれば「正三角形」が構成されるような三角形——正三角形を二分割した直角三角形——が，四大元素の「要素」($\tau\dot{o}$ $\sigma\tau o\iota\chi\epsilon\hat{\iota}o\nu$) として仮定される (54, A-B)。この「要素」が6個集まって正三角形を構成，この正三角形が立体的に結合されて，四大元素それぞれの「形〔形態〕」を構成する (54-55)。——以上を表示すれば，

火＝正四面体——「要素」24
土＝正六面体——「要素」36
空気＝正八面体——「要素」48
水＝正二十四面体——「要素」120

となる。

以上がティマイオスの言う「神」が「四大」を「形〔形態〕」と「数」を用いて作った，の意味である。ヴィーコはここでは四大元素が構成されている「要素」〔的三角形〕の「数」に重点を置いたのであろう。

(31)——「ストア自然学」(la fisica stoica)。ディオゲネス・ラエルティオス『哲学者列伝』中の「ゼノン伝」に次の記述あり。

> 物体はアポッロドロスがその著『自然学』で述べているところによれば，長さ，幅，厚さへと，三様〔三次元〕に広げられたものである。これはまた固体とも呼ばれる。面〔表面〕は物体の極限である，すなわち，それは長さと幅のみを持つが，厚さは持たない。……線は面の極限である，すなわち幅のない長さであり，あるいは長さのみを持つものである。点は線の極限であり，それはすべて極小な点である。(Diogenes Laertius : op. cit., VII, 135, p. 238)。

ヴィーコの言う「世界は点より成る」に関連するが（次註(32)参照），

ティマイオスの自然学もストアのそれも「宇宙」を一つの魂をもった生物と見なしている点で類似的である。Diogenes Laertius: op. cit., VII, 143, 147, p. 246, 250.

これに反し、周知のごとくデカルト自然学は徹底的な機械論、エピクロス説も感覚主義的元子論である。

(32)── 上記〔A〕・I, 註(23)で言及した『形而上学』〔**De sapientia〔I. metaphysica**〕を指す。同書、第4章、ii「形而上学的点オヨビ衝動ニツイテ」'De punctis metaphysics et conatibus' にこの問題が詳論されている。

　　事実、らてん人〔古代いたりあ人〕ニトッテ点 (punctum) ト瞬間 (momentum) トハ同一物ヲ意味シテイタ。瞬間ハマタ、動カスモノデモアル。マタ点モ瞬間モ同ジらてん人ニトッテハ不可分デアルトイワレタモノデアッタ。(op. cit., IV, ii, 〔ON, I〕p. 153;〔OGV, I〕p. 95.)

事実 punctum は時間的な極限「瞬間」をも意味し、また momentum には「動因」の意味もある。次に「点」と「面」ないし「延長」の関係については、

　　スナワチ幾何学ハ形而上学ヨリ延長サセル能力ヲ借用シタガ、コレハ延長物〔ヲ生ムタメ〕ノ能力デアルカラ延長物ニ先行シテオリ、スナワチ無延長デアル。同ジヨウニ算数学者ハ形而上学カラ数ノ能力ヲ借用シタ。スナワチソレハ1〔トイウ単位〕デアルガ、コレハ数〔ヲ生ムタメ〕ノ能力デアルカラ、数デハナイ。ソシテ、数デハナイ1〔トイウ単位〕ガ数ヲ生ムヨウニ、同ジク、延長シテイナイ点ガ延長ヲ産ム。トコロデ、幾何学者ガ点ヲ、ソノ何ラノ部分モ存シナイアルモノデアルト定義スルトキ、コノ定義ハ名目ノ定義デアル。……

　　シカシぜのん学派ノ人々ハ、人間ノ心〔思考力〕ガ延長ト運動ノ不可分ナ能力ニツイテ考エウルモノヲ点ガ髣髴トサセルカギリニオイテ、上述ノ点ノ定義ヲ実在〔物〕ノ定義ト判断シテイル。コノタメ、一般ニハ誤ッテ、幾何学ハソノ主題ヲ物質〔対象〕カラ純化スル (depurare)、ナイシすこら学派ガ一般ニ言ウトコロデハ、抽象スル (abstrahere)、ト思ワレテイル。……カクシテ、ぴゅたごらすモソノ追従者モ、コレラノ人々ノ中デハワレワレニぷらとんニヨッテナジミノてぃまいおすモ、事物ノ本性ニツイテ数ニヨッテ論究シタトキ、自然ガ真ニ数カラ成ッテイルト判定シタノデハナク、彼ラハ自分タチガソノ外部ニイル世界ヲ、自分タチガ自己ノ内部ニ包含シテイル世界ニ

ヨッテ説明シヨウト努メタノデアル。点ガ事物ノ原理デアルト判断シタぜのんヤソノ学派ニツイテモ，同ジ判定ガ下サルルベキデアル。(ibid., 〔ON, I〕pp. 153-4；〔OGV, I〕pp. 95-6.)

上記引用文中の「名目の定義」(definitio nominis) と「実在〔物〕の定義」(definitio rei) は，中世の普遍論争――「唯名論」(nominalism) と「実念論」(realism) 間の論争――に直結する難問であるが，ユークリッド幾何学との関連で，この問題に関しては，"The Thirteen Books of Euclid's Elements," Translated from the Text of Heiberg, With Introduction and Commentary, by Sir Thomas L. Heath, (1908) 1925, Sec. ed. (Dover Books ed.) 3 vols., Vol. I, pp. 143-51を参照。「概念」論争ではなく，「存在論」として考察したばあい，ヴィーコ説はゼノンの言う $\varphi\alpha\nu\tau\alpha\sigma\iota\alpha$ $\kappa\alpha\tau\alpha\lambda\eta\pi\tau\iota\kappa\eta$「実在認識的表象」の一発展であり，$\sigma\upsilon\gamma\kappa\alpha\tau\alpha\theta\varepsilon\sigma\iota\varsigma$「知的・意志的同意」を前提としている(Diogenes L.: op. cit., VII, 'Zeno,' 45-47)。そして，その限りにおいてヴィーコ説は一種の「総合」(synthesis) 的幾何学説と言えよう。またされ ばこそ彼の形而上学の第1原理である「真理トハ事実〔作レタモノ〕ソノモノデアル」(verum est ipsum factum) ――Caput I, i 'De Vero et Facto'――が古代イタリア人の叡智とされているのであろう。

なお，「衝動」(conatus)，「運動」(motus)，「静止」(quies) の関係について同じ第4章，ii に次の表現あり。

スナワチ，自然が存在スレバ，ナイシ，すこら学派ガ言ウトコロデハ，自然ガ事実〔出来タモノ〕トシテ存スレバ，万物ハ動カサレル。自然ガ存在スル以前ニハ，万物ハ神ノウチニ静止シテイタ。ソレユエ自然ハ衝動スルコトニヨリ存在シ始メタノデアル，ナイシ衝動ハ，すこら学派モ言ッテイルゴトク，作ラレツツアル自然デアル。衝動ハ静止ト運動ノ中間物ダカラデアル。自然ニオイテハ事物ハ延長シテイル。スベテノ自然ノ〔生成〕以前ニハ，一切ノ延長ヲ相容レナイモノ，ツマリ神ガ存シタ。ソレユエ，神ト延長シタモノトノ間ニハ中間物ガ在リ，コレハ無延長デハアルガ，延長ノ能力ヲモツ。ツマリソレガ形而上学的点デアル。……カクシテ，衝動ハ形而上学的点ノ持参金〔固有ナ特性〕デアル。(ibid., 〔ON, I〕pp. 136-7；〔OGV, I〕pp. 99-100.)

「点とは何らの部分を持たないものである」($\Sigma\eta\mu\varepsilon\hat{\iota}o\nu$ $\dot{\varepsilon}\sigma\tau\iota\nu$, $\hat{o}\,\upsilon$ $\mu\dot{\varepsilon}\rho o\varsigma$ $o\dot{\upsilon}\theta\acute{\varepsilon}\nu$) というユークリッド幾何学，定義・I は周知のごとく古来論争の的であったが，現代幾何学の解釈では「点」(hic) は時間にお

ける「現在」ないし「今」(nunc) のごとく空間の極限概念と受け取られており，換言すればそれは「純粋な意志行為」(a pure act of *will*) であり，「知性」(understanding) による概念とは見なされていないという。Cf. "Euclid's Elements," cited, pp. 155-58. ヴィーコの「点」概念，なかんずく『形而上学』が現象学的，社会科学的観点から再認識され始めたのは遅蒔きながら意義深い。

ヴィーコのデカルト，アリストテレスへの批判は次の文章に要約されている。

　ソレユエ形而上学ニハ事物ノ一種属ガ存シテオリ，コノ種属ハ延長シテイナイガ，シカシ延長ノ能力ヲ備エテイル。コノコトヲでかるとハ見テイナイ。ナゼナラ彼ハ〔ステニ〕創造サレテイル物質ヲ分析者タチノヤリ方ニヨッテ設定シ，分割シテイルカラデアル。ぜのんハシカシコレヲ見タ。彼ハ人間ガ諸点カラ総合ニヨッテミズカラニ建設スル形相〔ノ世〕界カラ出発シテ，神ガスデニ創造シ給ウタ固体〔物体ノ世〕界ニツイテ論究スルノニ努メタカラデアル。ありすとてれすモマタコレヲ見ナカッタ。彼ハ形而上学ヲ直チニ自然学〔形而下学〕ノ中ニ運ビ入レタカラデアル。ソノタメ彼ハ自然学ノ事物ヲ形而上学的ヤリ方デ潜勢力ト顕勢力ニヨリ論究シテイルカラデアル。るね〔・でかると〕モコレヲ見ナカッタ。彼ハ自然学ヲ直チニ形而上学ノ中ニ運ビ出シタカラデアル。ソシテ彼ハ形而上学的事物ニツイテ自然学的ヤリ方デ行為〔顕勢化〕ト形相ニヨッテ思惟シテイルカラデアル。(ibid.,〔ON, I〕p. 158;〔OGV, I〕pp. 101-2.)

ヴィーコ特有の修辞学的遊びも見られるが，上述の文章はきわめて明快に3哲学者を批判している。

以上の問題について，近著では，Donald Phillip Verene : "Vico : La Scienza della Fantasia," 1984──英文原典未見──。洞察に富む好著である。しかし，ヴィーコ形而上学の基盤を成す「古代叡智」をほとんど無視し，また現代修辞学概念──現代文学的──によって足をすくわれている。Cf. ibid., pp.50-53, 167, etc.

(33)──エピクロスとデカルトを一括しての批判は，前述書に次のごとくあり。

　……でかるとハ確カニ等シク最大ノ形而上学者デモアリ，幾何学者デモアルがえぴくろすニ賛同シタ。ソシテ，彼ハ，えぴくろすガ真空オヨビ元子ノ偏向〔ノ説明〕デ躓イタノト同様ニ，運動ニツイテヤ，諸元素ノ形成ニツイテ，一切ハ充実シテイル〔真空ハ存在シナイ〕ト

説イテ原理上デ躓イタ事柄ヲ個別的ナ事柄ノ見事ナ説明ノ成果ニヨッテ償ッテイル。(**De sapientia〔I. mataphysica〕**IV, ii,〔ON, I〕pp. 154-55;〔OGV, I〕p. 97.)

デカルト自然学が空間充実説であることは周知。エピクロス自然学は「真空〔空間〕」中で運動する「元子」を第1原理とする。

　　かくして事実，元子は真空〔空間〕を通って何も対抗するものがなしに突進してゆくとき，必然的に同一速度を持つ。何ものもそれらに出会わないかぎり，より重い元子がより小さく軽い元子より速く飛んでゆくようなことはないであろうからである。また，小さいものが大きいものより速いこともない。すべての元子が何ものもそれらに対抗しないかぎり，〔大きさに〕適応した行路を持つからである。衝突によって上方へ，あるいは側方に突進することもなく，自分自身の重量によって下方に突進することもない。なぜなら，上述の二つのどちらか一つが続くかぎり，それはその程度だけ思惟〔の速さ〕と等しい突進を，外部からなり，自分自身の重量から，衝突したものの勢力に対抗するまでは，維持するであろうからである。(『哲学者列伝』第10巻，61。Diogenes Laertius: op. cit., X, 61, pp. 590-92.)

以上はエピクロスが弟子に宛た貴重な文献である3書簡──1.「自然学」についてはヘロドトス宛，2.「天文〔天空〕学」についてはピュトクレス宛，3.「人生〔倫理学〕」についてはメノチウス宛──の1の一節である。

(34)──「ユークリッドの第5命題」は次のとおり。「二等辺三角形において底辺の2角は相等しく，等しい2直線〔2辺〕がさらに延長されれば，底辺下の2角も相互に相等しいであろう。」"Euclid's Elements," cited, 5, p. 251. 事実，ユークリッドは三角形の合同のみによって以上の定理を証明しているので，証明の本文はかなり冗長であり，ヴィーコの本文に見られる批判を反証している。

(35)──ヴィーコが幾何学の研究を「形而上学」精神を萎縮させるとして──わずかにユークリッドの第5命題までで──放棄した事実は，ホッブズと対比させたばあい示唆するところが多い。

　　コノ当時〔フランス旅行当時──1629年頃〕彼〔ホッブズ〕ハ四十歳ヲ越シタ身デゆーくりっどノ研究ニ努メ始メタガ，ソレハ証明ノ主題ニ魅了サレタトイウヨリ明快性 (perspicuitas)，確実性 (certitudo) オヨビ論考ノ不可分ナ系列 (indivisa rationum series) ニ喜バサレタカラデアッタ……。" Vita Hobbanae Auctarium," OL

訳　註(A・II)　　197

(Molesworth ed.) I, p. xxvi.

(36)——「明敏さ」(acutezza) と「天稟」(ingegno) の語義および関連性については，上記〔A〕・I，註(4)を参照。

(37)——『アルノーの倫理学』。ヤンセン主義者，アルノー (Antoine Arnauld, 1612-92) とニコール (Pierre Nicole, 1625-95) の共著。アルノーがポール゠ロワイヤール修道院長だったため，一般に『ポール゠ロワイヤールの論理学』と呼ばれている画期的名著。正しくは『論理学，別名，思惟法』"La Logique ou L'Art de penser," 1662. 当時一世を風靡し，その影響は19世紀中葉までに及んだ。

(38)——「論点論」(la topica)。topica には定訳なし。仮に「論点論」と訳す。アリストテレスはその目的を次のごとく規定している。

本論考〔論点論〕の目的は，それを用いて，われわれが提示された問題の一切について一般に受容されているものから出発して論考できるような，またわれわれ自身が論述するにさいして何ら反対のものを見出さないような，方法を発見することである。("Topica," 100, a 〔Loeb ed., p. 272〕.)

そして，これは「弁証法的論考」($\dot{o}\ \delta\iota\alpha\lambda\epsilon\kappa\tau\iota\kappa\grave{o}\varsigma\ \sigma\upsilon\lambda\lambda o\gamma\iota\sigma\mu\acute{o}\varsigma$) と呼ばれ，「論点論」の対象である。論証には，これ以外に「〔必然的〕論証」($\dot{\eta}\ \grave{\alpha}\pi\acute{o}\delta\epsilon\iota\xi\iota\varsigma$) と「論争的論考」($\dot{o}\ \check{\epsilon}\rho\iota\sigma\tau\iota\kappa\grave{o}\varsigma\ \sigma\upsilon\lambda\lambda o\gamma\iota\sigma\mu\acute{o}\varsigma$) がある。(ibid., 100, a = b, pp. 272-74.)

さて，「弁証法的論考」は「蓋然的論証」であり，「修辞学」ないし「雄弁術」($\dot{\eta}\ \rho\eta\tau o\rho\iota\kappa\acute{\eta}$) の「対応部」($\dot{\eta}\ \grave{\alpha}\nu\tau\acute{\iota}\sigma\tau\rho o\phi o\varsigma$) を成す。"Art of Rhetoric," I, 1, 〔Loeb ed., p. 2〕. 両者の相違を示せば，

「弁証法的論考」――「帰納」($\dot{\eta}\ \grave{\epsilon}\pi\alpha\gamma\omega\gamma\acute{\eta}$) による「論考」($\dot{o}\ \sigma\upsilon\lambda\lambda o\gamma\iota\sigma\mu\acute{o}\varsigma$)

「修辞学」――「帰納」の代りに「実例」($\tau\grave{o}\ \pi\alpha\rho\acute{\alpha}\delta\epsilon\iota\gamma\mu\alpha$) による「弁識」($\tau\grave{o}\ \grave{\epsilon}\nu\vartheta\acute{\upsilon}\mu\eta\mu\alpha$) ――「論考」ではなく――。"Art of Rhetoric," I, ii, 8, p. 18.

なお「修辞学」の実践的適用対象は主として広い意味の「政治学」すなわち「倫理学」とされている。また，「弁証法的論考」は「特殊的命題」から「一般的命題〔結論〕」へと進むのに反し，「修辞学的弁識」は「個別的問題」を取り扱い，「特殊〔個別〕的命題〔結論〕」に帰結する。

次に，「弁証法的論考」における論考の「出発点」ないし「〔蓋然的〕原理」は「受け容れられている臆見」($\tau\grave{o}\ \check{\epsilon}\nu\delta o\xi o\nu$) とされている。「弁証法的論考とは受け容れられている臆見から論考することである($\dot{o}$

ἐξ ἐνδόξων συλλογιζόμενος)」。そして「受け容れられている臆見（ἔνδοξα）とは万人ないし大部分の人々ないし賢人たちに，つまり，全員ないし大多数ないしもっとも有名な声望のある人々に（τοῖς μάλιστα γνωρίμοις καὶ ἐνδόξοις）受け容れられているもの（τὰ δοκοῦντα）である」"Topica," 100, b, pp. 272-74.── δοκέω, δόξα, ἔνδοξος と同根語が用いられているので原典はきわめて明快である。── これらが「論点」（ὁ τόπος）であり，それは「共通論点」（ὁ κοινὸς τόπος, locus communuis, common-place）として，比喩的に表現すれば「論証的論考」── 理論的論考 ── における「公理」に該当する。ここより「論点論」（ἡ τοπική）という表題が由来している。

周知のごとく，「論点論」と「修辞論」との関係，また「論点論」における「弁証法的論考」と「〔必然的〕論証」その他の関係，「論点」それ自体の分類その他に見られる諸難点，窮極的にはアリストテレスのいわゆる「オルガノン」の成立年代と諸論考の関連性についての諸解釈等については未だに諸説紛々である。

(39) ── 前註(38)に述べたアリストテレス『論点論』の常識的解説を前提にするとき，ヴィーコが影響を受けたと告白しているキケロの『論点論』の特異性が明らかになる。キケロによれば「論点論」とは，

　　……少シモ迷ウコトナク，理性ト正道〔体系的方法〕ニヨッテ証明ニマデワレワレガ到達デキルヨウニト，証明ヲ発見スル〔タメノ〕学科（disciplina inveniendorum argumentorum, ut sine ullo errore ad ea ratione et via perveniremus）Cicero : "Topica," I, 2 〔Loeb ed.〕p. 382.

としてアリストテレスによって発見されたのである。さて，すべての「綿密ナ論議法」（omnis ratio diligens disserendi）には「発見」（inveniendum）と「判決〔判断〕」（iudicandum）の２種類があり──この区別の創始者もキケロの意見ではアリストテレス──，前者「発見ノ技術」（ars inveniendi）は「論点論」（τοπική, topica），後者「判決〔判断〕ノ学問」（scientia iudicandi）は「弁証法」（διαλεκτική, dialectica）と呼ばれた。このうち，前者がより有益，かつ「自然の序列上」先行するので，これより論究を始め「余暇」があれば他の部門にも及びたい。

　　……ナゼナラ，隠サレテイル事物ノ発見ハ場所〔論点〕（locus）ガ提示サレ，標示サレレバ容易ダカラデアリ，ソレト同ジヨウニ，ワレワレハ何ラカノ証明ヲ探究シヨウト欲スレバ，〔ソレガ隠レテイル〕

訳　註（A・II）　199

場所ヲ識ラナケレバナラナイ。サレバコソ，証明ガソコカラ取リ出サレル場所ハ，ありすとてれすニヨッテ，イワバ所在地 (sedes) ト呼バレテイル。カクシテ，場所ハ証明ノ所在地デアリ，マタ証明ハ疑ワシイ事物ニ信用ヲ与エル論考デアルト定義シテヨイデアロウ。(ibid., I, 7-8, p. 386.)

以上がキケロ『論点論』の基本的構成および，その表題の由来である。

上述のアリストテレス『論点論』の大綱と対比すれば明らかなごとく，キケロの著作はキケロ自身の言明にもかかわらず，アリストテレスの原著とは似ても似つかない内容である。その要点は，

1. 「弁証法」と「論点論」を区分し前者を「判決〔判断〕」の学問とし，後者を「発見」の技術としていること。
2. その結果，アリストテレス固有の a.「〔必然的〕証明」と「〔蓋然的〕論考」——「弁証法」——の区別も，b.「弁証法」と「修辞学〔雄弁術〕」の対位的関係も混乱に陥っている。
3. したがって「論点」ないし「共通論点」の原理的役割に関しても混乱が生じている。

これで見ると，キケロ『論点論』は，本来の「弁証法」的「論点論」——「帰納的・蓋然的」論考についての「原理」としての「論点論」，つまり現代の用語を借用して表現すれば「発見の論理」——ではなく，むしろアリストテレスの言う「修辞学」ないし「雄弁術」に近い。また事実，キケロ『論点論』の付加部分とも言うべき後半三分の一 (71-100) は完全に「政治学」的雄弁術，法廷その他における説得ないし討論技術および方法論である。以下〔A〕・IV, 註(6)を参照。

なおキケロの書簡や論文そのものの序言的部分から，キケロが本『論点論』を紀元前44年6月末ギリシア旅行の途上で「書物ヲ手許ニ持タナイノデ，記憶ヲ呼ビ戻シテ」書き始めたことは確実であるから，しかも，書簡中にも「貴兄ラノ市民法〔国法〕ガ書物ノ中カラノミ識ラレルハズハナイデショウ」'Num ius civile vestrum ex libris cognosci potest'という文章も見出されるのであるから ("Topica," I, 5, p. 384; Cicero: "Letters to his Friends," B. VII, xix ad Trebatium, July 28, 44 BC〔Loeb ed. Vol, II〕p. 58-60)，政治学的，雄弁学的論考としても，内容的に不十分なことは一応納得できる。しかし，原典とキケロ論文の余りの相違から，キケロは後期ヘレニズム時代のギリシア研究者の紹介書に依拠したため，アリストテレスの原典『論点論』を誤解したの

であろう，と推測されているが，それが誰の著作かについてかねてより論議されてきたが，いまだに決着が付いていない。

　要約して言えば，キケロの『論点論』は，1.「発見の技術」としての「論点論」であり，これは「判決〔判断〕学」としての「弁証法」と対を成す。2. その内容は——現に『論点論』の部分的内容はキケロの『発見論』"Rhetorici Libri Duo qui vocantur de Inventione" と略称されている『修辞学論』その他に見出される——，アリストテレスの言う「修辞学」ないし「雄弁術」，勝義に政治学的，実践的論議ないし討論技術である。

　ヴィーコがアリストテレスの原典そのものではなく——この原典そのものの解釈にも問題は多いが——，キケロの『論点論』を「発見の技術」として味読した事実はのちに言及するごとくヴィーコの思想形成に大きな影響を及ぼしたと推測される。

　要するに，「プラトンとイソクラテス以来争い合ってきた，古代の教養上の二つの権力，哲学と修辞学がここ〔キケロ『論点論』〕では手を結び合っている」というツェークルの解説がほぼ妥当であろう。また，従来余り評価されなかったキケロのこの著作が羅独対訳編の形で最近公刊されたこと自体が，ヴィーコとの関連は一応度外視しても，きわめて今日的かつ示唆的と言えよう。Vgl. Hans Günter Zekl: 'Einleitung,' zur "Marcus Tullius Cicero: Topik: lat.-dt.," 1983〔Phil. Bibl., 356〕, &, XVII.

(40)——「この四つのもの」すなわち「空想力」（la fantasia），「記憶」（la memoria），「天稟」（l'ingegno），「知性」（l'intendimento）の区分は，ベイコンの周知の区分にほぼ一致する。

　I．「記憶」（memoria）　…………「歴史」（historia）
　II．「空想力」（phantasia）　………「詩」（poesis）
　III．「理性」（ratio）　……………「哲学」（philosophia）

そして「哲学」は「知識」（scientia）と，「歴史」は「経〔実〕験」（experientia）と同義とされている。Cf. F. Bacon: "Augmenta," II—IX. ヴィーコが「発見」の原理として「天稟」（ingegno）を特に加えていることを注意。この一種の天与の直観的「明敏さ」（acutezza）こそ，発見と創造の，さらには行為の源泉であり，かくして「真〔理〕」（verum）と「事実〔行なわれたこと〕」（factum）は同一となる。

(41)——「大きさの自然的記号を勝手放題に若干の数字に，つまりアラブ人たちによれば数の記号にと還元するアラブ的新方策」（un ritrovato arabico di ridurre i segni naturali delle grandezze a certe cifre a placito, conforme gli arabi i segni de' numeri)。この一節はF. -B. 英訳版もP. 仏訳版も脱落と意訳により文意を見失っている。両訳ともconformeが古語の前置詞で 'in conformità ; secondo' の意味であることに気付かず，P. 仏訳版ではplacitoが同じく古語の副詞形 'a placito' で 'ad arbitrio' を意味することを見落している。ヴィーコにとっては「大きさの自然的記号」を「アラブ人たち」が「代数学」によって「勝手放題に」「数の記号」に還元したこと，つまり「数の人為的記号」に還元したことが問題なのである。

「自然的記号」という表現にはヴィーコにおけるピタゴラス的数学理念の残滓が見られるとも言えようが，アラブ的（？）数記号に依拠する近世数学があらゆる領域において「関数」ないし「機能」化している現代の見地に立てばヴィーコの主張は一種の先見を含蓄しており，ホッブズの代数学嫌悪に一脈通じているとも解釈できよう。

(42)── 周知のごとく，古典ギリシア語ではアルファベットが数字を代用していた。α'―1，β'―2，γ'―3，……ι'―10，$\iota\alpha'$―11，……という風に。ラテン語でも起源的には同じ── I―1，V―5，X―10，C―100，D―500……──である。

(43)──「用いられる云々……」(ed usarla come facevano i romani de' numeri)「用いられる」と訳したのは，ed usarlaの用法が文法的に破格だからである。文法的にはlaは不要。それでは文脈上「ローマ人が……行なった云々……」と対応しないので，破格的表現になったと思われる。なお，次の「点によって」とは，文字に点を打ったこと。前注(42)参照。

(44)──「存在者の無限」(l'infinito dell' ente)，上述註(32)以下の「形而上学」その他の解説を参照せよ。もっともこの一節の文章は，数学論，形而上学論，分析論──数概念，種概念，種差等による，いわゆる三段論法──，さらに自然学等がヴィーコ特有の「形而上学」により総合されて論じられており，必ずしも文意が明快でない。

(45)──「以上のかなり長い余談はヴィーコの青年たちへの年度初めの講義の一つであり，彼らが雄弁学のために諸学問の選択と利用ができることを目的としている。」（ヴィーコ自身の註記）この「開講講義」(la prolusione) ないし「演説」の時期は不明であって，原稿も残されていないという。

(46)──『普遍法ノ唯一ノ原理ニツイテ』"De universi iuris uno principio." 正確には『普遍的法ノ唯一ノ原理オヨビ唯一ノ目的ニツイテノ全1巻』"De universi iuris uno principio et fine uno Liber Unus," 1720-21. 後述,〔A〕・V, 註 ⑽ 以下参照。略称『普遍法』**Univ. Ius.**

⑷⁷——ジャン〔・ル〕・クレール (Giovan Clerico) は「ジャン・ル・クレール」(Jean Le Clerc, 1657-1736)。ジュネーヴ生まれの牧師。アルミニウス派,いわゆる「勧告派」(Remonstrant) ——理性と啓示の一致,反三位一体論を主唱する宗派——に回心し,1683年以降アムステルダムで説教師,文筆家として活躍した。『普遍歴史文庫』"La Bibliotheque universelle et historique," (1686-93), 26 vols.——のち改称して『精選文庫』"La Bibliothèque choisie" (1703-13) 28 vols. さらに改名して『古代近世文庫』"La Bibliothèque ancienne et moderne" (1714-30) 29 vols.——を発刊した。〔A〕・VI, 註 ⑵ 以下で詳論。

ニコリーニの註によれば,「この幾何学的方法によって,すなわち,公理,定理および系によってヴィーコはスピノザが『倫理学』を著わしたのと同じやり方で『普遍法』ばかりでなく,さらに,またなかんずく2種の『新科学』〔初版および改訂版〕をも書いたという幻想を抱いたが,これらの著作の中には幾何学的方法の意図と外観以外の何ものも存していない。」

ヴィーコ自身は『新科学』**SN (II)** の「序文」として付された「本著作の理念・本著の序文の役を果たす,扉頁に付された挿絵の説明」'Idea dell' opera : Spiegazione della dipintura proposta al frontispizio che serve per l'introduzione dell' opera' ののち削除された一断片——'Appendice 1,'〔1133〕II,〔N版〕p. 1873——で,次のごとく明言している。「これ〔新科学〕は一種の厳密な幾何学的方法 (uno stretto metodo geometrico) によって論考するのであり,この方法によって真 (vero) から直接的な真 (immediato vero) へと移行してゆき,このようにしてそこにこの〔科学の〕諸結論を出す。ここよりして,貴君〔読者〕は幾何学的に論考する習慣を形成していなければならず,したがって,以下の諸巻を読むためには行き当りばったりに開いたり,断片的に読んだりすべきではなく,冒頭から末尾までその繙読を続けなければならない。そして,前提が真であり,立派に秩序付けられているかいないかに注意を払うべきであり,すべての結論が驚異的なものとして出現しても驚くには当らない(これは幾何学の結論においてしばしば生ずることである。たとえば二つの平行線の結論がそうである。この平行線は無限において常に接近するが決して接触しない)。なぜなら,帰結は空想

力のため乱されているが，前提は純粋な抽象的論考に固執したのだからである。」

以上の一節——「真から直接的な真へ云々……」——を批判してニコリーニは次のごとく註記している。「構造的位相（l'aspetto strutturale）のもとでのみ真であること，すなわち，スピノーザの『倫理学』に類似してそれ〔新科学〕が公理，定理および系を提示しているという意味においてのみ真であることは〔ヴィーコのやり方とは〕別なことである。すなわち，現実には，この〔ヴィーコの〕著作は哲学的諸部分（le parti filosofiche）においては思弁的方法によって，著作中で社会的経験科学（scienza empirica soziale）を成している箇所においては経験的方法によって，歴史的諸部分（le parti storiche）においては批判的方法によって導かれている。なお，この一節が最終的決定稿から削除されたことについて言えば，削除の原因はスピノーザ主義者ないし汎神論者と見なされることについてのヴィーコの不断のかつ不正当とは言えない不安に帰されてよいと思われる。これはまた恐らく口頭では行なわれていた非難だったであろう。」

以上のニコリーニの批判それ自体は現代の見地からすれば誤っていない。しかし，真の問題はむしろ，ヴィーコにおいて，なぜ三つの方法が「混在」ないし「併在」しえたのか，果たしてそれはヴィーコにおける単なる「反論理性」ないし「非論理性」にすぎないのか，に存している。

ソッチョはヴィーコの「厳密な幾何学的方法」とは，「プラトンの弁証法的および分割的方法（下降的処置）とデカルトやスピノーザの従った数学的方法の一混交体（una commistione）である」〔S版〕p. 82, 註(7)と註記しているが，これが実質的に正しい解釈に近いであろう。プラトンのばあい「弁証法」はアリストテレスにおけるごとく「修辞学〔雄弁術〕」の対位物として厳密に規定されていないが，現代的用語を用いて強いて規定すれば「帰納的」方法と言えよう。これに反し，プラトンの「分割」ないし「区分」（$\dot{\eta}$ $\delta\iota\alpha\acute{\iota}\rho\varepsilon\sigma\iota\varsigma$）とは「類」（$\tau\grave{o}$ $\gamma\acute{\varepsilon}\nu o\varsigma$; genus）を「種」（$\tau\grave{o}$ $\varepsilon\tilde{\iota}\delta o\varsigma$; forma〔species〕）で「分割」してゆく，いわば「分析的」方法を指す。プラトンのばあい，アリストテレスにおけるごとく「類」と「種」の関係は前者による後者の「包摂」（subsumption）を意味しない。

なお，キケロは『論点論』でアリストテレスの $\delta\iota\alpha\acute{\iota}\rho\varepsilon\sigma\iota\varsigma$ を divisio 「分割」と訳し，partitio「〔羅列的〕配分」と対比させ独自（？）の定

義論を開陳しているが ("Topica," V, 28), ヴィーコがこの「分割」概念に影響された可能性も一概に否定できない。

(48)── ピエール・ガッセンディ (Pierre Gassendi, 1592-1655)。フランスの哲学者。エピクロス的元子論, 感覚論的認識論を主唱す。デカルトとの論争で知られている。主著は, "Disquisitiones Anticartesianae," 1643; "De vita, moribus et pracitis Epicuri," 1647; "Syntagma philosophiae Epicuri," 1649.

(49)── ルクレティウス (Lucretius Carus, Titus, circ. 99-circ. 55 B. C.)。哲学詩『自然論』"De rerum naturae." (全6巻) をもって知られている。エピクロス的元子論については, ibid., I, v. 599-634 を参照。

この箇所の本文から明らかなごとく, ヴィーコの理解したエピクロス主義とはデモクリトス的元子論──デモクリトス (Demokritos, circ. 460-circ.370 B. C.) については, Diogenes Laertius: op. cit., IX, 7, 34-49,〔Vol. II, pp, 442-63〕を参照──, ルクレティウス的, ガッセンディ的エピクロス主義の折衷論であり, ヴィーコの時代的思潮, 社会的背景, 思想的伝統の中で理解されなければならない。

(50)── ジョン・ロック (John Locke, 1632-1704)。イギリスの哲学者, いわゆるイギリス経験論の創始者とされている。主著『人間知性試論』"An Essay concerninig Human Understanding," 1689.

ヴィーコはエピクロス哲学との思想的関連もあって, ロックの認識論を一種の感覚論と受け取っている。彼はこの哲学者の「観念」(idea) をエピクロスの「映像」($\varepsilon'\acute{\iota}\delta\omega\lambda o\nu$) ── cf. Diogenes Laert., op. cit., X, 1, 46, pp. 574-75 ──と同一視したのかもしれない。事実, この種の感覚論的ロック解釈は主としてコンディヤックを介してフランス18世紀啓蒙思想に強力な影響を及ぼした。

なお, ヴィーコが高く買ったル・クレール──上記註(47)参照──はロックの紹介者であり, 讃美者であった。ロックの代表作『人間知性試論』はその公刊の直前にル・クレールの『普遍歴史文庫』"La Bibliothèque universelle et historique" (1688) に 'Extrait d'un ouvrage intitulé Essai philosophique concernant l'entendement' ── 略称「ロック『知性試論』仏訳・摘要」──としてヨーロッパ学芸界に要旨が紹介された。ジョン・ロックの名が世に出た端緒である。しかも, この「仏訳・摘要」は, ル・クレール自身がロック作成の英文要約を訳出・公表したものであった。──この「仏訳・摘要」の訳文も含めて, 拙著『ジョン・ロック研究』(近刊予定) を参照。

このような事情から，ル・クレールはロック哲学に強力な感化を受け，その旧著『論理学』"Logica, sive Ars rationandi," 1692 の第4版 (1697年) には「献辞」を付して，ロックに感謝の意を述べている，と言う。Cf. Giovanni Gentile: "Studi sul Rinascimento," XVI. 'contributo alla storia del metodo storico,' 〔Opere complete, Vol. XV, 1968〕p. 266. また，プロシアのフリードリッヒ大王がベルリン大学に招請したほど当時著名であったデ・ストーリア (De Storia, 1707-67) へのロックの影響については，カシーニはジェンティーレに同調している (Paolo Casini: "Introduzione all' illuminisomo," 1980, Vol. II, p. 534) が，ガリンは否定的である (E. Garin: "Storia della filosofia italiana," 1966, Vol. III, p. 960)。その他，ロック哲学が18世紀末葉までに，さまざまな分野にわたっていろいろな形態をなして浸透していったことが上掲諸著作に述べられている。

(51) ―― 「物体的実体」(le sostanze corpolente)。corpolento は，英訳 corporeal，仏訳 corporel とある。それに従って訳す。

(52) ―― 「ティマイオスの自然学云々……」については上述註(30)以下を参照。

(53) ―― 「ゼノン」については上述註(31)，(32)参照。ここでは「キュプロス〔キティオン〕のゼノン」――ストア哲学の創始者――を主として意味している。ヴィーコがこのゼノンを「エレアのゼノン」と同一人物と見なしたことについては，上記〔A〕・I，註(22)，以下〔A〕・IV，註(44)，参照。

(54) ―― ロバート・ボイル (Robert Boyle, 1627-91)。近代化学の一創始者。主著は『懐疑的化学者』"The Sceptical Chymist," 1661. この対話編の中で独自の「微粒子説」(corpuscular theory) に基づく実験的化学方法論を提唱し，呪術的，錬金術的自然学からのちの化学への道を拓いた。この主張はジョン・ロックに強く影響した。拙著『ジョン・ロック研究』で詳論。

(55) ―― 「スパルギリスト的医療化学」(la spargirica)。「スパルギリスト」ないし「スパギリスト」(spargyrista, spagyrista) の「化学」ないし「錬金術」の意味。「スパ〔ル〕ギリスト」はパラケルスス派――パラケルスス (Paracelsus, Aureolus Theophrastus Bombastus, 1493-1541) から由来する学派で，いわゆる「医療化学者」(iatro-physician) の一派――に対する蔑称。この派は塩，硫黄，水銀の3要素説を採る。

(56) ―― 「野蛮な方式」(maniere barbare)。当時の医学，医療化学，薬学

等の専門著作に濫用された放恣なラテン,ギリシア術語や化学式等を指す。

(57)── アンリ・デュ・ロワ;ヘンドリーク・ファン・ロイ;エッリコ・レジオ (Henri Du Roy; Henricus Regius; Hendrik van Roy; Errico Regio, 1598-1679)。ユトレヒト大学医学および植物学教授。この人の著書『自然哲学』"Filosofia naturale" とあるのは正確には『自然学ノ基礎』"Fundamenta physicae," 1646 である。デカルトからの借用が多く、ヴィーコが誤解したごとくデカルトの著作とされていた。デカルト自身、のちこの作品を名指しで否認している。Cf. "Lettre-préface de l'édition française des Principes," 1647,〔éd. Alquié, III〕p. 784.

(58)── 「分割され」(la divida) の la は si の誤りと思われる。

(59)── 『形而上学的諸省察』"Meditazioni metafisiche" は正しくは『第一哲学ニツイテノ諸省察』"Meditationes de prima philosophia," 1641. 略記されて、『省察』。

(60)── 「2種類の実体」(due generi di sostanze)。「延長している実体」(una〔sostanza〕detesa),「思惟している実体」(una〔sostanza〕intelligente) の2種。前者が「延長」(étendue) を属性として持つ「物体」、後者が「思惟」(pensée) を属性とする「精神」である。

なお、「自然学〔形而下学〕」(fisica) と「形而上学」(metafisica) の双方に関して、ヴィーコはデカルト哲学を批判しているのであるが、ヴィーコ特有のきわめて世俗的な偏見がここにも見られる。周知のようにデカルト自身の言明により知られるごとく、彼の哲学体系は「形而上学」が「根」、「自然学〔形而下学〕」が「幹」、ここから派生している主要な三つの「枝」が「医学」、「機械学」および「倫理学〔道徳〕」という1本の樹木に類比されており、「自然学」もその三つの枝もすでに完成されているとは見なされていない。Cf."Lettre-préface," citée, pp. 779-80. デカルトがデュ・ロワのユトレヒト大学医学講座により「自然学者」として全ヨーロッパ的名声を得たいと渇望し、『省察』によってアリストテレス・スコラ哲学に代って「修道院」の支配的「形而上学者」に「いつの日にか」なることを夢見た、という批判はヴィーコの完全な妄想である。

(61)── 「1̈1̈世紀」はニコリーニの註記にあるごとく、「1̈3̈世紀」が歴史的により正確であろう。

(62)── アヴェロエス (Averroes, Abu 'l-Walid... Ibn Roschd, 1126-98)。中世スペインのアラビア哲学の権威。彼のアリストテレス解釈はのちア

訳　註（A・II）　207

ヴェロエス学派に受け継がれ，ルネサンス期において汎神論的神学をもって自然主義的なアレクサンドロス学派と対決・論争した。

(63)──グレゴーリオ・カロプレーゾ (Gregorio Calopreso〔Caloprese〕, 1650-1715)。当時のナポリ学芸界の代表的哲学者，文芸批評家。スピノーザに反対してデカルト論を著わしたと言われるが，著書現存せず。

(64)──『情念論』"Il Trattato delle Passioni" 正確には "Les passions de l'âme," 1649.

(65)──マールブランシュ (Nicolas de Malebranche, 1638-1715)。デカルトの物心二元論の揚棄に腐心し，機会原因論を主張す。代表著作は『真理探求論』"De la recherche de la vérité," 1674.

(66)──パスカル (Blaise Pascal, 1623-62) の遺稿集が『瞑想録』"Pensées"。諸版あり。最近各種の新編集版が公刊され，再評価されつつある。「人間は考える葦である」等々の名句で知られているが，もとより体系的著作の体裁では遺されていない。

(67)──「アルノー云々……」については上記註 (37) を参照。

(68)──ニコリーニによれば，ヴィーコがデカルト哲学を決定的に放棄したのは 1710 年に至ってからであると言う。

(69)──「マニリア法云々……」はキケロの『ぐなえうす・ぽんぺいうすノ指揮権ニ関シテろーま市民ニ対スルとぅっりうす・きけろノ演説』"M. Tulli Cieronis de imperio Cn. Pompei ad Quirites oratio"──俗称『マニリア法弁護論』"Pro lege Manilia," 66 B. C.──を指す。大ポンペイウス (Pompeius Magnus, Gnaeus, 106-48 B. C.) にアジア地区への外征にさいし，ローマ軍指揮全権を付与すべきという護民官マニリウスの法案を弁護した演説。現在の評価では必ずしもキケロの名演説とは見なされていない。

(70)──ペトラルカの有名なラウラの眼に寄せた三つの歌謡曲──「人の世は短ければ」'Perche la vita è breve', 「優しきわが妹よ，われは見る」'Gentil mia donna, i' veggio', 「わが定めのためなれば」'Poi che per mio destino.' Cf. "Canzoniere," LXXI, LXXII, LXXIII ──は詩人自身によって，「三姉妹」(le tre sorelle) と名付けられた。この詩については，Franceso De Sanctis: "Storia della letteratura italiana," (1956) 1982, 〔Universale Economica Feltrinelli〕Tomo primo, Cap. ott., p. 261 参照。

(71)──『マクシミリアン・バイエルン選挙侯を讃えて』"In lode dell' elettore Massimiliano di Baviera,"〔OGV, VI〕pp. 239-49. 他に，

〔ON, VIII〕pp. 10-22 を参照。マクシミリアン（Maximilian II Emanuel, Kurfürst von Bayern, 1662-1726）。なお，この詩はすでに1694年，ナポリで小著作の中に収められ公刊されたという。

(72)――「リッピ氏〔編〕の『イタリア詩人選集』」("Scelta de' poeti italiani" del signor Lippi) とあるが，詳細不明。リッピはルッカの出版者。

(73)――アカンポーラ（abate Giovan Lorenzo Acampora, ?）。当時の文芸家であろう。『ナポリ詩人集』"Poeti napoletani."

(74)――ポーポリ公爵家一族のドンナ・イッポリータ・カンテルミ嬢（la signora donna Ippolita Cantelmi de' duchi di Popoli, ?）。当時のナポリにおけるもっとも知性的な女詩人で，文芸支援者。のちヴィーコの娘の代母になった。

ブルッツァーノ公爵，現在のロッチェッラ太公，ドン・ヴィンチェンツォ・カラーファ（don Vincenzo Carafa duca di Bruzzano, ed or principe di Roccella, ?）。結婚式は1696年7月16日に挙行され，ヴィーコの祝婚歌もその日の日付で公表された。Cf. 'Sonetto: Per le nozze di Vincenzo carafa duca di Bruzzano con Ippolita Cantelmo-Stuart dei duchi di Popoli,' 〔ON, VIII〕pp. 32-7；〔OGV, VI〕pp. 252-55.

(75)――カトゥッルス（Catullus, Gaius Valerius, circ. 84-circ. 54 B. C.）。古典時代の最大の抒情詩人。「夕ベナリ」'Vesper adest' は「青年たち」と「少女たち」の交互の呼ського よりなる祝婚歌。Cf. "Gai Valeri Catulli Liber," LXII〔Loeb ed.〕pp. 84-90.

(76)――トルクワート・タッソ（Torquato Tasso, 1544-95）。ヴィーコの言及している作品は祝婚歌「すでにしめやかなる夜想曲は」'Gia il notturno sereno'――『詩集』"Rime" に所載――であろうとニコリーニは推定している。

(77)――「最大の年」（l'anno massimo）。これはヴィーコ自身がここで引用されている祝婚歌「歌謡曲・マクシミリア・バイエルン公爵とポーランドのテレーザ皇女の婚儀にさいして」'Canzone: Nell Nozze di Massimiliano di Baviera con Teresa reale di Polonia,' 1694,〔OGV, VI〕pp. 300-5 で用いている用語 (ibid., p. 301.)。「盲たる過誤のその痕もすでに消え去りて，新たなる始まりを最大の年に与え〔るならん〕」'L'orme sue spente gia del cieco inganno, E dar nuovo principio al maggior anno.'――ここでは比較級 maggiore が絶対的に用いられてい

る——。他に〔ON, VIII〕pp. 22-7 を見よ。

　プラトンの典拠は，「時間の完全な数が完全な年を満たす（ὅ γε τέλεος ἀριθμὸς χρόνον τὸν τέλεον ἐνιαντὸν πληροῖ）ことはやはり認めうることです」（『ティマイオス』"Timaeus," 39, D〔op. cit., p. 39〕）とあり，古来問題の一節。地球の8衛星——月，太陽，他の6衛星——のそれぞれ異なった周期の最小公倍数を意味することは確実であるが，計算上に異論あり。プラトン自身は 36,000 年と計算したらしい（"Republic," 546, B ff.）。いずれにせよ，この年は「〔世界〕最大年」（ὁ μέγιστος ἐνιαντός）（The Great World-Year）と呼ばれ，その年を境に新時代が始まるとされた。

　ウェルギリウスはプラトンのこの伝承を援用して『田園詩』第4歌でオクタウィアヌスの治世に黄金時代が開始されるであろうと歌い，同時にこの独裁者——のちアウグストゥス皇帝となる——の子供の誕生を祝う意味も含めている。この第4歌の冒頭に「しちりあノ芸術神タチヨ，少シク高キコトドモヲ我ハ歌ワン」'Sicelides Musae, paulo moiora canamus,' "Eclogae," VI, v. 1〔Loeb ed., p. 28〕という表現あり。シチリアを引き合いに出したのは，シチリアの詩人テオクリトス（Theocritos, fl. circ. 270 B. C.）が当時牧歌詩人の典型とされていたためである。ヴィーコはこの2種類の伝承を下地に，バイエルン公爵のポーランド皇女テレーザの結婚を祝い，同時に「世界を優美な仕事によって完結するであろう新しき子孫」（novella prole Che colmerà d'opre leggiadre il mondo）が「最大の年」を開始するであろう，と歌っている。王侯の婚儀の儀礼的讃歌であるにせよ，ヴィーコ自身が自讃するほどの名詩作とは考えられず，ヴィーコの文体特有の最上級の濫用——詩歌のみでなく，すべての作品を通じて——に見られるごとき誇張癖が鼻につく。これは強烈な自我意識の所有者が同時に内向的性質であるばあいに往々見出される代償的自己表現形式であり，ヴィーコのマリーニズモ——上述〔A〕・I, 註 (45), (47) 参照——の生涯を通じての一残滓形態とも言えよう。

(78)——『ナポリ詩人選集』"Scelta de' poeti napoletani."「アルバーノ氏」（il signor Albano）はナポリの文芸家か出版者であろう。未詳。

〔A〕・III
(1)——「異国人」という表現は，むしろ心理的，学問的違和感に基づいた

表現であり，ヴィーコがロッカ家滞在中の9カ年間（1686-95）ナポリを訪ねなかったことを意味するのではない。現にこの期間中に1689-92年大学に正規に在籍し，1694年サレルノで法学博士の学位を取得している（上述〔A〕・I，註⑳参照）。また，青年ヴィーコがヴァトッラにおいて主人から教育を託された4人の子供の中の1人，令嬢ジュリア・モニカ──10歳年下だったという──の中にベアトリーチェを見出したというジェーニリュイ解釈は，同令嬢の祝婚歌の執筆や，それと同時期の代表的詩作「絶望者の想い」'Afetti di un disperate'を真面目に受け取りすぎた誤解であろう。Cf. Ch. 仏訳版, p.21. 上記〔A〕・I，註⑷；〔A〕・II，註⑵，⑶参照。

(2)──マルシーリオ・フィチーノ (Marsilio Ficino, 1433-99)。フィレンツェ生まれの哲学者。新プラトン主義形而上学とアウグスティヌス神学を結合した学説を主唱し，イタリア・ルネサンス期の新プラトン主義の代表者。主著『プラトン的神学』"Theologia Platonica," 1482.

(3)──ピーコ・デッラ・ミランドラ (Pico della Mirandola, Giovanni. 1463-94)。イタリア・ルネサンス期の神秘主義的哲学者。代表作品『人間の尊厳についての演説』"Orazione sulla dignità dell' uomo." 以下〔A〕・V，註⑻参照。

(4)──ニーフォおよびステウキィオの二人のアウグスティーノ (amendue Augustini─Agostini)。一人は，アゴスティーノ・ニーフォ (Agostino Nifo, 1473-circ.1538) でアヴェロエス的なアリストテレス説を主張。代表作『知性について』"De intellectu," 1492──のち数回改訂。他の1人は，アゴスティーノ・ステウキィオ・ダ・グッビィオ (Agostino Steuchio da Gubbio, ?) で，プラトン・アリストテレス折衷主義を主張。代表作『永遠ノ哲学ニツイテ』（全10巻）"De perenni philosophia," 1540.

(5)──ジャコポ〔イャコポ〕・マッツォーニ (Giacopo〔Iacopo〕Mazzoni da Cesena, 1548-98)。プラトン・アリストテレス折衷主義者。主著『活動的，観照的オヨビ宗教的トイウ人間ノ三重ノ生活ニツイテノ三方法』"De triplici hominum vita, activa nempe et contemplativa et religiosa, methodi tres," 1577 等。

(6)──アレッサンドロ・ピッコローミニ (Alessandro Piccolomini da Siena, 1508-78)。現世主義的な道徳論を主張。主著『道徳要綱』"Instituzion morale," 1560──旧著の決定版。

(7)──マッテオ・アックワヴィーヴァ (Matteo Acquaviva, circ. 1456

-1529)。政治家，文人。プルタルコスの訳書で知られる。Cf. De Sanctis："Storia della letteratura italiana," citata, Tomo secondo, p.869.
(8) ── フランチェスコ・パトリーチ (Francesco Patrizi da Cherso, 1529-97)。アリストテレス批判より新プラトン主義に転ず。主著『逍遙学派論争』"Discussiones peripateticae," 1571-81.

以上の註(2)から(8)──註(7)のアックワヴィーヴァは除く──の著作家たちについては，E. Garin："Storia della filosofia italiana," citata, Volumi primo e secondo を参照。 同書，第2部「人文主義時代」(L' età dell' Umanesimo) ──イタリア 14-15 世紀の古典再研究時代──の代表的思想家がフィチーノとピーコ・デッラ・ミランドラである。次いで同書，第3部「文芸復興」(Il Rinascimento) ──いわゆる「ルネサンス期」であるが，ガリンによれば，15 世紀末より 16 世紀末まで──のⅠ「アリストテレス主義」をアゴスティーノ・ニーフォが，Ⅱ「愛の哲学・プラトン=アリストテレス折衷主義」をアゴスティーノ・ステウキィオとマッツォーニが，Ⅳ「新思想」をパトリーチが，Ⅵ「美学と道徳の諸問題」をピッコローミニが代表しており，ヴィーコの思想的遍歴と歴史的研究の正確さと深さを示している。もっとも，ヴィーコのこの引証に依拠してガリンの哲学史が構成されたと見る方が正しいかもしれない。他に，H. P. Adams："Vico," cited. pp.34-9 を参照。

(9) ──「診断不明」(l'acatalepsia)。医学用語，原因不明で病名を指摘できない症状を言う。

(10) ──「判断中止」(epoca)。懐疑学派の術語「エポケー」(epoche) を指す。独断論に対立する立場から，いかなる判断にもその反対が成立しうるのであるから，判定は下すべきでない，との主張。

(11) ──「ガレノス学派」(la galenica)。ガレノス (Claudius Galenus, 129-199) を鼻祖とする医学の学派。4体液 (4 humores) 説として 16, 17 世紀まで信奉された。医学における懐疑主義と反ガレノス主義はガレノス学派医学者とレオナルド・ディ・カープアおよびその一党との間で行なわれた激しい討論の結果であり，ヴィーコはカープアに与した。上記〔A〕・Ⅱ，註(8)参照。以下註(16)で詳述。

(12) ──「市民法の古典的註釈家たち」(gl'interpetri antichi della ragione civile) とは既述のアックルジオ，アルチアーティらの中世における法註釈者たちを指す。──上述〔A〕・Ⅰ，註(33), (36)参照。

中世の古典的註釈者たちやバルトーロ学派──バルトーロ (Sassoferrato Bartolo, 1314-57) の学説の追従者たち──を攻撃した代表

的ナポリ人は弁護士フランチェスコ・ディ・アンドレーア。以下の註⑿参照。
⒀── 「論点論」(la topica) については〔A〕・II，註㊳，㊴参照。
⒁── カルロ・ブラーニャ (Carlo Buragna da Ravello, 1625-98)。レオナルド〔リオナルド〕・ディ・カーブア── 以下の註⒃── の影響を受け、マリーニズモ (上述〔A〕・I，註㊺参照) を脱し，新ペトラルカ主義に転ず。

　　かくして，カルロ・ブラーニャ，アルゲーロ生まれのサルディーニャ人，ナポリで生活したプラトン的詩人でデッラ・カーサの模倣者は，その親友コルネーリオおよびレオナルド・ディ・カーブアと科学的談話を交わし，プラトンの『ティマイオス』について哲学的議論を行なった。そして，このプラトン的形而上学者こそ，のち医学および自然の諸科学一般の不確実性に関するレオナルド・ディ・カーブアの大著の第2版の序言を執筆したが，これは，存在しないもの，ないし見当らないものの背後にのみ，そしてわれらがダンテの言ったごとく，
幻影(まぼろし)を確固(かた)き事物(もの)として扱いて，
精魂を尽くす人たちを攻撃するのに向けられていた。(Eugenio Garin : "Storia della filosofia italiana," citata, Vol. II, p.869. 他に，B. Croce : "Storia dell' età barocca in Italia,"〔1929〕1967, p.276を参照)。
⒂── ジョヴァンニ・デッラ・カーサ (Giovanni della Casa, 1503-56)。『ガラテーオ』"Galateo"〔作法読本〕の著者。〔B〕・I，註㊵参照。
⒃── リオナルド・ダ・カーポヴァ (Lionardo da Capova)。一般には，レオナルド・ディ・カーブア (Leonardo di Capua, 1617-95)。医者，文士。医学では反ガレノス主義医学の代表者。主著『医学の不確実さについての私見』"Parere dell' incertezza della medicina," 1681, 1689. 文芸上は反バロック主義，14世紀への復帰を主張する，いわゆる「新ペトラルカ主義」，「14-16世紀〔国語〕純正主義」，ないし「カーブア主義」(il neopetrarchismo, il purismo tre-cinquecentismo, o il capuismo) の主唱者。

　　コルネーリオ〔後述〕とブラーニャの名前とレオナルド・ディ・カーブアの名は正に切り離しえない。彼は医者であり，またインヴェスティガンティ学院の著名な代表的思想家であったが，その意図は，── レオナルド自身の宣言するところでは ──「死すべき定めの人間のいかなる権威でもなく，むしろ経験の指導だけを優先させ，理性的

な推理から自然的な諸出来事の原因を探索するために追求して行く」ことであった。哲学の暴君たちに対抗して，自由に哲学すること，これが彼の標語であった。真理ハ時代ノ子〔娘〕という主張が彼の著書の魂であった。「しかし，何ゆえに――と彼は叫んでいる――われわれは今なお古代人たちの，世にも尊崇すべき意見に愚かな執着をもって引き寄せられなければならないのか？……われわれこそが事実は古い人たちと言われるべきであり，古い世界に生まれた人々，〔いわゆる〕古代人が古い人たちなのではないし，また幼年期および少年期の世界でわれわれより経験によって識ることが少なかった人々が古い人たちなのでもない。」人間の偉大さの賞讃は彼にとってこのような自由な探求の権利の主張と結ばれている。…………………………………
………………………………………………………………………………

　古代人の尊崇についてこれほど執拗な批判者であったにもかかわらず，レオナルドは古代人の中でもデモクリトスだけは評価に値するとした。その「比類なきデモクリトス」は「真に自然的な，すなわち感覚的な諸原理により，それぞれの事物について，あれほど驚異的に論考したからである。」それゆえ経験は常に，たとえ理性に伴われたばあいさえ，蓋然的なものの領域内に閉ざされたままでいるのである。
………………………………………………………………………………

　この立論は，そこに経験と全面的に結ばれる傾向を持つ一科学の結論が明示されているからばかりでなく，そこにはむしろ〔ガリレオ・〕ガリレイの中にもデカルトの中にも，この両者のうちにあって科学的知識を基礎付けることのできた哲学的根拠そのものをみずから等閑視している科学者そのものがもっぱら見出されている傾向が示されているからこそ興味深い。デカルト科学の基底には神の誠実さの概念が存しており，同じくガリレイ学説の根底には人間精神と神の精神との間の照応の観念や，また同時に，世界は数学的文字で書かれている，という確固たる確実性が存している。この一幻想を他の幻想から切断することは懐疑主義への陥落にと運命的に導いて行った。それゆえ，レオナルド・ディ・カープアの不確実性〔の主張〕は科学者ガリレイとデカルトの吸収〔揚棄〕の結論に，彼らの哲学的，ないしそう表現してよいならば，明言されているにせよ，含蓄的にせよ，形而上学的な前提の否認が結合されたものに他ならなかった。(E. Garin : op. cit., Vol. II, pp.869-71.)
以上の解説は，ベイコンに見られる「進歩の観念」の指摘や，また数

学的実証主義に多くは無意識に——「含蓄的」(inplicito) ——前提さ
れていた形而上学の摘発により，レオナルド・ディ・カープア，ひいて
はヴィーコ哲学に内在する，現代的にいえば現象学的な見地の由来を簡
明に示している。

(17)—— トマーゾ・コルネーリオは一般にはトッマーゾ・コルネーリオ
(Tommaso Cornelio di Roverto, 1614-86)。科学者，文人。当時ほと
んど知られていなかったデカルト哲学をナポリに紹介した。主著『自然
学訓育入門』"Progymnasmata physica," 1663。ディ・カープアとともに
インヴェスティガンティ学院 (L'Accademia degli Investigianti) の創
立者で，ナポリ文化運動の促進者。当時の一見混然たる文化的情況につ
いてクローチェは次のごとく要約している。

　　……ここに少なからず意味深いのは，他の国では常に区別され，ま
た反対物として進行している事柄，すなわち合理論と過去の研究，デ
カルト主義と博学，がイタリアでは相互に敵対しているものとしてで
はなく感じられていたことである。そして同一の尊敬と感謝がデカル
トとガッセンディの価値と同様に〔パリ・〕ベネディクト修道会士と
アンヴェルサ・イエズス会修道士の功績を認めていた。そしてムラ
トーリ〔後述〕のごとく，多かれ少なかれデカルト哲学の影響下に
あった人々が同時に偉大な博学の促進者であり，さらに文芸のあらゆ
る種類に，哲学から由来する「光明」を及ぼすことを主唱した。「蓋
然的なもの」の領域は17世紀の理論家たちにより歴史学に帰属させ
られて尊重されるに至ったが，ただ批判が一層慎重かつ厳重に行なわ
れた。そしてムラトーリはこの分野において，哲学によって証言の批
判を精密化し，証人の傾向と精神を詮索しつつ，アルプスの彼方
〔フランス〕の文献学を克服した。(B. Croce: op. cit., pp. 220-21.)

(18)—— グレッセーロ (Gressero)。ドイツ人イェズイタ派神父，ヤーコ
プ・グレッツァー (Jacob Gretser, 1560-1625) —— (Giacome Gretser
da Markdorf) ——を指す。著書は『ギリシア語概要』"Institutiones
linguae graecae," 1596.

(19)—— ジューニオ (Adriano Giunio de Jonch-Hadrianus Junius)。オラ
ンダ人，アドリアーン・デ・ヨンゲ (Adriaan de Jonge da Hoorn,
1511-75)。著書は『万有用語諸国語解説辞典』"Nomenclator omnium
rerum propria nomina variis linguis explicata," 1567.

(20)—— ジョーヴィオ (Paolo Giovio, 1483-1552)。著書『同時代史』(全
45巻) "Historiarum sui temporis libri XLV." 最初の10巻は未執筆

だったが，第 6 巻まではローマ掠奪（1527 年）に際し失われた，とジョーヴィオ自身が言い触らして，タキトゥスの『歴史』の欠損状態に話を合わせた，とされている。

(21)——ナウジェーロ（Naugero）は正しくはベルナルド・ナヴァジェーロ（Bernardo Navagero, 1483-1529）。枢機卿で，『教皇パウロ 6 世伝』，『説教集』等の著書があるという。ヴィーコはジョーヴィオの『同時代史』をナヴァジェーロの作品と取り違え，かつ著者自称の欠損状態を概嘆している。

(22)——テアティーノ会修道士ドン・ガエターノ・ディ・アンドレーア〔ダンドレーア〕神父（il padre don Gaetano di Andrea〔d'Andrea〕teatino, ?-1702）。のちモノポーリ司教。

(23)——フランチェスコ・ディ・アンドレーア（Francesco di Andrea da Ravello, 1625-98）。ナポリの著名な弁護士，トッマーゾ・コルネーレオやレオナルド・ディ・カープアの一派と共鳴す。著書に『レオナルド・ディ・カープア氏の弁護』"Difesa del Sig. Leonardo di Capua,"？その他あり。ジェンナイオ——正しくはジェンナーロ・ディ・アンドレーア（Gennaro〔Gennaio〕di Andrea, 1637-1710）はその弟。王立最高法院の評議員〔裁判官〕，軍事財務省総裁。

(24)——ドン・ジウゼッペ・ルチーナ（don Giuseppe Lucina）。詳細不明。レオナルド・ディ・カープアの熱烈な追従者で，当時の詩文集にこの人の詩が見出されるという。

(25)——ドン・ニコロ・カラヴィータ（don Nicolò Caravita, 1647-1717）。この人も熱心なカープア主義者，ナポリ大学封建法史講師。彼のヴェルギーニの邸宅はコルネーリオ追従者，カープア主義者，「無神論者」等の文人たちの巣窟であった，という。

(26)——ナポリ〔駐箚スペイン〕国王代理サントステファーノ伯爵（il signor conte di Santostefano, vicerè di Napoli）。詳細未詳。

(27)——「一ラテン語演説」（una orazion latina）とは『ふらんきすくす・べなういでぃうす・さんくとぅす=すてふぁぬす伯爵，なぽり王国国王代理ノすぺいん国ヘノ世ニモ目出度キ御帰国ヲ祝ウ演説"Oratio pro auspicatissimo in Hispaniam reditu Francisci Benavidii S. Stephani comitis atque in Regno Neap. pro Rege," 1696.——〔ON, VII〕pp.89-96 ;〔OGV, VI〕pp.89-96. ——この演説が冒頭に付された文集"Vari componimenti in lode dell' eccellentissimo signore don Francesco Benavides conte di Santo Stefano, ecc., raccolti da don Niccolò

Caravita (in Napoli, presso Giuseppe Roselli, MDCXCVI)" は1696年3月25-26日 出発する伯爵に進呈された。

(28)── グレゴーリオ・カロプレーゾ。上記〔A〕・II, 註(63)参照。

(29)──「自学自習者」(l'autodidascolo)。「自分で自分を教える人」の意。

(30)── ナポリ国王代理, メディナチェーリ公爵御母堂『ドンナ・カテリーナ・ダラゴーナ刀自葬儀式典』("Pompe funerali di donna Caterina d'Aragona," madre del signor duca di Medinaceli, vicerê di Napoli)。この原典は "In funere Catharinae Argoniae Segorbiensium ducis ec," 1697.──〔ON, VII〕pp.97-118;〔OGV, VI〕pp. 96-110.──メディナチェーリ公爵 (don Luigi Lacerda, duca di Medinaceli, vicerê di Napoli) は 1696 - 1702 年, ナポリ駐箚スペイン国王代理。

(31)── カルロ・ロッシ (Carlo Rossi)。詳細未詳。のちパラティーナ学院でヴィーコの同僚となった, という。

(32)── ドン・エンマヌエル・チカテッリ (don Emmanuel Cicatelli)。当時ナポリ大聖堂参事会員, その後アヴェッリーノ司教, 1702 年死去。

(33)── この書物は確かに1697年の日付けを帯びているが, 1699年ごろに頒布されたという。

(34)──「教授」とはジウゼッペ・トーマ (Giuseppe Toma) で, 死亡は1697 年のことという。

(35)── スクード (scudo) はスクード金貨ないし銀貨。100 ドゥカートで, 当時の 425 リラ・オーロに当るという。

(36)── 当時の学制では修辞学をも含めて哲学は専門学科──神学, 医学, 法学──の予備学であったから, 修辞学などの教授は上級専門学科ないし学部に進級する学生に資格認定証書を下付し, 手数料を徴収していた。当時の慣習で「修辞学」(rettorica) は往々「雄弁学」(eloquenza) と混用されている。

(37)──「市秘書官職」(segrtario della città)。この職はラテン語往復文書の作成を要求されたので, ほとんど常に文人ないし文学者から募集, 採用された。この募集では, 1697 年 11 月 27 日, ジョヴァンニ・ブランコーネ (Giovanni Brancone) が採用されたという。

(38)── ファビウス・クウィンティリアヌス (Marcus Fabius Quintilianus, circ. 35-circ.95 A.D.)。主著『修辞学提要』"Institutio Oratoria."

(39)──「論件ノ諸論拠ニツイテ」'De statibus caussarum' は上述『雄弁学入門』, 第 3 巻, 第 6 章。「論件」(causa), 「論拠」(status) は仮訳。

いわゆる「衰微」時代ないし「銀」時代の代表的雄弁学（修辞学）の術語として適訳なし。「論件トハ，ソノ全部分ニワタッテ問題ニカカワル事柄デアル。ナイシハ，論件トハ，ソノ目的ガ論議デアル事柄ナリ。」'Causa est negotium omnibus partibus suis spectans ad questionem ; aut : Causa est negotium, cuius finis est controversia' op. cit., Lib. III V, 17 ;「スベテノ論件ハ何ラカノ論拠ニヨッテ包括サレテイルノデアルカラ……」 'cum omnis causa contineatur aliquo statu. . .' ibid. Lib. III, IV, 1.

(40)──「多量の得票」（un numero abbondante di voti）はヴィーコの文飾。事実は反対10票，賛成12票，辛うじて1票の過半であった，という。この公募への応募の許可は1698年1月15日，採用審査の「講義」は1698年10月25日に行なわれ，採用は1699年1月31日付〔ナポリ駐箚スペイン〕国王代理メディナチェーリの認可状をもって正式決定。

(41)──アルフォンソ・ディ・アラゴーナ〔ダラゴーナ〕（Alfonso di Aragona〔d'Aragona〕, rê di Napoli, circ. 1396-1458）。15世紀前半のナポリ王。

(42)──「一学院」（un'Accademia）。王宮付属学院，または王宮学院（L' Accademia Palatina o di Palazzo Reale）の名称で，1698年3月20日開設，1702年2月に閉鎖さる。

(43)──ドン・フェデリコ・パッパコーダ（don Federico Pappacoda）。詳細未詳。

(44)──「学院会員云々……」。ヴィーコの会員就任は1699年初頭である。就任演説は『ローマ人の豪奢な正餐について』"Delle Cene suntuose de' Romani : Memoria recitata nel prendere possesso del seggio accademico nell' Accademia Palatina di Napoli istituta e presieduta dal vicerê duca di Medinacelli" (1698 o 1699), 〔ON,VI〕pp.389-400 ; 〔OGV,VI〕pp.119-26.

(45)──メディナチェーリ公爵に代り，新国王代理，エンマヌエーレ・パケーコ，エスカローナ公爵兼ヴィッレーナ侯爵（don Emmanuele Pacheco duca di Escalona e marchese di Villena, 1702-7年在任）が就任し，従来の人文主義的，新ペトラルカ主義的学派に代って，哲学的，形而上学的，なかんずくデカルト哲学的学風を支持した。この新スペイン国王代理の治下において，ヴィーコは早速前国王代理メディナチェーリ公爵時代に勃発（1701年11月）した，いわゆる「マッキアの謀叛」（La congiura di Macchia）の記録を作成させられている。この謀叛事

件についてクローチェは書いている。
　……周知のごとく，謀叛者たちは民衆と賤民(ラッザーロ)たちを後に率いようと努めて失敗した。彼らの一人のメルカート広場での演説に，民衆派の一人が端的な言葉で答えて，貴族たちが先頭に立っているのだから，事はうまく運ばない，また，民衆に関しては，彼らを貴族たちは助けはしない，だから今となっては彼らは彼らの自力で事を行なうほかはあるまい，と言った。――かくして民衆の大群は，敵意を抱いて，あるいは無関心のまま四散した。しかし，この謀叛は独立王国と固有の君主の理想を旗印に掲げていたにもかかわらず，いな，むしろ掲げていたればこそ，本質的には旧時代の封建領主権回復の一企図，一反動的試みを本体としていた。すべての謀叛や革命の中に自由への愛や外国人支配の嫌悪を見出して悦に入った後代の歴史家たちによって謀叛が飾り立てられた後光のために欺かれてはならない。(B. Croce : "Storia del Regno di Napoli," (1924) 1980, 〔Ed. Laterza〕 p.123.)
　それにしても，ヴィーコが「雄弁学〔修辞学〕ノ勅任〔学院〕教授」(regius eloquentiae professor) ――〔ON, VI〕p.303 ; 〔OGV,VI〕p.167 ――として，この謀叛事件の概要を執筆した事実，さらに，1707年以降ナポリがオーストリア治下に入るや，同じく「勅任教授」として ――〔ON,VI〕p. 371 ; 〔OGV,VI〕p. 203 ――かつて弾劾した「謀叛人首領」カルロ・サングロ (Carolus Sangrius, Carlo Sangro) およびジウゼッペ・カペーチェ (Giuseppe Capece) を追悼する盛大な葬儀の記録を，平然と(?)作成している事実はきわめて暗示的である。
　ヴィーコは前著『ナポリ謀叛事件記録』(1703年執筆，ただし当時未公刊) "De Parthenopea Conjuratione IX kal. octobris MDCCI," 〔ON,VI〕pp.301-62 ; 〔OGV, VI〕pp.167-202 ――'Parthenope' はナポリの古典的呼称――において，恩義ある前任者メディナチェーリ公爵を「〔ナポリ〕王国ノ首領〔貴族〕タチノ無限ナ権力ノホトンドノ壊滅者，租税ノ苛酷ナ徴発者，犯罪ノ厳格ナ処刑者」(infinitae Procerum regni potentiae pene extinctor, durus vectigalium exactor, acer criminum vindex) ―― cf. op. cit., 〔ON,VI〕p.305 ; 〔OGV,VI〕p.168 ――と一応はナポリ貴族側に立って酷評した上で，国際情勢を略述し，具体的事件については「首領タチノ映像」を際立たせ，「小者タチ」は「片隅ニ素描スル」画家を「模倣スルニ努メタイ」と言明し (op. cit.,〔ON, VI〕p.331 ; 〔OGN,VI〕p.184)，要領よく記録をまとめている。ニコ

訳　註(A・III)　219

リーニによれば，この文書は，正確には『1701年ナポリ首領〔貴族〕謀叛事件史』"Principum neapolitanorum coniurantionis anni MDCCI historia,"――cf.〔ON, IV〕pp.301-62――である。

ところが，オーストリア治下における『葬儀記録』には，スペイン治下での「謀叛人」，オーストリア治下での「〔おーすとりあ〕かるる〔三世ヘノ忠誠〕ノタメニ迫害サレ，武人ニ相応シク，恐レルコトナク死ヲ迎エタ」英雄，サングロとカプーチョの盛大な追悼式（1708年）が記されている。"Acta Funeris,"〔ON, IV〕pp.369-73；〔OGV〕pp.202-5. ヴィーコのメディナチェーリ批判には貴族と民衆との間の「限界人(マージナルマン)」であるヴィーコの二面評価的特性が窺われるが，この「勅任雄弁学教授」のその都度の主君への従順ぶりは，マキャヴェッリ的政治論の対極を成す庶民的処生術と解釈されるべきかもしれない。

ニコリーニによれば，これは「ヴィーコの非政治性〔政治的中立性〕のきわめて特徴的な文献」（un documento cosi caratteristico dell' apolicità del Vico）――'Nota'〔ON, VI〕p.439――と言える，とされているが，曲解である。〔B〕・I, 註(9)-(16)の註および本文参照。

(46)――マルシーリオ〔・フィチーノ〕。上記註(2)および(8)を参照。

(47)――プロティノス（Plotinos, 205-270）。新プラトン主義の創始者とされる哲学者。弟子プロフュリオス（Prophurios, 232-304）の編集した遺著『エンネアデス』"Enneades" あり。

(48)――『省察』"Meditationes de prima philosophia," 1641。デカルトの主著の一つ。上記〔A〕・II, 註(59)で言及。

(49)――『方法叙説』"Discours de la méthode," 1637。デカルトのもっとも著名な代表作。自叙伝的記述をも含む。ジルソンの周知の註釈付き版あり。ヴィーコは『方法叙説』が『省察』に「続いた」と述べているが，これは覚え違い。

(50)――アヴェロエスについては，上記〔A〕・II・註(19)および(62)参照。

(51)――ドン・パオロ・ドーリア（don Paolo Mattia Doria, 1666-1746）。ジェノヴァ生まれの哲学者。1696年以降ナポリに定住したという。ヴィーコはこの人をきわめて高く買い，のち自著『古代叡智論』「第1巻・形而上学」De sapientia,〔I.metaphysica〕（1710）をこの人に献呈している。ヴィーコの本文にあるごとく，彼は初めデカルト哲学と新プラトン主義の理念的一致を主張した。現に1713年に至ってさえドーリアは「当市〔ナポリ〕において真にデカルト学派を支えておられると思われる貴下，かつ誤りもなく彼の優れた哲学の支柱であらせられる貴

下」という献辞とともにバイエ著『デカルト伝』(Adrien Baillet: "La vie de Monsieur Descartes," 1691) の伊訳摘要 "Ristretto della vita di Renato Descartes," 1713 を訳者パオロ・フランコーネ (Paolo Francone Marchese) から献呈されている。Cf. E. Garin: "Storia della filosofia italiana," 1966〔Piccola Biblioteca Eiardi〕Vol I, p.280. しかし,ドーリアはのち『批判的・哲学的論考』"I Discorsi critici -filosofici intorno alla filosofia degli antichi e dei moderni ed in particolare intorno alla filosofia di Renato Descartes," 1724 によってデカルト哲学と訣別し,多くの論争に巻き込まれ,「スピノーザ主義者」ないし「無神論者」として非難を受けた。「ドーリアの中には,デカルト主義そのものの,この主義自体の中に現存しているアウグスティヌス的動因への還元を経過して,デカルト主義からルネサンス的伝統のプラトン主義への回帰の旅程におけるイタリア思想の側からの到達点であるということが明らかに見てとれる」と,ガリンは巧みに要約している。Cf. E. Garin: op. cit., Vol. II, p.895. 要するにドーリア哲学は,「出発点はデカルト,到達点はプラトンである。」(ibid., p.889) この思潮はヴィーコの「反復」(ricorsi) 論成立の風土的,歴史的背景の一つと解釈できよう。

(52)——「理念の叡智の人」(l'uomo sapiente d'idea) は「哲学者」。

(53)——「実践の叡智の人」(l'uomo sapiente di pratica) は「政治家」を意味する。

タキトゥス (Publius Cornelius Tacitus, circ. 55-117 A. D.)。ローマ最大の歴史家。『歴史』"Historiae," 104-9,『年代記』"Annales," circ. 115-17 の 2 大主著あり。散逸した部分多し。その他『ゲルマニア』"Germania," 98 が有名。

(54)——「訂正し」(corrésse)。「この理想的歴史に即してすべての時代の歴史を訂正し」(sulla quale〔storia ideale〕corrésse la storia universale di tutti i tempi) を F.-B. 英訳版と P. 仏訳版では「経過した」(corse) と誤読している。M. 仏訳版, Ch. 仏訳版は意訳。

(55)——「隠された叡智の智者」(il sapiente di sapienza riposa)。「隠された」(riposa) の解釈には各種あり。F.-B. 英訳版「秘教的」(esoteric), P. 仏訳版「隠されている」(absconse), M. 仏訳版「思弁的」(speculative) 等。要するに,「思弁的,哲学的」で一般大衆の理解から遠い,の意味。

(56)——「世俗的叡智の智者」(l'uomo di sapienza volgare)。「実践的,実

訳　註 (A・III)　221

用的智恵」を意味する。

(57)――ヴェルラム卿フランシス・ベイコン (Francis Bacon, Baron of Verulam, 1561-1626)。デカルトと並ぶ近世哲学の祖。帰納法の確立者。いわゆる「偶像」(idola)――より正しくは「幻影」。1.「種族ノ偶像」(idola tribus), 2.「洞窟ノ偶像」(idola specus), 3.「市場ノ偶像」(idola fori), 4.「劇場ノ偶像」(idola theatri)――説をもって知られる。1.は人間という種族そのものの特性より生ずる妄説, 2.は人間個人の特殊性より生ずる謬見, 3.は人間相互間の情報, 言語の不完全性より発生する誤謬, 4.は歴史, 伝統等自己の直接経験に基づかない伝承の軽信より生ずる先入見, を意味する。主著『科学進歩論』"Advancement of Learning," 1605――ラテン語改訂版『諸科学ノ尊厳ト進歩ニツイテ』"De dignitate et augmentis scientiarum," 1623――および『ノヴム・オルガヌム〔新オルガノン〕』"Novum organum scientiarum," 1620.

(58)――前註(57)参照。

(59)――「正統な宗教」(la cattolica religione) は, カトリック教 (il cattolicesimo) を意味する。ベイコンはイギリス国教徒であり, しかも清教徒的傾向がかなり強烈な新教徒であるから, 敬虔な旧教徒であるヴィーコが――恐らくは誠実な宗教心から――,「正統な宗教に反するわずかな事柄は別として」という条件を付して, このイギリス哲学界の巨人を称賛したのであろう。

同じ種類の神学的見地の問題は, デカルト, パスカル, アルノー, ニコール等についてのヴィーコおよび同時代イタリア哲学者の批判にからんでいる。パスカル, アルノー, ニコールは, 周知のごとくヤンセン主義者であり, この派はオランダの神学者ヤンセン (Cornelius Jansen, 1585-1638. 主著『アウグスティヌス』"Augustinus seu doctrina S. Augustini de humanae naturae sanitate, aegritudine, medicina adversus Pelagianos et Massalienses, posth," 1640) を鼻祖とする敬虔主義的カトリシズム改革運動であり, 旧教内における「新教」と言われ, きわめて政治的, 世俗的なイェズイタ派（イエズス会派）と激しく対立した。たとえば, パスカル『地方人への手紙』"Les Provinciales," 1656-57 参照。デカルトの神学論には問題が多いが, それは決して正統的カトリシズムではなく, アウグスティヌス的敬虔主義の知性化とも言われるべき原理に立っており, むしろヤンセン主義――パスカルはデカルトのこの主知主義を嫌悪したが――に近い。デカルト哲学の「自然

学」が一方では唯物論に直結し,「形而上学」が他方ではプラトニズム,ないし新プラトニズムに帰結しうるゆえんである。この「自然学」と「形而上学」の中間にあって,両者の接点を基点に両者の揚棄に努めれば,マールブランシュの「機会原因論」やバークリの「存在被知覚」(esse est percipi) 論が生まれ,両面を聖トーマス的に総合的に「幾何学的」(more geometrico) に,つまり存在論的ないし内在論的に,包摂しようとすれば,スピノーザの汎神論,すなわち一種の無神論,「人格神」の欠如した擬似神学に帰結する。これは,「神学」(théologie) に対して一種の「人間〔中心〕学」(anthropologie) であり,ひいては「猿の神は猿,三角形の神は三角形である」(ヴォルテールの言葉) となってしまう。ヴィーコの哲学の基盤には,その意味では反18世紀的,反啓蒙主義的思考ないし観方 (Einstellung) ないし「パラダイム」が厳存している。それはカトリシズムの基盤を成す超越論的神学に由来する「伝統」や「伝承」の権威の尊重である。いわゆる「時効」(praescriptio) を重視する態度である。ここから必然的に彼の「歴史」主義が成立する。ベイコンも,神学観は別として,「歴史」(historia ── 史と誌が不分明ながら) を基盤に「哲学」の再建を目指した。

　なお,ニコリーニの註記 (〔N版〕p. 32, n. 7) 以来,ベイコンのヴィーコへの影響はベイコンの「言語と詩の起源についての理論」(le sue teorie sull' origine del linguaggio e della poesia) であるとされ,ベイコンの『科学進歩論』"De augumentiis scientiarum," Lib. VI, cap. I が引証されている。S版も同じ。Cf.〔S版〕p. 84, n. 16. しかし,この引証はニコリーニの誤解。問題の箇所でベイコンが論じているのは「論述ノ器官,論述ノ方法ニツイテノ教説」(Doctrina de Organo Sermonis, de Methodo Sermonis) および「言述ニツイテノ教説ニ対スル韻律ニ関スル限リニオイテノ,作詩法ノ付説」(Aggregatio Poeseos quoad Metrum ad Doctrinam de Locutione) であり ── cf. F. Bacon: "De augumentiis scientiarum,"〔Spedding ed.〕, Vol. I, p. 650 ──,「言語と詩の起源」とは何の関係もない。ニコリーニは原典の「器官ニツイテ」(de Orgnano) を「起源ニツイテ」(de Origine) と誤読し,原典の内容を確かめずに引照したのであろう。もっとも,この章には,

　　……確カニ人ハ,イカニワレワレ自身ガ自得シテ良イ気デイヨウトモ,昔ノ時代ノ人々ノ天稟ガワレワレノソレニ比シテ遙カニ明敏デ,ハルカニ繊細デアッタコトヲ容易ニ推量デキルコトデアロウ。(Ibid., p.655.)

という有名な一文章があり，ヨーロッパ比較文法における古典文法の緻密さと現代文法の粗雑さ（？）を指摘した最初の表現として重視されている。しかし，問題の本質は，構文論〔文章論〕の変遷とその功罪（？）の批判であり，言語起源論そのものでも，ましてヴィーコにおいて重視されるべき詩の起源論でもない。ベイコンのヴィーコへの影響は，ヴィーコの本文に明示されているごとく，より原理的，基本的な思考法にかかわっている。より具体的な影響については，以下〔A〕・IV，註(23)参照。

(60)――「これら3人の独特な著作家」(questi tre singolari auttori)。プラトン，タキトゥス，ベイコンの3人に「第4人目」(il quarto) としてグロティウスが加えられるべきであろう，とソッチョ〔S版〕，アッバニャーノ〔A版〕は述べているが，ヴィーコは物語の順序として，「第4の著作家」は次章〔A〕・IV に置いたのであろう。

(61)――「自己の天稟の諸著作」(i suoi lavori d'ingegno)。F.-B. 英訳，これに準じたと思われる P. 仏訳版では「彼の発見の諸著作」(his works of discovery, ses oeuvres de découverte) と訳されているが，行きすぎの意訳。

(62)――『普遍法唯一原理論』"De universi iuris uno principio etc." 正確には『普遍法ノ唯一ノ原理オヨビ唯一ノ目的ニツイテ・第1巻』"De universi iuris uno principio et fine uno liber unus, 1720"で，『法律学者ノ恒常性ニツイテ・第2巻』"De constantia iurisprudentis liber alter," 1721 と対を成す著作。以上2巻に「註記」'Notae'「論考」'Dissertationes' 等を加え『普遍法』"Il Diritto Universale"と総称されている。〔ON, II-i〕・〔II-ii〕・〔II-iii〕上述〔A〕・I，註(43), (44)を参照。以下〔A〕・V，註(10)参照。

(63)――「諸演説」(sue orazioni fatte nell' aperture degli studi)。大学の新学年開始に当たって，10月18日（聖ルカの日）に毎年儀式的演説が行なわれる定めであり，それは修辞学教授の任務であった，という。ヴィーコは，1699年以降，1708年までの間に計7回の開講演説を担当した。ヴィーコは，最初の6回分――ヴィーコ自身の記述によれば，1699年，1700年，1701〔1702〕年，1704〔1703〕年，1705年，1707〔1706〕年（〔 〕内が正確な年度）――を『開講演説集』"Le Orazioni inaugurali" として訂正，加筆し，1708 - 9年に最終的原稿を完成した。しかし，これらは著者の生前ついに公刊されず，1869年に至っ

て初めて全編が出版され,ヴィーコの思想形成に重要な示唆を与える貴重な文献とされている。〔ON, I〕pp.1-67；〔OG V, VIII〕pp.5-72.

第7回公開演説は『現代的研究法』"**De ratione**," 1708〔ON. I〕pp.69-121. 以下〔A〕・IV, 註(6)参照。

(64)——『開講演説集』"Le orazioni inaugurali" は〔OGV, VIII〕版ではきわめて不完全である。ヴィーコ自身が実弟ジウゼッペに口述したとされている筆写草稿に基づく〔ON, I〕版によれば,次のごとき「要覧」(il sinossi)のもとに全6演説が関連付けられている。まず全体は3部門に大別される。

〔1〕「人間本性ニ適合シテイル研究諸目的ニツイテ」'De studiorum finibus naturae humanae convenientibus' ——第1, 第2, 第3演説

〔2〕「政治的諸目的ニツイテ」'De finibus politicis' ——第4, 第5演説

〔3〕「きりすと教徒ノ目的ニツイテ」'De fine christano' ——第6演説

以上の3区分には当時の思想的,哲学的パラダイムとして,「人間〔個人〕」,「国家〔都市〕」,「神〔宗教〕」という3主題と,それら相互の関連の問題が明確に表現されている。ヴィーコが人間〔個人〕を歴史的伝統の中に捉えた上で,民族ないし国家を考究し,さらに人類史を人間ないし人類の裡なる「永遠ノ正義」の具現化の過程——それは多くは「反復」(ricorsi)を含む——,「堕罪」以前の人間性回復への道と見たことが,上記の「要覧」の構成にすでに暗示されている。

なお〔ON, I〕版以外に,きわめて厳密な校訂本(イタリア語対訳付き)が最近公刊された。"Giambattista Vico: Le orazioni inaugurali I-VI," A cura di Gian Galeazzo Visconti, 1982〔Centro Di Studi Vichiani〕. ——以下略称〔CDSV, I〕版。

さて,この完璧な〔CDSV, I〕版の「要覧」——この版のばあいも,そのような表題は付されていないが——によると,上記3部門に続いて,一種の結論的部門が置かれている。これは『自叙伝』本文中に,「第6演説の第2部や全第7演説云々」と述べられている演説であり,のち『現代的研究法』**De ratione**, (1709)という独立論文として公刊された論文である(〔A〕・IV, 註(6)参照)。これを仮に「結論部門」と名付ければ,その内容は,

〔結論部門〕・〔1〕「諸学問ノ研究法ニツイテ」(De ratione studiorum)
・〔2〕「論文」(Dissertatio)

の2種目を内容としている。その「論題」は,

　〔1〕「〔研究法〕・同ジ演説〔第6演説?〕ニヨルモノトシテ：堕落サセラレタ〔人間〕本性ガ教示シテイル研究法ヲ,ワレワレハ追究スベキコト」'eadem ratione : Ut quam studiorum corrupta natur dictat sequamur.'

　〔2〕「〔論文〕・増補シテ印刷・公刊サレタリ：イカナル方途ニヨッテ,ワレワレノ研究法ノ不利点ハ,古代ノ研究法ト比較サレタバアイ,回避サレウルノカ,〔カツ〕ワレワレノ研究法ハ古代ノ研究法ニ較ベテ,ヨリ正シク,ヨリ優レテイルコトガデキルノカ」'auctior typis edita : Qua via incommoda nostrae studiorum rationis / cum antiqua comparatae vitanda essent / quo nostra rectior antiqua meliorque / esse possit.'

以上は〔COSV, I〕p.70；〔OGV, VIII〕p.3による。〔ON, I〕p.3において,上記の部分を削除しているのは,校訂上の重大な独断的過誤。この部分は,ヴィーコがのち6演説公刊を計画したとき（生前未公刊に終ったが）6演説と『現代的研究法』は「論題が余りにかけ離れている」（〔A〕・VI冒頭参照）ので,その関連付けに努めた痕跡として貴重である。

(65)——「第一演説云々……」。ヴィーコは『演説集』の冒頭に付された全体的目次において（〔ON, I〕p.3；〔CDSV, I〕p.70）,各演説ごとに「表題」を付している。それとは別にまた各『演説』にはかなり詳細な「論題」（argumentum）が付されている。内容の理解に役立つと思われるので,以下全6『演説』の「表題」と「論題」を訳出して示す。なお,これらの演説は本文によれば,<u>10月18日</u>に行なわれたとあり。ラテン原典には6演説すべてが<u>11月15日</u>となっているのは,ラテン暦への置き換えと思われる。

　「第一演説・ワレワレハワレワレノ精神ノ神的ナ力ヲ全面的ニ涵養スベキコト。1699年らてん暦11月15日〔10月18日〕行ナワル。ソノ論題＝自分自身ノ認識ハ諸教義ノ全領域ヲ短時間ニ踏破スルタメニハ各人ニトッテ最大ノ刺激デアルコト。」

「ソクラテスは天空から哲学的道徳を呼び戻した」は,キケロ『トゥスクルム討論』で当時周知の事柄である（Cicero: "Tusculanae Disputationes," Lib. V, Cap. 4〔Loeb ed., p.434〕）。たとえばベイコンも引用している（Francis Bacon: "Novum Organum, 1620," Lib. I, 79〔Fowler ed.〕p. 275)。

226

(66)――「われわれの魂の一種の神性を涵養すること」(coltivare una specie di divinità dell' animo nostro)。この強調はフビーニによる。他版には見られず。Cf. F 版, p.32.

(67)――「第2演説」は次のごとし。
　「第二演説・ワレワレハ魂ヲ美徳ト叡智ニヨッテ育成スベキコト。1700年らてん暦11月15日〔10月18日〕行ナワル。ソノ論題＝イカナル敵モ己ノ敵ニ対シテ，愚者ガ自分自身ニ対スルホド敵意的ナイシ悪意的デハナイコト。」

(68)――「精神」(la mente)。「魂」(l'animo) は F.-B. 仏訳版でも「魂」(l'âme) と訳している。F.-B. 英訳版は animus を「霊」(spirit) ないし「魂」(soul) と適宜に訳出している。ヴィーコは, **De sapientia**, Cap.V, VI〔ON, I〕pp.167-74 において，一般にラテン原語に即してこれらの用語を用いているが，anima は生命力の原理で，肉体に宿った「霊魂」一般, animus, animo は感情や情緒の原理としての「心」で，心臓にその座があるとされた。「魂」ないし「心」と訳す。最後に mens, mente は思惟ないし知性的機能の原理を示し，「精神」と訳す。すなわち mens は animus の中に存在し，animus は anima の中に存する。そして mens は人間の内部に存在する「神」(Deus, Dio) である，と述べられている。以下〔A〕・IV，註(29)以下の本文参照。

(69)――「事物ノ諸本性ヲ」'rerum omnium naturae' は〔ON, I〕版では「事物ノ諸本性ト諸権能」'rerum naturae *et potestates*' とあり，また，「人間ニツイテノ章ヲ」'Caput de homine' は「シカシ，人間ニツイテ考エラレタ，ワレワレノ主題ニ適合シテイルコトガラヲ〔引証ニヨッテ〕」'Sed illud, quod ad rem nostram facit, de homine conceptum' となっている。〔ON, I〕p.16；〔CDSV, I〕p.110.『演説』テキストののちの補充であろう。

(70)――「人間ヲシテ……」以下ラテン引用文の末尾まで，――「第二演説」本文において――〔ON, I〕版および〔CDSV, I〕版では古典からの引用文と明記。〔CDSV, I〕版では, Cic. de leg. II 19 と註記。しかし，該当の文章キケロに見当らず。なお，以下において，文意に関係のない動詞その他の補正については特に指摘しない。

(71)――以下の二つの文章が省略されている。「精神ヲシテ諸事物ヲ臆見カラデハナク，自分自身ヲ自覚シツツ判定サセヨ。マタ魂ヲシテ欲情カラデハナク理性カラ善ヲ抱カシメヨ。」'Ne mens de rebus ex opinione, sed sui conscia iudicato ; neve a1imus ex lubidine, sed ratione bonum amplectitor.' 〔ON, I〕p.16；〔CDSV, I〕p.100.

(72)——「賞讃ヲ獲得セシメヨ」'laudem sibi parato' は〔ON, I〕版および〔CDSV, I〕版では「己ガ名ノ永遠ノ光輝ヲ」'aeternam sibi nominis claritudinem' である。

(73)——「邪惡ナル惡意〔ニヨッテ〕」'per malam *malitiam*' は〔ON, I〕版および〔CDSV, I〕版では「邪惡ナル欺瞞〔ニヨッテ〕」'per malam *fraudem*' である。

(74)——「彼ヲシテ……戦イヲ挑マセヨ」'ipse secum bellum *gerito*' は〔ON, I〕版および〔CDSV, I〕版では「戦イヲ布告セシメヨ」'ipse bellum *indicito*' とあり。

(75)——「第3演説」。

「第三演説・前述ノコトガラノ補説。ワレワレハ見セカケダケノ，空疎ナ博学ヲ避ケルベキコト。17 01 年らてん暦 11 月 15 日〔10 月 18 日〕行ナワル。ソノ論題＝文芸的社会カラハ，モシウレワレガ見セカケデナク真ノ，空疎デナク堅固ナ博学ニヨッテ飾ラレタイト切望スルナラバ，一切ノ悪シキ欺瞞ガ欠ケテイルベキデアル。」
（ママ）

ニコリーニによれば，この『演説』は 1702 年に行なわれた，という。なお「論題」の原典引用で，「諸君ガ……切望スルナラバ」'vos……studeatis' は〔ON, I〕版および〔CDSV, I〕版では「ウレワレガ……切望スルナラバ」'nos...... studeamus' となっている。Cf.〔ON, I〕p. 27；〔CDSV, I〕p.122.

(76)——「第4演説」。

「第四演説・各人ハ市民タチノ公共的善ノタメ教育サレルベキコト。1704 年らてん暦 11 月 15 日〔10 月 18 日〕行ナワル。ソノ論題＝モシ誰カガ文芸研究カラ最大ノ利益ヲ，シカモ常ニ誠実ト結合サレタ利益ヲ得ヨウト欲スルナラバ，国家〔共和国〕ノタメ，ナイシハ市民タチノ公共的善ノタメ教育サレルベシ。」

ニコリーニによれば，この『演説』は 1704 年ではなく，1703 年に行なわれたらしい，という。なお「論題」の本文中の引用で「栄光ノタメ，ナイシハ公共的善ノタメ」'gloriae **sive** *communi bono*' は〔ON, I〕版および〔CDSV, I〕版では「国家〔共和国〕ノタメ，ナイシハ市民タチノ公共的善ノタメ」'reipublicae **seu communi** *civium* bono' である。〔**ON, I**〕 **p.37**；〔**CDSV, I**〕 **p.**46.

(77)——ドン・フェリーチェ・ランツィーナ・ウッリョア（don Felice Lanzina Ulloa, ?-1703）。ニコリーニによれば，ウッリョアは 1703 年 3 月

30日，80余歳で死去したという。それゆえ，この高官のヴィーコ開講演説への出席はこの第4回演説以前のことであろう，とされている。

(78) —— クレメンス11世 (Giovan Francesco Albani, Clemente XI, 1649-〔1700-21〕)。「修道院長」(abate) 云々は不正確。事実はのちのクレメンス11世がダマーソのサン＝ロレンツォ教会の一聖堂参事会員の聖職禄受領者だった時のことだという。

(79) —— デトレ枢機卿 (Cesare d'Etrê 〔Estrées〕, cardinal, 1628-1714)。

(80) —— 「ウモリスティ学院」(l'Accademia degli Umoristi)。アルバーニ，のちのクレメンス11世がこの学院に属していたことは事実であるが，問題の挿話はクリスティーナ・ディ・ズヴェーツィア (Cristiana Alessandra di Svezia) の家において起こったという。クリスティーナ・ディ・ズヴェーツィアは，17世紀末葉に盛んだったアルカディア〔桃源郷〕派の庇護者，同派のシンボル的婦人。Cf. De Sanctis: "Storia della letteratura italiana," citata, Tom. II., p.722.

(81) —— インノセンス12世 (Antonio Pignatelli, Innocenzo XII, 1615-〔91-1700〕)。インノセンス11世 (Benedetto Odescalchi, Innocenzo XI, 1611-〔76-89〕) の誤記だという。クレメンス11世は教皇の座をアレッサンドロ8世 (Pietro Ottoboni, Alessandro VIII, 1610-〔89-91〕) に負ったとされているから，インノセンス12世では話が合わない。

(82) —— 「第5演説」。

「第五演説・ワレワレハ武力ノ栄光ト支配力ノ広大サヲ文芸ニヨリ増大スベキコト。1705年らてん暦11月15日〔10月18日〕行ナワル。ソノ論題＝国家〔共和国〕ハ文芸ニヨッテモットモ栄エテイタトキコソ，マタ戦争ノ栄光ニヨリモットモ名高ク，カツ政治的支配力ガ強力ナリシコト。」

ゴート族による最初のアテナイ掠奪（紀元26年）にさいしての有名な一挿話を参照せよ。野蛮なゴート人たちがアテナイ市の全図書館から掠奪した書籍を焼き捨てようとしたとき，一指揮官がそれを制止した。その理由として，ギリシア人たちが書物の研究に没頭しているかぎり，彼らは武芸や軍事には決して献身しないであろう，と述べたという。Cf. M. Montaigne: "Essais," I, i, c.25. モンテーニュにより普及された上記の挿話を批判して，ギボンは書いている。

この利口な勧告者は（この事実の信憑性が容認されたとすれば）無知な一野蛮人として論考した。もっとも洗練された強力な諸国民にお

いては，あらゆる種類の天才がほぼ同じ時期に出現してきた。そして，学問の時代は一般に軍事的美徳と成功の時代であった。(Edward Gibbon: "The History of the Decline and Fall of the Roman Empire," Chap. X, iii〔Everyman's ed., Vol.I〕p.262.)

反キリスト教的啓蒙主義者ギボンがヴィーコと同じ主張をしていることは注目に値しよう。

(83)── スキピオ (Scipio Aemilianus, Publius Cornelius, Scipio Africanus Minor, circ. 185-129 B. C.)。ローマの将軍。カルタゴ討伐をもって知られる。雄弁家で文芸愛好家。テレンティウスその他の文人のパトロンとして有名。

(84)── テレンティウス (Publius Terentius Afer, 195/85-159 B. C.)。ローマの喜劇作者。スキピオとその一派の庇護のもとで多数の名作を世に出した。

(85)── ラエリウス (Gaius Laelius, circ. 186-? B. C.)。上述註(83)引用のスキピオの友人。テレンティウスとともにスキピオの文芸人サークルに属し，テレンティウスが劇作にさいし，ラエリウスから示唆を受けたことは事実らしい。ラエリウスはキケロの諸対話編にも登場している。

(86)── テオドリクス (Theodricus Magnus, circ. 455-526)。東ゴート族がイタリアに創設した独立王国 (493-555 年) の建設者。ボエティウス (Anicius Manlius Severinus Boetius, 480-525)，カッシオドルス（次註を見よ）等の優れたローマ人を重用したことで知られている。

(87)── カッシオドルス (Flavius Magnus Aurelius Cassiodorus, circ. 480-circ. 575)。テオドリクス大王に仕え，執政官，地方総督等に任ぜられたが，のちシチリアの僧院に隠退し，百科全書的大著を著わした。

(88)── カール大帝 (Carlo Magno, Carolus Magnus, 742-814)。紀元800年クリスマスの日にローマにおいて教皇レオ3世 (Leo III, 750-〔95-816〕) からローマ皇帝の称号 (imperatoris et augusti nomen) を受領し，ローマ帝国，いわゆる「神聖ローマ帝国」(Sanctum Imperium Romanun, das Heilige Römische Reich) を再興した。Cf. Einhardus: "Vita Caroli Magni."

(89)── アルクイヌス (Alcuino, Alcuinus, Albanus Flaccus, circ. 735-804)。カール大帝に仕え，衰退していた学芸の復興に貢献，帝室翰林院，各種学校の設立，教育改革等に努めた。

(90)── ユリウス・カエサル (Gaius Julius Caesar, 102-44 B. C.)。共和制ローマ末期の英雄，名将。文芸家としても超一流。『ガリア戦記』

"Commentarii de bello Gallico"および『内戦記』"Commentarii de bello civili"の 2 名著あり。

(91)——ヒメネス (Francisco Jimenez de Cisneros, 1436-1517)。スペインのフランシスコ会修道士。トレド大司教, 枢機卿, アラゴン摂政にもなる。アルカラ大学を創設, 神学, 古典語研究を奨励す。

(92)——リシュリュー (Armand Jean du Plessis, cardinal, duc de Richelieu, 1585-1642)。フランス王ルイ 13 世の宰相として絶対王制の確立に貢献す。学芸上の業績はフランス翰林院の創設, パリ大学の改革, 拡充, 文芸の奨励等。

(93)——セルギウス (Sergio, Sergius)。N 版の Sergià は誤記か。〔COSV, I〕p.276 によればセルジオないしバヒラ, 伝説的な背教修道士 (Sergio o Bahira, leggendario monaco apostata)。この修道士は「自分の神学的学説によって, マホメットが己れの妻に物語ったという作り話に論拠を与えたという。その話とは, マホメットが, 持病の癲癇の発作で気絶中に, 預言者たちの天使ガブリエルが姿を現わしたというのであった。マホメット夫人はセルギウス修道士の言葉を信じて, ついには夫マホメットを信ずるに至り, 自分の夫は預言者であるという架空譚を自分の部族の夫人たちの間に言い広げた。この嘘物語は夫人たちから男たちの間に広まり, このようにしてイスラームという異端が生まれたという。」「セルギウスは現に『コーラン』の霊感鼓吹者でもあり, 共同作者でもあった。」〔COSV, I〕pp.241-2。以上の解説の論拠の一つとして, この問題については, Antonio Garzya: 'Vico, l'empio Sergio e lo stupido Maometto,' in "Bollettino del Centro di Studi Vichiani," X (1980), pp.138-43 を見よ。きわめて優れた論文で当時のキリスト教徒のイスラム観が資料により裏付けられている。要するに, その見地からすれば, イスラームは「異教」(paganesimo) ではなく, キリスト教の「異端」(eresia) ——邪教的分派——にすぎない, とされている。

(94)——「無学なマホメット」(lo stupido Maometto)。ヴィーコが利用したと思われる文献に「Mahumetus...... idiota」(「マホメット……無学者」,「ソノ上, 読ミ書キヲ全ク知ラナイ……人間」(homo... & legendi, scribendique prorsus ignarus) とある。Cf. A. Garzya: op. cit., p.142. ともあれ, ヴィーコはアラブ本国とトルコとを混同している。しかも, 彼にとって, イスラームはキリスト教の一異端にすぎない。この偏見ないし確信があってこそ, ヴィーコの宗教論, ひいては史観が成立することに注意。

(95)──アルマンツォッロ (Almanzorro)。スペイン語でアルマンソル，英，仏語でマンシュール (Mansur, Muhammad ibu Abi Amir al-Mansur, ?-1002) を指すと思われる。ニコリーニはバグダッド建設者，アバッシアード王朝のカリフ・マンシュール (Mansur, abu Ja'afer al, ?-775) としているが，本文の文意からして採れない。

(96)──「第6演説」。

「第六演説・ワレワレハ堕落サセラレタ〔人間〕本性ヲ改良スベキコト，カツ人間社会ヲ，ヨリ広大ニサレウルヨウニト，助長スベキコト。1707年らてん暦11月15日〔10月18日〕行ナワル。ソノ論題＝堕落サセラレタ人間本性ノ認識ハ自由諸学芸オヨビ諸学問ノ全領域ヲ渉猟スルコトヲ勧誘シ，ソレラヲサラニ習得スルタメノ正シイ，容易ナ，カツ不断ノ順序ヲ提示スル。」

「論題」の文章の中で，「全領域ヲ……渉猟スルコトヲ勧誘シ，駆リ立テ」'ad universum...... *absolvendun orbem* invitat *incitatque*' は〔ON, I〕版および〔CDSV, I〕版では「……渉猟スルコトヲ勧誘シ」'...... *orbem absolvendum* invitat' となっており，「ソレラヲ完全ニ習得スルタメノ……順序ヲ提供カツ提示スル」'in iis *perdiscendis* ordinem *proponit* exponitque' は「ソレラヲサラニ習得スルタメノ……順序ヲ提示スル」'in iis *addiscendis* ordinem exponit' と改められている。〔ON, I〕p.57；〔CDSV, I〕p.188.

なお，演説の行なわれた「1707年」は「1706年」が正しいらしい，とニコリーニは註記している。

上述「表題」および「論題」の中の「堕落サセラレタ人間本性」(corrupta hominum natura) とは言うまでもなくアダムとイブの「原罪」による「堕罪」を指す。「自由学芸オヨビ諸学問」(artes ingenuae scientiaeque) とはいわゆる「7自由学科」(septem artes liberales) ──「3学科＝文法・修辞学・論理学」(trivium: grammatica・rhetorica・logica) プラス「4学科＝算術・幾何〔地理を含む〕・音楽・天文学」(quadrivium: arithmetica・geometria・musica・astrologia)──および，その他の諸専門学科を指す。

(97)──「自己愛」(la filautia)。$\varphi\iota\lambda\alpha\nu\tau\iota\alpha$ のイタリア語的表記。

(98)──「自惚れ」(l'amor proprio)。恐らく仏語 amour-propre のイタリア語訳であろう。

(99)──上記6演説のすべてについて言えることであるが，現存の加筆，補正された「開講演説」テキストと『自叙伝』の中の上述のごとき要約を

対比してみると，内容自体は異なっていないにせよ，主題の強調点にかなりの相違が見られる。次章〔A〕・IV の冒頭でヴィーコ自身が明言しているごとく，彼の思想形成史上もっとも意義深い第 6 演説の中には，本『自叙伝』本文中に見られる摘要とは一変して，のちの『普遍法』 Unv. Ius：I, II (1720-1) への前兆ないし伏線が明確に読み取れる。ヴィーコは大洋を航海する船の「船長」(gubernator, $\kappa\upsilon\beta\epsilon\rho\nu\acute{\eta}\tau\eta\varsigma$) が北極星などを指針として舵を採るのに比して，われわれは「人間ノ精神，オヨビ至高ノ神意」(mens humana, summumque numen) という「神的ナルモノ」(divina) を注視しつつ人生行路における暗礁や浅瀬を回避して生きなければならない，と説く。

　　カクテ，諸君ハ神的ナコトガラノ学問ヲ吸収シテ，人間的慎慮ヲ熱望デキルデアロウ。マズソレハ，人間ヲ形成スル道徳的ナ慎慮デアリ，次イデ，ソレハ市民ヲ形成スル市民的ナ慎慮デアロウ。コレヨリシテ，コレラノ学問ニ通暁シタ以上，諸君ハ道徳的神学ニタヤスク献身デキルデアロウ。ソノ結果トシテ諸君ハイツノ日ニカ諸君侯ノ告解ヲ手掛リニ彼ラノ政事ヲ秩序ヅケ規制スルニサイシテ，コノ上ナク賢明ナ助言ヲモッテ彼ラヲ指導デキルデアロウ。サラニ進ンデ，諸君ハ法学ヲ学習スルタメニ，ハルカニヨク適シタ者トシテ行動デキルデアロウ。法学ハホトンドソノ全体ガ道徳的〔教説〕，市民的〔教説〕，オヨビきりすと教徒ノ諸教義ナラビニ習俗ノ教説カラ由来シテイルカラデアル。(〔ON, I〕 p.66；〔COSV, I〕pp.206-8.)

かくのごとく〔ON, I〕版，〔COSV, I〕版遺稿では内容がきわめて「政治的」であり，のちの『普遍法』との関連が鮮明である。

いずれにせよ，上記註(64)で解説したごとく，ヴィーコの 6 演説は，1.「人間本性論」(I, II, III)〔個人〕，2.「国家論」(IV, V)〔市民論〕，3.「神学論」(VI)〔キリスト教徒〕の 3 部門に区分されており，当時の哲学者に共通の思弁的パラダイムである「個人」，「国家」，「神」の 3 主題を正確に踏襲している。——この「パラダイム」(paradigm) ないし「観方」(Einstellung) はロック (『知性試論』，『統治論』，諸宗教論考等々) にも，ホッブズ (『リヴァイアサン』，「道徳哲学」三部作等) にも当然見られる。——そして，ヴィーコのばあい，カトリシズム的，より正しくは「反宗教改革運動」(la Controriforma) の成果としての「トレント・カトリック神学」(la teologia cattolica tridentina) ——「トレント宗教会議」(la Concilio di Trento, 1545-63) の決議に基づく新統一教義による再生カトリシズム——が彼の神学的基礎を成してい

る。この意味で,「クローチェ的,しかし何よりもバダローニ的白日夢」(le fantasticherie crociane ma sopra tutto badaloniane) の弊害を強調する最近のヴィーコ解釈には,多少の行き過ぎが見られるにせよ,鋭い歴史的指摘が存している。Cf. Piero Vassallo : "Giambattista Vico : Antologia ed appendice a cura di Sergio Fabiocchi," 1978, p.15. この書物は小著ながら理論明快できわめて示唆的。なお,バダローニは,ヴィーコの歴史論を「古代人たちの幻想的想像 (la immaginazione fantastica) から完全性としての観念の現代的表現 (la moderna rappresentazione delle idee come *perfezioni*) への」,「社会的進歩が課す移動 (il passaggio che lo sviluppo sociale impone)」の一環と見なし,放恣,独断的文献に依拠して,ヴィーコ説をイギリス理神論者カッドワース (Ralph Cudworth, 1617-88) 流の「一自然神学」(une teologia naturale) であると断定している。Cf. Nicola Badaloni : 'La scienza vichiana e l'Illuminismo,' in "Giambattista Vico : nel terzo centenario della nascita," 1971, pp.101-25. 他に 'Vico prima della Scienza Nuova,' in "Campanella e Vico," 1969. (Accademia Nazionale dei Lincei, Anno CCCLXVI), pp.339-55.

　バダローニと類似的な「歴史主義」者――「ヘーゲルとマルクスに条件〔反射？〕付けられた」現代研究者――の英語圏における非歴史的空論の代表的一例として,Frederick Vaughan : "The Political philosophy of Giambattista Vico : An Introduction to La Scienza Nuova," 1972, p.66 を参照。ヴォーンが理神論者トーランド (John Toland, 1670-1722) に示唆されているのはきわめて暗示的であって,ヴィーコの「市民的神学」を完全に誤解しているのも当然であろう。Cf. ibid., p.39.

　なお,上述のヴァッサッロの主張と関連して,上記ヴィーコ引用文に述べられている「道徳的神学」(moralis theologia) なる用語に注意されたい。この理念こそ,のちの「市民〔国民〕的神学」(una teologia civile) の前身だからである。すでにヴィーコは『新科学・初版』**SN (I,1)**, 1725 の挫折ののち,自著が世評を呼べなかった原因について,有名な一書簡の中で,次のごとく明言している。

　　タキトゥスは,われわれの時代に非常に類似している彼自身の時代を考察して,堕落サセルコト卜堕落サセラレルコトガ「コノ世ノ中」卜呼バレテイル,と表現しましたが,そのような一時期の中で私の書物は世に出ました。それゆえ,本書は大衆の趣味に合わないか,ある

いは迷惑がられる書物として，世間一般の拍手喝采をかちとることができませんでした。なぜなら，この書物は摂理の理念に基づいて執筆されており，人類の正義のために力を尽くしており，諸国民を〔道徳的〕厳格さに呼び戻そうとしているからです。ところが，現在，世界はエピクロスの〔主張した，人生は〕偶然性〔という教義〕によって人間の習俗に巻き起こされた暴風の中で波立ち，うねっているか，さもなければデカルトの〔主唱した自然界の〕必然性に打ち付けられ，固定されています。そして，この結果，あるいは盲目の運命に身を委ねてしまうか，あるいは聞く耳を持たない必然に引き摺られてゆくのにまかせて，世人は不退転の努力をもって，一方を規制するとか，あるいは他方を回避する，ないし，それが不可能なら，せめて他方を和らげるとかの理性的な選択を行なうことに，全くとは言わないまでも，ほとんど配慮を払わないのです。このような次第で，われわれの気に入るのは，服装と同様に流行に即して執筆される書物だけです。ところが本書は，社会生活を営む人間について，人間の永遠の諸特性〔固有性〕を説明しているのです。」('Lettera all' Abate Esperti'〔Napoli, ai primi del 1726〕,〔ON, V〕pp.185-86.)

以上の「道徳的神学」の意図は，続いて『新科学・〔第3版〕改訂版』**SN, (II)** (1744) において，「神的摂理の論考された〔結果としての〕市民〔国家〕的神学」(una teologia civile ragionata della provvedenza divina) ── **SN (II)**, Libro I, Sezione IV, 342 ; Libro II, Capitolo 2, Capovv. 385 ──に結実する。「論考された市民的神学」については，「『自然的諸事物の序列について』哲学者たちによって形而上学的に考察された神的摂理がヴィーコによって諸国民の市民〔国民〕的社会に転移され（そして恐らく，よりよく言えば，拡張され，かつ観想され）ている」'quella provvidenza divina che è stata metafisicamente considerata dai filosofi «sopra l'ordine delle cose naturale» e da Vico trasferita (e forse, meglio, estesa e contemplata) al mondo civile delle nazioni.' というソッチョの註記が──「転移」，「拡張」，「観想」の真意は別として──簡潔に意を尽くしている。Cf. S版, p.295, nota (2).

なお，トレント宗教会議については，次の古典的大著あり。Paolo Sarpi : "Istoria del Concilio Tridentino" (1619), Seguita dalla «Vita del padre Paolo» di Fulgenzio Micanzio, A cura di Corrado Vivanti, 〔Nuova Universale Einaudi・156＊, 156＊＊〕1974. 反宗教改革全般についての簡潔で便宜なガイドブックとして，N. S. Davidson : "The

Counter-Reformation," 1987〔Historical Association Studies〕がある。

〔A〕・IV
(1)——グリマーニ枢機卿（il cardinal Grimani Vincenzo, 1655-1710）。ナポリ〔駐箚〕スペイン国王代理。詳細不明。
(2)——1707年以降ナポリはオーストリア〔・ハープスブルク〕家の支配下に置かれた。したがって、「国王」とはハープスブルク家のカルロ（カール）（Carlo d'Absburgo, Karl von Habsburg, 1685-1740）を指す。カールは皇帝ヨーゼフ（Kaiser Joseph, 1678-1711）の弟、かつ大公（Grossherzog）として、初めはスペイン王座への王位窺覦者。次いでスペイン王カルロ3世（1707年）となり、国王代理を介してナポリを統治、1711年皇帝カール6世（1740年まで）として即位。その結果、ナポリはハープスブルク家皇帝直轄領（1735年まで）となった。
(3)——『諸科学ノ新機関』"Nuovo organo delle scienze"。ベイコンの未完の大著『諸科学ノ新機関』（通称『ノウム・オルガヌム』）"Novum organum scientiarum," 1620を指す。「もろもろの要望」については、以下註(25)(a)参照。ヴィーコがベイコンをプラトン、タキトゥスに次ぐ「第3の著作家」として選んだことについては、上記〔A〕・III、註(57)およびその本文参照。以下、註(23)参照。
(4)——ここまでの原文テキストは文法的にきわめて不正確である。文意は明快なので適宜に補って訳出した。最終の一節にはヴィーコのプラトンへの傾倒が言明されている。なお、〔B〕・II、170頁も参照。
　現代の大学における「哲学」の意義について、ヴィーコは、『現代的研究法』（註(6)参照）の中で次のごとく明言している。すなわち、そこでは「アラユル種類ノ学科」が教えられ、「各人ガ自己ノ学科ニツイテ最大ノ知識ヲ持チツツ、ソレゾレノ学科ヲ教エテイル」という「利点」、すなわち専門学科の発展が見られる。

　　シカシ、コノ利点ハ次ノ不利点ニヨッテ妨害サレル。ソレハ、カツテハ哲学ガ単独デイワバ唯一ノ精神ヲモッテ包括シテイタ諸技芸や諸学科ガ今ヤ分割サレ、分離サレテイルコトデアル。……カクシテ彼ラ〔専門学者〕タチノ制度ハ無秩序デシバシバ邪悪デアリ、ソノ結果彼ラハ部分ニオイテハキワメテ学識ニ富ンデハイルガ、ナオカツ、叡智ノ精華デアル全体ノ点デハ堅固デナイ。ソレユエ、コノ不利点ヲ回避

236

スルタメニ，私ハ大学ノ教師タチガ宗教ト国家ニ適応サレタ，一切ノ諸学科ノ唯一ノ体系ヲ形成シ，コノ体系ガ全面的ニ統一的ナ一教義〔学科〕を獲得シ，カツコノコトヲ彼ラ〔教師タチ〕ガ公的制度トシテ公示スルコトヲ望ミタイ。(**De ratione** XIV, ON, I, pp.118-19. videtur は vitetur の誤植。〔OGV, I〕p.255 により訂正。)

(5)――「存続しており」(costasse)。M. 仏訳版は完全な意訳，Ch. 仏訳版は「現われる」(se manifeste)，P. 仏訳版は「調和する」(s'accorderait)，F.-B. 英訳版は「凝集する」(cohere) と訳している。「引用文」としての接続法であるから話法の問題は別として，costare はここでは consistere の意味――古語的用法――であると解して訳出した。

(6)――同年，すなわち 1708 年ではなく，事実は 1709 年 3 月に出版された。表題は『現代ニオケル研究法』"De nostri temporis studiorum ratione, Dissertatio in Regia Regni Neapolitani Acaedmia XV kal. nov, anno MDCCVIII ad literarum studiosam iuventutem solenniter habita, deinde aucta."（略称『現代的研究法』）朗読日時は開講演説の慣例によりローマ暦 11 月 15 日（新暦 10 月 18 日―聖ルカの日）であったと推定される。〔A〕・III，註 (65) 参照。表題に明らかなごとく，この開講演説は国王代理臨席のもとに行なわれた開講式において，のち〔スペイン〕国王に奉呈する目的で朗読されたのであるが，開講式で要約された部分を「増補」して公刊された。のち「演説」(oratio) ではなく「論文」(dissertatio) と明記されているゆえんである。Cf.〔ON, I〕pp. 69-121. 以下の註 (16) 参照。なお，〔A〕・III，註 (64)，(69) 参照。原典からの日本語訳あり。ヴィーコ『学問の方法』上村忠男・佐々木力訳〔岩波文庫，1987 年〕。

『現代的研究法』は次のごとき表題の全 15 章より成る。

I．「論題の構成」(Dissertationis constitutio)
II．「諸科学ノ用具ニヨル，ワレワレノ研究法ノ利点」(Commoda nostrae studiorum rationis ab instrumentis scientiarum)
III．「新シイ批判論ノ不利点」(Novae criticae incommoda)
IV．「自然学ニ導入サレタ幾何学的方法ノ不利点」(Incommoda methodi geometricae in physicam importatae)
V．「分析ニツイテ」(De analysi)
VI．「ワレワレノ研究法ハ医学ニ対シテイカナル不利点ヲ生ズルカ」
(Quae rei medicae nostra studiorum ratio gignat incommoda)
VII．「ワレワレノ研究法ガソノ目的カラ由来シテ道徳的オヨビ市民的学

説ニ，マタ雄弁学ニ及ボス不利点」(Incommoda, quae morali civilique doctrinae et eloquentiae nostra studiorum ratio affert a fine)
VIII. 「詩文ニツイテ」(De re poetica)
IX. 「きりすと教神学ニツイテ」(De christiana theologia)
X. 「慎慮ノ論議ニツイテ集約サレタ諸技芸ノ不利点」(Incommoda artium de argumentis prudentiae redactarum)
XI. 「法律学ニツイテ」(De iurisprudentia)
XII. 「技芸者ノ最善ノ事例ニツイテ」(De optimis artificium exemplis)
XIII. 「活字印刷術ニツイテ」(De typis literaris)
XIV. 「研究ノ〔タメノ〕大学ニツイテ」(De universitatibus studiorum)
XV. 「論題ノ結論」(Dissertationis conclusio)

　本文にも略記されているごとく『現代的研究法』の論題は，「イヅレノ研究法ガヨリ正シク，ヨリ優レテイルカ，ウレワレノカ，ソレトモ古代人タチノカ？　コレヲ詳論スルニ当リ，両者ノ利点ト不利点ヲ例示シ，ワレワレノドノヨウナ不利点ガ，マタドノヨウナ方法デ回避サレウルカヲ，サラニマタ，ソレガデキナイバアイ，古代人タチノイカナル不利点ニヨッテ補足サレルカ，ヲ述ベタイ。コレハ，私ニ誤リガナケレバ，新シイ主題デアル。シカシ，コレハ知ルコトガキワメテ必要ナコトデアルカラ，新シイトイウコトガ不思議ナノデアル。」(ON, I) p.77.)

次に「研究法」には「用具」(instrumenta)，「補助物」(adiumenta) および「目的」(finis) の三者が含まれているとされ，「目的」は身体における血液のごとく研究の全過程に行きわたるが，「用具」は「補助物」に先立つとされる。

　トコロデ諸科学ノ新シイ用具ノアルモノハ，ソレ自身ガ科学デアリ，他ノアルモノハ技芸デアリ，他ノアルモノハ技芸ナイシ自然ノ単ナル所産デアル。スベテノ諸科学オヨビ諸技芸ノ共通的用具ハ新批判論〔法〕デアル。幾何学ノソレ〔用具〕ハ分析〔法〕，自然学ノソレハ同ジ幾何学トソノ方法，オヨビ恐ラクハ新シイ機械学デアル。医学ノ用具ハ化学トソコカラ生ジタすぱぎりすと的医療化学デアル。……マタ，新シイ補助物ノ中ニ私ハ，古代ニオイテ慎慮ニ託サレテイタ，多クノ事柄ノ論題ニツイテ〔具体的補助物トシテ〕集約サレタ諸技芸ヲ数エル。コレニハ多数ノキワメテ優レタ事例，活字印刷術や，研究〔ノタメノ〕大学ノ設立ガ挙ゲラレル。マタ，スベテノ研究ノ目

的ハコンニチ唯一ツガ目指サレ，唯一ツガ涵養サレ，唯一ツガ万人ニヨリ称揚サレテイルガ，ソレハ真理〔トイウ目的〕デアル。上記一切ノコトガラノ容易サニセヨ，功用ニセヨ，尊厳サニセヨ，ソノドレヲ考察シテモ，ワレワレノ研究法ハホトンド疑イノ余地モナク古代〔ノ人タチ〕ノ研究法ヨリモヨリ正シク，ヨリ優レテイルカノゴトクデアル。(ibid., p.78.)

以上の文章には注目に値する幾つかの主張が見出される。

1. ヴィーコの目的は「古代」と「現代」の「研究法」の優劣を論ずることにではなく，両「研究法」をいかに「補足」し合い，最善の研究法を見出すかに存している。この主張はいわゆる「古代・近世優劣論争」(註 (20) 参照) とは全く性質を異にしており，確かに「新シイ主題」である。

2. 「研究法」に関して「用具」，「補助物」，「目的」の3要素が指摘されている。「用具」(instrumenta) は一見奇異な表現であるが，恐らくアリストテレスの「オルガノン」のラテン語訳であろう。すなわち「論理学」の総称である。したがって「諸科学ノ新シイ用具」（ベイコンの『ノヴム・オルガヌム』を参照）は「ソレ自身ガ科学」——「原理論」—— であるか，「技芸〔技術〕」——「方法論」—— であるか，「技芸〔技術〕ナイシ自然ノ単ナル所産」——ベイコン『諸科学の進歩』（ラテン語版）による「人間哲学」(philosophia humana) と「自然哲学」(philosophia naturalis) などを指すと思われる——である。

3. 「スベテノ諸科学オヨビ諸技芸〔技術〕ノ共通的用具」としての「新批判論〔法〕」とは「デカルト的方法」を指すことが明らかである。もっとも critica は一般には「文芸批評」を意味していた。後述の『古代叡智論』**De sapientia** 〔**I. Metaphysica**〕(1710) 公刊後生じた論争で，用語の不正確さを指摘されるや，ヴィーコはキケロ『論点論』"Topica" に述べられている「綿密ナ論議法」(ratio diligens disserendi) に言及し，それは，

(1) 「発見ノ科学」(scientia inveniendi) ……「論点論」(topica)
(2) 「判決〔判断〕ノ科学」(scientia iudicandi) ……「弁証論」(dialectica)

に二分されているが，後者は「ギリシア語の教師」からは当然のこととして，また「ストア哲学者」たちの「通常語」においては，「批判法」(critica) と呼ばれていたであろう，と苦しい答弁を行なっている。Cf. "Polemiche relative al 'De Antiquissima 〔Sapientia〕,' " IV. 'Seconda riposta del Vico,' iv, 〔ON, I〕 pp.269-70.「論点論」に関しては，〔A〕・II，註(38)，(39)を参照せよ。

いずれにせよ，キケロにもアリストテレスにもcriticaについて，この用法は見当らない。ギリシア語の原語の意味に即してヴィーコが「発見」した新語と言えよう。

なお「論点論」と「批判法」の対立は内容に即して思想史的に考察すれば，前者を代表する「イェズイタ派」の『研究法』“Ratio studiorum,” 1599 の伝統とその反対者である「ヤンヤン派」，特にアルノー著『論理学』“La Logique ou L'Art de penser,” 1662 の宗教的，政治的，教育的主張の対立であり，両者それぞれの信奉者間の争いのナポリ的形態に，ヴィーコが両者の揚棄を目指して関与したといえる。Cf. Vincenzo De Ruvo: 'Introduzione' a la sua edizione “**De ratione,**” 1941, p.xv. アルノーについては上記〔A〕・II，註(37)参照。

4.「幾何学」の用具の「分析〔法〕」は代数的方法であり，デカルトにおいて「解析幾何学」に結実した。「すぱるぎりすと的医療化学」については，上記〔A〕・II，註(55)参照。

5.「補助物」については，「技芸〔術〕」が一方では，「用具」(論理学)，他方では「補助物」とされているため概念上混乱が見られる。しかし，ここでは事例として，a.「活字印刷術」，b.「研究〔ノタメ〕ノ大学ノ設立」のみが挙げられているので，「研究補助手段」の意味が明確である。

6.「補助物」と関連して「慎慮」(prudentia) に言及されているが，「慎慮」は「叡智」(sapientia) を伴った実践的知識で「科学」(scientia) の対照語とされている。ヴィーコ哲学にとって，「論点論」，「天稟」と並んで重要なキーワードである。上述〔A〕・II，註(45)に引用の『開講講義』を参照。

7.「目的」としての「真理」とは「新批判論」による「真理」，すなわち「判決〔断〕」力に依存する「真理」(vera) を指す。これに反し，ヴィーコの「論点論」の「真理」は「共通感覚〔常識〕」(sensus communis) の力を借りて「共通論点〔常套句〕」(locus communis) を豊かにし，「真理〔真実〕類似的知識」(verisimilia) をもたらし，ひいては「慎慮」を強化することを目的とする。「大学」に関しては前註(4)を参照。

なお『現代的研究法』の思想史的意義について，ポンスは，本書がベイコン『諸科学の進歩』，デカルト『方法叙説』(上記〔A〕・III，註(49)

および本文)，コメニウス (Johann Amos Comenius, 1592-1670) の『教育論』"Magna dedactica,"〔1631〕1849, アルノー『ポール゠ロワイヤール論理学』, ロック『教育論』"Thoughts concerning education," 1693（上記〔A〕・II, 註 ㊿), ライプニッツ (Gottfried Wilhelm Leibniz, 1646-1716) が随所で主張している「普遍〔数〕学」 'Mathesis universalis,' 少し遅れてダランベール (Jean le Rond d'Alembert, 1717-83)『『百科全書』序説』"Discours préliminaire de L'Encyclopédie," 1759 に比肩する「歴史的文献」である，と激賞している。Cf. Alain Pons ; 'Introduction' à sa traduction de "De ratione," in "Vie de Giambattista Vico écrite par lui-même," 1981, p.188. これは過褒とされてよいであろうが，『現代的研究法』がヴィーコの哲学思想形成過程における一重大転機を示していることは間違いない。主要な論点だけ列記すれば，次著『古代叡智論』に直結するテーマとして「真理＝事実〔作ラレタモノ〕」(verum-factum) 論がある。

　　シタガッテ，幾何学的方法ノカニヨリ真トシテ獲得サレタ自然学ノソレラノコトガラ〔諸命題〕モ真ラシキモノ〔類似的真〕以外ノナニモノデモナク，幾何学カラ方法ヲ得テハイルガ論証ヲ受ケタノデハナイ。幾何学的ナモノハ，ワレワレガソレラヲ作ルカラコソ，ワレワレハ論証スル〔コトガデキル〕ノデアル。自然的ナモノヲ論証デキタトスレバ，ワレワレハソレラヲ作ッタコトニナロウ。(IV,〔ON, I〕p. 85.)

次に，「道徳的神学」への言及がある。

　　……コノ教説〔教義的神学〕ノ最善ノ方法ヨリ，他ノ一ツノ神学，スナワチ「道徳的」ト呼バレル神学ガ，アタカモ小川ノゴトク流レ出テキテ，至高善，諸美徳オヨビ諸義務ニツイテきりすと教ニ適合サセテ教訓ヲ設定スル。(ibid, IX, p.99.)

この「道徳的神学」は「第6演説」にすでに言及された理念の体系化であり，『古代叡智論』〔第1巻・形而上学〕「序言」,〔ON, I〕p.126 (1710) を介して，『新科学・〔第3版〕改訂版』**SN, (II)** (1744) において「市民的神学 (una teologia civile) ── cf. **SN (II)**, Libro I, Sezione IV, 342 ; Libro II, Capitolo 2, 385 ── に結実する。上述〔A〕・III, 註 ㉙, 以下の註 ㉕, ㉙ を参照。

最後にヴィーコの「歴史論」の基本理念の成立が見られる。デ・ルーヴォは次のごとく要約している。

　　ヴィーコは梓糸(かせ)の糸口を発見したような思いがした。この糸口は少

訳　註(A・IV)　241

し以前には混乱していたのであった。糸口は枡糸ではない。しかし、糸口なしには何一つ解きほぐせなかったことであろう。糸口は神と人間の間、絶対者と個別者の間、普遍法と特殊的事実の間の諸関係の定義〔付け〕に存していた。枡糸は諸国民を、特にローマ国民を彼らの全歴史の経過を通じて統治した永遠的、理念的な法の構成である。ヴィーコの発見の価値を理解するためには、法律学研究がナポリにおいて最大の関心の題目であったこと、そして正にこの種の研究をめぐって、アンドレーアにより挑発された重大な論争が燃え盛っていたことを改めて想い浮かべる必要があろう。アンドレーアはアックルジオがその 13 世紀の註解によって創設した、生の原典の合理的解釈に取って代って、歴史的変遷や、変遷が出現した諸条件や、法令集が作成された言語の哲学的な徹底的知識を確立しようと欲した。またヴィーコは絶対と特殊の関係の解決の中に、アックルジオ学派の人々が論拠としていた抽象的・合理的法と歴史的で言語学的な与件(データ)の特殊的偶然性の関係の解決を見出していた。アンドレーアはローマ法の解釈のために歴史的・言語的与件(データ)に準拠することを欲したからである。この問題はきわめて重要であるが、それは未だに方法論的な一途な関心の範囲に留まっていた。(V. De Ruvo: op. cit., p. xi.)

以上の枡糸と糸口の比喩はヴィーコの歴史哲学成立の契機をまことに的確に説明している。

なお、アンドレーアについては上述〔A〕・III、註 (23)、アックルジオについては上述〔A〕・I、註 (33) および、その本文等参照。

(7)——『普遍法ノ唯一ノ原理ニツイテ云々』"De universi iuris uno principio etc."『普遍法=I・原理論』を指す。この著作については、上述〔A〕・I、註 (42)-(43) 参照。そこでは、『現代的研究法』が『普遍法=I・原理論』**Univ. Ius: I. Principium** の「素描」であり、次いで『普遍法=II・法律学者恒常性論』**Univ. Ius: II. Constantia** をもって「完結された」と述べられている。なお、同じく、〔A〕・I、註 (32) 以下の一節をも見よ。ヴィーコの『自叙伝』中の思想史的発端がローマ法の研究であり、その成果の最初の「素描」が『現代的研究法』であったことが知られる。

(8)——『法律学者ノ恒常性ニツイテ』"De constantia iurisprudentis"。上記註 (7) の『普遍法=I、原理論』と一対を成している。したがって、本文に述べられているごとく「補巻」(appendice) というより、むしろ「第 2 巻」ないし「第 2 部」——『普遍法=II、法律学者恒常性論』

―――である。さらに「梗概」(Sinopsi) 1巻,「註記」(Notae),「論議」(Dissertationes) の1巻,計4巻が,『普遍法』"Il Diritto Universale" と総称されて全集版に収められている。ON版・II-i, II-ii, II-iii. この著作については次章〔A〕・V註⑽以下に詳論あり。

(9)―――「ローマ統治体の〔基本〕法」(la ragione del governo romano)。『現代的研究法』,第XI章「法〔律〕学ニツイテ」**De ratione**, XI―――〔ON, I〕pp.100-13―――はのちの『普遍法』**Univ. Ius.** の法学体系の素描である。法学が「神的ナラビニ人間的事物ノ認識」(divinarum humanarumque rerum notitia) として,哲学者により一方では理念的,他方では実践的に捉えられていた古代ギリシアと古代ローマを発端として,貴族階級が民衆支配の用具として「法律の秘密」(arcana legum) を独占した共和制ローマ時代,次いでローマ皇帝権 (principatum) の成立と「国王制定法」(lex regia) の確立,法の3部門である神聖法,国家法〔公法〕,個人法〔私法〕(ius sacrum, publicum, privatum) のうち前二者は皇帝が独占,残る「個人法」が「本性的衡平」(aequitas naturalis) として残存,「国家法」と「個人法」の分離の結果法哲学が弱化され始めた。皇帝ハドリアヌス (Publius Aelius Hadrianus, 76-〔117-38〕) の統治とその「永久勅令」(Edictum perpetuum, 134年公布)をもって,「君主制基本体制ノ年代記」(chronologia constitutionum principalium) が開始された。かくして「法律学ハ正義ノ学カラ衡平ノ技術トサレタ。」(iurisprudentia, ex scientia iusti, ars aequi facta est)

……シカシ,こんすたんてぃぬす (Flavius Valerius Aurelius Claudius Constantinus, circ. 280-〔306-37〕) ガ訴訟手続ヲ撤廃シ,一切ノ裁判ハ特例デアルト命ジタノチニハ,法律学ノ秘密ガ万人ニ公布サレタ。ソシテ,貴族タチカラ,権力ノ〔上述ノゴトキ〕仮面モ剝ギ取ラレ,卑賤者タチモマタ法律学ヲ公然ト職業トスルニ至リ,法律学ノ公的学院がろーま,こんすたんちのぽりすオヨビべいるーとニ設立サレタ。マタ,ておどしうす (Flavius Theodosius circ. 346-〔79-95〕) トゥぉれんてぃにあぬす〔3世〕(Flavius Placidus Valentinianus 419-〔25-55〕) ハ何ビトモ,タトエ公的ナ教師デアッテモ法ヲ個人的に職業トシテ教エテハナラナイ,ト国法ニ基ヅイテ制定シタ。カクシテ市民法〔国家法〕ハモハヤ何ラカノ宗教〔的配慮〕カラデモ,何ラカノ註解カラデモナク,衡平ガ他ノコトヲ薦メタトキニハ,君主タチカラノミデナク,裁判官タチカラモ公然ト破棄サレタ。ソシテ

衡平ガスベテニオイテ，スベテヲ通ジテ裁判ニオイテ支配シ，市民法〔国家法〕ノ生キタ声デアル執政官ガ，今ヤスベテノワレワレノ裁判官同様ニ，アラユル個人法〔私法〕ノモットモ絶対的ナ判者〔裁量者〕デアル。コノタメ，カッテハ多クノ裁判ガアリ，ワズカノ自由裁量シカナカッタ。多クノ不正ナ人間トワズカナ衡平ナ人間シカイナカッタカラデアル。コンニチデハ一切ガ自由裁量デアリ，コノ中ニオイテ，シカシナガラ，衡平ノ責務ハ法ノ〔単ナル〕必要性ヘト帰スルニ至ッタ。コレニ加エテ，同ジ〔皇帝〕こんすたんてぃぬすがきりすと教ニ帰依スルヤ，コノ宗教デハ神的事物ノ学問ハ教会ノ神父タチノモトニ託サレルノデ，法律学ハモッパラ個人的事物ノ吟味ト化シテシマイ，モハヤ正義ノ学問デハナクナッタ。ソノ結果，コンニチデハ，法律ノ文字ヲ維持スルコトハ法律家ノ仕事デハナイ。(op. cit., pp.105-6.)

以下，その後のローマ法註釈等に関しては，上述〔A〕・I，註 ⑶，㊱ を参照せよ。

⑽ ―― ヴィンチェンツォ〔ヴィンセンソ〕・ヴィダーニア卿（Monsignor Diego Vincenzo Vidania da Huesca, 1631-1732）。スペインの人，当時ナポリ王国聖堂大司祭，職制上で王立研究所〔王立大学〕長官を兼務。この人物は初めセルトリアーナ大学講師，次いでバルセロナまたシチリアの大審問官であった。1713 年匿名で『ユスティニアヌス法典論』 "Sul Codice giustinianeo" を刊行。この著作はブレンクマン（以下註⑿参照）に高く評価された。

⑾ ―― 「きわめて尊敬に値する論文」(una ononrevolissima dissertazione) とは，1709 年 4 月 26 日付，バルセロナ発，ラテン語書簡。ヴィーコの返答とともに，〔ON, V〕pp.142-46 を参照。

⑿ ―― エッリコ〔ヘンドリック〕・ブレンクマン (Errico〔Hendrik〕Brenkmann, 1680-1736）。

1712 年ナポリ訪問，この時その地でヴィーコと直接に識り合ったことはほぼ確実（ニコリーニの註）だという。しかし，ヴィーコは 1710 年にはすでに自著『古代叡智論』（1710 年）を献辞付きでフィレンツェ滞在中のブレンクマンに送っているという。『現代的研究法』（1709 年 3 月刊）の繙読を契機に早くからヴィーコとの文通があったのであろう。

⒀ ―― 「フィレンツェ版『ユスティニアヌス法典大全』」(i "Pandeti" fiorentini-sic)。『〔ユスティニアヌス〕法典大全』"Le Pandette" ないし『〔皇帝ユスティニアヌス〕ローマ法学説彙纂』"Il Digesto" のフィレンツェ版法典は当時有名であったという。

(14)──「一ナポリ大貴族」(un napoletano magnate) とあるのはヴィーコの記憶違いで,事実は「一貴族夫人」,「サン・ジョヴァンニ公爵夫人」(la duchessa di San Giovanni) が正しいという。

(15)──アントニオ・ディ・リナルド氏 (signor Antonio di Rinaldo, 1685-?)。ヴィーコの友人,弁護士バジーリオ・ジャンネッリ (Basilio Giannelli) の法律事務所の書記 (giovane di studio) だったという。

(16)──『現代的研究法』については,上記註(6)参照。このあたりの本文の記述は話題が前後していてやや判読に苦しむ。

(17)──「市民法の夜間〔講座〕第1講師」(lettore primario vespertino di leggi)。「夜間市民法講座第1講師」(il lettore primario della cattedra di Diritto civile della sera) を意味する。この講座はナポリ大学において最高の俸給(年俸1,100ドゥカート)を受けていたという。なお「市民法」(il Diritto civile) は「教会法」(il Diritto canonico, i canoni) の対比語で,必ずしもこんにちの「民法」を意味しない。

(18)──ドメニコ・ド・アウリジオ (signor Domenico d'Aulisio, 1639-1717, 発音上は「ダウリジオ」であるが,止むなく「ド・」と表記する)。ヘブライ語,ギリシア語およびラテン語学者,法律学者,哲学者,数学者,医学者。当時ナポリ大学法学教授で当代における最大の百科全書家的博学者。ピエトロ・ジャンノーネ (Pietro Giannone, 1676-1748)──『ナポリ王国市民史』"Dell' istoria civile del Regno di Napoli," 1723 その他の著者──の師。ヴィーコにとってもその歴史的,法学的研究の先駆者。

(19)──「文芸上の一大論争」(una gran contesa litteraria)。「文芸上の」と訳したが,当時の用例例では「文人」(uomo di lettere) ないし「文芸人」(letterato) はこんにちの「知識人」の概念に近い。いわゆる「普遍〔的知識〕人」(uomo universale) が輩出し,一種の理想ともされたルネサンス時代を継承して,ヴィーコの時代においてもなお──いな,18世紀末葉に至るまで──,1.学問上では自然科学,人文科学,社会科学等の分業化が確立(?)されていなかった。2.学問ないし科学の専門学者という区別も現在に較べれば非常に不分明であった。さればこそ,次註で言及するごとく,カーポヴァ派とその反対派の文芸論争には自然科学的論題までもが不可分に混入していたのである。

(20)──カーポヴァ (il Capova)。一般にはカープア (Leonardo di Capua), F.-B.英訳版, M.仏訳版では「ディ・カープア」(Di Capua)。ヴィーコは「リオナルド・ダ・カーポヴア」(Lionardo da Capova) と

表記（上述〔A〕・III, 註⒁, ⒃参照。以下の註では「カープア」と表記する）。この人は, 反ガレノス主義者, いわゆる「現代〔近世〕派」, 文学ないし学芸上は反バロック主義者, イタリア国語純正主義者, いわゆる新ペトラルカ主義者である。この両主張の共鳴者が「カープア主義者」。

問題の「文芸上の一大論争」とは「カープア主義者」ないし「新科学主義者」と「アリストテレス主義者」ないし「保守的科学者」の間で行なわれた激烈な論争を指す。この論争ないし闘争は1681年に「燃え上がり」, 約6カ年間継続したが, その間に「決闘」や「棍棒殴打」事件などまでが発生したといわれる。この論争はしたがって一種の学術・文芸的論議であるとともに, 社会的事件でもあった。歴史的, 国際的に考察すれば, ほぼ時期を同じくしてヨーロッパ諸国に発生した「古代・近世優劣論争」(la qurelle des anciens et des modernes) ——フランスに関しては拙著『モンテスキュー——生涯と著作』(全3巻・酒井書店), 第1巻参照——のイタリア, より正しくはナポリ王国的特殊形態と言えようか。ギリシア・ローマ古典に関する教養の深い文学者が主として「古典派」, ルネサンス以降の「新科学」への傾倒者が, 文学をも含めての「近世〔現代〕派」であったという基本的類型が当然ながらそこに見出される。フランスの例では, ラ・ブリュイエール (Jean de La Bruyère, 1645-96)（古代派）に痛罵されたフォントネル (Bernard Le Bovier de Fontenelle, 1657-1757)（近世派, 啓蒙的科学紹介者としては一流, 文人としては二流）, イギリスではウィリアム・テンプル (Sir William Temple, 1628-99) の多面的な古代派としての活躍や成果と, 今では完全に忘れ果てられたその論敵たち——たとえばベントリ (Richard Bentley, 1662-1742) ——が好例であろう。また, 歴史的に批判して, 古代派が「文芸」上に, 近世派が「科学」上に, それぞれ業績を残していること, また18世紀初頭以降において, この種の論争が次第に消滅してゆき, いわゆる「啓蒙思想」が成立してゆくことが注意されるに値しよう。また, この意味でこそ, いわば両派を揚棄して, 独自の総合的原理を樹立しようとしたヴィーコ哲学の再検討がこんにち要請されているのである。

さて, アウリジオとカープアとの確執はこの科学原理的, ないしイデオロギー的大論争の一派生的抗争にすぎないが, 当時の思想界の実状を如実に反映している。発端は「虹」論であった。すなわち, カープアが条件によっては「虹」は完全な円形を成して見えると主張したのに対

し，アウリジオが諷刺詩でこれを嘲笑した（1681-2年）。かくして両者間に悪感情が発生し，アウリジオはカープア派そのものを憎悪するに至った，という。

(21)――「教会法〔講座〕の第1講師」（il lettore primario de'canoni）は「教会法第1講座の講師」（il lettore della cattedra primaria di Diritto canonico）の略記。ニコラ・カパッソ（Nicola Capasso, 1671-1745）を指す。この人は詩人として，「方言主義者」（vernacolo），「フィデンツィオ主義者〔衒学的，似而非才智的詩作主義〕」（fidenziano），「ラテン・イタリア方言混交文体主義者」（maccheronico）であり，かねてヴィーコの迫害者だったという（ニコリーニ）。「フィデンツィオ主義者」はフィデンツィオ・グロットグライオ（Fidenzio Glottograio）――16世紀中葉の詩人カミッロ・スクローファ（Camillo Scrofa）の筆名――が主張した「衒学的，教養誇示的」（pedantesco）詩作法を意味する。フィデンツィオについてはデ・サンクティスその他に言及なく未詳。

カパッソとアウリジオの「席次争い」については，その実体は不明であるが，本文の文面から推測すれば，「席次」に関する悶着ないし衝突を避けるためアウリジオが儀礼的な開講式には出席しなかったと推定される。上記註(15)に述べたごとく俸給上はアウリジオが最大に優遇されていたので，そんなことからも「席次争い」が生じたのかもしれない。

(22)――「索引を解説するのではない人」（che non voltava indici）。M. 仏訳版ではこの一節欠落，Ch.仏訳版は「誤った表題で人を欺こうとしない人」（qui ne cherche pas à tromper avec de faux titres），P. 仏訳版は「索引をめくるのでは満足しない人」（qui ne se contentait pas de feuilleter les index），F.-B. 英訳版は「穿鑿好きな編纂者でない人」（no grubbing compiler）と訳出，いずれも意味不的確。'voltare' を 'volgere' の古語と解して訳した。

(23)――『古代人ノ叡智ニツイテ』"De Sapientia Veterum," 1609, Works (Spedding ed.) Vol. VI, pp. 605-86. ベイコンの著作。現在ではほとんど無視されているが，17世紀前半までは非常に広く読まれたという。古代ギリシア・ラテン神話の主要人物を「1. かっさんどら，スナワチ直言」，「2. てぃふぉん，スナワチ叛逆者」……「31. しれーねす，スナワチ欲情」に至るまで計31項目に分類し，神話の主人公の持つ寓意(アレゴリア)を解明している。周知のごとく，ベイコンは古典ギリシア時代をはるかに超えた数千年以前の古代に一大文明が地球上に実在したと確信していた（たとえば『ニュー・アトランティス』"New Atlantis," 1624, Works

(Spedding ed.), Vol. III, p.140を参照せよ)。同じ確信に基づいて，ベイコンは古代人の「叡智」の表現を「寓話」の中に見出しており，その基本的な論点は「序言」で以下のごとく明確に述べられている。

　　原初的古代ハ（ワレワレガ聖書ノ中デ所有シテイル事柄ハ別トシテ）忘却ト沈黙ニ包マレテイル。古代ノ沈黙ヲ詩人タチノ寓話ガ受ケ継イダ。次イデ寓話ニワレワレノ持ツ文書ガ引キ続イタ。ソノ結果トシテ古代ノ内陣ヤ深奥ハソレニ続ク諸時代ノ記録ト証文カラ，イワバ寓話ノ幕ニヨッテ分離サレ，隔離サレテイル。コノ幕ハ滅亡シタモノト残存シテイルモノトノ間ニ中間物ヲ介在サセ，設置シタ。(ibid., 'Praefatio,' p. 625.)

では「寓話」(fabula) の特徴は何か。

　　確カニ，率直カツ自由ニ言ッテ，私ノ気持ノ赴クトコロデハ，古代ノ詩人タチノ少ナカラザル寓話ニハ秘義 (mysterium) ト寓意 (allegoria) ガスデニ原初カラ潜ンデイルト私ハ考エタイ。ソレハ私ガ古イ時代ヘノ畏敬ニ捉ワレテイルカラデモアリ，マタ多クノ寓話ノ中ニハ，寓話ノ組成ソノモノノ裡ニモ，寓話ノ人物ナイシ主人公ガ意味サレ名付ケラレテ登場スル名称ノ特性ノ裡ニモ，意味サレタモノ〔諸名称〕トノキワメテ明白ナ類似性ト結ビ付キヲ私ガ見出スカラデモアル。コノ結果トシテ，ソノ意味ハ初メカラ意図サレ思考サレタノデアリ，シカモ故意ニ暈(ボカ)サレタノデアルコトヲ誰モ到底否定デキソウモナイ。(ibid., p, 626.)

さて，より具体的に言えば，「寓意」ないし「比喩」(parabola) には「サラニ奇妙ナコトニ反対ノ事柄ヲ等シク暗示スル」という「二重ノ用法」が見出される。すなわち，比喩は意味の「覆イト幕」(involucrum et velum) であり，同時に意味の「解明ト例証」(lumen et illustratio) でもある。全く意味が分らない例を別とすれば，「新シクテ，大衆ノ意見カラ遠ク，極度ニ難解ナ発見ニオイテ，比喩ニヨッテ人間知性ヘノサラニ容易カツ効果的ナ接近ガ求メラレルコトニ不思議ハナイ。」今では大衆化し平俗化している，「人間理性ノ諸発見ヤ諸結論」が「新鮮デ異常」であった古代においては，一切があらゆる種類の「寓話」，「謎」(aenigma)，「比喩」(parabola)，「類比」(similitudo) に溢れていた。「コレニヨッテ，〔意味ヲ〕隠ス術策デハナク，教エル方法ガ求メラレタ。当時ノ人間タチノ資質ハ粗野デアッタシ，感覚ニ入ッテコナイカギリ繊細ナ事柄ニ対シテ鈍感デアリ，ホトンド不能ダッタカラデアル。」

象形文字（hieroglypha）ガ文字ヨリ古カッタヨウニ，比喩ハ論考ヨリ古カッタカラデアル。(ibid., p.628.)

結論として言えば，

> 古代ノ叡智ハ偉大デアッタカ，幸運デアッタ。意図的ニ形象ナイシ転義ガ案出サレタトスレバ，偉大デアッタ。人々ガソレトハ別ノヤリ方ヲ行ナッテ，静観ノカクモ偉大ナ権威ニ素材ト機因ヲ提供シタトスレバ，幸運デアッタ。(ibid., p.628.)

以上のベイコンの寓話解釈は，古代文明実在論を別とすれば，のちの比較神話学，民族学的比較宗教学，現在の宗教学における「様式史的方法」(die formgeschichtliche Methode) さえもの素朴な先取的見地であり，他方そこにはユング流の分析心理学で主張されている「原型」(Archetypus) に類する洞察も見出される。その他随所にベイコン特有の「理論」と「経験」の協力の必要性——たとえば，「身軽ナ鳥」(levis volucris) のごとき「教義〔信条〕的能力」(facultas Dogmatica) と「緩慢デ愚鈍ナ子驢馬」(lentus et tardus asellus) に比すべき「経験的能力」(facultas Empirica) が「確実ナ法則ト方法」により，「経験」に基づいて，「立派ニ連繋サレ結合サレル」べきだと主張されている。XXVI. 'Prometheus, sive Status Hominis,' ibid., p.673.——が述べられているが，特に注意されるべきは「寓話」の中に時としてキリスト教教義との関連付けが試みられている事実である。

> ……マタコノ〔ぷろめてうすノ〕寓話ニハきりすと教ノ秘義ト驚クベキ一致ヲ示シテイル事柄ガ少ナカラズ存シテイルコトハ否定デキナイ。中ニモぷろめてうすヲ解放スルタメノへらくれすガ水差シニ乗ッテオコナッタ航海ハ，脆弱ナ小容器ノゴトキ肉体ト化シテ人類ノ贖イヘト急ギ向カウ，言葉トシテノ神〔第二位格・きりすと〕ノ姿ヲ明示シテイル思ワレル。(ibid., p.676.)

ヴィーコがベイコンのこの作品によって「奮起させられた」ゆえんである。

ヴィーコの「古代叡智」への「思い入れ」には，新教徒ベイコンのばあい以上に，「堕罪」以前の人間の実在との類比が，恐らく無意識に前提となっていたであろうが，すでに多くの学者によって指摘されているごとく，素朴な自然現象の神性化により発生したとされる「神々」——ギリシア神話の神々もこれに属する——とユダヤ教，なかんずくキリスト教的「啓示神」との間にはヴィーコの理論にも明らかに非連続性が見られる。

ヴィーコの認識論は同時に「後ろ向き」(retriva) でもあり，「現代的〔前向き〕」(moderna) でもある双面的 (bifronte) な学説として，不毛な否定と天才的な同化の間で揺れ動いていると思われる。
(Paolo Casini : "Introduzione all' illuminismo," 1980, Vol. I, 'Scienza, miscredenza e politica,' p.270.)
とカシーニは批判している。
　なお，ベイコンの「言語と詩の起源についての理論」のヴィーコへの影響というニコリーニの誤った主張については，上述〔A〕・III, 註(59) を参照。

(24)——『クラテュロス』"Cratilo"。『クラテュロス』"Cratylos" はその副題「名辞の正当性について」——後代の学者の付加と言われているが——が明示しているごとく，言語起源論を主題とした独自なプラトン対話編である。もっとも「言語起源論」というより，「名辞」($\acute{o}\nu o\mu\alpha$)——ラテン語の nomen で現代西欧語での一般名詞，固有名詞，形容詞をも含む——が事物の「本性」を表示しているのか否か，が主要テーマである。いわゆる「本性説」($\varphi\acute{v}\sigma\epsilon\iota$) と「制定説」($\theta\acute{\epsilon}\sigma\epsilon\iota$) の対立の問題である。表題とされた「クラテュロス」——登場するのは全編の¼程度——は実在の人物，プラトンの青年時代の師であったと伝えられ，ヘラクレイトス学派に傾倒し，「万物流転す」($\pi\hat{a}\nu\tau\alpha\ \rho\epsilon\hat{\iota}$) を確信していたという。このクラテュロスが「名辞」は事物の本性を表示すると主張し，ソクラテスがそれに反駁，「制定説」を採りつつも両説の融合ないし調和を目指すべきだと主張する。「名辞」の実体，その本性，また名辞制定にさいしての規範等々がいわば雑然と論じられているので，本対話編の主題自体が明確でない。そのほか随所に引証されている語源論は現代言語学の見地からすれば，いわゆる Volksetymologie (民衆語源学) の域を脱していない。しかし，この種の起源論争はヴィーコの時代にはもとより，現代言語学ないし言語哲学においてさえ形を変えてなお残存している難問である。
　ヴィーコがこの対話編を介して「プラトンの権威に感動を受けた」理由は彼独自の次のごとき言語観に由来していると思われる。1. キリスト教的「ロゴス」観，いわゆる「言葉は神なりき」($\theta\epsilon\grave{o}\varsigma\ \hat{\eta}\nu\ \acute{o}\ \lambda\acute{o}\gamma o\varsigma$)——「ヨハネ伝」——。一種の言語「神授説」。2.「古代語」に秘められている「古代人の叡智」解明の手段としての語源論。——古代語の解釈に関しては，のち逆転するが，「語源学」($\epsilon\tau\nu\mu o\lambda o\gamma\acute{\iota}\alpha$, veriloquium) という表現自体が「真理を語る学問」を意味する——。3. ここ

よりして,「哲学」(filosofia) ないし「叡智をそれ自体として愛し,真理を求める学問」に対応して,「言語ないし文献をそれ自体として愛して,その中に真理を求める学問」としての「文献言語学」(filologia) というヴィーコ独自の理論がのちに成立する。もとよりヴィーコの言語観に当初より以上のごとき明確な認識があったとは考えられないが,ヴィーコにとっては,「言語」として残された資料は「名辞」から「文章」に至るまでの一切が,それぞれの時代において「作ラレタ」「真理」のドキュメントであった,と言えよう。この問題の最終的理論構造については,上述「解説」註⑯参照。

㉕——「〔古代〕イタリア学派」(la setta italica)。古典的伝承によれば,哲学の始源には2派があるとされている。一つは「イオニア学派」で,エーゲ海に面した小アジア地域イオニアに栄えた古代ギリシア文化を背景に成立し,タレス (Thales, 最盛期 circ. 585) が始祖とされている。他の一つは「イタリア学派」で,始祖はピタゴラス (Puthagoras, circ. 582-500 B. C.) と伝えられ,当時ギリシア植民地として繁栄したエトルリア地区——現在のトスカーナ地方にほぼ一致——で伝承されてきた,とされている。そのいずれもが源泉的には古代エジプト文化をそれぞれ形態は異なれ,受容,摂取したことも確実とされている。Cf. Diogenes Laertius, "Lives," 'Prologue,' 13.〔Loeb ed. I, p.14〕。

以上の定説に反対して,ヴィーコは「イタリア学派」——「エトルリア人の学派」ないし,ここでは「ピタゴラス学派」と同意——が「イオニア学派」より古いと主張する。(以下の引用文中のa～dは訳者註)

……いおにあ人タチノ学説ニツイテハ私ガ縷説スルマデモアルマイ。彼ラノ中デ哲学者タチノいたりあ学派ガ,シカモキワメテ学識ガ深ク,キワメテ顕著ナ姿デ栄エタカラデアル。カツマタえとるりあ人タチガキワメテ博学ナ国民デアッタコトハ,彼ラガ卓絶シテイル,荘厳ナ神事ノ教義ガ確証シテイル。何トナレバ,市民的神学ガ完成サレタトコロニオイテ,自然的神学モ完成サレルカラデアリ,マタ,宗教ガヨリ尊厳デアルトコロデハ,至高神ニツイテノ意見モソレダケ価値ノ高イモノガ持タレルカラデアル。サレバコソマタ,ワレワレきりすと教徒ノモトニハ,スベテノウチモットモ貞潔ナ礼式ガ存シテイルガ,ソレハ神ニツイテノスベテノウチデモットモ神聖ナ教義ガ存スルカラデアル。ソノホカ,他ノスベテニ較ベテモットモ単純ナ,えとるりあ人〔いたりあ人〕タチノ建築術ハ,彼ラガ幾何学ニツイテぎりしあ人〔いおにあ人〕タチヨリ古カッタコトニツイテ重要ナ証明ヲ提供

シテイル。マタいおにあカラ言語ノ多大ナ部分ガらてん人タチノモトニ導入サレタコトハ語源学文献ガ証明シテイル。マタ，えとるりあ人〔いたりあ人〕タチカラ神々ノ諸宗教ヲ，カツソレラ〔ノ宗教〕トトモニ，神聖ナ表現や聖職者ノ用語ヲろーま人タチガ受容シタコトモ明ラカデアル。以上ニヨリ，コレラ双ツノ国民カラらてん語用語ノ学問的起源ガ由来シタト私ハ確信ヲモッテ推論スルノデアリ，サレバコソいたりあ人タチノ最古代ノ叡智ヲらてん語ソノモノノ諸起源カラ発掘スルコトニ全力ヲ尽クシタノデアル。コレハ私ノ知ルカギリ，恐ラク現在マデ試ミラレタコトノナイ仕事デアルガ，恐ラクふらんしす・べいこんノ要請諸事項(a)ノ中ニ列記サレルニ値スルコトデアロウ。(b)

ぷらとんハ現ニ『くらてゅろす』ノ中デ同一ノ方途ニヨッテぎりしあ人タチノ古代ノ叡智ヲ追究スルノニ努メタ。ソレユエ，うぁっろガ(c)『諸起源』ニオイテ，じゅりお・すかりじぇろガ『らてん語原因〔根拠〕論』……デ提示シタコトハ，本著ノ発想トハ遠ク隔タッテイル。ナゼナラ，彼ラハ自分タチガスデニ学識ヲ持チ，修得シツツアッタ哲学カラ出発シテ言語ノ諸原因〔根拠〕ヲ発掘シ，ソノ体系ヲ把握シヨウト腐心シタノダカラデアルガ，ワレワレトシテハ，ドノ学派ニモ帰属シテイナイノデアルカラ，用語ノ諸起源ソノモノカラ発シテ，何ガソモソモ古代いたりあ人タチノ叡智デアッタカヲ探求スルデアロウ。

(**De sapientia**, 'Prooeium,' 〔ON, I〕p.126.)

(a)——「要請諸事項」'desideria'とはベイコンの『所感ト所見』"Cogitata et visa," 1607 —— Works (Spedding ed.) Vol. III, pp.591-620 ——中に開陳されている「〔研究〕要請諸事項」を指す，と一般に註記されている。Cf. 〔BC版〕p.58. しかし，ベイコンのこの作品は真偽に問題があるばかりか，副題「自然ノ解釈ニツイテ，ナイシ作用的科学ニツイテ」'De interpretatione naturae, sive de scientia operativa' が明示しているごとく，「諸結果ノ生産」(productio effectuum)を目的とする「作用的」(operativa)「自然哲学」——現代流に表現すれば「応用〔自然〕科学」——を取り扱っており，この通説(？)は採れない。Cf. Bacon: op. cit., pp.589-91. ここでヴィーコの念頭にあったのは，『学問の進歩』"The Advancement of Learning," 1605 のラテン語増補版『諸学問〔科学〕ノ尊厳ト進歩ニツイテ』"De Dignitate et Augmentis Scientiarum," 1623 —— (Spedding ed.) Vol. I, pp.421-837 ——の補足と見なしうる『諸学問〔科学〕ノ新領域，ナイシ〔研究〕要請諸事項』'Novus orbis scientiarum, sive Desiderata' —— cf. Vol. I, pp.838-39 ——という著作目次の断片ではないかと思われる。'desideria' は 'desiderata' と同意語で

あるのみならず，第2巻より第9巻までに列記された項目中には「古代寓話ニ即シタ哲学」'Philosophia secundum Parabolas Antiquas' (Lib. II), 「哲学的〔ニ思弁スル〕文法」'Grammatica Philosophans' (Lib. VI), 「普遍的正義ノ観念，ナイシ法ノ諸源泉ニツイテ」'Idea Justitiae Universalis, sive de Fontibus Juris' (Lib, VIII) 等々の暗示的表現が見出される。なお，ベイコンの『古代人叡智論』については上述註(23)参照。

(b)——上記註(24)参照。

(c)——ウァッロ (Marcus Terentius Varro, 116-27 B.C.)。ローマ古典時代 (78 B.C.-14 A.D.)，前期「カエサル時代」(78 B.C.-44 B.C.) ないし「キケロ時代」(78 B.C.-29 B.C.) —— 後期は「アウグストゥス時代」(44〔29〕B. C.-14 A. D.) —— と呼ばれる黄金時代の著作家。博学，多才で詩文，法律学から自然科学に至るまで総計6〜700巻の著作を著わしたと言われるが，ほとんどが散逸。『らてん語ニツイテ』"De lingua latina" 全25巻は6巻が残存，最古のラテン文法ないしラテン語源論とされていたので，その部分を「諸起源」と呼んだのであろう。

(d)——ジュリオ・スカリジェロ (Giulio Cesare Scaligero, Julius Scaliger, 1484-1558)。パドヴァ出身の医者，自然学者，文芸家。『ラテン語原因〔根拠〕論』"De caussis Latinae lingua" の詳細は不明。

以上で明らかなごとく，ヴィーコは通説に反対してエトルリア地方に由来するイタリア学派をイオニア学派より古いとし，エトルリアではすでに「市民的神学」も「自然的神学」も完成していたとする。——この点はのちに訂正され「詩的神学」(teologia poetica) へと逆転される。Cf. **SN** (**II**), capov. 366, 385, 686-707.—— 当時ヴィーコの周辺でこの種のイタリア古代哲学先行論は必ずしも稀でなかったと言われているが，ヴィーコが以下で触れるごとく厳しい批判を受けたのはむしろ当然である。なお本『自叙伝』のこの部分——〔A〕・自叙伝本文（全6章）——は1725-28年執筆，1728年公刊であるから，この当時『新科学・〔第3版〕改訂版』**SN** (**II**) で述べられている「3種の神学」(tre spezie di teologia) —— ibid., capov. 366 ——論がまだ完成していなかったことを反証している。

(26)——「天空」(coelum) が「鑿」を意味するのではない。ギリシア語の形容詞 'κοῖλος' (空の，空洞の，削られてくぼんだ）の中性名詞的用法 'κοῖλον' に「削りくぼませる道具」の意味があり（?)，音声上の類似からヴィーコのこの語源論が成立している，とニコリーニは註記。いずれにせよ，ヴィーコのこの語源論は一種の Volksethymologie（民

訳　註(A・IV)　253

衆語源論）である。

(27)──「自然〔本性〕」(natura),「生来ノモノ〔天稟〕」(ingenium),「尖鋭〔明敏サ〕」(acumen)。上述〔A〕・I, 註(4)で「人間」に関して用いられていた同一用語が，ここでは「自然」に関して用いられている。

(28)──「空気〔下空〕」(aria, aer) は「上空」(etere, aether) の対比語。前者は「地球」に近い「天空」，ないし「月〔軌動〕下」(sublunaris) の「空気」を意味し，後者「上空」は「神の座」としての「天空」の「気〔空気〕」を意味する。

(29)──この一節をニコリーニはヴィーコに見られる一種の「自然についての汎神論的現象学の一体系」(un sistema di fenomenologia panteistica della natura) であると解釈している。すなわち，男性原理としての「上空」($\grave{\alpha}\grave{\iota}\theta\eta\rho$ m.) により女性原理としての「空気〔下空〕」($\grave{\alpha}\acute{\eta}\rho$ f.m.) が懐妊させられて，「空気の鑿」と化し，物質を形成するのであるが，男性的要素の作用が強すぎると物質は「変形」し，「万物」が「荒廃」させられるに至ると言う。しかし，ヴィーコに「汎神論」的傾向が存在するとは考えられない。この一節はむしろのちの「自然的神学」(la teologia naturale) および他の2神学への伏線的ないし先駆的発想に由来していると思われる。

〔342〕──それゆえ，この〔新〕科学はその主要な諸様相の一つによれば，神的摂理の論考された〔結果としての〕市民〔国家〕的一神学であらねばならない。この神学はこれまで欠如していたと思われるが，その理由は哲学者たちが，あるいはストア主義者〔決定論者〕やエピクロス主義者〔偶然論者〕のように，……この神学を全く識らなかったからであるか，あるいはそれを自然的事物の序列に即してのみ考察したからである。ここよりして，彼らは形而上学を「自然的神学」(teologia naturale) と呼んでいるが，その中で彼らは神のこの属性〔摂理〕を観想し，それを諸球体や諸要素のごとき諸物体の運動の中や，その他のより小さな自然的事物に関して観察された目的原因の中に観察される自然〔物理〕的序列によって確証する。(**SN (II)**, copov. 342,〔ON, IV-1〕p.125.)

〔366〕──……これ〔神的摂理〕が人間的事物を導いた結果として，諸国民は神々から人間に送られた神的勧告と信じられた，ある種の感覚的標識により彼らを規制する詩的神学から出発し，感覚には入ってこない永遠の諸理性によって摂理を証明する自然的神学を介して，ついには感覚ばかりか人間理性そのものをも超越した，一つの超自然的

信仰の力により，啓示された神学を受け容れるに至った。(Ibid., capov. 366, p.139.)

他に，ibid., capov. 385, p.152 を参照。ヴィーコがアウグスティヌスの『神の国』"De civitate Dei" を介してウァッロから「3 神学」を着想したことについては，ibid., capov. 366, p. 139；S. A. Augustinus: "De civ. Dei," VI, c. 5 seq を参照。

(30)―― Cf. S. A. Augustinus: op. cit., VII, c. 23.

(31)―― 上述〔A〕・III，註(68)参照。Cf. **De sapientia,** Cap. V, VI, 〔ON, I〕, pp. 167-174. ウァッロの主張については，S. A. Augustinus: op. cit., VII, c. 33, ルクレティウスについては，"De rerum natura," III, v. 136 seq.〔A〕・II，註(49)参照。

(32)―― Cf. Lucretius: op. cit., IV, v. 758.

(33)―― 「結合された空気」(l'etere unito)。「結合された〔分離され，圧縮された〕空気」(ether united〔separated off and condensed〕) と F.-B. 英訳版にあり。この補足は正しい。『ティマイオス』の自然学によれば，「空気」が「結合」されて「火」になるのではなく，「要素」($τὸ$ $στοιχεῖον$) が 24 個「結合」した「正四面体」が「火」の，「要素」が 48 個「結合」された「正八面体」が「空気」の，それぞれ「形〔形態〕」を構成する，とされている。上述〔A〕・II，註(30)参照。

(34)―― ドン・ルーチョ・ディ・サングロ (don Lucio di Sangro)。ルーチョはサンセヴェーロ太公，ライモンド・ディ・サングロ (Raimondo di Sangro principe di Sansevero, 1710-71) ―― 当時有名な発明家で，ヴィーコは同太公の父親トッレマッジョーレ公爵，パオロ・ディ・サングロ (Paolo di Sangro duca di Torremaggiore, ?-circ. 1730) 邸で幼児時代の同太公と親しくなったという ―― の父方の伯父，とニコリーニの註にある。詳細未詳。

(35)―― 以上の，ヴィーコの磁石による緯度測量論は1808年の一イギリス科学者の発見の先取りである，とニコリーニの註にある。F.-B. 英訳版によれば，『イタリア新聞』"Giornale italiano"（1804年10月6日号）でヴィンチェンツォ・クオーコ ―― 当時の著名なイタリアの政治家，歴史家 ―― がイギリス人の発見に対し，ヴィーコの先取権を主張したという。以下の註(48)参照。

(36)―― プロスペロ・アルピノ (Prospero Alpino da Marostica, 1553-1617)。著書『エジプト〔人の〕医学』"Medicina Aegyptiorum," 1591, 1745。

(37)——ヴィーコはデュ・ロワを通じてデカルトの人間論——"De Homine," 1662；"L'Homme," 1664 ——を学んだと思われる。F.-B. 英訳版註。デュ・ロワその他については，上記〔A〕・II，註(57)参照。

(38)——「悪性熱」(le febbri maligne)。「マラリア」(malaria) ——原意「悪い空気」——などを指す，と思われる。

なお，血液の循環に伴う血管の「弛緩」と「緊張」を熱病の原因とするヴィーコの学説は，後述(註(48)参照)のごとく，18世紀末小遺稿作品として公刊され，ヴィーコの一讃美者の目に留まった。ハーヴィ (William Hervey, 1578-1657) の発見——"Exercitatio Anatomica de Motu Cordis et Sanguinis," 1628 ——以来1世紀余を経て一般化し始めた血液循環論をイギリス人ジョン・ブラウン (John Brown of Buncle) が『医学要項』"Elementa medicinae," 1780 に採用し，当時大反響を呼んでいたが，ヴィーコの上記小論はその先駆的理論であるとして，ここでもまたイタリア学界の先取権が論じられた，という。

なお，ヴィーコに示唆を与えたエジプト医学は，彼が信じたごとき「古代」エジプトではなく，「ヘレニズム時代」のエジプトのものであるという(主としてニコリーニの註記による)。

さらに，ヴィーコが当時の最新科学に幅広く通じていたこと，しかし，それらに眩惑され，自得するのでなく，それらを駆使し，活用すべき「新科学」の確立を目指したことが注意されるべきであろう。「解説」，註(29)の『英雄的精神ニツイテ』の引用文を参照。そこでは「血液循環」にも言及されている。

(39)——「神的ナアルモノ」(quid divini)。F.-B. 英訳版には "Regimen in accute diseases"〔Loeb ed., Vol, II, pp.62-125〕を参照せよ，と註しているが，この著作中には該当する用語も表現も見当らない。しかし，たとえば「神聖な病気」(精神病)についてヒポクラテスは書いている。

　……これ〔精神病〕が他の諸病以上に神的であるとも神聖であるとも私には全く思えない。それはやはりその本性と徴候を持っている。ただ，人間は経験の欠如と驚異への性向から，他の病気に全く類似していないとの理由で，これ〔精神病〕を神的なあるものと考えたのである。〔傍点訳者〕(Loeb ed., Vol.II, p. 138)

ヒポクラテスの言う「神的ナアルモノ」とは，したがって「神意」ではなく，人間が無知や怠慢から神に帰している「未知の原因」を意味すると思われる。

(40)——「発生」(ingenerazione)。生物，なかんずく動物の「発生」に関

して，当時「開展説」(théorie d'emboîement) と「新生説」(théorie d'épigénèse) が対立していた。前者は種子ないし卵の中に未来の生物の素質および全部分が実在すると主張し，後者は「偶発的」発生を容認する。前者は目的論的，後者は機械論的仮説である。ここで，デカルト学説に即しているヴィーコが一種の「新生説」を採るに至っているのは当然であろう。両説については，拙著『モンテスキュー』，第1巻第5章を参照されたい。古代ローマ人の「発生論」については以下の註(42)参照。

(41)──「溶液化的発汗」(sudori colliquativi)。語源に即して「溶液化的」と仮訳したが，ヴィーコの創作語か当時の医学上の術語か未詳。いずれにせよ『ティマイオス』の四大元素論──火，土，空気，水──を前提にした医学的仮説。

(42)──「破壊サレタモノ」(ruptum)。以下の「モロトモニ破壊サレタモノ」(corruptum) と対応して，ヴィーコの──また自称古代イタリアの──医学論の基本原理。のちの『新科学』では「発生〔産出〕」と対比して次のごとく述べられている。

〔697〕──彼らは〔古代ローマ人たち〕は〔生物の〕発生〔産出〕を，われわれの知る限り，その後の学者たちもこれ以上適切なものは見出せなかったと思われるほどのやり方で理解した。そのやり方の一切は，いわば，「トモニ取リ上ゲル」(concapere)(a) を意味する「取リコム〔妊娠スル〕」(concipere) という語の中に含まれており，この語は自然的形相が（現代において証明された，空気の重量によって今や補正されなければならないが）それら自身の本性について，周囲全体から近接物である諸物体を取り上げ，それら物体の抵抗を打破し，徐々に屈服させ，〔それら物体を〕自己の形相に適合させつつ行なう働きを説明している。(**SN (II)**, capov. 697, 〔ON, IV-1〕p. 336.)

(a)──concapere は concipere の原型。ヴィーコ特有の語源論の好例。

〔698〕──腐敗〔もろともに破壊されること〕を彼らはきわめて賢明にも「モロトモニ破壊サレル」(corrumpi) という語で解釈したが，この語は物体を合成しているあらゆる部分の破壊を意味し，「健康デアル」(sanum) に対立する。なぜなら，〔彼らによれば〕生命は健康な全部分により成り立つからであり，その結果として，彼らは病気が個体物〔血管〕の損傷によって死をもたらすと判定せずにはいなかった。(Ibid., p. 336.)

(43)──この傍点は F 版による。

(44)―― ゼノン（Zeno）。ストア学派の創始者「キュプロスのゼノン」(Zenon of Citium in Cyprus, circ. 335-circ. 263 B.C.) と「エレアのゼノン」(Zenon of Elea, circ. 490-circ. 430 B.C.) の二人あることは前述〔A〕・I, 註(22)参照。後者，パルメニデス（Parmenides, circ. 500 B.C.）の弟子でエレア学派に属したゼノンは，延長の「無限的可分性」を論拠にアキレウスも亀に追いつけない，と論証したので知られる。彼はアリストテレスにより弁証法の発明者とされている。

　ヴィーコが主として影響されたのは前者，キュプロスのゼノンのストア学派的自然学であるが，ヴィーコはどういう根拠によったのかは不明ながら，この二人のゼノンを同一人物と見なし――当時この主張の同調者が若干存在したとも言われている――，両ゼノンの「点」概念ないし理念を「浄化」して「形而上学的点」(punctum metafisicum) の仮説を設定した。上述〔A〕・II, 註(31), (32) 参照。

(45)――「一種の延び広がり」(un escorso)。ラテン語 excursus に即して訳した。ニコリーニの註記では「運動することにより」(movendosi)，F.-B.英訳版では「遠出」(al excursion)，P.仏訳版では「遠足」(une «excursion»)――« »に注意――としているが，いずれも意味不明で採れない。

(46)――「実体」(sostanza)。「一実体の一仮説であり，……それらを支えているのである。」una sostanza inestensa, che sotto corpi disugali vi stia egualmente sotto ed egualmente li sostenga.' sostanza「実体〔下方に存在するもの〕」, sottostare「下方に存在する」, disugale「等しくない」, egalmente「等しく」等，原典にはヴィーコ独自の修辞的，かつ論理的（？）技巧が見られる。

(47)――「連鎖式」(sorite)。二つ以上の三段論法を複合した推論法。

(48)――『生物体ノ均衡ニツイテ』"De aequilibrio corporis animantis." 1713 年執筆。この小著はヴィーコが当初計画した三部作『古代叡智論』（第1巻「形而上学編」，第2巻「自然学編」，第3巻「道徳論編」）の第2巻に採用予定の一草稿だったと推測されている。

　ヴィーコはこの小著を20余年後の1735年当時の国王――ナポリはこの年6月オーストリア皇帝家の支配（1713-35年）を脱してナポリとシチリアを合体した「両シチリア王国」(il Regno delle Due Sicilie) に復帰した――カルロ・ボルボーネ（Carlo Borbone, Cherles VII de Bourbon-Espagne, 在位1735-59年）に改めて献呈し，公刊を意図したが実現しなかった。ところが18世紀末，この作品はナポリの定期刊

行物『記念論文選集』"Scelta Miscelanea" に遺稿として公刊され，「ヴィーコの使徒」(apostoli vichiani) の筆頭とされているクオーコ (Vincenzo Cuoco da Civitacampomarano, 1770-1823) がそれを読んだという。クオーコは狂喜して，ブラウン（イギリス人）——上記註⑱——に対するイタリア科学者の先取権を主張した。そして1808年にはヴィーコのこの遺稿の再版を予告したが，それは実現せず，問題の『論文選集』もヴィーコ草稿も散逸してしまった，と言われている。

⑷——ドメニコ・ド・アウリジオ。上記註⑱参照。

⑸——ルカントニオ・ポルツィオ (Lucantonio Porzio, 1631-1723)。ナポリ大学におけるヴィーコの同僚。伝統医学に反対して活躍したという。

⑹——『形而上学』"Metafisica"。これは通称。正確には，『らてん語ノ起源ヨリ発掘サレルベキ古代いたりあ人ノ最古ノ叡智ニツイテ・全3巻』（第1巻「形而上学編」，第2巻「自然学編」，第3巻「道徳論編」・1710年）"De antiquissima italorum sapientia ex linguae latinae orginibus eruenda libri tres," 'Liber primus : metaphysicus' : 'Liber secundus : physicus' : 'Liber tertius : moralis' 1710.

この三部作は，第1巻「形而上学編」のみがドーリアへの献辞を付して1710年公刊され，第2巻「自然学編」の断片ないし一部分が『生物体均衡論』（上記註⑷参照），第3巻は全く着手されなかった。上述〔A〕・I, 註⑳,〔A〕・II, 註㉜を参照。ドーリアについては〔A〕・III, 註㊶参照。

『現代的研究法』**De ratione**（上記註⑹参照）を受けて『形而上学』ないし『古代叡智論』**De sapientia** はヴィーコの思想形成に関して問題の多い著作である。全8章の内容を要約して示す。

序論——「古代イタリア学派」の叡智と語源によるその検証。

第1章——（全4項）〔認識論〕「真理」(verum) を人間は「作ル」(facere)，神は「創造〔産出〕スル」(creare〔gignere〕)。デカルトや懐疑論者はこの区別を知らず。

第2章——（全1項）〔形而上学論〕「形而上学」の「理念」(idea) ないし「原型」(archetypus)。

第3章——（全1項）〔因果論〕「原因〔論件〕」(causa) は語源的に「〔訴訟〕事件」(negotium) ないし「活動」(operatio) と同義。

第4章——（全6項）〔自然学論〕「形而上学的点」(punctum metaphysicum) による自然学。

第5章——（全4項）〔生命論〕「ワレワレハ魂ニヨッテ生キ，心ニヨッ

テ感ジル」(anima vivimus, animo sentimus)。

第6章——(全1項)〔精神論〕「精神」ないし「思考」(mens)。

第7章——(全5項)〔諸機能論〕「感覚」(sensus),「記憶」(memoria),「空想力」(phantasia),「天稟」(ingenium)「精神ノ三作用・知覚,判断,論考」(tres mentis operationes : perceptio, iudicium, ratiocinatio) と「論点論,批判論,方法論」(topica, critica, methodus) の対応。

第8章——(全4項)〔創造神論〕「至高製作神」(summus opifex)。「神意」(numen)。「宿命」(fatum)。「偶然」(casus)。「運命」(fortuna)。

結論——「特質」

以上のごとく本著作の内容は構成上必ずしも整合的でなく,論旨の展開もヴィーコ特有の飛躍,繰り返し,語呂合せ的語源論等が介入して決して明快でない。しかし,彼の形而上学の本質は「結論」の中で明確に提示されている。

　　結論＝本著ノ特質——本著ノ主要項目。

キワメテ賢明ナルぱうろ・どーりあヨ,貴兄ハ今ヤ人間ノ無能力ニ相応シイ形而上学ヲ持ツニ至ッタ。コノ形而上学ハ人間ニアラユル真理ヲ許可スルコトモ,マタアラユル真理ヲ拒否スルコトモセズ,若干ノミヲ認メル。コノ学ハきりすと教ノ敬虔サニ適合シテオリ,神的真理ヲ人間ノ真理カラ識別シ,人間ノ科学〔学問〕ヲ神的科学〔学問〕ニ優先サセルノデハナク,神的規準ヲ人間ノ規準ニ先行サセルガ,同時ニ,今ヤ人類ヘノ巨大ナ成果ヲ上ゲツツ涵養サレテイル実験〔経験〕的自然学ニモ奉仕セントシテイル。スナワチ,ワレワレハ実験〔経験〕ヲ通ジテ類似的ナモノヲ作リウルモノノミヲ,コノ自然学ニヨリ自然ノ中ニオケル真理トシテ持タントスル。

スナワチ,貴兄ガ知ッタノハ,真理ヲ述ベルコトガ〔真理ヲ〕作ルコト同一デアルトイウコト (I, §1),ソコヨリシテ,神ハ自然的事物ヲ知リタマイ,人間ハ数学的事物ヲ知ルトイウコト (§2),カクシテ,独断論者タチガ一切ヲ知ルワケデモ (§3),懐疑論者タチガ何モ知ラナイワケデモナイ (§4) コトデアル。マサニココヨリシテ,類概念ハモットモ完全ナ理念デアリ,ソレラカラ神ハ絶対的ニ真理ヲ作リタマイ,人間ガ仮説ヲ用イテ真理ヲソレヨリ作ル理念ハ不完全デアル (II)。同ジコトカラノ結論ハ,原因カラ発シテ証明スルコトハ起生サセルコトト同ジデアル (III)。シカシ,神ハイカニ微細ナ事物

ヲモ無限ノ能力ニヨッテ作リタマウノデ，実在ガ行為〔現実態〕デアリ自然物デアルノト同様ニ，諸事物〔自然〕ノ本質ハ能力〔可能態〕デアリ，形而上学的事物デアル，トイウコトガコノ教義ノ本来ノ論題デアル（IV, §1）。マタ，カクシテコノ形而上学ノ中ニハ一種ノ事物ガ存シテオリ，コノ事物ハ延長ト運動ノ能力〔可能態〕デアリ，等シイママデ，等シクナイ延長物，ナイシハ運動ノ基盤ヲ成シテイル。コレガ形而上学的点デアリ，コレハ，スナワチ，幾何学的点ノ仮説カラワレワレガ案出シタモノデアル（§2）。マタ，幾何学ノコノ秘儀〔形而上学的原理〕ソノモノカラ神ガモットモ純粋デ無限ノ精神デアルコトガ証明サレ，神ハ無延長物ヲ延長物ト為シ，衝動ヲ喚起シ（§3），運動ヲ合成シ（§4），静止シタママ（§5），一切ヲ運動サセタマウ（§6）。人間ノ魂ノ中デハ心ガ〔統御シ〕（V），心ノ中デハ精神ガ〔統御シ〕，精神ノ中デハ神ガ統御シタマウコトヲ貴兄ハ知ッタ（VI）。マタ精神ハ認知スルコトニヨリ製作物ヲ作ルガ（VII, §1），換言スレバ，人間ノ精神ハ仮説上ノ真理ヲ，神ノ精神ハ絶対的ナ真理ヲ作ル（§2, 3, 4）。ココヨリシテ，人間ニハ天稟〔トイウモノ〕ガ知ランガタメニ，マタハ作ランガタメニ与エラレテイル（§5）。最後ニ神ガ知ラレタガ（VIII, §1），神ハ頷キ〔指図シ〕タマウコトニヨリ，スナワチ作リタマウコトニヨリ意志シタマイ（§2），諸原因ニツイテ，〔神ノミ言葉ニカナウベキ〕正当ナ，スナワチ永遠的ナ秩序ニヨッテ〔事物ヲ〕作リ〔創造シ〕タマウ。ワレワレハ，ワレワレノ無知カラ偶然ト称スルモノヲ（§3），ワレワレノ功利カラハ運命ト呼ブ（§4）。

訳者註——I, II, III, ……ハ章，§1, §2, §3, ……ハ項ヲ示ス。

以上の「総括」はきわめて簡明にヴィーコの「形而上学」の本質を表明している。ヴィーコの主張はいわゆる「産出説」（generazionismo）——父なる神により〔産出〕された子なる神〔イエス〕は父に類似する，という三位一体論の正当カトリシズム的基礎原理，ニケア会議（325 年）で決定——を援用して樹立された「形而上学」であり，換言すればそれは「自然学〔形而下学〕」にとっての第 1 原理である。それにさいし，アリストテレス的形相因論（エンテレケイア論），ピタゴラス的幾何学論，両ゼノン説が合体されたストア的・ソフィスト的自然学論が自由奔放に活用ないし濫用されているため，部分的に考察されれば不整合と矛盾が目立つのは止むをえない。しかし，ヴィーコの基本的立論は初めより明快である。

まず，「真理＝事実〔作ラレタモノ〕」論にはヴィーコ独自の「産出

説」が大前提を成している。ガロファーロによれば，
 ……父〔なる神〕による，み言葉〔第2格，キリスト〕(il Verbo) の産出は永遠よりの神意 (volontà divina ab-eterno) の自由な行為によって生じたことであった。ヴィーコはこの永遠の産出的行為に，この行為に対する永遠共存的認識 (la coeterna conoscenza ad esso) を付加する。(Gaetano Garofalo : "G.B.Vico : De antiquissima italorum sapientia, Traduzione, introduzione e commento," 1962, p. 56, nota (7).)

ヴィーコの神は「超越神」である。ヴィーコ汎神論者説（クローチェ），内在神論者説（ニコリーニ，ジェンティーレ），まして理神論者説（バダローニ，後期クローチェ）は全くの曲解である。ヴィーコは本著で言明している。
 ……ソレユエ至善・至高神ヲあ・ぷりおーり〔演繹的〕ニ証明シヨウト努メル者ハ，正ニ不敬虔ナ好奇心ニ捉ワレテイル卜指摘サレルべキデアル。ナゼナラ，ソノヨウナコトハ，自分自身ヲ神ノ神卜為スニ等シイコトデアロウシ，マタ自分ガ求メテイル神ヲ否認スルコトニナロウカラデアル。(**De sapientia**, VII, §4, 〔ON, I〕p. 150.)

しかし，人間の「精神」は神の「精神」の似姿であり，「仮説上」とはいえ「真理」を作る。「神ハ自然ノ製作者，人間ハ〔人間ニヨル〕製作物ノ神」'Deus est naturae artifex, homo artificiorum Deus' (ibid., VII, §4, p. 179) である。

さて，「神」が「創造」した「自然界」と「人間」が「作った」「事物」の「世界」を「結合」する原理が「形而上学」である。「形而上学」は，「空間」の「次元」ないし「位相」においては「人間」の「創作物」である「数学〔幾何学〕」を介して「自然学」——ついに未完成——を成立させる。「時間」の「次元」ないし「位相」においては，「神＝摂理」の理念を原理に「習俗ノ類似性ハ諸国民ノ中ニ共通感覚ヲ生ミ出ス」'Similitudo morum in nationibus sensum communem gignit' (ibid., VII, §5, p. 183) という事実を介して『新科学』における歴史哲学をやがて設立させる。

もっとも，『古代叡智論』の段階では，ヴィーコの理論に幾つかの独断的立論が見られる。その最たるものは，「古代イタリア人」の「叡智」や「哲学」への盲信である。プラトンの『ティマイオス』（上述〔A〕・II，註 ㊳），ベイコンの『古代人叡智論』（上記註 ㉓），の悪影響もあったであろう。たとえば，ピタゴラスはのち完全に「神話」的存在とされ

ている —— **SN (II)**, capovv. 93, 128, 307. etc.〔ON, VI-1〕pp.59, 75, 111. ——。のちヴィーコ自身が告白しているごとく「国民〔として〕の自負心」(boria delle nazioni) —— cf. **SN (II)**, capovv. 53, 125, 127, 〔ON, IV-1〕pp. 43, 74 ——や「学者の自負心」(boria de' dotti) ——ibid., capovv. 127, 745, pp. 74, 367—— も当時は無意識に作用したのであろう。

同じ古代讃美の傾向は道徳論にも影響を及ぼしている。

……道徳学ハ自然学ヨリ確実デナイ。ナゼナラ、自然学ハ確実ナモノデアル自然カラ生ジテイル諸物体ノ内的運動ヲ考察スルノダカラデアル。道徳学ハ〔人間ノ〕心ノ動キ〔運動〕ヲ探索スルカラデアル。心ノ動キハキワメテ内奥的ナモノデアリ、カツ無限ナモノデアル欲望カラ大抵ノバアイ発生シテイルノデアル。(**De sapientia**, I, §2, op. cit., p.136.)

この道徳的悲観主義は「第3の著作家」タキトゥスのペシミズムの影響であろうか。この見地ものち完全に逆転する。Cf. **SN (II)**, capov. 349, op. cit., pp. 128-9.

そのほか、法律学、文芸、語源学等々雑多な研究対象が十分に咀嚼されずに採用されていることも問題であろう。これらの難点がヴィーコなりに徐々に克服されて『新科学』に結実する。かくして、現代的に表現すれば、現象学・社会科学の先駆者ヴィーコ、ベッロフィオーレのすでに古典的な定義によれば「活力論者・実存主義者」(vitalista e esistenzialista) ヴィーコが成立する。Cf. Luigi Bellofiore: "La dottrina della provvidenza in G. B. Vico," 1962, p. 8 et seg.

(52)——「ヴェネツィアの雑誌寄稿者諸氏」(signori giornalisti di Vinegia)。ヴェネツィアで発刊されていた『イタリア文芸人雑誌』"Giornale de' letterati d' Italia"——編集責任者アポストロ・エ・ピエール・カテリーノ・ツェーノ (Apostolo e Pier Caterino Zeno, ?) ——の問題の寄稿者はベルナルド・トレヴィザーノ (Bernardo Trevisano) であろうとクローチェは推定、しかし確証はないという。Cf.〔ON, I〕p.314. ヴィーコが「寄稿者諸氏」と書いていることを注意。彼はこの3回にわたる論争の相手を一人とは思っていなかったらしい。また、その内容の的確さ、礼儀正しさに敬意を表したのであろう。

(53)——『反駁』"Riposta"。原表題は『ジャンバッティスタ・ディ・ヴィーコ氏の反駁。そこでは、「いたりあ人ノ最古ノ叡智ニツイテ」、すなわちラテン語〔句〕から起源させられた、最古代イタリア哲学者たちの形而

訳 註 (A・IV) 263

上学について,の第1巻に対し学識者から行なわれた三つの反対論が氷解される。』（〔ON, I〕p. 313; 'Prima riposta del Vico,' pp. 203-21.）トレヴィザーノ（？）の原典については, ibid., 'Primo articolo del «Giornale de'letterati d'Italia»,' pp. 197-202 を参照。「三つの反対論」とは, 1.「真理＝事実（作ラレタモノ）」論その他ラテン語源論への疑問, 2.「形而上学」としては「素描」的, 3.論証不足の多量な主張, の3点。この3点に対するヴィーコの「反駁」は必ずしも説得的ではない。ことに 1.に関するプラウトゥスの喜劇からの引証, 2.に対する古代ローマ人に関するキリスト教的「産出論」の適用の釈明等は明らかに詭弁的である。当然ながら,「第2論文」でヴィーコは再度批判される（1712年）。Cf. ibid., 'Secondo articolo del «Giornale de'letterati d'Italia», pp.224-38. この中では, 上述の三つの反対論への返答に対する綿密な再批判が行なわれているが, 特に結論として,

> 次に博学なる本論者〔ヴィーコ〕の御好意に鑑みて, この問題に関し慎んで次のごとく意見を申し上げることをお許し願いたい。それは, イタリアの最古代の哲学がどのようであったかを探究しようと望まれるならば, それをラテン語単語の起源や意味の中で探索すべきではないということです。このやり方は不確実で無数の論争に堕しがちです。むしろ, 古代エトルリアよりさらに古い諸文献をできるかぎり掘り返し, 掘り出しつつそれ〔イタリア最古代哲学〕を探し求めるべきです。(ibid., pp.237-38.)

と言明されている。

(54)――『反論』"Replica"。前註で述べた「第2論文」へのヴィーコの再「反駁」。『「イタリア文芸人雑誌」第VIII巻, 第10論文へのジャンバッティスタ・ヴィーコの反駁』"Riposta di Giambattista di Vico all' articolo X del Tomo VIII del Giornale de'Letterati d'Italia, MDC CX II,"〔1712〕, cf.〔ON,I〕pp.239-76. 本文に述べられているごとく, ヴィーコの3「反駁」は1712年一著にまとめて公刊された。「第2反駁」の内容は, 上述の三つの反対論への回答に関するかぎり, ほぼ前回の繰り返しで, 論争の主題が噛み合っていない。ただ「第2論文」で新たに指摘されたイタリア最古代の哲学については, 特に「本著作の論法」（Della condotta dell' opera）と題された一章において, 弁明しながらも古代叡智論と語源的解釈論とを縷説している。Cf. ibid., pp. 242-48.

しかし, この論争はヴィーコの哲学思想の形成に大きな貢献を果たし

たと思われる。1.「原理」上では——「本質は形而上学的なもの，実在は自然的なもの」(essenza è metafisica, l'esistenza fisica cosa) である以上，デカルトの「我思う，ゆえに我あり」(Io penso, dunque sono) は「我思う，ゆえに我実在す」(Io penso, dunque existo) でなければならない，との現象学的洞察の緻密化 (ibid., pp.220-21)，2.その他これと関連する「論点論」(topica)，「批判論」(critica)，「方法論」(methodo) の区別等の明確化 (ibid., p. 213) が挙げられよう。「歴史哲学」——のちの用語をあえて用いれば——上では，この論争が1.古代イタリア至上主義と，2.その具体的論拠とされた文芸的，文法学的語源論の再検討の契機となったことが注意されるべきであろう。

(55)——「すべての言語に共通の本性の一原理から引き出された諸言語の起源」(le origini delle lingue tratte da un Principio di natura comune a tutte)。強調はN版による。

(56)——「一種の普遍的語源学型態の諸原理を確立している」(stabilisce i principi di un etimologico universale)。強調はN版による。'un etimologico universale' は「普遍的な語源学的基本態」ないし「原型」。F.-B.英訳版，M.仏訳版でともに「普遍的語源学」(a universal etymology, une étymologie universelle) と訳出しているのは不正確。ここでは「語源学」，より正しくは「文献言語学」(philologia, filologia) の原理となる「普遍的型態」を示唆していると思われる。以下〔A〕・VI，註 (21) に続く本文参照。そこでは，F.-B.英訳版は 'etymologicon' という造語を用いている。

(57)——ベイコンの著書『古代人ノ叡智ニツイテ』に関しては，上述註 (23) 参照。

(58)——ベイコン批判より古代詩の新解釈の発見，神話学，英雄時代等々，この一節は『普遍法』を介して『新科学』に結実するヴィーコの思想的一大逆転の過程を要約している。のちに詳述。文中の強調はN版による。

(59)——トラエット公爵，ドン・アドリアーノ・カラッファ〔カラーファ〕(don Adriano Antonio Caraffa〔Carafa〕, duca di Traetto, 1696-？)。カラッファ家はナポリの名門。ヴィーコはアドリアーノの教師であった。この弟子の結婚にさいし，ヴィーコは祝婚歌を贈っている。"Per le nozze di Don Adriano Caraffa, duca di Traietto, e Donna Teresa Borghese de'principi di Sulmona,"〔1718〕,〔OGV, V〕pp. 259-50；〔ON, VIII〕pp.48-50.

⑽── 元帥アントニオ・カラッファ (maresciallo Antonio Caraffa, 1642-93)。
⑹⑴── 表題『アントニオ・カラッファ伝』"De rebus gestis Antonii Caraphaei," 1716, 〔ON, VI〕pp.5-297.
⑹⑵── 教皇クレメンス11世。上記〔A〕・III, 註 ⑺⑻ 参照。
⑹⑶── ジャンヴィンチェンツォ・グラヴィーナ (Gianvincenzo 〔Gian Vincenzo〕Gravina, 1664-1718)。グラヴィーナはグレゴーリオ・カロプレーゾ──上記〔A〕・II, 註 ⑹⑶ 参照──の従弟。したがって，ヴィーコとは若い時代より面識があったらしい。詩人で法律学者。初めローマ，のちナポリで法律を教える。詩人としては，17世紀末葉の「アルカディア学派」──擬似的古代ギリシア復古派──設立者の1人。対話編『神秘的ヒドラ〔7頭の大蛇〕』"Hydra mystica, sive de corrupta morali doctrina," 1691により，ヤンセン主義的教義を主張，イェズイタ派を攻撃。『詩的理性』"Della ragion poetica," 1708により一種の「新古典主義」を提唱。法律史家としては『市民法ノ発生ト進展論』"De ortu et progressu juris civilis," 1701あり。この作品は，のち『市民法起源論・全3巻』"Originum juris civilis libri tres," 1708と改題，増補された。この人は同時代と後世の評価が逆転する作家の好例。もとより文芸人グラヴィーナが「イタリア的ペダント」にすぎないという酷評── cf. De Sanctis: "Storia della letteratura italiana," 〔1956〕1982, Tomo secondo, p.725 ──はすでに通用しないが，法律史，ローマ史については『市民法起源論』の時代的影響が再評価されつつある。彼は，

……ローマにおいて市民法の教授 (1699年) であったが，枢機卿や教皇，特にクレメンス11世に親しく，この教皇に自著『市民法起源論』を献呈した。法律史家としてグラヴィーナは自然法思想とグロティウスやホッブズ流の社会契約論の影響を強く受けたが，彼の歴史論的展望の中心にはローマの至高な偉大さと叡智の理想が残存していた。Cf. Paolo Casini: "Introduzione all' illuminismo: 1 Scienza, miscredenza e politica," 1980, p.257.

なお，グラヴィーナがモンテスキューに及ぼした影響も無視できない。『法の精神』"De l'esprit des lois," 1748の冒頭箇所 (Livre I, chap. III) の二つの引証，『わが所感』"Mes pensées" 中の四つの引用──1761 (256), 1763 (209), 1912 (255), 1913 (254) ──は，モンテスキューがグラヴィーナのこの「極度に混乱している」大著から丹念な抜

粋ノートを作成していたことを裏付けている。Cf. Jean Brèthe de la Gressaye: "Montesquieu: De l'esprit des loix," Texte établi et présenté, Tome I, 1950, p.238.

(64)——フーゴー・グロティウス (Ugon Grozio, Hugo Grotius, Huig de Groot, 1583-1645)。オランダの法律学者。『戦争ト平和ノ法』"De iure belli ac pacis libri tres," 1625 により近世自然法の父と呼ばれている。周知のごとく「自然法」対「歴史主義」(時効論)の対決の問題は実証主義的ないし文献依拠的——現代的表現を用いれば年代記学派的(アナール)——研究の結果根本的に問い直され、早くはモンテスキュー、最近ではバーク (Edmund Burke, 1728-97) の「自然法」理念さえ検討され始めて久しい。グロティウスについても、伝統的虚像が厳しい批判に曝され始めている。最近の一例——グロティウスの主著の主張は「戦争ノ法〔権利〕」のスコラ哲学的伝統の総帰結にすぎない、という解釈——のみ示す。Cf. Peter Haggenmacher: "Grotius et la doctrine de la guerre juste," 1983. このような実証的研究の成果は、その当否はしばらく措き、もとよりグロティウスの歴史的業績を誹謗することにはならない。むしろ、その歴史的真価を再確認させるに至る。代表的な古典的伝記では、Hamilton Vreeland: "Hugo Grotius; the Father of the Modern Science of International Law," 1917〔Rep. ed., 1986〕がある。

なおヴィーコは後述のごとく——〔A〕・VI, 註 (15), (28),〔B〕・II, 註 (17)——グロティウスと並んでセルデン、プーフェンドルフの3人をオランダ、イギリス、〔新教〕ドイツの3代表的自然法論者として、繰り返し批判している。しかし、グロティウスはすでに『現代的研究法』**De ratione**, XI,〔ON, I〕p.110 で——「自然法」に関係はないが——言及されているから、ヴィーコは少なくとも 1708 年以前からこの著者に親しんでいたことは確実。のち詳論。

(65)——傍点は N 版による。

(66)——「隠された叡智」(sapienza riposta)。「隠された」は、F.-B. 英訳版では「秘教的」(esoteric), P.仏訳版では「隠されている」(absconse)とされている。「秘教的」(esoterico, esoteric) の意味、上述〔A〕・III, 註 (55) 参照。

(67)——「民衆的叡智」(〔sapienza〕volgare)。F.-B. 英訳版は「共通的」(common), P. 仏訳版は「世俗的」(vulgaire)。「公教的」(essoterico, exoteric) の意。ホメロスについては次章〔A〕・V, 註 (22) 以下参照。

(68)——「文献言語学」(la filologia)。いわゆる「言語学」ではない。上述

「解説」，註(36)，〔A〕・I，註(36)を参照。次章〔A〕・Vの本文（冒頭部分）参照。

(69)——当時の『戦争ト平和』のナポリ版には1719年版，1723年版の2版があるという。1729年版の匿名「献辞」——ユージェーヌ・サヴォワ太公 (le prince Eugène de Savoie-Carignan, 1663-1736) 宛——がヴィーコの作との説あり。P. 仏訳版註。しかし信憑性に乏しい。

(70)——グローノフ (Johann Friedrich Gronov, Gronovius, 1611-1671)。ドイツ文献言語学者，オランダのデフェンテル大学，次いでライデン大学の教授。この学者の註記，解説付きの『戦争ト平和』（アムステルダム版）は1680年公刊された。

なお，ヴィーコの「グロティウス註記」は残されていない。

〔A〕・V
(1)——「確実化されなければならない」(si accertasse)。「確実化する」(accertare)。のち『新科学・改訂版』において明言されるごとく，「真理化する」(avverare) の対比語。上述「解説」註(36)末尾参照。
(2)——「諸学院の智者たち」(i sapienti dell' accademie)。プラトンの言う「隠された叡智の智者」(il sapiente di sapienza riposa)。上記〔A〕・III，註(55)参照。
(3)——「共和国〔国家〕の智者たち」(i sapienti delle reppublice)。タキトゥスの言う「世俗的叡智の智者」(l'uomo di sapienza volgare)。〔A〕・III，註(56)参照。
(4)——「熟し落ちた」(spiccossi)。'spiccorsi' は本来「熟した果肉が核より離脱する」の意味。本V章冒頭より，ここまでの文章にはヴィーコの思想的形成ないし熟成過程が簡潔・明快に告白されている。『諸開講演説』については，〔A〕・III，註(63)—(99)，『現代的研究法』と『形而上学』については，〔A〕・IV，註(6)および註(51)参照。
(5)——この開講演説原典は散逸。本『自叙伝』中の以下の本文のみ残存。この時の聴講者中にガエターノ・アルジェント (Gaetano Argento, 1660-1730) とその甥フランチェスコ・ヴェントゥーラ (Francesco Venture, ?-1759，当時最高王立法院評議員〔裁判官〕)がおり，この演説の公刊を薦めた。それが後述の『普遍法』執筆の契機。また同書がヴェントゥーラに献呈されている理由。なお以下の原文の内容は，ほぼそのまま『普遍法』「序言」**Univ, Ius : I**, 'De opera proloquium,'

268

〔ON, II-1〕pp.25 seqq. に採用されている。

(6)——「知ルコト, 欲スルコト, 出来ルコト」(nosse, velle, posse)。いわゆる「聖アウグスティヌス的三分割」(la tripartizione agostiniana) である。この引用部分（傍点片仮名書き）の原典はラテン語。

(7)——ここまでの引用文は, 原典ラテン語。『普通法』の「序言」にほぼ全文章が採用されている。Cf. 'Proloquium,' cit., 〔25〕,〔26〕,〔27〕,〔28〕, pp.34-5.

(8)——ピーコ・デッラ・ミランドラ。上述〔A〕・III, 註(3)に言及した。「一切ノ知ラレウベキモノニツイテノ結論」(conclusiones de omni scibili) に関してはN.版原典, F.-B.英訳版, P.仏訳版その他に全く註釈なし。ピーコ青年期における有名な「討論会」の900主題を意味している。天才的青年貴族ピーコは, 初期ルネサンスの宗教的・哲学的一大転換期にあって「ヨハネ伝」(XIV, 27)より啓示を受け, 宗教界, 哲学界の「平和（平安）」確立のために大胆にも, 各学派連合の一大「討論会」を計画した。それに備えて, 初め600, 最終的に900の「結論」(conclusiones)——900には神秘主義的意味があったと言われる——を集約した。

　　ソノ数900ニオヨブ弁証論, 道徳学, 自然学, 数学, 形而上学, 神学, 呪術, かばら〔ユダヤ神秘主義〕ニ関スル著者自身ノ意見, 同ジクかるであ人, あらぶ人, へぶらい人, ぎりしあ人, えじぷと人, らてん人学者タチノ教説ヲ書キ留メタ上デ, ソレヨリ発シテよあんねす・ぴくす・みらんどぅらぬす, こんこるでぃあ伯爵ハ公開ノ席デ討論スルデアロウ。コレラ〔教説〕ヲ列挙スルニサイシテ, ろーま〔いたりあ〕語ノ華麗サデハナク, キワメテ著名ナぱりノ討論者タチノ表現法ヲ模倣シタ。ソレハ, 現代ノ大部分ノ哲学者タチガスベテソレヲ用イテイルカラデアル。ナオ, 異教国民ニ関シテハ, 異端教祖タチニ関シテマデ, 特ニ採リ入レテ, 諸教義ガ討論サレル予定デアル。ナゼナラ, ソレラハ哲学ノ諸部分ニ, イワバゴタマゼニ混乱シテ, スベテガ同時ニ混合シテイルカラデアル。("IOANNIS PICI Mirandulae V.C. Conclusiones, DCCCC," in "Ioannes Picus Mirandulanus : Opera Omnia," con una premessa di Eugenio Carin, Tomus Primus 〔Bottege D'Erasmo, 1971〕, p. 63.)

以上の「序言」に明記されているごとく, ピーコの『結論集』は一大討論会用のいわば資料であった。彼は1486年末それを印刷, 全イタリア, 若干は国外にまで配布し, 1487年1月初頭公現節（6日）以降開催

予定の「討論会」に哲学者，神学者を招待し，遠路の学者には旅費援助まで申し出た。たちまち反対が湧き上り，討論会開催はおろか，『結論集』"Conclusiones" は教皇庁で審査され，その中の命題が問題とされた。ピーコは支持者に励まされて『弁明論』"Apologia" を執筆，5月31日公刊。6月6日ピーコとその一党は教皇より断罪さる。ピーコ謝罪し8月4日非公開の形で赦免さる。しかし世論は鎮まらず，同1487年11月ごろに，ピーコ，ローマより逃れる。翌1488年1月初旬グルノーブルとリヨンの中間でサヴォワ王の輩下に逮捕され，パリに護送の上ヴァンセンヌ城塞に投獄さる。ロレンツォ・デ・メディチ（Lorenzo de' Medici, Magnifico, 1449-92）の斡旋もあり，同1488年春赦免さる。

この『結論集』の前半400主題はアルベルトゥス・マグヌス，トーマス・アクウィナス等々の古典的神学者，哲学者のそれぞれ多数の主題ないし「命題」の羅列。後半500主題が筆者ピーコ「自身ノ意見」に従って抜粋された命題の列挙である。したがって，そこには「科学〔学問〕ノスベテノ種類ニツイテ」（de omni genere scientiarum）900主題が挙げられているが，「一切ノ知ラレウベキモノ」に関して「結論」が示されているのではない。

この不可解な誤解の原因については今なお定説がない。ヴォルテールは，『習俗試論』"Essai sur les moeurs," 1756（chap. CIX）や『哲学辞典』"Dictionnaire philosophique," 1764（artiale : Foi）で，確かにその後のピーコ像を歪曲させた元凶であるが，年代的に見て，ここでは問題にならない。また 'de omni scibili' という表現はパスカルが引用しているが——"Pensées," sec. II, 72（éd. Brunschvicg）——，これをピーコと結び付けたのは20世紀の編者ブランシュヴィックだとされている。では，ヴィーコはどこからこの表現を借用したのか。彼はピーコから世界年代記に関して引用しており（**SN (II), capov. 169**），『結論集』についても読んでいたことは確実（**De ratione,** ON, I, p.83）であるだけに不可解である。

なお，ピーコに関しては次の大著が卓絶している。Henri De Lubac : "L'alba incompiuta del Rinascimento : Pico della Mirandola," 1975.

(9)——「一要論」（un saggio）。『普遍法梗概』"Sinopsi del Diritto universale," 1720 を指す。〔ON, II-i〕pp.2-21.

(10)——「著作そのもの」（l'opera）。『普遍法』（総称）を指す。その構成次のごとし。

『普遍法』"Il Diritto universale"（総称）

〔序論および概要〕
　　『普遍法梗概』"Sinopsi del Diritto universale," 1720
〔本論＝全2巻〕
　　〔I〕『普遍法ノ唯一ノ原理オヨビ唯一ノ目的ニツイテ・第一巻』
　　　　"De universi iuris uno principio et fine uno liber unus,"
　　　　1720〔本著作の第1部門「スベテノ科学ノ原理ハ神ヨリ発ス」，
　　　　第二部門「神ノ光明ハ全科学ニ浸透ス」を含む〕
　　〔II〕『法律学者ノ恒常性ニツイテ・第二巻』"De constantia iuris-
　　　　prudentis liber alter," 1721〔全2篇〕〔本著作の第3部門「上
　　　　述二部門ノ原理ニ適合スルモノノミ真ナリ」を含む〕
　　　〔i〕「前編・哲学ノ恒常性ニツイテ」'Pars prior : De constantia
　　　　　philosophiae'
　　　〔ii〕「後編・文献言語学ノ恒常性ニツイテ」'Pars posterior : De
　　　　　constantia philologiae'
〔補巻＝「註記」・「論考」I-XIII〕
　　『書物二巻，ソノ一巻ハ「普遍法ノ唯一原理ニツイテ」，他ノ
　　一巻ハ「法律学者ノ恒常性ニツイテ」ニ対スル註記』"Notae
　　in duos libros, alterum De uno universi iuris principio etc.
　　alterum De constantia iurisprudentis. 1722"

　以上の原典については，〔ON, II-i〕・〔II-ii〕・〔II-iii〕，構成上の非整合性については，〔A〕・IV，註(4)参照。
　他に，拙訳ル・クレール「ヴィーコ『普遍法』書評」——参考論文・I「ヴィーコとル・クレール」に付した——を参照。

(11)——アントン・サルヴィーニ（Anton Maria Salvini, 1653-1729）。学者で，ギリシア，ラテン，フランスの詩を訳した。イタリア語純化を目的とした学会，「クルスカ学会」（L'Accademia della Crusca, fond. 1582）の会員。

　……学術的論文は消化不良の博学を詰め込まれ，堅実というより興味本位である。彼らはイタリアの困り者であったし，意図に関しても手段に関しても何らの真剣さを持たない。言葉の上だけで学識誇示的(ペダンテスカ)な文化の証人たちであった。これらの学者たちの中で，しかも，こういう連中が非常に多数いたのであるが，もっとも有名だったのがアントン・マリア・サルヴィーニ，充満した頭脳，無気力な心情と貧しい空想力，空疎な生命力である。しかも彼はホメロスを翻訳しようと欲した。(Cf. De Sanctis : "Storia," citata, Tomo II, p.726.)

とデ・サンクティスは酷評しているが，当時は文芸界の最高権威の一人だったのであろう。

(12)── フランチェスコ・ヴァレッタ（Francesco Valetta, 1680-1760）。高級官僚で考古学者。その祖父のジウゼッペ・ヴァレッタ（Giuseppe Valetta, 1636-1714）は文芸人，思想家。『現代哲学およびその研究者弁護の一書簡』"una Lettera in difesa della moderna filosofia e de' coltivatori di essa, ?"（各種の表題あり），『哲学史』"Historia filosofica" 等の著作がある。デカルト説を支持，カープア〔カーポヴァ〕（〔A〕・III，註(16)）の一派に属していた。ヴィーコもこのヴァレッタのサロンの常連であった。この人の豊富な文庫は1727年オラトリオ教団により買い取られ，のちジロラーモ修道会員オラトリオ図書館（la Biblioteca Oratoriana dei Girolamini）にまで拡充された。

(13)── 問題は「アレオパゴス」（Areopagus, 'Αρειοπάγος）──アテナイの丘，最高法院の所在地──の語源論。Cf. **Univ. Ius. : II. Constantia,** 'Pars posterior,'〔ON, II-ii〕pp.451-54.

(14)── ウルリコ・ウベルノ（Ulrico Uberno, Ulrich Hüber, ?-1694）。未詳。

(15)── クリスティアーノ・トマージオ（Cristiano Tomasio, Christian Thomas, Thomasius, 1655-1728）。ドイツの法律学者。初めライプツィッヒ，次いでハッレで教える。

(16)── ルードウィッヒ・フォン・ゲンミンゲン男爵（Luigi barone di Ghemminghen, Baron Ludwig von Gemmingen, ?）。不詳。ウベルノはすでに死去，トマージオはヴィーコについて当時全く知らず，ゲンミンゲンがこの両学者をヴィーコ宛書簡中で引用したのを，ヴィーコが両者による批判と誤解したらしい。

(17)──「新シキ科学ガ試ミラレル」"Nova scientia tentatur."「文献言語学ノ恒常性」，第1章の表題。〔ON, II-ii〕p.308. 以下〔A〕・VI，註(4)参照。

(18)── ジャン・ル・クレール。上述〔A〕・II，註(47), (50)参照。以下〔A〕・VI，註(2), (16)；〔B〕・II，註(43)等参照。この書簡はラテン文。

本文中の本書簡引用文には末尾に若干の省略あり。「……ノ予定デス。〔謹ンデ，オ願イシマスガ，モシ御返事ヲイタダケルトスレバ御教示賜ワリタイコトガアリマス。貴国ノ諸図書館ニハ，ソノ公的ナイシ私的ハ問イマセンガ，ぎりしあナイシらてん著作家タチガ，アルイハ，少ナクトモ，従来公刊サレテイルモノヨリ優レテイル原典ガ秘メラレテハイナ

イデショウカ。ト申シマスノハ,当地デスデニ強マッタ噂ニヨレバ,貴地ニハ今ナオ,コレマデ日ノ光ヲ見テイナイ作品ヤ,少ナクトモソレホド手ヲ加エラレテ刊行サレテハイナイ著作ガ埋モレテイルトイウコトデスシ,コレラハ古代ノ原典ニ基ヅイテ,サラニ優レタモノトナサレウルカラデアリマス。事態ガソノヨウデアリマスナラバ,何卒オ願イ申シ上ゲマスガ,御返報下サレタク,私トシマシテハ,ワレワレノ仲間ニ,文芸界ヲ飾リ,カツ豊カニスルモノがいたりあカラ期待デキソウデアルト聞カセテ,ヨキ希望デ喜バセテヤリタク存ジマス。コノ件ニツイテハ,文芸人デアリ,コノ種ノ事柄ニ熱心ナ神父あるふぁにうす師ニモ手紙ヲ差シ上ゲルツモリデス。同師ト会談ノ機会ヲオ持チデアロウカトモ存ジマスガ,何ラカノ希望ガ残サレテイマスカドウカ知リタク存ジマス。〕貴兄ノ卓抜ナ……望ミツツ宜シク。〔今後,モシ文芸的文通ヲワレワレノ間デ開始スルコトガ許サレルトシマスナラバ,多クノ事ニツイテコノヨウニシテ論ジタイモノデス。再ビ宜シク。〕千七百二十二年……恐惶謹言。」〔 〕内が省略箇所。このル・クレール書簡は『新科学・〔第3版〕改訂版』(決定版)の冒頭に「アックワヴィーヴァ枢機卿への献辞」に次いで,全文原典(ラテン語)のまま掲載されている。ON版 **SN (II)** では,なぜか同書簡を完全に抹殺,索引に 'Clerico' の名さえ見当らない。この版に追従した他の一切の諸版も同じ。それゆえ,イタリア原典再刻版『ヴィーコ・新科学(第3版)・改訂)決定版』(イタリア書房,1989年)の公刊は,ヴィーコ原典研究にとって画期的な貢献である。同再刻版参照。この問題の詳細については,「参考論文・文献」(本書327頁以下)を参照せよ。

(19)── 『古代近世〔現代〕文庫』 "Bibliotheca antiqua et hodierna"。ル・クレール発刊の『古代近世文庫』"La Bibliothèque ancienne et moderne," (1714-1730) 29 vols. のラテン語訳表題。'moderne, hodierna' を近世と訳したのは慣用による。

(20)── 「ホメロスの二つの詩の双方」(tutti e due i poemi d'Omero)。ホメロス作と伝承されている『イリアス』と『オデュッセイア』。次註(21),(22)参照。

(21)── 「神話学諸規範」(canoni mitologici)。『普遍法=註記』(上記 註(10)参照)中の「論考」XIII「暗黒時代ノ歴史ヲ拡大スルタメノ神話学諸規範」'Dissertatio : XIII. Ad historiam temporis obscuri amplificandam canones mythologici' 参照。**Univ. Ius** : 'Notae,'〔ON, II-ii〕pp. 739-55.

⑵——「ウァッロの区分」(la division di Varrone)。「暗黒時代」,「寓話時代」,「歴史時代」の3区分。ウァッロ（上述〔A〕・IV, 註⑳(c)参照）の原典は散逸している。ヴィーコは文法学者ケンソリウス (Censorius, flor. 238 A.D.) の『誕生日論』"De die natalicio," 21 に依拠している（ニコリーニ）。

さて，ヴィーコは『普遍法＝註記』に付加されている「論考」IV〔ほめろすト彼ノ二ツノ詩ニツイテ〕'Dissertatio : IV.〔De Homero eiusque utroque poemate〕' の中で書いている。

　　　ほめろすノ〔二編ノ〕詩ノ歴史体系
　〔57〕——カクシテほめろすハ，原初ノ諸言語ノ変化ガ起因サセタ，〔言語ノ〕起源ニツイテノ無知ノタメ以下ノ二論証ヲ混乱シタ形態デ述ベタ。コノ論証ハ秩序立テテ記述サレレバ暗黒時代ノ普遍的ナ歴史ヲ明白ニ記述スル。スナワチ，コノ時代ニオイテハ，地中海上ノ放浪，避難所，最初ノ農地法ニヨリ創設サレタ隷属平民，農民群衆ニヨル平民軍団，オヨビ王タチ，ツマリ貴族タチノ，地上ニ初メテ生マレタ階級，サラニハ英雄ノ統治，換言スレバ貴族ニヨル共和国〔国家〕ガ設立サレタコトガ語ラレテイル。コレニ続イテ，原初ノ英雄ノ統治ノモトデ相互間ニ行ナワレタ略奪，次イデ正当ナ，ナイシ儀礼的ニ宣言サレタ戦争ガ述ベラレ，マタ対外的戦争ノ契機ヲ通ジテ，氏名ノ，マタハ民族ノ，マタハ言語ノ血縁関係ニヨリ友好ニ由来スル同盟ガ理解サレル。最後ニ婚姻関係ヤ支配権ノ伝達ニツイテ平民ト貴族ノ間ニ内戦ガ発生シ，平民ガ打チ負カサレル。ココヨリ平民ハ勝者ノ怒リカラ逃レルタメニ，海洋ニ命運ニ身ヲ託シ，海洋渡航ノ放浪ガ行ナワレ，ソノ結果トシテ海洋渡航ノ植民地ガ設立サレル。(**Univ. Ius : Notae**, 'Dissertationes,' IV,〔De Homero eiusque utroque poemate〕,〔57〕,〔ON, II-iii〕p.693.)

　　　〔VI〕
　「ほめろすハワレワレノ詩起源論ニヨレバ彼ノ聞手ニトッテ〔ハ〕真実ニ類似的デアル」
　〔58〕——カクシテ，私ハ詩人デアル英雄タチノ中ニほめろす自身モ数エタイト思ウガ，彼ラハ，うぁっろノ三ツノ時代ニ反対シテワレワレガスデニ論ジタゴトク，暗黒時代ノ偉業ノ歴史家ダッタノデアルカラ，大衆ニトッテ真実ラシク思ワレル業績，スナワチ〔大衆ノ〕信頼ヲ獲得スルタメニ，聞手タチノ見解ニ適合シタ事績ヲ物語ラザルヲエナカッタ。〔傍点訳者〕(ibid.)

以上の引証で明らかなこととして，1.ヴィーコがもはやホメロスの中に「古代人の叡智」を見出しておらず，この最終形態「詩的叡智」(sapienza poetica) —— **SN (II)**, Libro secondo —— の萌芽がすでに見出されること，2.言語（表記法，発音等々）の変化が語源研究を困難にしているという「文献言語学」的洞察が明示されていること，3.ラテン著作家ウァッロから「暗黒時代」，「英雄時代」の区分に関して示唆を受けながらも，彼の「3時代」説に反対していること，が注意に値しよう。1.は「主知主義」的，「合理論」的 —— いわゆる「啓蒙時代」的 —— 史観より，いわば19世紀歴史主義的史観への一大転換であり，2.は「言語」をもっぱら「修辞学」的に「比喩」，「隠喩」，「類比」等々により「解釈」するのではなく，「社会」的，「歴史」的現象としてダイナミックにその変動を考察し，究明しようという態度への変換である。3.は1.2.を成立させる一種の基本原理として，歴史の「諸時代」の存在と，その「移行」ないし「過程」の法則発見の第一歩が踏み出されたことを意味する。かくしてホメロスは『新科学・改訂版』では「扉絵」の中心人物となる。

　……そして，ひび割れた土台の上のホメロスの立像は真のホメロスの発見を意味する。（〔このホメロスは〕初版『新科学』〔1725年〕ではわれわれにより感得されてはいたが，理解されていなかった。本巻では熟考されて，存分に証明された。）ホメロスはこれまで知られなかったままに，われわれに，諸国民の寓話的時代の真の諸事物を，さらにそれ以上に，暗黒時代の，知られることが万人によってすでに絶望視された諸事物を，したがって，歴史的年代の諸事物〔事績〕の原初的な真の諸起源を秘匿していた。これら諸起源とは世界の3時代 (gli tre tempi del mondo) であるが，これをマルクス・テレンティウス・ウァッロ（ローマ古代期の最大の学識の著作家）はすでに失われてしまった『神的ナラビニ人間的事績ノ故事』"〔Antiquitates〕Rerum divinarum et humanarum" と題された大著の中に書き残した。(**SN (II)**, 'Idea dell' opera,' 〔6〕, 〔ON, IV-i〕pp.8-9.)

　ヴィーコ『自叙伝』のこの部分 ——〔A〕・I-IV —— の内容は1725年に書かれているので，『新科学・改訂版』（1745年）に表明された最終的理念には到達していない。それだけに，この部分の記述はヴィーコ哲学思想形成過程の究明にとって貴重な資料である。

(23)——「論議」(lezioni)。上述註(22)に引用した「論考」の第4章を指す。
(24)——「規範」(canoni)。上記註(21)参照。

(25)──上述註(10)参照。
(26)──「法律の早朝第1講座」(la cattedra primaria di leggi)。正確には『市民法早朝講座』(la cattedra di Diritto civile della mattina)。ドメニコ・カンパニーレ (Demenico Campanile) の死去──1722年末──により空席になった、という（ニコリーニ註）。この席は早くも1717年に空席になり、ヴィーコはこの席を狙って『普遍法』**Univ. Ius**を公表したとの説もある (F.-B.英訳版註) が、ヴィーコ自身の記述による限り、この説は採れない。
(27)──「夜間講座」(la〔cattedra〕vespertina)。正確には「夜間市民法講座」(la cattedra di Diritto civile della sera)。年俸1,100スクード。上記〔A〕・IV、註(17)参照。1699年就任当時、ヴィーコ自身の年収は、資格認定証書交付料その他雑収入を含めて「100スクード足らず」と述べられている。上記〔A〕・III、註(35)参照。
(28)──「ローマ法旧判例」"Digesto vecchio〔Digestum vecchio〕"。『ローマ法判例全書』〔『学説彙纂』〕"Digesta"──他に『ローマ法典大全』"Pandectae"とも──は、東ローマ皇帝ユスティニアヌス1世 (Flavius Petrus Sabbatius Iustinianus I, 482-〔527-65〕) の勅命で編纂され、次のように構成されている。

　　2. サテ諸判例ノ五〇巻ニ七部ニ配分サレテオリ、ソノ第一部ハ四巻、第二部ハ七巻、第三部ハ八巻、第四部ハ同ジク八巻、第五部ハ九巻、第六部ハマタ八巻、最後ニ第七部ハ六巻ヨリナル。ナオ正当ナ根拠モ、理由モナシニ、後期ノ諸解釈者ニツイテ旧判例、強化判例オヨビ新判例ヘノ区分ガ行ナワレテイル。(Johannes Voet: "Compendium Juris juxta seriem pandectarum etc.," 1730, Liber primus, Tit. I, p.1.)〔訳者註──「強化判例」'infortiatum digestum'の'infortiare'はスコラ哲学のジャルゴンゆえ仮訳した。〕

　なお、『ローマ法判例全書』は最近、モムゼン校訂ラテン語版に依拠して、羅英対照全訳版が公刊された。Cf. "The Digest of Justinian: Latin text edited by Theodor Mommsen, with the aid of Paul Krueger. English translation edited by Alan Watson, 1985." 4 vols. なお、冒頭の「総目次」において、'Digesta seu Pandecta' が 'Digest or Encyclopedia' と英訳されていることに注意。プリニウスの『自然史』と並んで、『ローマ法判例全書』は『法律史』ないし『法例史』の「百科全書」である。
(29)──「事物請求権ニツイテ」(De rei vindicatione)。「〔譲渡個人〕財産

ニツイテ」(De peculio)。「〔双務的〕公示条項ニツイテ」(De praescriptis verbis)。いずれも原語に準拠した仮釈。第3テーマについては以下註(41)参照。

(30)——「試験監督官ヴィダーニア猊下」(monsignor Vidania, prefetto degli studi)。「聖トーマス・アクウィナス修道院」(il convento di San Tommaso d'Aquino)の「礼拝堂付上級司祭」(cappellano maggiore)であったという。

(31)——パピニアヌス (Aemilius Papinianus, ?-212)。ローマの法律家。

(32)——キュジャス (Cuiacio, Jacques Cujas, 1522-90)。フランス法律学者。トゥールーズ、ブールジュ、ヴァランス等で教える。

(33)——『ローマ法判例全書法令釈義(遺言追加書論)』"Paratitli de' Digesti (De codicillis)" とあり。'Paratitli' は '$T\tilde{o}\ \pi\alpha\rho\tilde{\alpha}\tau\iota\tau\lambda o\nu$'(ユスティニアヌス法判例全書法令釈義)の羅訳語(複数形)。

(34)——「聴問者」(l'udienza)。「聴問者」と訳出したのは「試問用講義」だからである。「試問委員会」(la commissione giudicatrice) は29名の委員より成っていた。委員長に当る役はヴィダーニア監督官。上記註(30)参照。試問講義の実施は1723年4月10日。

(35)——オトマン (Hotman, Hotmanus, Hotemanus, François, sieur de Villers Saint-Paul, 1524-90)。フランスの法律学者。『フランコ・ガッリア』"Franco Gallia seu Tractus isagogicus de regimine regum Galliae," 1573をもって絶対王制に反対する。

(36)——ファーヴル (Antoine Favre, 1557-1624)。フランスのローマ法学者。著書『ローマ市民法解説』"Coniecturae iuris civilis libri" はキュジャスに賞讃された。

(37)——アックルジオ (Francesco Accursio, 1182-1260)。〔A〕・I, 註(33)参照。

(38)——パウロ・ディ・カストロ (Paulo di Castro, ?-1441)。未詳。

(39)——「アルプスの彼方の古典的解釈者たち」(gl'interpetri oltramontani antichi)。フランス(オルレアンやモンプリエ)の法律学者を指す。

(40)——アンドレア・アルチアーティ (Andrea Alciati, 1492-1550)。上記〔A〕・I, 註(36)参照。

(41)——「野蛮な用語」(barbaro)。「本来のギリシア語」以外の言葉を意味している。この用例については、〔A〕・II, 註(56)参照。ここではラテン術語 'praescriptorum' の代りにギリシア語原語 (?) '$\pi\rho o\gamma\epsilon\gamma\rho\alpha\mu$-

$μένων$'を用いた例が示されている。語源的に考察して，この語の動詞原形'$προγράφω$'——「〔文書により〕公示する」——のラテン語形は'proscribo'であり，'praescribo'ではない。しかし，法律用語としては，'praescribo'が慣用されていたらしい。

なお，'actiones praescriptis verbis'とは「いわゆる双務的契約」(cosiddetti contratti sinallagmatici) —— $συναλλαματικός$ —— による訴訟である（ニコリーニ註）。

(42)——「返り討ち〔反撃〕」($ἀντιτυπία$)。動詞'$ἀντιτυπέω$'（反撃する——特に堅い物体などが）の名詞。この「プロゲグランメノーン」という厄介な用語に「返り討ち」を喰わされ，発音が乱れた，と咄嗟にギリシア語で洒落たもの。ヴィーコが自讃しているほど上手な洒落とは受け取れない。

(43)——ドン・ドメニコ・カラヴィータ (don Domenico Caravita, 1670-1770)。ドン・ニコロ・カラヴィータについては，上記〔A〕・III，註(25)参照。なお，ヴィーコが「配布した」講義テキストは散逸した。

(44)——「確実に獲得云々……」。これはヴィーコの独断的「希望」で，現実には彼は試問委員29人から1票も獲得できなかった。二人の候補者に票が割れ，一人は当時の〔オーストリア〕皇帝代理ミハエル・フリードリッヒ・フォン・アルタン枢機卿 (Kardinal Michael Friedrich von Althan) が支持したドメニコ・ジェンティーレ・ダ・バリ (Domenico Gentile da Bari, ?-1739) で15票を，他の一人はピエトロ・アントニオ・デ・トゥッリス (Pietro Antonio de Turris, 1661-1739) で14票を獲得，後者の方が実力があったが，結局前者が講座を継いだ。

(45)——ヴィーコの「応募」放棄は単なる口頭での申し出だったらしい。この公募の関係文書中には何も言及されてないという。「度量を見せて」(con grandezza d'animo) とヴィーコ本人は書いているが，いかにも悲喜劇的である。世故に長けたカラヴィータが気を利かせてヴィーコの顔を立てさせたのであろう。

〔A〕・VI

(1)——ナポリ大学市民法早朝講座の公募に応募，不成功に終ったことを指す。上述〔A〕・V，註(26)以下参照。

(2)——「『古代近世文庫』云々……」。"Bibliothèque ancienne et moderne," Tome XVIII. pour l'année MDCCXXII〔1722〕, Partie Seconde,

'Article VIII,' pp.413-33. この第8論文は2部に区分され,『普遍法』全巻の各巻を紹介,批判している。ヴィーコの引用文は第2論文の結論部分（430-33頁）できわめて正確。ル・クレールの批評については上記〔A〕・V，註(18)以下，他に〔A〕・II，註(47),(50), さらに以下註(3),(4),(16)参照。

OGV版『自叙伝』では，以下の「書評」からの引用に代って，「書評」全文（仏語からの伊訳）およびル・クレールへの「礼状」（ラテン文）が所載されている。「書評」と「礼状」の全文，OGV版に見られる異同の問題点については，参考文献・I「ヴィーコとル・クレール」，II「思想史における『伝説』の諸問題」を参照。

(3)——ル・クレール論文から引用のこの一節は以下（註(16)参照）で再度引証されているばかりか，さらに〔B〕・IIにおいて『新科学・改訂版』の訂正にまつわって引用されている。既述のル・クレール書簡の引用（〔A〕・V，註(18)参照）とも合わせて，この事実はヴィーコがル・クレールから受けた高い評価にいかに激励されたかを反証しており，かつ，その焦点がヴィーコ独自の「文献言語学」的方法とその成果への讚辞であることを裏付けている。

そもそもヴィーコの「新科学」が同時代人にとってさえ難解であった理由は大別して1.「原理論」（形而上学）,2.「認識方法論」（形而下学〔認識〕方法論）の両面における独自性に存している。（当時の慣習的ジャルゴンを用いて「認識方法論」的に分類すれば，前者は「ア・プリオーリ論証」(argumenta a priori), 後者は「ア・ポステリオーリ論証」(argumenta a posteriori) と呼ばれ，その後の「演繹法」(deduction) と「帰納法」(induction) にほぼ該当する）。1.「原理論」はヴィーコ独自のカトリシズム的「産出説」(generazionismo) である。上記〔A〕・IV，註(51)。かつこの「形而上学」はアウグスティヌス哲学に影響され，したがってカトリック教会における「新教」と呼ばれたヤンセン主義に近いことも，注意に値しよう。さればこそ，ヴィーコのパスカルやアルノー等のフランス・ヤンセン主義者に対する一種の血縁憎悪的反感が生まれ，その反面ル・クレールのごとき「新教徒」改革派との親近感が成立した。2.「認識方法論」の独自性こそヴィーコ哲学の歴史的成果であり，一般にヴィーコの「認識論」(gnoseologia) と呼ばれている一種の社会科学認識論である。そして，この「認識論」ないし「方法論」の確立こそ,『新科学・初版』成立の大前提である。しかし，この「方法論」は特に「初版」の段階では，ヴィーコ自身にとっても必

ずしも体系的に確立していない。『新科学・初版』(1725年),『同・再版』(1730)年,『同,〔第3版〕改訂版』(1744年)の成立過程については,以下の〔B〕・Ⅱにおいてヴィーコ自身が諸要点を繰り返し訂正し,補筆しているが,最初の二つの版については今なお議論が尽きない。次註(4)参照。

(4)——「一混合体」(una mescolanza)。ル・クレール原典では,'un mélange'(混合物,比喩的には「各種論文集」)。ニコリーニは「論文集」と註記。これは誤解。ル・クレールは『普遍法』(全2巻)の中に「哲学的(形而上学的),法律学的,文献言語学的題材」が「不断に一混合体」を成していること,「この3科学の間にきわめて強靭な一紐帯」が存していることが,ヴィーコ理論の特徴であり,その成果である,と絶賛している。

この点については『普遍法』(上記〔A〕・Ⅴ,註⑽参照)の構成そのものとヴィーコの基本的理念の提示法とが齟齬していることがまず注意されるべきであろう。

『普遍法』合計13巻のうち『普遍法梗概』を別とすれば,
『普遍法=Ⅰ,原理論』〔論題・第1,第2部門〕
『普遍法=Ⅱ,法律学者恒常性論』〔論題・第3部門〕
　「前編・哲学ノ恒常性」
　「後編・文献言語学ノ恒常性」
という構成である。しかし理論的には〔　〕内に付記したごとく,『普遍法=Ⅱ』は「論題」の「第3部門」のみを取り扱っている。彼の基本理念と全論文の区分については,「序論」'De opera proloquium' に次のごとく明記されている。(ヴィーコ自身ののちの自己批判については〔B〕・Ⅱ,註⑷の本文参照。)

　　　執筆ノ論題。
　〔25〕——ココヨリシテ,コノ光明〔「真ノ法律学ハ神的オヨビ人間的事物ニツイテノ真ノ知識デアリ,形而上学ハ真理ノ批判ヲ教エルモノデアル,ナゼナラソレハ神ト人間ニツイテノ真ノ認識ヲ教エルカラデアル」(〔24〕参照)トあうぐすてぃぬすヲ読ンデ「新タナ光明」デ「輝カサレタ精神」ヲ持テタコト〕ニ一生懸命ニ長イ間,熱心カツ真剣ニ全力ヲ傾注シタ結果,ツイニ私ハ一切ノ神的オヨビ人間的学識ノ三要素ガ,知ルコト,欲スルコト,出来ルコトデアルノヲ認識シタ。カツ,コノ三要素唯一ノ原理〔始マリ〕ハ精神デアリ,精神ノ眼ガ理性デアリ,理性ニハ神ガ光明ヲ与エ給ウ。「神的ナ光明」ハ私ノ定

義ニヨレバ真実デ永遠ノ光明デアル。以下，私ノ証明ガ完結スルマデノ間，名辞ノコノ定義ヲ保持シテイタダキタイ（〔ON, II-i〕p. 34）。
　　　執筆方法ナイシ順序。
〔26〕──サテコレラ三要素ハ，ワレワレガ生キテイルカギリニオイテ，存在シテオリ，ワレワレノモノデアルコトヲワレワレハ確実ニ知ッテイルガ，ソレラ〔三要素〕ヲワレワレガ決シテ疑ウコトノデキナイ一ツノ事柄，スナワチ思惟ニヨッテ説明シタイ。コノコトヲヨリ容易ニ行ナウタメニ，私ハ全論文ヲ三部門ニ区分スル（ibid., p.34）。
　　　論題ノ諸部門
〔27〕──三部門ノ第一ニオイテハスベテノ諸科学ノ原理ハ神ヨリ由来シテイルコトガ論ゼラレルデアロウ。第二部門ニオイテハ神的ナ光明ハワレワレガ提示シタ三要素ヲ通ジテ一切ノ諸科学ニ浸透シ，ソレラヲキワメテ緊密ナ包括力デ結束シタノチ，一方ヲ他方ニト相互ニ導キ，諸科学全体ヲソレラノ起源デアル神ヘト立チ戻ラセルコトガ論ジラレルデアロウ。第三部門デハ，神的オヨビ人間ノ学識ノ原理ニツイテオヨソコレマデ書カレタリ言ワレタリシタコトハスベテ，ワレワレノ原理ニ合致シタモノハ真デアリ，背馳シタモノハ偽デアルコトヲ論ジルデアロウ。
〔28〕──カクシテ最後ニ神的オヨビ人間的事物ノ知識ニツイテ，以下ノ三ツノモノ，スナワチ起源ニツイテ，循環ニツイテ，恒常性ニツイテノ三点ヲ私ハ論ジルデアロウ。ソシテ，起源トシテスベテノ事物ガ神ヨリ由来シテイルコト，循環ヲナシテスベテノ事物ガ神ヘト戻ッテ行クコト，恒常性ヲモッテスベテノ事物ガ神ニオイテ存続シテイルコト，カツコレラスベテノモノ自体ハ神ガナケレバ失墜ト過誤デアルコトヲ示スデアロウ（ibid., pp.34-5）。

以上で明らかなごとく，ヴィーコが『自叙伝』の本文で強調している諸点は「論題・第三部門」すなわち『普遍法＝II』の内容であり，なかんずく，その「後編・文献言語学ノ恒常性」の独創性である。その冒頭は次の通りである。
　　　文献言語学ノ恒常性ニツイテ
　　一切ノ知ラレウベキモノノ源泉ハ二種＝知性ト意思。
　人間ハ知性ト意思ヨリ成立シテイルゴトク，同ジク人間ガ知ルモノハ何デアレ人間ノ知性カラカ，アルイハ意思カラ流レ出タノデアリ，シタガッテ，「知ラレウル」ト言ワレル一切ノモノハ理性ノ必然性カ，権威〔典拠〕ノ裁断〔意思〕カニ準拠サレル。哲学ハ理性ノ恒常性ヲ

確証スル。文献言語学ガ権威〔典拠〕ノ恒常性ヲ確証スルカイナカヲ吟味シヨウ。コノヤリ方デスデニ権威〔典拠〕ガ理性ノ一部デアルコトハ述ベタ。
　(1)――前巻〔『普遍法＝I，原理論』，第83章。(**Univ. Ius : I**,〔ON, II-ii〕p.307.)
次いで第1章に入る。
　　　第1章
　　　新シキ科学ガ試ミラレル
　「文献言語学」トハ何カ？――ソノ二部門・言葉ノ歴史ト事物ノ歴史
〔1〕―文献言語学トハ言語一般ノ研究デアリ，マタ言葉ノ起源ト進歩ヲ詳述シ，カクシテ言語ヲ諸時期ニ区分シ，ソノ結果トシテ言語ノ諸特性，転換オヨビ用法ヲ把握シヨウトスルコトニヨリ，言葉ヲ取リ扱イ，カツ言葉ノ歴史ヲ述ベル探索デアル。シカシ，事物ノ観念〔理念〕ハソレゾレノ言葉ニヨッテ描キ加エラレテイルノデアルカラ，事物ノ歴史〔記述〕ヲ採取スルコトガナニヨリモマズ文献言語学の任務デアル。(ibid. p.308.)
　かくして，「法律学」，「哲学」，「文献言語学」の3「科学」が「強靭な一紐帯」によって結合され，一「混合体」をなすに至り，ヴィーコが青年時代より開始した中世およびルネサンス期のローマ法解釈学研究（上記〔A〕・I，註(36)参照）はここに「新科学」として結実した。
　しかし，この当時までのヴィーコには大学における市民法講座の獲得に対する野心が働いていた。講座獲得の失敗は，1.当時支配的だった自然法学説への強烈な攻撃的作品を完成させた。これが『新科学・否定的形態版』である。この版の上梓がコルシーニの背信的な――少なくとも慣例に照らせば――出版資金援助拒否で不可能となり，他方オランダ（グロティウスの母国）在住の権威ある批評家ル・クレールの理解と絶讃により自信を与えられるや，2.世俗的な「法律学」にまつわる理論的，かつ「世俗的」執念が振り切れて，『新科学・初版』が完成した（下記註(15)参照）。近世「自然法」の「否定」というネガティヴな態度より，「文献言語学」の活用による自己の「発見」の提示というポジティヴな視点への一大逆転である。
　現に，本註(3)で引用したル・クレール論文の一節は，『新科学・初版』の結論の主要な資料的補足である2種の「目録」'Indice'（『同・再版』では「一覧」'Tavela'　と改称）の〔I〕「民衆的諸伝説」'Tradizioni volgari'――〔II〕「一般的諸発見」'Discoverte generali'――の序文的

部分にもそのまま引証されており,「さて,それら〔民衆的誤謬〕とは次のごとくである」とあって,IよりXLに及ぶ計40件の伝説の「訂正」が列挙されている。Cf. "Giambattista Vico : Principj dj una scienza nuova ecc.," Ristampa anastatica a cura di T. Gregory, 1979, pp.271 sgg. ; **SN (I-i)**,〔ON, III〕pp.269 sgg. ル・クレールの果たした役割とともに,『新科学・初版』→『同・再版』の過程に関しては,以下の〔B〕・IIの「自叙」的解説を参照しつつ今後より緻密な再検討が必要であろう。『新科学・再版』の中に初版を合体揚棄(?)したニコリーニ版の校訂法に研究者の不満が集中し始めているゆえんである。

(5)──この節以前の全『自叙伝』は1725年6月ごろ完成され,以下本章〔A〕・VIの末尾までは1725-28年の追加執筆である (F.-B. 英訳版, P. 仏訳版の註)。しかし,この註は必ずしも正確と言えないようである。

(6)──強調はF版による。以下すべて同じ。

(7)──「真理〔真実〕非類似性」(inverisimiglianze)。やむをえない仮訳。'verisimile, verosimile' は「真理」(vero) に「類似」(simile) している状態を意味し,「真理類似的」(verosimile) な現象──そこには「類比」(analogia) が働いている──はヴィーコ哲学の一基本概念である。F.-B. 英訳版の「非蓋然性」(improbabilities) は誤訳。「蓋然」は,カントを援用すれば,「実然」(assertorical),「必然」(apodictic) と並んで論理学的概念である。

(8)──「非整合性」(sconcezza)。これも仮訳。前述の「真理〔真実〕非類似性」の具体性に対し,ここでは論理的な「支離滅裂」を意味している。続く「不可能性」(impossibilità) は「内容」的,「形式」的双方の不可能性を示す。ヴィーコのきわめて技巧的な修辞法の一例である。

(9)──「習俗」(costumi)。フランス語の 'moeurs' に近い意味。たとえばヴォルテールの『習俗試論』"Essai sur les moeurs," 1756 は一般に "Saggio sui costumi" と伊訳されている。

(10)──「この作品」(l'opera)。いわゆる『新科学・否定的形態版』"Scienza nouva in forma negativa" である。1723年4月着手,1725年6月ごろ完成,その後散逸した。以下の註(15)参照。

(11)──ドン・ジュリオ・トルノ (don Giulio Torno, 1676-1750)。ナポリ司教座聖堂参事会員。その約10年後アルガディオポリ司教。『普遍法』**Univ. Ius : I. Principium**, (1720) より『英雄的精神論』Heroica, (1732) に至るまでヴィーコの大部分の著書の「聖職者検閲官」(il revisore ecclesiastico) であった。以下〔B〕・II, 註(32)参照。

(12)――「不幸な運命の一撃」(un colpo di avversa fortuna)。ヴィーコはこの新著『新科学・否定的形態版』を枢機卿ロレンツォ・コルシーニ (cadinale Lorenzo Corsini, 1652-1740) ――のち教皇クレメンス12世 (Clemens XII, 1730-40) ――に, 面識のあったマリア・モンティ (のち枢機卿になる) ―― cf.'Lettera a monsignor Filippo Maria Monti, Napoli, 18 novembre' 1724 ――を介して1724年11月献呈を申し出て, 嘉納された。当時の暗黙の慣習によれば, これはコルシーニ枢機卿が出版費用を, 少なくともその一部は負担することを意味した。それにもかかわらず, ヴィーコの出版費援助の懇請は1725年7月20日コルシーニに謝絶された。自領フラスカーティ教区の訪問のため「法外の出費」を要し, 目下御要望に応じられない, という。Cf. Lettera del cardinal Lorenzo Corsini a Vico, Roma, 20 luglio 1725.

かくしてヴィーコは全2巻の予定の大著を圧縮し,「否定的」から「肯定的」ないし「積極的」主張に内容も衣替えさせ, 著書出版の公約を果たすのに努めた。コルシーニの上述の書簡に付加したヴィーコ自身の次のごとき註記が残されている。「ヴィッラローザ侯爵補記」註(6)参照。

　　コルシーニ猊下の御書簡。これによれば猊下は『新科学』に先行する著作〔否定的形態〕の出版費用を御援助下さる御余裕なしとのこと。かくして私は私の貧窮を前提にして本著〔『新科学・初版』〕を考える必要に迫られた。貧しさが私の精神を拘束したので, 代りにこの小著を出版したが, それにさいし, 私は自分の所持していた, 最高光沢度の5グレン〔1カラット¼〕のダイヤモンド付きの指輪を手放し, この代金で書物の全部数の印刷費と製本費を支払うことができた。書物はすでに公表を約束していたのであるから, 例の枢機卿氏に献呈した。(〔F版〕p.88.)

(13)――正しくは,『諸国民の本性に関する一新科学の諸原理, これ〔新科学〕により諸民族の自然法の別個の体系の諸原理が見出される』"Principi di una scienza nuova d'intorno alla natura delle nazioni, per la quale si ritruovano altri principi di altro sistema del diritto naturale delle genti." 公刊は1725年10月18日ごろと言われている。

なお, ヴィーコの本文では言及されていないが, この版の扉には上記「表題」に続いて,「謹んで太公殿下ロレンツォ・コルシーニ猊下に謹呈す」'All'eminentiss. principe Lorenzo Corsini amplissimo cardinale dedicati' と明記されており, 次いで冒頭に「太公殿下に」'Principe

Eminentiss.' の表題で約 5 頁の「献辞」あり。日付は 1725 年 5 月 8 日。この「献辞」付き『新科学・初版』に対するコルシーニの礼状については，Lettera del cardinale Lorenzo Corsini a Vico, Roma, 8 dicembre 1725 を参照。放棄された『新科学・否定的形態版』の「献辞」を書き直したのであろう。その後両者間に文通続く。

(14)──「一題辞詩」(uno elogio)。elogio, elogium, ἐλεγεῖον をヴィーコは「頌辞」の意味でなく古典的意味──六歩格二行詩より成る献辞ないし題辞──で用いている。しかしヴィーコの作品はかなり自由な形態の詩的題辞。ヴィーコの執筆意図を明示している貴重な文献なので段落その他について可及的に原典の形態を保ちつつ全訳して示す。

　　ヨーロッパの全学院に寄す
　　　　　もろもろの学院は
　この開明たる時代にあって
　　　　異教徒の歴史についての
　もろもろの寓話や
　　民衆の伝説は言うまでもなく
　世にも名高き哲学者たちの
　　あらゆる権威もまた
　厳しき理性の批判に
　　　　　今や屈しつつある時なれば
　諸学院は，その教壇より
　　至高の賛歌をもって
　諸民族の自然法を讃えつつあり
　　　　この法も
　スパルタ，アテナイ，ローマの法としては
　　その拡がりと持続から見れば
　　スパルタ，アテナイ，ローマが
　　　世界の一点であるがごとく
　　　　〔自然〕法の微々たる小断片にすぎず
　これとは別個の体系の以下の諸原理は
　　諸国民の本性についての
　　　新しき一科学の
　　発見とともに
　　この〔自然〕法が思弁したるものにして
　　　諸国民の本性より疑いもなく

それは出現しており
　　　　また，この法の人間性(うまにた)にこそ
　　　　　　ありとあらゆる
　科学(しえんつえ)，教義(でぃしぷりーね)および技芸(あるてぃ)は
　　　　確実なこととして
　　　その起源が由来し
　　　　　かつその中に生くるとともに
　　　　またこの人間性(うまにた)にもっぱら
　　　それら一切のもつ効用を負えり
何となればかくも高き程度まで
　　　　　諸学院がこの法について
　　　表明しつつある学説が
　　それらの学識と叡智により
　評価に値するときに当り
　　そこで行なわるる諸発見は
　　　　補足しつつ，あるいは改善しつつ
　　　　　　　ジャンバッティスタ・ヴィーコを
　　　　励まし促して
　　　法律の天職に
　　全力にて栄誉をもたらさしめんとすればなり
　　　　　かつはまた
尊敬すべきイタリア語に感謝しつつ
　　　その言語に著書はひとえに
　　　　　脆弱なる天稟の身ながら
　その一切の学芸を負うものなれば
　　　　書かれたるものをも
　　　　　イタリアの言葉にて
　　恭しく進呈するなり
(**SN**（**I, i**）〔ON, III〕pp.3-4；Ristampa anastatica a cura di T. Gregory, 1979, pp.9-10.)
　ここではヴィーコ独自の「自然法」理念が強く打ち出されている。

(15)——「この作品」（quest' opera）はもちろん『新科学・初版』を指し，以下，本文ではその解説が続く。破棄された『新科学・否定的形態版』は完全に散逸。しかし，その「理念」に関してヴィーコ自身の「一例証」が残されている。

ヴィーコはこの「否定的形態版」を公刊するにさいしコルシーニに「献辞」を嘉納——すなわち出版助成——してもらうためモンティ (Filippo Maria Monti, ?-1754) に同猊下への斡旋を求めたが（上記註⑫参照），そのさい書簡と同時に自著を小箱に納めてモンティに贈呈している。

　……これ〔著作謹呈〕は第1に愚著が学識深き貴御文庫に席を賜わらんがためであります。次に，私の衷心よりの感謝の小さな印であります。最後に万一枢機卿猊下が他の愚著を一読したいと求められたばあい，お示し願える現物をお手許において頂きたいからであります。

　さらにまた，この小箱の中に2冊の書物の間に挟みこまれて枢機卿猊下への献辞が入っております。開封のままにしてございますが，それは，猊下にお渡し下さるまえに，もし必要とお考えでしたら，御一読賜わりたいからであります。そのほか，何であれ，御意見のほどを私にお伝え下されば，御神託として承り，訂正の規範といたします。

　最後に万一枢機卿猊下が本著の理念 (l'idea dell'opera) を知りたいとの御意向を抱かれましたならば，以下のごとくその一例証 (un saggio) をお示し頂ければ幸甚至極に存じます。本書は自然法の諸原理 (i principi del diritto naturale) を取り扱っておりますが，自然法はその原初的起源 (le sue prime origini) の中から諸国民の習俗 (costumi delle nazioni) とともに順次に展開しつつ出てきたのであり，この順序〔序列〕を保ちます。初めに三つの自然法体系が否定されます。第1がグロティウスの体系ですが，この人はソッツィーニ派〔反三位一体，自由意思肯定〕として，本性的無罪状態を人間本性の一種の単純さの中に置きます。次にセルデンの体系ですが，これは事実上〔古代オリエント民族以外の〕他の諸国民のもとでは何の役にも立たないからです。最後にプーフェンドルフの体系ですが，この人は他の人々の配慮も助力もなしに世界に投げ込まれた人間という破廉恥な一仮説を設けています。かくして，これら3人とも二つの共通の理由から非難されます。その一つは，どの一人も固有で第1の原理として摂理を設定していないからです。他の一つは，各人が自分の体系を確証するのに用いている権威〔典拠〕が，少なくとも暗黒な，寓話的な，また寓話に近い歴史的諸時代に関するかぎり，意味〔上〕の確実性を持っていないからです。ここから，このような〔自然法の〕諸原理は聖書史の諸原理の中に探ねて行くべきであり，かつ聖書史は人間的信頼にとっても，また，われわれにまで到達していた一切の歴

史のうちで，ギリシア人たちの寓話的歴史と較べてさえ，最古代なのであります。ここにおいて人間〔本性〕的にはこの〔新しい〕諸原理は摂理に役立つプラトン学説によって確立されるのであり，ストア主義者の宿命，エピクロス主義者の偶然に対して擁護され，ホッブズ，スピノーザ，ベールそして最後にロックに反対して確証されます。これらの人々はすべて彼らがそれを用いてカトリック的な市民的格率〔国民道徳〕を攻撃する，その彼ら自身の学説そのものにより，彼らの力の及ぶかぎり，全人間社会を破壊しようとしていることが証明されます。最後に，エジプト人たち以前に過ぎ去った全諸時代に関して彼らによって設定された3時期について，つまり，神々の時代，英雄の時代，人間の時代という三つの時代に関してですが，このような原理はギリシア人たちの寓話の中に事実上見出されますし，彼らのテーベのヘラクレスの性格ないしは寓話的物語の中に文献言語学的必然性をもって解明されます。また，ヴァッロが40人〔43人〕ほどまで列挙するに至ったごとく，ギリシア人たちもエジプト人たちも，すべての古代国民の中に一人の建国者ヘラクレスを見出しているのですから，上述の諸原理はすべての古代国民の中に一律に存在しているのが認められますし，それらこそ，それに基づいてローマ人たちが平和に関することについても戦争に関することについても統治されていた原理そのものであります。(Lettera a monsignor Filippo Maria Monti, Napoli, 18 novembre 1724.)

三人の近代自然法学者の体系をヴィーコがカトリシズムの立場から「否定」していることが明らかに認められ，ヴィーコの言う「否定的論証法」の意味が明白となる。ヴィーコに多大な精神的支援を与えたル・クレール自身が反カトリック的アルミニウス派——反三位一体論，啓示即理性論を説く——であることも暗黙のうちにヴィーコに影響したのかもしれない。ともあれ，粗雑な表現をあえて用いれば，ヴィーコの「自然法」は第2次世界大戦後台頭した新トーマス主義的自然法の一先取学説と言えよう。

なお，「否定的形態」の段階におけるヴィーコの哲学が，なおきわめて法律学的——それもヴィーコ独自の——残滓を強く残していることも，上述の引用文で明らかである。その意味では，コルシーニの出版費援助謝絶という「不幸な運命の一撃」はヴィーコにとって思想的一大覚醒のための「摂理」の働きであった。それは法律学に対する世俗的，利己的執心を思想家ヴィーコの心中から一掃する契機となった。『新科

学・初版』公刊後世間の無反響について,「この都市〔ナポリ〕で私は本書を砂漠に送り出したと思っています」,「本を受け取ったと礼を言ってくれる人々さえいません」と支援者の一人ジャッコ神父宛書簡で書いたのち,ヴィーコは次のように率直な告白をしている。

……もっともこれまでの私の脆弱な,天稟の諸著作 (le altre mie deboli opere d'ingegno) に関しては私自身に責任があるのです。なぜなら,私はそれらを私があらかじめ設定した私自身の利益のため,つまり,このわが都市〔ナポリ〕で何らかの恰好のいい地位にありつきたいがために執筆したのだからです。しかし,この〔ナポリ〕大学が私をそんな地位に値しないと判定した以上,疑いの余地もなく私はこの一著だけはそのすべてをこの大学に負っています。大学は私に〔『ローマ法判例全書』の〕諸項目について講義させようとしなかったために,本書について思索する余裕を与えてくれました。次の点についても,私は大学にこれ以上感謝しようもないのではありますまいか？ つまり,目下お住いの御地の孤独〔僧院〕の中で直接公言申し上げられないのが私には不本意ですが,御地で私は絶叫しながら言いたいのです。これまでの私の脆弱な,天稟の諸著作のすべてをできるものなら私が執筆しなかったものとしたい,そして,この作品一つが私のものとして遺ってほしい,と。なぜなら,他の全著作はこの大学で何らかの第一級の講座をこの私自身が持ちたいがために執筆されたものだったからです。ところが大学は,私をそれに値しないと判定することにより,私に暗黙のうちに命令して,この一著作に腐心させたのだからです。事実,この一作へと私の生涯のこれまでの他の全著作が私を導いて行ってくれる定めだったのです。摂理は永遠に讃えられるべきです！ 摂理は死すべき定めの人間の虚弱な眼には正義のあらゆる厳格さそのものと映りますが,その時こそ,かつてなかったほど一種の至高の恩恵と化して行使されています。なぜなら,本著作の公刊以降私は１人の新しい人間（un nuovo uomo）をわが身に帯びたことを感じますし,私の逆境をこれ以上慨嘆したいとか,このような不遇を私にもたらした,学芸界の腐敗した流行をこれ以上罵倒したい衝動も鎮静された気がするからです。事実,この流行,この運命こそ本著作を執筆するようにと私を支援し,私に助力したのです。
('Lettera al padre Bernado Maria Giacco, Napoli, 25 ottobre 1725')
〔訳註――上記「解説」,註(30)参照。〕

「一人の新しい人間」（un nuovo uomo）の誕生があってこそ,「一

つの新科学」(una scienza nuova) が可能となった。「脆弱な，天稟の著作」から真の天才的作品へ。その最終的契機は，1723年における市民法講座獲得の失敗，1725年における『新科学・否定的形態版』公刊の挫折という二大不幸であった。上記の告白文を精神分析的に読めば，1.「否定的形態版」の公刊にさいしては法律学者に対する怨念がなお陰に陽に働いていたと思われる。2. 法律講座の獲得は絶望的，法律的一大批判書は出版不可能という事態に直面し，「法律学」の「古典的」，「現代的」諸大家に対する積年の鬱憤が断ち切れたのではあるまいか。しかし，「一科学」が単なる「科学」(『新科学・改訂版』)にまで昇華されるには，なお紆余曲折が残されていた。

ヴィーコの「法律学」，ことにその「自然法」ないし「普遍法」が，当時はもとより現代に至るまで正しく理解されなかった一つの根本的原因は，ヴィーコが「普遍法」の「形而上学的仮定」(assumptiones metaphysicae) から「真ノ全般的教養 (vera ἐγκυκυλοπαιδεία)」に「着手シ，包括シ，完成スル」(incipere, circumdare et absolvere) ことが可能ではないか，と主張している事実が見逃されていたことにありはしないだろうか。ヴィーコの「全般的教養」(伊訳すれば 'enciclopedia') は，

　　真ニ包括的ナ，真ニ普遍的ナ，真ニ蹉跌ノ余地ノナイ教説デアリ，うるぴあぬす〔Domitius Ulpianus, ?-228〕ガ定義シタゴトキ法律学ガコノ学ニ対応スルト学識者タチガ書イテイルモノデアリ，ココヨリシテ，全教説ニワタリぎりしあノ智者〔ソフィスト?〕ノソレヨリモハルカニ重厚ナモノデアリ，シタガッテ〔実践的〕生活トシテハろーま法律学者ノ恒常性ニヨッテ確証サレウルモノナノデアル。
(Uuiv. Ius : I. Principium, 'Proloquium,' 〔ON, II-i〕 p.37.)

ヴィーコのこの「全般的教養」は，周知のプリニウス (Plinius; "Naturalis Historia," 'Praefatio,' 14) やクウィンティリアヌス (Quintilianus; "Institutio," Liber I. x, i) に述べられている伝統を継いだ理念であり，内容的には——まして『普遍法』執筆当時のことでもあり——かなり曖昧である。たとえば，バダローニ版『ヴィーコ・法学著作集』の上記部分の伊訳は全く意味不明の誤訳である。Cf. "G. Vico: Opere giuridiche: il Diritto universale," introduzione di Nicola Badaloni, a cura di Paolo Cristofolini," 1974, p.38. しかし，のちのフランス『百科全書』(l'Encyclopédie) の理念とは原理，方法，内容の点で対蹠的とはいえ，ヴィーコが彼らに先行して「百科全書的教養」

(encyclopédie)を彼の「普遍法学」の第1原理に設定している事実は注意されるべきであろう。

(16)――この引用については上述註(3)参照。

(17)――「この新〔規の〕科学」(questa nuova Scienza)。'nuovo'は名詞に前置されると、「新規の」、「今までとは別の」の含意を持つ。'scienza'も大文字で強調されている。以下、『新科学』――もとより「初版」――の「新規さ」の紹介が続く。「初版」の内容をヴィーコ自身の付した「要約」'Sommario'――ニコリーニ版「目次」の用語――で示す。

芸術神ヨ、ゆぴてるヨリ歌イ始メン(a)

本著の理念：

本書において、諸国民の本性に関する一科学が思索されるが、この本性より諸国民自体の人間性が生じたのであり、人間性はすべての国民にとって宗教とともに始まったのであり、諸科学、〔個別的〕諸学科および技芸をもって完結した。

〔訳註(a)―― Vergilius: "Eclogae," III, v. 60.〕

A Jove Principium Musae ; Virgilio.

　　Idea dell' Opera :

Nella quale si medita una Scientia dintorno alla Natura delle Nazioni, dalla quale è uscita l'Umanità delle medesime : che a tutte cominciò con le Religioni ; e si è compiuta còn le scienze, con le discipline e con l'arti. (**SN** (**I,i**) ed. Gregory, p.8.)

以下、全5章その他の表題を示せば、

第1章「目的の必要性、および一つの新〔規な〕科学を発見する手段の困難さ」(Necessità del fine, e Difficultà de' mezzi di ritruovare una Nuova Scienza.) (28頁)

第2章「理念に関して、この科学の諸原理」(Principj di questa Scienza per l'Idee.) (115頁)

第3章「諸言語の部門に関して、この科学の諸原理」(Principj di questa Scienza per la parte delle Lingue.) (76頁)

第4章「この科学を樹立する証明の論拠」(Ragione delle Pruove, che stabiliscono questa Scienza.) (4頁)

最終章〔第5章〕「人間性の哲学と諸国民の普遍的歴史が一挙にして形成されるための、諸題材の処置法」(Condotta delle Materie, onde si formino con un getto stesso la Filosofia dell'Umanità, e la Storia Universale delle Nazioni.) (37頁)

目録（Indice）
　　〔Ⅰ〕「民衆的伝説」（TRADIZIONI VOLGARI）（8頁）
　　〔Ⅱ〕「一般的諸発見」（DISCOVERTE GENERALI）（2頁）
　各章間の長短の不揃い，ことに第1，第4章の短さなどは，本著作が理論的，体系的，構成的に十二分な思索と推敲とを経ていないことを明示している。基本的理念は別として，本著が「再版」，「第3版」とその後実に20年にわたり補足，訂正されなければならなかった理由である。

(18)── 「この起源は……必要とするからである。」この一文は悪文。「必要とする」（abbisognano）の主語が曖昧。F.-B. 英訳版意訳，P. 仏訳版同じく「人々は……」と意訳，Ch. 仏訳版は誤訳。文意に照らして，「すべての学術」（tutte le discipline）を主語として訳出した。

(19)── 「一自然的神学」（una teologia naturale）。上記註(3)および上述〔A〕・Ⅳ，註(29)参照。

(20)── 「時代風俗」（sette de' tempi）。ラテン語 'sectae temporum' の伊訳。'secta' は「教派」，「学派」，「派閥」等の概念も含蓄した，広い意味での人心の習性。P.仏訳版は 'esprit général d'une nation' に近いと註記している。「世情人心の習い」と訳した方がより的確である。ヴォルテールの 'les mœurs et l'esprit des nations'──〔諸国民の〕習俗と〔一般的〕精神──とほぼ同一の概念。「習俗」（costume）と区別して「時代風俗」と訳す。

(21)── ニヌス（Nino, Ninus）。ニヌスについては，**SN (I, i)**, capovv., 210, 269, 471, 474. **SN (I)** には（**i, ii** ともに）付加されていないが，**Univ. Ius：Ⅱ. Constantia**, 'Pars posterior : De constantia philologiae,' Caput Ⅰ, 〔4〕, 〔ON, Ⅱ-ii〕pp.309-12 には「年代記計画案」（Programma chronologicum）が記載されている。──この「計画案」は若干補正，整理されて**SN(Ⅱ)**, Libro Primo, 〔ON, Ⅳ-1〕p.35 の冒頭に「年代記表」（Tavola cronologica）として折畳表の形で挿入されている。──この年代表によると「創世」以降1656年に「ノアの洪水」，モーゼへの律法啓示2448年，「ベルス」の息子「ニヌス」の「アッシリア王国」建設2737年，ローマ建国3250年等々と記されており，当時の一般的常識──創世以来ヴィーコの時代まで5600-5700年──をほぼ踏襲している。ジョン・ロックも「創世記」の記事に基づいて，彼が主著『知性試論』を執筆した西暦1689年は「創世」以来5639年である，と一応計算している。Cf. John Locke : "Eassay," Ⅱ, xiv, 29. 18世紀中葉以降の「自然史」，さらに19世紀における近代史学の成立以前，歴史学

者にとって地球上の諸国が遠い存在であったのに反比例して人類の過去はかえって身近な出来事として感じ取られていた。

(22)──「英雄の紋印(じるし)」(l'imprese eroiche)。「英雄」時代の英雄の「標識」を指す。**SN (I, i)**, Cap. III, xxvii, ed. Gregory, op. cit., p.192.

(23)──「神々の時代」(l'età degli dèi)。「英雄たちの時代」(l'età degli eroi)。「人間たちの時代」(l'età degli uomini)。コントの周知の3状態──「神学的」、「形而上学的」、「実証的」──と一見類似しているが、立論の原理が異なっている。ヴィーコ理論によれば、たしかに「人間たちの時代」において「人間性」(l'umanità)は十全に「顕現」するはずであるが、それは「信仰」──人間理性の限界の自覚に基づく、絶対で無限の一神を信ずること──によってのみ可能である、とされている。なお、「英雄」(erõe, heros)が元来神と人間の交わりより生まれた半神的人間を意味することにも注意。

(24)──「意図伝達的な言語」(la lingua epistolica)。'epistolica' はヴィーコの造語。「書簡の」(epistolare)ではなく、'ειστολη'(伝達、命令)の形容詞。

(25)──「ヘラクレス的人種」(razze erculee)。これについては、**SN (I, i)**, cap. ult, 'Uniformità degli Eroi tra le Antiche Nazioni,' op. cit., pp.260 sgg.

(26)──ウァッロ(Varro)。上記〔A〕・V, 註(22),〔A〕・IV, 註(25)(c)参照。

(27)──「ラテンのクウィリテス」(i quiriti latini)。「クウィリテス」(Qurites)は単なるローマ国民ではなく、ローマ建国以来の種族の名称。ローマ「公民」を意味する。ヴィーコの独自な解釈の正否はここでは論じない。

(28)──グロティウス(Grozio, Grotius)。上記註(15), 上述〔A〕・IV, 註(64), 以下〔B〕・II, 註(17)参照。

(29)──セルデン(John Selden, 1584-1654)。今は全く忘れられているが、当時のイギリスの代表的「自然法」論者。代表的著書は『自然オヨビ万民法論』"De iure naturali et gentium iuxta disciplinam hebraerorum," 1640.『海洋閉鎖論』"Mare clausum," 1635 によってグロティウスの『海洋自由論』"De mari libero," 1607 に反対し、「海洋権」を主張したのでも知られる。現代から批判すれば、海洋支配権を喪失しつつあるオランダと海洋国家として台頭しつつあるイギリスの国益を前提にした国際法議論である。ヴィーコが引用している著作には『シリヤ諸神論』"De diis syris," 1617 あり。

(30)――プーフェンドルフ (Samuel von Pufendorf, 1632-94)。ドイツの自然法論者。代表的著作『自然オヨビ万民法』"De iure naturali et gentium," 1672,『法律学綱要』"Elementa iurisprudentiae," 1660. グロティウスとともに近代自然法論者として 18 世紀前半まで絶大な影響を及ぼした。上記 3 名に対する批判の一例として、上述註(15)の書簡参照。
(31)――「時代風俗」(quelle〔sette〕de'tempi)。上記註(20)参照。sette にかけた言葉の遊び。訳しては、〔の党派〕を補っておく。
(32)――この書簡 1725 年 12 月 8 日付。最後の一文章の冒頭「さらに余は貴下と同時に、また貴著により……」とあり。Cf. Lettera del cardinale Lorenzo Corsini, Roma, 8 dicembre 1725.〔ON, V〕p.177；〔OGV, VI〕p.80.

〔B〕・I
(1)――ジャン・ル・クレールについては、〔A〕・V、註(18)および本文、〔A〕・VI、註(2)―(5)参照。他に参考論文「ヴィーコとル・クレール」および文献、ル・クレール「ヴィーコ『普遍法』書評」を参照。
(2)――ジウゼッペ・アティアス (Giuseppe Athias, 1672-?)。リヴォルノの文人――ヴィーコの Attias は誤記――。また、ヴィーコはこの文人をコルドヴァのアティアス (Giuseppe ben Abraham Athias, ?-1700) と混同している、という。『旧約聖書』の研究家は後者。
(3)――ユダヤ人アティアスが 1661 年、次いで 1667 年に再版したヒブル語原典『旧約聖書』。
(4)――「御高著」。「文人」アティアスは 1725 年 4 月から 5 月にナポリを訪れたと言われているから、恐らく『普遍法』を贈られたのであろう。ON 版によれば、以下の段落「小包および貴翰はル・クレール氏云々……」の前に次の文章が略されている、という。「御返辞申上げるのが遅延致しましたのはマッツォーニ氏からの御高著在中の小箱が到着するのを待っていたからであります。それを受け取るやいなや、私は開封し、小包および貴翰をピサのジウゼッペ・アヴェラーニ博士に送りました。同じくアントン・マリア・サルヴィーニ師にも小包と貴翰を送りましたが、それは当地からフィレンツェに帰国するヴェルツァーニ博士に託しました。また、アイザック・ニュートン氏宛の貴翰と小包は当港湾都市〔リヴォルノ〕のイギリス国教牧師ベンジャミン・クロー氏に託しました。同師は学芸人で、きわめて雄弁な説教師でありまして、小包と

貴翰をすでにロンドンに回送して下さいました。同時に10世紀のヘブライ語草稿4片も同師の手でオクスフォード図書館司書官等々の任にあるコンヤーズ・ミドルトン氏宛に送られました。同氏は数年前ローマとナポリに来られました。〔小包および貴翰は……届けてもらう予定〕で手許にお預りしております。」——最後の文章はテキストの 'Mandero' が書翰本文では 'Riservo'——〔ON, V〕p. 55, note (2).

なお、ニュートンからは返辞も礼状も来なかった。ともあれ、ニュートンの「蔵書一覧」に『新科学』は記載されていない。Cf. John Harrison: "The Library of Isaac Newton," 1978. ニュートンは1727年3月20日（旧暦）に死去。蔵書目録には1763点収載され、パリで発刊された本は1725年（No. 1670）まで、イギリスでの発行本は1726年（No. 1604）まで記載されている。イタリア語作品はムラトーリ（Lodovico Antonio Muratori, 1672-1750）の『古代イタリア政治史』（No. 1129）1点のみ。『新科学』は1726年前半にニュートンの手許に届いたと推定されるが、最期まで聖書年代記の研究に没頭していたアリウス主義的老学者には無視されたのかもしれない。ニュートンのアリウス主義その他晩年については、Richard S. Westfall: "Never at Rest: A Biography of Isaac Newton," (1980) 1983, pp. 315ff.; pp. 781ff. を参照。

(5)——「拝受云々……」。アティアス書簡の発信日時は1726年2月25日と判明しているから、これは『新科学・初版』を指す。

(6)——〔　〕内はヴィーコの付記。〔A〕・VI, 註(2)—(6)参照。

(7)——ソステーニ神父（il padre don Roberto Sostegni, ?）。ラテラーノ地区聖堂参事会員。フィレンツェ出身だが、ナポリに定住、ヴィーコ一家と親しかった。以下註(36)の本文参照。

(8)——「恐らく云々……」。ル・クレールの死去は1736年、『古代近世文庫』は1730年まで継続されているから、ヴィーコの推測は二つとも当たっていない。ル・クレールがヴィーコの新著『新科学』を無視するとは考えられないから、何かの手違いでヴィーコの著作も添書（1725年11月5日付）もル・クレールの手許に届かなかったのであろう。

(9)——この行幸は1702年4月〜7月の間。スペイン国王フェリーペ5世（Felipe V, 1683-〔1746-60〕）。

(10)——エスカローナ公爵兼ヴィッレーナ侯爵。〔A〕・III, 註(45)参照。

(11)——セラフィーノ・ビスカルディ（Serafino Biscardi, 1643-1711）。

(12)—— "Panegyricus Philippo V Hispaniarum regi inscriptus." OGV版では、『すぺいんオヨビ新世界国王ふぃりっぷす五世陛下、なぽり王位

ヘノ目出タキ御着任ヲ祝ッテ』"Pro felici ad neapolitarum solium aditu Philippi V Hispaniarum novique orbis monarchae," 1702, 〔OGV, VI〕pp.110-18 ; 〔ON,VII〕pp.119-32.

(13)――ウィーリッヒ・フォン・ダウン伯爵（Wierich Lorenz, Graf von Dawn, 1668-1741）。トリノの防衛（1706 年）をもって勇名が高かったオーストリア陸軍元帥。

(14)――ドン・ジウゼッペ・カペーチェ（don Giuseppe Capece）。Capece ――ラテン語形では「カピキウス」（Capycius）とヴィーコは綴っている――は，1701 年 9 月 27 日勃発した「マッキアの謀叛」（La congiura di Macchia）の 2 首謀者のうちの一人。彼らはナポリに対するスペインの暴政に反対し，親オーストリア派として決起したので，1707 年オーストリア皇帝家がナポリ国王座に就くや，スペイン統治下のレジスタンスの英雄として盛大に葬儀が行なわれ，葬礼の次第一切は公式記録に残された。この仕事を「雄弁学欽定講座担当教授」ヴィーコはダウン将軍の「きわめて名誉ある書簡」によって「命令」された。

なお，カペーチェは決起の当夜警官隊と戦って死んだ。

(15)――ドン・カルロ・ディ・サングロ（don Carlo di Sangro）。上記「謀叛」事件の他の一人の首領。サングロは捕えられ，同 1701 年 10 月 3 日斬首された。ダウンの書簡の中ではかつての謀叛人首領二人は「ドン」の称号付きで敬意をもって取り扱われている。ヴィーコもこの執筆依頼を名誉ある委託としていわば「拝受」している。その同じヴィーコはスペイン統治下において同じく政府の命令により『1701 年ナポリ首領謀叛事件史』"Principum neapolitanorum coniurationis anni MDCCI historia," 1703――通称『ナポリ謀叛事件記録』"De parthenopea coniuratione IX kal, octobris MDCCI"――を執筆し，謀叛人たちを弾劾している。ヴィーコの権力に対する阿諛とは言えないまでも，唯々諾々たる屈従ぶり，卑屈なまでの謙譲さは率直に認められなければなるまい。〔A〕・III, 註(45)参照。

(16)――ベネデット・ラウダーティ（Benedetto Laudati,？）。サンティ・セヴェリーノ・エ・セッシィオ修道院長を長らく務める。ヴィーコの親しい友人。ヴィーコの『古代叡知論』「第 1 巻・形而上学」，『〔「文芸家雑誌」の匿名批評家への〕反論』2 編の聖職者検閲官であった。Cf.〔ON, I〕pp.192, 291.

(17)――『かろるす・さんぐりうすナラビニいよせふす・かぴきうすノ葬儀記録』"Acta funeris Caroli Sangrii et Iosephi Capycii," 〔ON,VI〕pp.

369-73.

　なお，墓碑銘 (iscrizioni)，格言〔寓意〕詩 (emblemi)，格言〔寓意〕的標語 (motti sentenzioni) 等は，上述の『記録』と一括して『なぽり貴族，かろるす・さんぐりうすオヨビいょせふす・かぴきうす……公式葬儀』"Publicum Caroli Sangrii et Josephi Capycii nobilium neapolitanorum funus, a Carolo Austrio III. Hispan. Indiar. et Neap. Rege indictum etc. CIƆIƆCCVIII"〔1708〕と名付けられている。Cf.〔ON, VI〕pp.365-86.

(18)——カルロ・ボッロメオ伯爵 (conte Carlo Borromeo, ?-1740)。1710年10月より1713年5月までナポリ国王代理。

(19)——「墓碑銘」(l'iscrizione)。これは公刊されず，原稿も散逸して現存しない。

(20)——「不運が云々……。」以下の「墓碑銘」にまつわる不運な結果と，国王代理のヴィーコに対する正しい(？)評価を指す。ここにもヴィーコ特有の高位・顕官への事大主義，過剰な尊敬が見られる。

(21)——ウォルフガング・フォン・シュロッテンバッハ (Wolfgang von Schrottenbach)。ヴィーコは Wolfango di Scrotembac と綴っている。ニコリーニは Volfango von Schrattenbach と訂正しているが，F.-B. 英訳版，P. 仏訳版により訂正。シュロッテンバッハは1719年12月より1721年4月まで国王代理。

(22)——レオノーレ皇后 (l'imperadrice Elionora, die Kaiserin Leonore Magdarena von Neuburg)。皇帝レオポルト1世 (Leopold I, 1640-〔1685-1705〕) の未亡人。皇帝ヨーゼフ1世 (Joseph I, 1678-〔1705-11〕)，および，その弟皇帝カール6世 (Karl VI, 1685-〔1711-40〕) の生母。

(23)——ヴィーコの「碑文」は採用されず，考古学者マッテオ・エジィツィオ (l'archeologo Matteo Egizio) に別の碑文作成が依頼されたという。エジィツィオはヴィーコの友人。それだけにヴィーコの屈辱感は強かったであろう。

(24)——ドン・ニッコロ・ダッフリット (don Niccolò d'Afflitto)。ヴィーコの本文の記事以外詳細不明。その死は1723年初頭だったという。

(25)——この挿話も，穿って解釈すれば，国王代理シュロッテンバッハ枢機卿のヴィーコへの繊細な心くばりにすぎなかったのかもしれない。それに感激して，大した名作とは受け取れない「皇太后陛下御大葬碑文」を『自叙伝』に麗々しく書き残すヴィーコの世慣れなさ！　過度な自信

と過剰な被害者意識の相剋が彼の著作の，少なくとも文学的，心理学的には複雑な魅力であり，論理学的，哲学的には非整合的な欠陥である。

(26)── ジャンバッティスタ・フィロマリーノ (Giambattista Filomarino)。こののちマドリッド駐箚ナポリ大使となる。かつてヴィーコの弟子であった。

(27)──『踊るユノー』 "Giunone in danza, componimento per le Nozze di Don G. B. Filomarino e Donna Maria Vittoria Caracciolo, 〔1721〕." 〔ON, V〕 pp.278-306；〔OGV, VI〕 pp.270-93.

なお，ヴィーコはこの「祝婚歌」（1721年）の中で早くも，『新科学』で「すべて展開されている歴史的神話の諸原理」の論考が行なわれている，と述べている。当時ヴィーコは『普遍法』（1702-1722年）を執筆・公刊中である。本『自叙伝』「補遺」〔B〕・I, II は著者の生前未公刊に終ったが，1728-1731年間に執筆されている。『新科学・初版』の神話原理の最も早い時期の文献としてヴィーコは言及したのであろう。体系的にまとまってはいないが，主要な例を示そう。

> されば姿もなく言葉もなく，この
> 世界の最初の幼年期においては
> 恐れ，怒り，おぞましき痛み，喜びが
> それら固有の激しさをもって
> 人間に恐れ，怒り，痛み，喜びの
> 最初の調べを教えたり。
> そはまさに，かかる感動に深く動かされて
> 民衆は幼児のごとく歌いつつ
> 意味を表わすが常なればなり。
> ……
> ……
> かくて，音声は，あたかも歌の
> 調べのごとく，短かりしゆえに，
> おのずから韻文を口外したりき。
> また純粋なる理性の使用を持たざるがゆえに，
> 激しき感動のみが
> 鈍き精神を目覚ますことをえたり。
> ここより，彼らは心情が身中で思惟すると信じたり。
> ……
> ……

かくのごときが最初の英雄たちの性格にして
　　彼らは本性上真の詩人なりき。
　　詩〔作〕が彼らの精神を形成し，
　　かくて，詩的なる言語が形成されたり。
　　ここより彼らは確実なる談話法を発見したり。
　　そは不確実なる韻律をもつ歌として述べられたる
　　詳細なる寓話のことなり。
　　そして真の言葉ないし真の言語は，これまで
　　分離されいたる人間たちを諸民族へと統一し，
　　分離されいたる諸民族をユピテルへと統一したり。
　　かくて，わが至高なるユピテルは万人に平等なり。
　　かくのごときが，人間たちの，神々の，自然の
　　いわゆる永遠の談話法なりき。
　　(op. cit.,〔ON, V〕pp. 283-85 ;〔OGV, VI〕pp. 275-76.)

　　この原初時代の人間は
　　無為，孤独および
　　談話力の極度の欠乏のため
　　やむなき沈黙の中にあって，
　　雷電に覚醒され
　　ついに天空を眺めるに至るや，
　　永遠の光明〔星辰〕の著しき動きに
　　活力を与えられ天空を信じ，神となせり。
　　かの神の意志をわがユピテルと呼び，
　　この神が天空に雷電により
　　神の恐るべき律法を記し，かつ真に
　　それらを雷鳴により公布したり，とす。
　　(op. cit.,〔ON, V〕pp. 299-300 ;〔OGV, VI〕pp. 287-88.)

(28)——『〔イタリア〕詩史』"Istoria della poesia" とあるが，正確には『イタリアの詩の起源，発達および没落について——マリア・デッラ・トッレ侯爵夫人に捧ぐ』"Su l'origine, progresso e caduta della Poesia italiana —— A Maria della Torre marchesana di Novoli," 1723.〔ON, V〕pp.307-12 ;〔OGV, VI〕pp.295-300. この作品は思想的に内容貧弱。

(29)——フォン・アルタン枢機卿（cardinal Michel Federico d'Althan ;

訳　註（B・I）　　299

Kardinal Michael Friedrich von Althan, 1682-1734)。1722-28年，国王代理。この枢機卿の母親アンナ・フォン・アスペルモント，フォン・アルタン伯爵夫人 (Anna von Aspermont, Gräfin von Althan) は1723年12月13日に死去。『弔辞』"In morte di Anna Aspermont," (1724). Cf. 〔ON, VI〕pp.135-53；〔OGV, VI〕pp.128-40.

(30)──ドン・フランチェスコ・サントロ (don Francesco Santro)。1722年国王代理管轄民事法廷判事兼〔ナポリ〕王国秘書官，次いでフォン・アルタン枢機卿の引き立てにより，略式裁判王立会議議長代理，ついに合同法廷裁判長代理にまで昇進したが，ナポリが1735年6月ブルボン家カルロ王のもとにオーストリアの支配から脱するや──〔A〕・IV, 註(48)──親オーストリア派〔皇帝派〕として解任された。

(31)──ヴィーコの女婿とは，アントニオ・セルヴィッロ〔ソルヴィッロ〕・ダ・チェルヴィナーラ (Antonio Servillo〔Sorvillo〕da Cervinara, 1696-1750)。法学博士，ヴィーコの長女ルイーザ (Luisa, 1700-?) と結婚。

(32)──ドン・アントニオ・カラッチョロ，デッラモローサ侯爵 (don Antonio Caracciolo marchese dell'Amorosa)。国王代理管轄裁判大法廷裁判長代理──事実上の裁判長──として，1718-28年，ナポリ市およびその属領村落の政治的長官であった。その期間中4名の国王代理 (conte di Gallas, Marcantonio Borghese, cardinali Schrottenbach e Althan) に仕えた。ニコリーニ註による。

(33)──'verba ferme poëtarum.' キケロからの出典未詳。

(34)──第2次ポエニ戦争とスペイン王位継承戦争の対比については上記『弔辞』（註(29)参照）中のヴィーコの言う「余談」〔una digressione〕に次のごとくあり。

> ……最後にこれほど多様で，諸協議の期待に反した出来事の結果として，神の摂理こそが，諸君主の激情にもかかわらず，人間の仕業を正義をもって規正していることが他に見られない重要な証明によってここに確証された。この戦争〔スペイン王位継承戦争〕は，さればこそ，アレクサンドロスのダレイオスに対する戦争とは全く較べものにならない。アレクサンドロスはマケドニア式方陣盾3軍団によって，繊細，軟弱で逃走しながら勝つのが習慣の民族を相手にわずか2回の衝突で幸運にもペルシア王国を占拠した。カエサルとポンペイウスの戦争とも対比されえない。そこでは全ローマ世界が党派に二分され，その中では勇猛きわまる西洋人たちのカエサルに服従する死物狂いと

大ポンペイウスの賢明な指導に反抗的なイタリア，ギリシア，アジアの奢侈，栄華，優美が人類の領土支配の争いをファルサリアの戦場においてカエサルにとって有利に決したにすぎない。ところが，この〔スペイン王位継承〕戦争は第2次ポエニ戦争にのみ比肩されうる。これは最も強固なローマの武勇と最高度のアフリカの明敏さの世紀に戦われたからである。("Orazone,"〔ON, VII〕p. 146；〔OGV, VII〕pp.135-36.)

他に，これと全く同じ主張が当時の書簡に見られる。Cf. 'Lettera al padre Edoardo de Vitry, 20 gennaio,' 1726.〔ON, V〕p.190.

なお，ヴィーコのこの2戦争の対比は一見奇妙に思われるが，この継承戦争の時期が「古代近世論争」の終焉期，新教と旧教の対決の一決算期，要するに「近代ヨーロッパ意識」の「危機」—— cf. Paul Hazard："La crise de la conscience européenne, 1680-1715," 1935〔邦訳『ヨーロッパ精神の危機』，野沢協訳，法政大学出版局〕—— とほぼ一致していることを考え合わせると，ヴィーコの摂理観に照らしても，この主張はうなずける。

(35)——ドン・ジウゼッペ・カラッチョロ太公 (il principe signor don Giuseppe Caracciolo de'marchesi di Sant' Erano, ?)。ジャンバッティスタ・フィロマリーノ (Giambattista Filomarino) の妻ヴィットリア・カラッチョロ (Vittoria Caracciolo) の伯父。ニコリーニ註。

(36)——ドンナ・アンジェラ〔アンジョーラ〕・チンミーノ〔チミーニ〕，デッラ・ペトレッラ侯爵夫人 (donna Angiola Cimini marchesana della Petrella, 1699-1726)。『弔辞』"In morte di donn' Angela〔Angiola〕Cimmino〔Cimini〕marches〔an〕a della Petrella,〔ON, VII〕pp.155-78；〔OGV,VI〕pp.140-56. ヴィーコはこの夫人と大変親しく，他の友人たちとしばしば訪れたと言われている。ヴィーコの「アンジョーラ」，「チミーニ」は正しくないという。この『弔辞』が当時，大評判となり，「『新科学・初版』をも含めて他の一切の作品」より高く評価され，ヴィーコがこれに反発した書簡については，'Lettera a Francesco Saverio Estavan, 12 gennaio 1729〔N版〕pp.133-39；〔ON, V〕pp.196-202（宛名 Francesco Solla は誤り）を参照。他に『哀悼詩』"In morte di Angiola Cimmino〔Cimini〕, (1727)," cf.〔ON,VIII〕pp. 81-3；〔OGV,VI〕pp.310-11 もある。

(37)——「夫人はその生涯によって云々……」(ch'ella con la sua vita insegnò il soave-austero della virtù.)。『弔辞』の末尾。原典では「美徳

の甘苦が入れ交り，混合している，稀に見る困難な気質について考慮するための偉大な実例をわれわれに残した」(ci lasciò il grande esempio da meditare la rara difficil tempra onde si mesce e confonde il soave austero della virtù)。ヴィーコは夫人が「英雄的憤激」(collera eroica) を克服したことを評価している。ヴィーコ自身の体験の反映かもしれない。Cf. op. cit., 〔ON, VII〕p.161；〔OGV, VI〕p.144.

(38)──「ソステーニ神父」については上述註(7)参照。

(39)──アントン・マリア・サルヴィーニ。上記〔A〕・V, 註(11)参照。

(40)──「カーサ」はジョヴァンニ・デッラ・カーサ。上述〔A〕・III, 註(15)参照。ヴィーコはこの詩人に上述註(36)の『チンミーノ弔辞』の中で言及し，きわめて高く評価し，ペトラルカの「世にも甘いアッティカ風の蜜」(soavissimo attico mele) に対し，カーサは「文体の厳しい，重々しい屈曲」(la severa e grave inarcatura dello stile) によって人を驚かすと述べている。Cf. op. cit., 〔ON, VII〕pp.169-70；〔OGV〕p.150.

(41)──レアンドロ・ディ・ポルチーア枢機卿 (il cardinale Leandro di Porcia, 1673-1740)。ベルガモ司教当時1730年と1740年の2回にわたりローマ教皇選挙に立候補したという。

(42)──ジィアナルティコ・ディ・ポルチーア伯爵 (il conte Gianartico di Porcia, 1682-1743)。悲劇『メデア』"Medea," 1721 および『セイアノ』"Seiano," 1722 を創作する。1736年ヴェネツィア共和国軍司令官。

(43)──「8人」の中には，医者ニコラ・チリッロ (il medico Nicola Cirillo, 1671-1734) およびパオロ・マッティナ・ドーリア（上述〔A〕・III, 註(51)参照）が入っていた。

(44)──ジウゼッペ・ルイージ・エスペルティ師 (l'abate Giuseppe Luigi Esperti, ？)。バルレッタ出身，生地で弁護士，次いでナポリで修道院長，ローマで尊師となる。『新科学・初版』を無視した学芸界を慨嘆してヴィーコはこの人に有名な書簡を寄せている。Cf. 'Lettera all'abate Giuseppe Luigi Esperti in Roma, Napoli, ai primi del 1726', 〔A〕・III, 註(11), (99)参照。

(45)──この手紙は散逸，現存せず。『自叙伝』公刊の経緯については，以下〔B〕・II, 註(8)以下参照。

(46)──ロレンツォ・チッカレッリ (Lorenzo Ciccarelli)。ナポリの出版者と推測されるが，詳細不明。

〔B〕・II
(1)——「ナポリ駐箚官」(il signor residente in Napoli)。ヴェネツィア共和国は当時，小国には「貴族」(i patrizi) 出身の「使節ないし大使」(oratore o ambasciatore) の代りに「原住市民」(i citadini originari) から選ばれた「駐箚官」(residente) を派遣する慣習であったという。問題の駐箚官はジョヴァンニ・ツッカート (Giovanni Zuccato, ?)。Cf. **SN(II)**, ON. IV-ii, p.341.
(2)——フェリーチェ・モスカ (Felice Mosca, ?)。ヴィーコの少年時代の友人で，彼の全作品の出版者。
(3)——カルロ・ロドーリ神父 (il padre Carlo Lodoli, 1690-1771)。古典語，数学，特に建築学に通じ，当時ヴェネツィアに輸入される書物，ないし同都市で印刷される書物一切の政府任命検閲官。
(4)——「7 普通便」。普通便は週1回だと推定されるので，約2カ月足らずの期間。
(5)——アントニオ・コンティ師 (signor abate Antonio Conti, 1677-1749)。ヴィーコの『新科学・初版』を高く評価し，ポルチーアやロドーリ神父を動かしてヴェネツィアでの再版を計画した。ニュートンの推薦によりロンドンの王立協会海外会員に任命さる。初めコンティはスコラ哲学，次いでファルデッラ (Michelangero Fardella da Trapani, 1650-1718)——パドヴァ大学でデカルト哲学を教えた——の指導でデカルト哲学を研究，同じファルデッラの示唆でロックを読み，「経験論」と「合理論」を和解させようと試みた。彼自身の記述によれば，「ガリレイの哲学の方法は感覚から始めることであり，この点でヴェルラム卿ベイコン，ロックと一致していた。ところが，デカルトの哲学の方法はファルデッラから私に教えこまれたところでは，観念と神から哲学を始めることであった。私は彼らを和解させようと考えた。」

　　イタリアのデカルト主義者たちの古くからの関心事は科学に固有の感覚的経験を生得観念論者的なプラトン哲学的伝統と調和させることであった。コンティは和解させるというより並記し，〔両者を〕超越〔揚棄〕するというより解説している。Cf. E. Garin: 'Storia della filosofia italiana,' Vol. secondo, p.900.

　　コンティには『カエサル』のほか3劇作あり，また彼の美学論は当時のフランス文芸の過度の合理論的傾向を批判，想像力の権利を主張しているという。

(6)——ジャン・アルティコ・ディ・ポルチーア伯爵（il conte Gian Artico di Porcia）については〔B〕・I, 註(42)参照。「ジアナルティコ」（Gianartico）は「ジャン・アルティコ」（Gian Artico）と同じ。

(7)——「約2年云々……」。1728年3月より1729年9月までを指す。

(8)——上述のポルチーアの書簡（1727年12月14日付）を意味する。ただし，この部分をヴィーコは上述書簡の引用文では省略している。ニコリーニ註。

(9)——『イタリア文芸人諸氏に寄せる計画』"Progetto a'signori letterati d'Italia." 1721年から編集され始めたが，当初は未公刊。のち次第に回読書の形式で若干のイタリア人学者に送られていた，という。

(10)——ジウゼッペ・ルイージ・エスペルティ師。上述〔B〕・I, 註(44)参照。

(11)——『学術小作品集』"Raccolta degli opuscoli eruditi." —— eruditi は正確には 'scientifici e filologici'（科学および言語学〔小作品集〕）——この『作品集』第1巻にポルチーアの企図した『計画』がヴィーコの『自叙伝』（143-256頁）もろとも，収載，印刷された。もっとも『計画』そのものは印刷された頁数で17頁しか占めていない。

　『自叙伝』公刊までの経緯については詳細不明。ヴィーコは〔A〕・I-V までの草稿を1725年6月23日以前にヴェネツィアに発送し，〔A〕・VI の部分を補足原稿として1728年3月10日ポルチーア伯爵に送付している。『作品集』には1728年と年号あり。1728年後半ないし実際には1729年早々に公刊されたらしい。Cf. N版 'Nota critica ai testi,' p.1045.

(12)——カロジェラ神父（il padere Angelo Calogera, 1699-1781）。カマードリ会修道士。パドヴァ出身の学者。

(13)——ヴァッリスニエリ（Antonio Vallisnieri, 1661-1730）。当時有名な自然科学者，パドヴァ高等研究所教授。

(14)——この一節も例によりヴィーコの被害妄想的解釈と思われる。ヴィーコが『自叙伝』の印刷を固辞していたことが知れたからと言って，「印刷者」が「不快感」を抱くとか，まして「粗雑な印刷を行なう」とは考えられない。

(15)——この表題，原典は次のとおり。《Principi'd una Scienza nuova d'intorno alla natura delle nazioni, che si ristampano con l'Annotazioni dell'autore in Venezia》.

(16)——『ライプツィッヒ学者論文集』"Acta eruditorum lipsiensium". 1682年に創刊された学術情報誌。1707-1732年間，ヨーハン・ブルクハ

ルト・メンケ〔メンケン〕(Johann Burkhard Mencke〔Mencken〕, 1674-1732)が編集責任者。この人は，同誌の創始者の子で，ライプツィッヒ大学歴史学教授その他要職に就く。「学芸情報」'Nova literaria' はこの情報誌中の新刊紹介部門と思われる。以下の註(26)参照。

(17)――「この記事云々……」。以下の内容はヴィーコの反駁書『註記』(註(18)参照)の要約である。同『註記』の冒頭と問題の「書評」全文その他を以下に示す。

I.「著者ニツイテノ報告ト判定」

ワレワレノ一親友ガ一千七百二十九年ノ去ル八月ニ私ニ知ラセテクレタトコロニヨレバ，一千七百二十七年八月ノ貴下ノ「学芸情報」ノ中ニオイテ，私オヨビ私ノ著書ガ，らいぷつぃっひノキワメテ著名ナル学芸人タチヲ，貴下タチニヨッテ邪ニ受ケ取ラレタトノコトデアリ，同年度ノ同誌ガ私ニ送ラレテキタガ，ソノ中デ私ニ読ンデホシイトシテ示サレタノハ以下ノゴトキ文章デアル。

〔「書評」本文〕

同ジク当地（なぽり）ニオイテ一著ガ刊行サレタガ，ソノ表題ハ『一新科学ノ諸原理』八折判デアリ，同書ノ著者ハ学者タチニ自己ノ姓名ヲ秘匿シテイルトハイエ，ワレワレガいたりあノ一友人ヲ介シテ知ラサレタトコロデハ，一なぽり人修道士デアリ，ソノ姓ハうぃーき〔うぃーき一族〕デアルトイウ。著者ハ問題ノ小著ノ中デ自然法ノ新シイ体系，トイウヨリモムシロ捏造物ヲ，〔スナワチ〕今マデ哲学者タチガ習慣トシテキタノトハハルカニ異ナッタ諸原理カラ演繹サレ，ムシロ教皇教会〔旧教〕ノ精神ニ調和サレタ〔擬似〕体系ヲアレコレト論ジ立テタ。著者ハぐろてぃうすとぷーふぇんどるふノ学説ト原理ニ反対シテ非常ナ労苦ヲモッテ討議シテイル。シカシ真理ヨリモムシロ天稟〔自己ノ天与ノ才能〕ニ配慮ヲ払ッテオリ，推定ノ長期ニワタル重荷ノタメ自分ナガラ力ガ欠乏シテオリ，いたりあ人タチカラサエ喝采ヨリモムシロ嫌悪ヲモッテ迎エラレテイル。

II.「諸註記ノ提示」

コレラスベテハ虚偽デアルトハイエ，タダ一ツノ真実ガ存シテイル。ツマリ，ココデハ真実ニ関シテ私ヲ非難スルタメニ本書評ニオイテ私ヲ相手ニキワメテ顕著ニ論議ガ行ナワレタモノト私ハ考エタイノデ，以下ノ「諸註記」ニヨッテ私ハ貴下タチガ異様ナ錯覚ニ欺カレテ〔本書評ヲ〕公表シタコトヲ明ラカニショウ。(op. cit.,〔ON, III〕p. 295.)

訳　註(B・II)　305

以下 III. 「諸註記」'NOTAE' として，上述「書評」のほとんど各語句を引証して合計 19 の反駁が行なわれ，IV. 「諸註記ノ結論」'NOTARUM CONCLUSIO' V. 「未知ノ放浪者ヘノ警告」'AD IGNOTUM ERRONEM ADMONITIO' および VI. 「好意的読者ヨリノ請願」'AB AEQUANIMO LECTORE PETITIO' をもって終っている。

(18)――「一余談」(una digressione) とは，前註(17)で述べた『註記』，III 中の第 15 註記を指す。この註記は，15〔……ムシロ天稟ニ……〕「人間ノ天稟，明敏カツ鋭利ニ述ベラレタコトドモ，オヨビ笑イニツイテ，事態ヨリ生ジタ余談」xvi〔...ingenio tamen...〕DE HUMANO INGENIO, ACUTE ARGUTEQUE DICTIS ET DE RISU E RE NATA DIGRESSIO. と特に表題が付されており，「書評」の反駁を契機に論じられた独自の「天稟＝真理」調和論である。冒頭は次のとおり。

　　　シカシ哲学，幾何学，文献言語学オヨビ一切ノ種類ノ学説ニ至ルマデガ貴下ノ意見――天稟ハ真理ニ反駁スル――ハ不条理キワマルモノデアルコトヲ明白ニ確証シテイル。(op. cit., 〔ON, III〕p.302.)

　　　次いで「哲学」，「幾何学」，「自然学」，「政治学」，最後に「文献言語学」から例証して，「天稟」なくして「真理」の発見がないことを論証し，最後に，

　　　以上ノスベテノコトカラ，コノ未知ノ放浪者ニ，天稟ガドレホド真理ニ反対ナモノデアルカヲ，ソノ結果トシテ天稟ホド真理ヲ熱心ニ追求スルモノハナイコトヲ結論トシテ持ッテモライタイ。ナゼナラ，コレ〔天稟〕ハ生来ノモノデアルカラ，コノ放浪者ガ大衆トトモニ雄弁学ノ学説ハ哲学トハ全ク別デアルトドコマデ真実ニ考エテイルノカヲ彼自身ニ証明スルタメニ，私ハ多クノ引証ヲ用イテ記述シタノダカラデアル。(op. cit., 〔ON, III〕pp.307-8.)

　　　ヴィーコ特有の「天稟」については上述〔A〕・I, 註(4)参照。

(19)――「立ち向かう」(si ravvolge dintorno)。「……の方に向き決める」(volgersi verso) の強調形。現象学の「態度〔観方〕」ないし「立ち向かい方」(Einstellung) や，その動詞形「態度を決める」(sich auf et. einstellen) に近い。「天稟」が「真理」発見の原理とされるゆえんである。

(20)――この全表題は，『一千七百二十七年八月号・らいぷつぃっひ学者論文集ニ反対スル註記・ソコニハ「学者情報」ノ中ニ「諸国民ノ本性ニ関スル一新科学ノ諸原理」トイウ表題ノ書物ニツイテ一情報アリ」(ON,

III, pp. 291-322.) なおこの『註記』は一般に『うぃーこノ弁明』"Vici Vindicae" の表題で呼ばれている。Cf. op. cit., 〔ON, III〕p.318.

⑵——「同じ時期に云々……」。F.-B. 英訳版, P. 仏訳版はともに,「書評」の知らせとして訳出しているが, 構文上無理があり,「病状」とするのが的確と思われる。

⑵——ドメニコ・ヴィトーロ氏 (il signor Dominico Vitolo, ? -circ.1732)。ナポリ大学におけるヴィーコの同僚。1685年以降第2医学実践講座教授。

⑶——「未知の放浪者」(vagabondo sconosciuto)。『註記』ないし『弁明』の中で言及されている「未知の放浪者」(errono ignotus) である。上記註⒄, ⒅参照。この「放浪者」が当時ウィーンに亡命していたピエトロ・ジャンノーネであるとは文献上考えられないと言う。真相はかねてヴィーコの仇敵であった教会第1講座講師ニコラ・カパッソが,『学者論文集』の協力者でもあったし, ヴィーコに気付かれないように悪意に満ちた報告をライプツィッヒに送り, ヴィーコの疑惑をジャンノーネに向けさせて愚弄したのではないかと推測されている。しかし, これもヴィーコの記述と矛盾する。上述〔A〕・IV, 註⒅, ⑴参照。

⑷——「五つの目的」(cinque fini)。『註記』の本文次のとおり。
　　……コノ報告者ガ, 私ハ言ウガ, コレラスベテノコトヲ貫徹タチニ報告シタノハ, 考案サレタ悪意ノタダ一ツノ働キニヨッテ, 以下ノ五ツノコトヲ果タシタイト欲シタカラデアル。第一ハ, 私ノ権威ヲ傷ツケンガタメデアル。第二ハ, 問題ノ書物ヲ研究スルコトニ貴下タチヲ無関心ト化サンガタメデアル。第三ハ, モシ貴下タチガコノ書物ヲリ熱心ニ探究スルコトヲ欲シタトシテモ, ソノ一冊ノ入手ガ貴下タチニトッテ困難ト化サンガタメデアル。第四ハ, カリニ万一貴下タチガドコカデソレヲ発見シタトシテモ, ソレヲ別ノ書物, 著者ヲ別ノ人ト思ウニイタラシメンガタメデアル。最後ニ第五ハ, 報告者ガソノ間ニコレホド多クノコレホド大キナ欺瞞ノ暗闇ニ身ヲ潜メンガタメ, マタ貴下タチガ彼ヲ信ズベキ友人ト考エ始メンガタメニデアル。(op. cit., 〔ON, III〕p.313.)

⑸——「重大な諫言」(una grave esortazione)。『註記』, V「未知ノ放浪者ヘノ警告」を指す。「アフリカの砂漠云々……」はヴィーコの誇張。この部分のみ引用する。
　　……汝ノ祖国ヨリ, 誰一人追及スル人ガナクテモ, 逃ゲ去ルガヨイ。汝ハあるぷすノ周辺ニセヨ彼方ニセヨ, 留マル場所ハ持テナイ。

マタ学説ヤ学識ハ良キ素質ノ人間ヲサラニ良クスルゴトク，悪キ素質ノ者ヲ極度ニ下賤ト化スルモノダカラデアル。コレラスベテカラ私ハ汝ニ熱意ヲモッテ勧告シ，警告スルガ，学者ノ名ヲ汝ノ身ヨリ除去シ，デキルカギリ遠ザケヨ。無辜ニシテ粗野デアル方ガ，コレホドノ罪過ヲモチナガラ人ニ知ラレズ，イカニ非常ナ学識ヲ持ツニセヨ，人間界カラ追放サレテ放浪スルコトヨリマシダカラデアル。(op. cit., 〔ON, III〕p.318.)

　ヴィーコの怒りが『学者論文集』の書評の筆者その人よりも，悪意に満ちた，不正確な情報を国外の有力学術情報誌に提供した「一イタリア人」——「放浪者」——に向けられていることが知られる。なお，『註記』の中でも——直接『新科学』批判と関係ないにもかかわらず——，自著『普遍法』がル・クレールの『文庫』で高く評価されたことが3度も言及されている。Cf. ibid., pp.297, 314, 319. 参考論文・Ⅰ「ヴィーコとル・クレール」参照。

(26)——ブルクハルト・メンケ〔メンケン〕については上記註(16)参照。なお『学者論文集』はこのメンケの父，フリードリッヒ・オットー・メンケ (Friedrich Otto Mencke, 1644-1707) が1682年に創設した。ブルクハルト・メンケは当時ザクセン選挙侯フリードリッヒ・アウグスト2世 (Friedrich August II, 1670-1733) の「首相」。同選挙候は1697-1733年ポーランド王を兼ねていた。

　書簡中の『諸国民の人間性(ウマニタ)』については，〔A〕・Ⅵ，註(6)の本文参照。

(27)——「再版云々……」。『註記』Ⅲ，xix 中に本文通りの言及あり。Cf. op. cit.,〔ON, III〕pp.311-12.

(28)——ジェッサーリ (Bernardino Gessari, ?)。書店主ないし書籍商。詳細不詳。

(29)——モスカ (Felice Mosca, ?)。上記註(2)参照。

(30)——「例の一覧表」(cotal catalogo)。すでに公刊された『自叙伝』に付されたヴィーコ全著作一覧表を指す。ヴェネツィアからのこの申し出とその謝絶についても『註記』中に本文通りに明記されている。上記註(27)の引照箇所参照。内容については，'Cataloghi delle opere del Vico compilati dall' autore;〔ON, V〕pp.85-7 を見よ。

(31)——「否定的なやり方で」(per via negativa)。ここでヴィーコがふたたび「否定的なやり方」で『新科学』の改訂を構想したことは注意に値する。恐らく『学者論文集』の無責任な酷評に刺激されたのも一原因であろう。しかし，後に本文中でヴィーコが告白しているごとく，初版本

の再印刷が勝手に過半分進行してしまい,抜本的改訂版は事実上出版不可能だったのであろう。しかし『新科学・再版』でも事実上かなり大幅に初版本を「改訂」ないし「否定」している。本『自叙伝』の埒外の問題であるが,『新科学・改訂版』は,さらに上記2版の完全な「否定的形態」である。上述〔A〕・VI, 註(10), (15)参照。

(32) ―― ドン・ジュリオ・トルノは当時「聖職者検閲官」。上述〔A〕・VI, 註(11)参照。

(33) ―― 全原稿の到着は1729年12月。

(34) ―― 「取引を引き請けていた人物」(colui che faceva la mercatanzia)。この人物はフランチェスコ・ピッテリ (Francesco Pitteri, ?) という書店主兼出版業者であった,と推定されている。

(35) ―― ピッテリ(?) ―― 前註(34)参照 ―― がヴェネツィアからヴィーコに何を書き送ったかは不明。ニコリーニは,『新科学』再版には600頁に及ぶ改訂,註釈,註記が付加された ―― たとえば,「註釈」は第1節に40, 第2節に172, 第3節に123, 第4節に3, 第5節に67, 他に「目録」に3,「諸発見」に7, 合計415カ所 ―― ので,余り費用がかかりすぎる,と申し入れたのではないかと推定している。この間の事情については, **SN** (II) 'Nota,' 〔ON, IV-ii〕 pp.341-350 を見よ。

(36) ―― 『新科学・再版』の表紙に「フェリーチェ・モスカ出版費負担」(A spesa di Felice Mosca)と明記されているから,この友人が恐らく出版に協力したと推定される。ヴェネツィアの出版者への当て付けの気分もあったかもしれない。以下の註(47)参照。

(37) ―― 「第1章」(capo I)は内容から見て,「第2章」の誤記と思われる。『新科学・再版』では「章」が「巻」(libro)に,「節」(I, II, III ……で表示)が「章」(capo)に訂正された。初版の「第2章第7節」(capo II, VII)は,再版では「第2巻第7章」(libro II, capo VII)。

(38) ―― 「しかし,初版本云々……」。以下いずれも長文の3段落 ―― 以下のスカレア太公への書簡の直前まで ―― の文章は『新科学・改訂版』(1744年)の冒頭に付された「ル・クレール書簡」1722年9月4日付(上記〔A〕・V, 註(18)本文)の次に付される予定であった序言的解説の「未刊草稿」に全文収載されている。Cf.〔OGV, V〕pp.7-8.

(39) ―― 「3カ所」(tre luoghi)とは第3章,第30, 38, 43節 ――「再版」では,第3巻,第30, 38, 43章 ――。Cf. **SN** (I-ii), 〔ON, III〕pp. 185-90; 204-9; 216-19.

(40) ―― 「2カ所」(due loughi)。『普遍法』(全3巻)中で「十二銅版法」

については, cf. **Univ. Ius: II. Constantia,** 'Pars posterior,' Cap. XXXVI, 〔1〕-〔23〕, 〔ON, II-ii〕pp.564-80.

(41)——トリボニアノス (Tribonianos, ?-546)。東ローマ帝国の法律家。ユスティニアヌス法典の編集者として知られている。トリボニアノスは『普遍法』の中で4回言及されているが, 彼の「国王制定法の寓話」(la favola della Lellge regia) については暗示されているのみ。『新科学・初版』の中でさえこの法律家には全く言及されていない。しかし, ヴィーコは早くよりトリボニアノスが「国王制定法」を庶民による成文法, 一種の実定法と断定した張本人と見なし, これが根拠なき「一寓話」であると判定していたことは明らかである。たとえば, 『普遍法』中の示唆的表現——「成文法ト未成文法ノ区別, あてない人トすぱるた人カラ由来シテイル, トとりぼにあのすハ書イテイル云々……」**(Univ. Ius: I. Principium,** Cap. CXLII, 〔ON, II-i〕p.135) ——はこの「寓話」の成立を暗示している。のちの『新科学・改訂版』では明快に「寓話」が批判されている。

　　……もし〔ボダン〕がトリボニアノスによって捏造された国王制定法の寓話に助けを求めようとするのならば, なるほどこの寓話によるとローマ国民が彼らの至高で自由な支配権を投棄し, それをオクタウィウス・アウグストゥスに授与したとされてはいるが, それが一寓話であると見抜くためには, タキトゥスの『年代記』冒頭の数頁を読めば足りる。その中でタキトゥスはアウグストゥスがその一身の裡にローマ君主政体を開始したことを正当化するための窮極的な事柄を述べている。この君主政体を全諸国民もアウグストゥスから始まったと思っていた。**(SN(II)**, 〔ON, IV-ii〕pp. 148.)

(42)——「論考」(Ragionamenti)。「第1論考——外国よりローマに到達した十二銅版法について」'Raggionamento primo——D'intorno alla legge delle XII Tavole venuta da fuori in Roma' および「第2論考——トリボニアノスの国王制定法について」'Raggionamento secondo——D'intorno alla legge regia di Triboniano' の2編。Cf. **SN(II)**, 〔ON, IV-ii〕pp.281-388.

(43)——この引用については, 上記〔A〕・VI, 註(2), (4)参照。なお上述の序言的「未刊草稿」(上記註(38)参照) ではル・クレール『古代近世文庫』に言及したのち, 冒頭に全文 (ラテン語) 収載したル・クレール書簡から次の箇所を引証している。「コレラハワレワレノ北方ノ学者タチニ彼ラノモトニ劣ラズいたりあノ人タチノモトニオイテモ明敏サト学識ガ発見

サレルコトヲ示ス機会ヲ小生ニ提供スルコトデアリマショウ。イヤ，事実ソレドコロカ，寒冷地域ノ住民カラ期待サレウルコト以上ニ学識ノアル，明敏ナ事柄ガいたりあ人タチニヨッテ言ワレテイルコトヲ示スデアリマショウ。」上記〔A〕・V，註⒅本文参照。Cf.〔OGV, V〕pp.7-8. なお，詳しくは参考論文「ヴィーコとル・クレール」参照。

⑷⒋——「ヴィーコが云々……。……誤りが生じた。」この長文の一段落も「ヴィーコ」を「われわれ」，その他時称等を訂正して全文が序言的「未刊草稿」に収載されている。Cf.〔OGV, V〕pp.7-8.

⑷⒌——「註釈」'Annotazioni' については上記註㉟参照。ヴィーコは結局この厖大な「註釈」（合計 405 カ所）を加える案を自ら「否認」するに至り，初版本を土台に改訂する案に切り換える。「註釈」という「批判的」ないし「否認的」手段を中止したのは，一つには再版本が巨大化して費用がかかりすぎるためもあったであろうが，他方では初版本の再刻が，恐らくヴィーコに十分な連絡なしに，「半分以上」完成してしまい，今さら抜本的改訂版，「否定的」形態版を公刊できない事情となったためでもあったと思われる。

⑷⒍——「これらすべて云々……。……暗黙のうちに要請した。」この一段落もほぼ全文が序言的「未刊草稿」に所載。Cf.〔OGV, V〕pp.7-8.

⑷⒎——「降誕祭」（il santo Natale）。「復活祭」（Pasqua di Resurrezione）。具体的には 1729 年 12 月 25 日から 1730 年 4 月 9 日，すなわち 106 日間。「クリスマスの朝」着手され，「復活祭」の夕刻完成されたことはヴィーコにとって「いわば運命的な霊感」（un estro quasi fatale）と無関係ではない。

⑷⒏——「最後の不測の出来事」（un ultimo emergente）。ロドーリ神父からのヴェネツィアで出版できなかったことについての和解の書簡と推定されている。

⑷⒐——「学芸情報」'Novella letteraria'。これは一種の「序文」としてヴィーコが再版本の冒頭に付すため執筆したもので，1-96 頁を占めていた。内容はヴェネツィアでの出版計画，その挫折等々の経過と，それに関連しての所感であった。

⑸⓪——「この著書〔諸巻〕」（quei libri）とは，『諸国民の共通的本性をめぐっての一新科学の諸原理のジャンバッティスタ・ヴィーコによる全 5 巻本・再版において，より適切に統一され，多量に増減さる。クレメンス 12 世聖下に献呈。1730 年，ナポリ。フェリーチェ・モスカ出版費負担。当局出版認可済』。

(51)──「第 2 註釈」'Annotazioni secode' は「訂正」,「増補」とともに 1731 年初頭公刊された。形態も活字も『新科学・再版』と全く同一,計 12 頁,モスカ印刷,表題は「スカレア太公殿下への著者からの書簡」 "Lettera dell' autore all' eccellentissimo principe di Scalea" であった。

(52)──ドン・フランチェスコ・スピネッリ・ディ・スカレア太公 (don Francesco Spinelli principe di Scalea, 1686-1752)。初めデカルト主義者カロプレーゾ (上述〔A〕・II, 註(63)参照) に学び,のちヴィーコの個人指導を受ける。

(53)──「愚息」(un mio figliuolo)。ヴィーコの次男ジェンナーロ (Gennaro, 1715-1806) を指す。1736年から41年まで老父の講座 (雄弁学) を代講,1741年父を継ぎ,その後60年間その職にあった。

(54)──「わずかな」(poche 〔annotazioni〕)。この段階 ── 1731 年初頭,すなわち恐らくは上述の「第 2 註釈」印刷以前──では「わずか」であったが,のち増加したので,同じ 1731 年 8 月「第 3 註釈」,1732-33 年には「第 4 註釈」が完成。これらに基づいてヴィーコは,1734 年ごろより著作の全面的改訂に着手。1744 年『新科学・改訂版』が完成。しかし,その公刊は 1744 年 7 月。同年 1 月 22-23 日の夜半ヴィーコはすでに死亡していた。

(55)──「教皇位云々……」。1730 年 7 月 12 日教皇に選出された。これを祝ってヴィーコは「クレメンス 12 世聖下の教皇位御昇進祝歌」'Nella promozione della Santità di Clemente XII al Sommo Pontefícato. 1730' を創作,これはナポリで豪華版として印刷され,新教皇に奉呈された。Cf.〔ON, V〕pp. 313-16;〔OGV, VI〕pp.319-21.

(56)──ネーリ・コルシーニ枢機卿 (il cardinal Neri Corsini, 1685-1770)。詳細不明。

(57)──「完全に放棄した」は修辞的表現,事実は雄弁学教授として 1736 年まで勤務,この年より次男ジェンナーロが代講開始,1741 年父の講座を引き継ぐ。形式的にはヴィーコは 1741 年まで教授職にあった。また,上述註(51)に述べたごとく,その後も『新科学・改訂版』の完成を目指して改訂,補正が続けられているし,また公式行事である開講演説では 1732 年に独自な『英雄精神論』"De Mente Heroica Oratio" (「解説」,註(29)およびその本文参照) を行なっている。

(58)──ドメニコ・ロドヴィーチ神父 (il padre Domenico Lodovici, 1676-1745)。イェズイタ派神父。『新科学・改訂版』のヴィーコの肖像の

(59)――上述〔A〕・IV, 註(6)参照。本文中の「プラトン云々……」については同所註(4)参照。

(60)――クウィンティリアヌス。上述〔A〕・III, 註(38)に言及あり。1世紀後半のローマにおける代表的修辞学者。残存する主著『修辞学提要』"Institutio Oratoria" はルネサンス以降人文主義者に再評価された。特に第1巻に開陳されている教育論が有名。ヴィーコが, その修辞学〔雄弁学〕教授という身分は別にしても, この古典に強く影響されたことは疑う余地がない。「アレクサンドロス云々……」に関して, クウィンティリアヌスの原典は次のとおりである。

　　……モシまけどにあ王ふぃりっぽすガ諸学問ノ初歩ハモットモ完全ナ教師ニヨッテ最善ニ成就サレルノデアリ, カツ全教育ニ関係スルモノデアルト信ジテイナカッタトスレバ, 自分ノ息子あれくさんどろすニ諸学芸ノ初歩的基本ヲ当代最高ノ哲学者ありすとてれすカラ教示シテモラオウト欲シタコトデアロウカ? マタコノ哲学者ノ方デモコノ任務ヲ引キ請ケタコトデアロウカ? ワレワレハソレユエ, ワレワレノ膝下ニ, アレホド配慮ニ値スル幼児, あれくさんどろすガ(モットモ, ワガ子ハ誰ニトッテモ, ソレニ値スルノダガ)託サレタ, ト仮定シヨウデハナイカ。マズ基本ソノモノ中デモ練習用ノ簡単ナ入門書マデモ教エテヤルコトヲ何デ私ガ恥ズカシク思ウコトガアロウカ? ("Institutio," I, 23-24)

(61)――ファエドルス『寓話』, 第3巻, 9「そくらてすヨリ彼ノ友人タチへ」(Phaedrus: "Fabulae," III, 9 'Socrates ad amicos,' V. 3-4)

　友人ノ名ハ日常的ナレド誠実ハ稀ナリ。
　そくらてすガ小サナ住居ノ土台ヲ築イタトキ
　(コノ人ノゴトキ死ヲモ, モシソノ名声ヲ求メエバ, 我ハ避ケズ,
　マタ, モシ灰トシテ無実タリウレバ, 我ハ憎悪ヲ甘受ス),
　民衆ノ誰カシラ一人ガ, ヨクアルゴトク, 訊ネタ,
　「貴方ノヨウナオ方ガ, ドウシテ, コンナ狭イ家ヲ建テルノカ?」
　「ソレハ」, ト彼ハ答エタ, 「本当ノ友人デコノ家ヲ一杯ニシタイカラダ!」

ヴィーコは何を暗示して, この陽気な寓話詩の2行を『自叙伝』の結びとしたのか。ヴィーコに刑死の恐れなど初めから存在しなかった。もともと貧しい彼の陋屋は, それなりに良い友人で常に一杯であった, と

ヴィーコもついに自覚したのかもしれない。

ヴィッラローザ侯爵補記(1)

〔補記本文——1818年〕

〔以上をもってヴィーコが自ら記述し(2)、カロジェラ神父により選択された小作品集の第1巻に挿入された彼自身の自叙伝に対して為された補遺は終る。この自叙伝は私個人の能力に許された以上のやり方で、無数の誤植を一掃されてその真の原典句読に復元された(3)。これらの誤植についてはヴィーコ自身がこの印刷で見逃されていることを慨嘆していた。私がここで付記したいことはわずかにすぎず、それはこの偉人の文芸的生涯というより、私生活にかかわることどもである。〕

ジョヴァン・バッティスタ・ヴィーコは(4)〔かくして〕(5)彼自身がわれわれに知らせているとおり、少なからぬ子供たちの父親になり、かつ彼らがすでに成人してしまうや、幸運な父親も甘受を余儀なくされることが稀でない不和や心痛に悩まされ始めたのであった。彼は家庭の貧困が日々に増大していくのを見たが、それというのも、彼自身が告白したごとく、摂理が彼をその最初の段階から安楽な身分に据えることを欲せず、彼が自分の状態を改善しようとして正直に試みてきた一切の手段を挫折させたからであった。現に彼は『新科学』初版を出版するために彼の庇護者ロレンツォ・コルシーニ枢機卿(6)の支援を懇願し、応諾してもらえなかったとき、同枢機卿から届いた返事の背面に以下のごとく書いている。「コルシーニ猊下の御書簡。これによれば猊下は『新科学』に先行する著作〔否定的形態〕(7)の出版費用を御援助下さる御余裕なしとのこと。かくして私は私の貧窮を前提にして本著〔『新科学・初版』〕を考える必要に迫られた。貧しさが私の精神を拘束したので、代りにこの小著を出版したが、それにさいし、私は自分の所持していた、光沢度最高の5グレン〔1カラット¼〕のダイヤモンド付き指輪を手放し、この代金で書物の全部数の印刷費と製本費を支払うことができた。書物はすでに公表を約束していたのであるから、例の枢機卿氏に献呈した。」

彼は生活の維持をすべて〔雄弁学〕講座の乏しい俸給より得なければならなかった。そして，給与だけでは全く足りなかったので，彼は自宅で雄弁学やラテン文学の個人教授を行なうことを余儀なくされた。すると，この点では，わが首都〔ナポリ〕の選り抜きの貴族たちが彼を尊重してくれて，自分たちの子息を彼のもとに通わせた。彼らはヴィーコからならば他のこの種の権能を持ついかなる教授からよりも立派に彼らの子供たちが中途半端でない，もっとも正確な道徳から由来する真の叡智を学ぶことができることを確信していたからである。ヴィーコから在宅授業を聴講した連中の幾人かには，この〔ナポリ〕王国の主要な貴顕たちの多くの子弟をも列挙されるべきであろう。ヴィーコは彼らの自邸に赴いて講義を行なったからである。これら名門の中では簡略のためカラーファ・ディ・トラエット家，スカレア太公スピネッリ家，ラウンツァーナ公爵ガエターニ家のみを挙げるに留めよう。この当時のわが都市〔ナポリ〕の高官たちは事実彼らの子息や相続人が賢明で学識のある人間になるためには，いかなる配慮も見逃さなかった。現に彼らの意見によれば，貴族の出身で余裕に恵まれた人間にとって，ばかげた無知な連中の数限りのない群集の中に入り混じっていることほどそぐわないことはない，とされていた。

　しかし，この種の補助収入も彼が日々責め立てられ，苛(さいな)まれていた緊急の需要を軽減するのには足りなかった。宿命的な不運から彼は清純で素朴な素行を備えてはいたが，その反面どんな平凡な主婦からも要求される才能が欠如した女性を妻としてきていた。彼女は文字を書くことさえできず，もろもろの家事について，ほとんど配慮が行なわれなかったので，その結果として，学者の夫が，衣服ばかりかその他彼の幼い子供たちが必要とするもの一切について心遣いをし，備えなければならなかった。

　彼は子供たちに対して極度に優しかった。そして，彼らの中でも二人の娘を偏愛した。かつ，ルイーザという名前の長女が女性に必要である以上の才能に恵まれていることや，彼女が学芸に対する，特に詩に対する性向を示すのに気付くや，最大の配慮と注意をもって彼みずからこの娘の教育に熱中した。彼の配慮は水泡に帰すことなく，充分に報われた。娘は成人するやイタリア詩界で大いに名声を博したからであるが，そのことは印刷・公刊されたさまざまな彼女の詩文選集の中の若干の優

美な作品が裏付けている。また，わが賢者が日常の中断されることのない煩わしい仕事から解放された時間に彼の可愛い娘たちとささやかな余暇を楽しんでいるのを眺めるのは素晴らしいことであった。この情景の目撃者はモンテ・カッシーノ修道士ドン・ベネデット・ラウダーティ神父であった。この神父は尊敬すべき素質と知識によりきわめて有名であったが，しばしばヴィーコを訪問し，ある日のこと彼が娘たちと戯れているのに出会って，タッソの次の詩句を彼に対して繰り返さずにはいられなかった。

　　ここマェオニアの娘たちの間に見らるるは
　　アルキデスの糸捲棒を手に昔話を語らう姿なり(9)。

この冷かしを聞いて優しい父親は大喜びで爆笑した。
　娘たちが彼にもたらした慰安はしかしながら，息子の一人が幼少のころから見せた悪い素質のため非常に損なわれた。この息子の名前はここでは伏せておきたい(10)。この子は成長してからも，学問や真面目な訓練に努めるどころか柔弱で怠惰な生活に全く身を任せ，時を経るにつれてあらゆる種類の悪事に走り，そのおかげで家族全体が不名誉を被った。息子が誤った道を捨てて立派な進路へ改めて戻るようにと，〔そのためなら〕賢明な父親はいかなる手段も見逃すことはなかった。繰り返しての慈愛のこもった勧告も，賢明で有名な人々の権威ある叱責もこの非行少年を教化するのにはすべてが空しい試みだった。かくして懊悩した父親は心にもあらず厳しい必要に迫られて，この息子を投獄してもらうため司直に訴えなければならなくなった。しかし，これが実行に移されることとなり，警吏たちがすでに自宅の階段を登り始めたのを認めると，父性愛に駆り立てられて彼は不運な息子のもとに駆けつけ，震えながら言った。「息子よ，逃げろ！」しかし，このような優しい父性愛の一表現も司直が所定の手を打つのを防げなかった。息子は牢獄に連行され，素行が実際に改まったという明確な証を示すまで長い間そこに留置された。
　このような容易でない家庭的災難に，これに劣らない他の災害が追いうちをかけた。それは他の一人の娘の虚弱な健康であった。この娘は苦しい疾病に激しく虐げられ始めた。この病気は懊悩する父親に最大の苦

悩をもたらすかたわら，医者や医薬品のために彼に不断の出費を強制した。医薬の費用が苦しいながらも惜しまれることなく，恐らくは何の役にも立たずに濫費されたからである。このような，そしてこれほどの心的障害もヴィーコが自分の講義に出席することを決して妨げなかった。授業には彼の名誉と義務が彼を呼び寄せていた。彼は一切に英雄的忍耐をもって耐え，わずかに折にふれて彼のある親しい友人に，「不運は死後まで自分を迫害するのではあるまいか……」という容易ならぬ言葉を洩らすのが聞かれた。忌わしい前兆であった。以下で述べるごとく，それは不幸にも実現した。

彼の状態の改善の一光明がこの〔ナポリ〕王国への不滅のカルロ・ボルボーネ王〔ブルボン＝スペイン家〕の幸先のいい到来とともに彼の中に輝き始めた。この大度で好意的な君主の短期間で遂行された壮大な諸計画に（これらは，この君主の立派な御子息，王座の後継者であらせられる現国王により完全に完結されたが）この王国はあれほど多くの恩恵を負っているが，同国王は少なからざる御配慮をもって，第2の前国王アルフォンソ陛下として学者や科学者たちの最高の庇護者でありたい，との御意向を持たれた。かくして，陛下にヴィーコの稀な特性が奏上されるや，次のごとき名誉きわまりなき親任状(11)とともにヴィーコを年俸100ドゥカート付きの勅任歴史編纂官に任ぜられた。

　　貴殿が通じておられる学理ならびに長年にわたって王立学術大学において青年の教育に尽瘁された御功労に鑑み国王陛下には貴殿を勅任歴史編纂官に選ばれ，その資格と任務を託されましたが，これは貴殿が周知の御能力に照らしてすでに世に示された他の学識ある諸著作に対応する好評を博してこの任務を遂行されるであろうとの御信任の現われであり，同時に貴殿が大学にて受理されている金額に加えてさしあたり100ドゥカートを給与として交付するものであります。以上を勅命により貴殿に通告申上げ，陛下より貴殿が獲得された恩寵を御承知願いたい次第であります。

　　貴殿の御長寿を祈願して，謹言。
　　一千七百三十五年七月二十一日，於ナポリ。
　　　　　ヨーゼフ・ヨーアヒム・デ・モンテアレグレ
ヨハン・バッティスタ・ヴィーコ殿

もし彼のはるかに若々しい年代から彼を激しく脅かしてきていた病苦が年齢を加えるとともに増大していなかったとすれば，わがヴィーコは国王陛下の御恩恵のより大きな具現化を体験していたことであろう。彼は神経系統全体にわたって，このようにして眼に見えて衰弱し始め，その結果，辛うじて歩行が可能な状態となったが，それ以上に彼を悩ませたのは毎日記憶が衰えてゆくのを自覚することであった。彼はこのため自宅で教えることも，王立学術大学で講義を続けることも差し控えることを余儀なくされた。このため彼は，国王に請願書を奏上し，せめて息子ジェンナーロを自分の講座のさしあたっての後任として下さることを願い出た。この息子はこれまで数回父親の面前で雄弁学入門書を解釈して聴講者に満足を与えたと思われたので，この講座を維持するに足りる十分な証拠を示している，と言うのであった。この要請はポッツゥオリ司教兼礼拝堂大司祭，ドン・ニコラ・デ・ローザ猊下の所見を聴取するため移送された。同司教が上述の職務に加えて当時王立学術大学の長官職を兼務していたからである。学識ある高僧はジェンナーロ・ヴィーコ青年の評価と誠実さを十分に識っていたので，ジョヴァン・バッティスタ〔ジャンバッティスタ〕・ヴィーコにより王立大学において果たされた長期の奉公と息子ヴィーコにおいて父親に匹敵している立派な諸性質に鑑みて，陛下は同人に修辞学講座を託されてよいでありましょう，と少しも躊躇せずに国王に答申した。この所見が寛大きわまりなき主君により勅許されるや，修辞学講座は老齢で病身の父親の表現を絶した満足とともにジェンナーロ・ヴィーコに託された。

　老学者の消耗した身体は引き続き日に日に衰弱してゆき，その結果として，彼はほぼ完全に記憶を喪失してしまい，ついにはもっとも身近の品物をも忘れ，もっとも見慣れた事物の名称をも取り違えるに至った。もはや彼は疾病の初期に行なわれるのが常であったように，ラテン作家の誰かを息子のジェンナーロが愛情をこめて読んでくれるのを楽しむこともなくなった。彼は一日中自宅の片隅に座って，静かにしているばかりか，口も利かずに過ごし，わずかな軽い食物もほとんど摂らなかった。友人たちは，しばしば彼を見舞ったが，彼からほとんど挨拶を返されることもなく，もはやかつて常に行なってきたように，内容のある快活な論議をして彼と歓談するどころではなかった。これほど執拗な疾病

は，王立大学の彼の同僚である，きわめて有能な医者たちから指示された有効な医薬も効なく，もはや医学の力を借りて根治することも小康を保つこともすでに不可能であった。それどころか，これほど絶望的な疾病はますます重態化してゆき，ついに不幸なヴィーコは自分が優しく愛していた，自分自身の子供たちさえ，それとは認められないまでになった。彼はこのような世にも辛い状態に1年と2カ月の間留(12)まっていたが，それからは，ほんのわずかの食物に対しても抱いていた極度の嫌悪のため生命力が欠如し，死をゆっくりと苦しみながら啜り飲みつつ，常時病床に横たわるほかなくなった。最期の息を引き取る数日前，彼は感覚の使用を取り戻し，あたかも長い眠りから目覚めたごとくに子供たちや周囲にいた人々を認めた。この出来事に彼らがどれほど喜んだかは訊ねるまでもないであろう。しかし，このような回復も彼にとっては自分のさしせまった最期を覚らせること以外には役立たなかった。かくして，人力による治療のすべてが自分には無駄で無効と化したことを自覚し，肺の機能停止に襲われるや，体力も極度に衰弱していて，それを鎮静化する手段もないのを知って，彼は自分から望んで学識あるカプチン修道士で親しい友人，アントニオ・マリア・ダ・パラッツゥオロ神父(13)を招かせた。それは，この神父に友人としての最後の職務を自分のために果たしてもらいたい，そして恐ろしい旅立ちに力を貸してもらいたい，と望んだからであった。神の意志と，彼の犯した諸罪過の天国での贖宥とのもっとも完全な合致とともに，彼は教会がその愛する子供たちに付与する強力な援助に力付けられ，彼自身もそれを渇望しつつ，ダヴィデの詩編を絶えず朗誦しながら1744年1月20日静かに息を引き取った。(14)
享年満76歳であった。

ヴィーコの歿後，彼が数年前預言者的な光明に霊感を受けたかのごとく言明した事柄，すなわち死後に至るまで不幸が自分に付きまとうであろうと言ったことが実現した。それまで前代未聞の一つの出来事，そしてこの世紀の誇りとされている開化にもかかわらず，われわれがこの革新されたわれわれの時代において羞恥心なしでは眺められなかった一事件が上述の予言を確証した。

王立大学の教授たちは亡くなった同僚の遺骸を墓所まで見送って行くのがそれまでの仕来りであり，これはすでに廃止されてしまった多くの慣習の中で，なお残存している賞讚すべき慣例であった。故ヴィーコの

葬儀の時刻が決定されるや，教授のほぼ全員が彼らの亡き同僚の自宅に赴いて遺骸の供をし，彼に最後の感謝の意を表明することを求められた。ヴィーコが所属していたサンタ・ソフィア信心会が，他の信心会員に対して実施してきていたのと同様に，彼を埋葬のため運んでゆく手筈になっていた。この信心会は故人の自宅に至るや，大学の教授たちが柩布の飾り房を担うことを認めてほしくない，と文句を言い始めた。これに反対して教授たちは，この名誉ある権利は彼らに帰属していると主張し，多くの事例を提示した。その間に遺骸は故人の自宅中庭に下され，王立大学の紋章で飾られた棺の上に安置された。ここで信心会の会員たちと教授たちの間に大論争が始まり，どちらも他方に譲ろうとせず，死を目前にして，人間の弱点と高慢さがどこまで及ぶのかを示した。何をもってしても彼らを友好的に妥協させることができなかったので，信心会は非人道的にも協議の結果，遺骸を放置して立ち去る決意をした。教授たちも彼らだけで葬礼を行なうことはできないので，帰ってしまい，遺骸はふたたびそのもとの住居に運び込まれざるをえなかった。大切な父親を失った揚句に，その父親がふたたび家に運び込まれるという情景を見せられなければならなかった傷心の息子の心が，この出来事のためどれほど衝撃を受けたかは誰でもが容易に推測できることであろう。当然ながら悲嘆にくれたのち，彼はその翌日司教座聖堂参事会に亡父の遺骸を墓所まで運んでくれるようにと依頼することを決心し，この種の不祝儀の折に不可欠とされる，さらに大きな出費を覚悟した。教授たちは彼らの亡き同僚を墓地まで見送るのにやぶさかではなかった。そして，彼はジェローラモ〔ヒエロニムス〕会士と呼ばれるオラトリオ会士神父教会に葬られたが，この教会はこの著名な人物により，その存命中足繁く通われ，故人自身によって遺骸を納めてほしいとかねて選ばれていたのであった。

この遺骸はわが都市〔ナポリ〕のすべての学者に通常生じる例に洩れず，1789年までは無視され，知られることなく眠っていた。この年になって，すでにしばしば触れたジェンナーロ，かくも偉大な父親のなお生存中の息子によって，上述の教会の遠い片隅に短い碑銘が父親のために彫られた。これは，一方では無能な人間のために壮大な墓石が建立されているのに，という詩人の古くからの哀訴をこの機会に繰り返しているとも言えよう。

りきぬすハ大理石ノ，サレドかとー二ハ小サキ墓ニ眠リ，
　ぽんぺいうすニハ眠ル所モナク……[15]

この碑銘は次のごとくである。

　　　　よはんねす・ばってぃすた・うぃくす
　　　　　　勅任
　　　　　雄弁学教授
　　　　　兼歴史編纂官
　　　　ソノ生前ノ天稟，学問，性格ハ
　　　　ソノ著作ニヨリ明示サレルニ足ル
　　　　ソレラニヨリソノ名声アレバナリ
　　　　　世ヲ去リテココニ
　　　　　ソノ愛妻タリシ
　　　　かたりな・ですてぃとぅすト眠レルハ
　　　　コノ碑石ノ示ストコロナリ
　　　　　一千七百四十四年
　　　　　旧暦二月十三日歿
　　　　　享年七十四歳
　　　　　　息子やぬありうす合掌
　　　　　　コレヲ建ツ

ヴィーコがラウフィロ・テリオ〔ラウフィルス・テリウス〕と名乗って会員になっていたローマ・アルカディア協会は，パッラシオ森に彼のために次のような記念碑を建立した。[16]

　　　　　総会ノ名ニオイテ
　　　　あるかでぃあ会牧者らうふぃるす・てりうす
　　　　　言語学者，カツマタ
　　　　　普遍法ノ学説ニヨリ
　　　　　　名高キ人ノタメニ
　　　　同会牧者どらるぶす・たりありうす

ソノ功ヲ讚エテコレヲ建ツ
　おりんぴっく紀六百三十二年第四年
　本会創設以降十六おりんぴっく紀第三年。

訳　註
(1)──ヴィッラローザ (Carlo Antonio de Rosa morchese di Villarosa, 1762-1847) はヴィーコの歿後『自叙伝』「補遺」(〔B〕・I, II) の原稿を入手したヴィッラローザ侯爵一門で，このいわゆる「第2手帖」(il secondo quaderno) は同侯爵からナポリ国立図書館に寄贈された。カロジェラ神父に発送され，同神父編集の『科学および言語学小作品集』"Raccolta d'opuscoli scientifci e filologici"──ヴィーコは『学術 (eruditi) 小作品集』と略記 (〔B〕・II, 註(11)・(12)参照) ──の第1巻に公刊されたヴィーコ『自叙伝』草稿 (いわゆる「第1手帖」) はヴィーコの息子ジェンナーロが「ある偉い人物」(un uomo d'alto affare) に貸したまま戻って来ず，散逸したと言う。Cf.〔OGV, I〕p.40, nota (1). また，ヴィーコがこのカロジェラ神父版『自叙伝』に不満足であったことはムラトーリ (Lodovico Antonio Muratori, 1672-1750) ──『イタリア年代記』"Annali d'Italia, 1744-49" その他で著名──に「自伝要約」を求められたとき，例の『自叙伝』を参考にしてほしい，と答え，
　　……そんな次第で，いかに短縮された形にせよ，他に自伝など公表すべきでないというのが私の権威の要求するところです。かの有名な〔カロジェラ〕神父があの自伝を再版したいと欲されたとしても，あれを手荒く型無しにした無数の誤植を訂正しないでは応じられないでしょう。('Lettera a Ludovico Antonio Muratori, 5 giugno 1730.)
と言明している。
　さて，幸い「第2手帖」はこの訂正と増補を含んでいたので，ヴィッラローザ侯爵はヴィーコ小作品集の編纂にさいし，「自叙伝補遺」(〔B〕・I, II) をも公刊した。同時に，この「ヴィッラローザ侯爵補記」をも付加して，ヴィーコの最晩年を補足した。しかし，現在までの研究成果に照らして，この「補記」には多くの誤記が見出される。ここでは，しかし，ヴィーコ伝研究の一資料として忠実に訳出しておく。主な問題点については，註で指摘する。
　なお，『自叙伝』のいわば一方的な公刊，ヴィーコの不満等については，〔B〕・I, 註(41)以下，〔B〕・II, 註(9)以下の本文参照。

なお，本「補記」は現在ほとんどの『自叙伝』本文でも訳書でも省略されている。訳出に当り，F版を底本，ON版，OGV版を参照した。他の諸版では省略されている。外国語訳版ではF.-B.英語版にのみ訳出されている。

　最後に「ヴィッラローザ侯爵補記」'Aggiunta del marchese di Villarosa' は通称。F版ではこれを副題として「ヴィーコの晩年」'Gli ultimi anni di Vico' と表題を付しており，OGV版では「チ・アー・ヴィッラローザの付記」'Appendice di C. A. Villarosa' となっている。

(2)——〔　〕内はOGV版のみ。

(3)——「私個人の能力に許された以上のやり方で」(nel modo migliore che per me si è potuto) は意訳。この一句，意味が不明確。「第2手帖」の冒頭に付されている「但し書」に「ここまではヴィーコの文芸的生涯が記述され，それはカロジェラ神父の『学術小作品集』（第1巻，ヴェネツィアにて出版）に掲載されている。この版はきわめて多くの，そしてしばしば重大な誤植を訂正され，若干の箇所を訂正され増補されて，残余部分を補充するであろう」('nota critica ai testi,' 〔N〕p. 1045) とあるのに照らせば，ヴィーコ自身の訂正，補正原稿であることを意味していると解釈できる。

(4)——ジョヴァン・バッティスタ (Giovan Battista) はOGV版では「ジョヴァンニ」(Giovanni)。当時の正字法はかなり自由であった。

(5)——〔かくして〕はOGV版のみ。

(6)——「ロレンツォ・コルシーニ枢機卿の支援云々……」。〔A〕・VI，註⑿参照。

(7)——いわゆる『新科学〔否定的形態〕』については〔A〕・VI，註⑿，⒂等参照。

(8)——ヴィーコには8人の子があり，3人は幼時に死亡。三男，二女が残った。長女ルイーザ (Luisa, 1700-?)，長男イニャーツィオ (Ignazio, 1706-1737)，次女アンジェーラ・テレーザ (Angela Teresa, 1709-?)，次男ジェンナーロ (Gennaro, 1715-1806)，三男フィリッポ (Filippo, 1720-?)。

(9)——タッソーの引用詩次のごとし。引用箇所未詳。
　Mirasi qui fra le meonie ancelle
　favoleggiar con la conocchia Alcide ;
　なお，ラウダーティ神父については，〔B〕・I，註⒃参照。

⑽——長男イニャーツィオ。

(11)——この「親任状」(diploma) はスペイン語——ブルボン゠スペイン家カルロ・ボルボーネ国王の公用語——で書かれ，以下にその原典のまま引用されている。

(12)——ヴィーコ死去前の「1年2カ月」にわたる以上の記述は正しくない。病苦による老衰は否定できないにせよ，ヴィーコは最期まで『新科学・改訂版』の印刷ゲラ刷りに目を通し，トロヤーノ・アックワヴィーヴァ・ダラゴーナ枢機卿 (il cardinal Troiano Acquaviva d'Aragona, ?) への「献辞」は1744年1月10日付で書かれたか，ないしは口述されている。Cf. **SN(II)**,〔ON, IV-ii.〕pp.319-21. 彼が死（1月22-23日）の12日前まで明晰な知性を保っていたことは疑いない。

(13)——アントニオ・マリア・ダ・パラッツゥオロ神父 (il padre Antonio Maria da Palazzuolo, ?-1735)。この神父は1735年に死去。臨終に立ち会ったのはドン・ニコラ・メローナ神父 (il padre don Nicola Merona, ?) であるという。

(14)——「1月20日」は「1月22-23日の夜半」が正しい。

(15)——原文ラテン詩。作者未詳。

　　Marmoreo Licinus tumulo iacet ; at Cato parvo,
　　Pompeius nullo……

　　なお，カトー (Marcus Porcius., 95-46 B.C.) は「小カトー」，ないし「ウティカのカトー」。ポンペイウスに加担して，カエサルと戦ったが，前者の敗北と暗殺死を知るや，ストア主義者として平然と自殺した。

(16)——ローマ・アルカディア協会は古代ギリシア愛好者の親睦団体。会員は牧人，ギリシア名で呼び合い，オリンピック紀を用いて楽しんだ。最後の碑文は不明な点が多い。B.-C. 英訳版に即して仮に訳した。

参考論文・文献

凡　例

1　以下の2論文において，引用文献，註等はヴィーコに関する限り『自叙伝』本文，訳註等に依拠する。
2　ヴィーコの主要著作，各種の刊行版，その他の略記等については『自叙伝』冒頭の「凡例」に準ずる。
3　論文I「ヴィーコとル・クレール」に付した，ル・クレール「ヴィーコ『普遍法』書評」の底本は，

　　Article VIII. 1. IOANN. Baptiatae Vici, *De Universi Juris uno Principio & Fine uno, Liber unus, ad Amplissimum Virum* Franciscum Venturam *Regi ã Consiliis & criminum Quaestorem alterum*. A Naples MDCCXX. in 4. pagg. 100. II. Ioann. Baptistae Vici *Liber Alter, qui est de constantia Jurisprudentis, ad Ampliss. Virum* Franciscum Venturam *Regi ã Consiliis & Criminum Quaestorem alterum*. A Naples MDCCXXI. in quarto pagg. 264. (in "BIBLIOTHEQUE ANCIENNE ET MODERNE. Pour servir de suite aux BIBLIOTHEQUES UNIVERSELLE ET CHOISIE. par JEAN LE CLERC. TOME XVIII. POUR L'ANNE'E MDCCXXII. *Partie Seconde*." pp.417-33.)

を用いた。すべてル・クレール自身の執筆で，表題はラテン語，本文はフランス語。

　他に，ヴィーコ自身の忠実なイタリア語訳「書評」，については，Le recensioni di Giovanni Leclerc tradotte e annotate dal Vico,——〔ON, V〕pp.89-97 および Vita di Giambottista Vico,——〔OGV, I〕pp.30-35 を参照した。

I ヴィーコとル・クレール
―― Da l'Enciclopedia alla Scienza Nuova ――

まえがき

すべての天才的人間がおよそ天才の名に値するのは，それがどの分野においてであれ，前人未踏の領域を開拓し，未曾有の成果を挙げたからである。したがって，天才とはすべての先人の前例を克服・揚棄した人物であり，その限りにおいて独学者たらざるをえない。独学者であることは，いわば孤独に徹して，周囲からの世俗的な毀誉褒貶に左右されることなしに自己の信じる道を邁進することを意味する。天才的な芸術家や学者が世俗人の眼からすれば，多くは度し難い非常識な人間であり，その逆に本人自身はしばしば被害妄想に捕われたりするゆえんであろう。この点については，たとえばジャン=ジャック・ルソーの『告白』などが周知のごとく代表的な文献であるが，他方この種の天才的思想家，芸術家の「自叙伝」ほど客観的「資料」として警戒を要するものはない。ルソーの先例となった聖アウグスティヌスの『告白』さえ，信仰告解としての価値はともあれ，歴史的事実としては全面的な信頼に値しないのではあるまいか。[1]しかし，「自叙伝」の中には，その筆者の生きた姿，その時代や社会への生のままの反応がおのずから表明されている。したがって哲学者のばあいならば，その思想的変遷ないし発展の紆余曲折はもとより，それをもたらした思わぬ契機――実存哲学流に表現すれば神意としか考えられないような「出会い」(Begegnung)――がしばしば記録されている。筆者がヴィーコ『自叙伝』の貴重な註釈ないし補遺として，ヴィーコとル・クレールの特異な思想史的関連を詳述し，後者の「書評」全訳を提供し，その意義を解明するゆえんである。

1. ナポリ大学雄弁学勅任教授

ジャンバッティスタ・ヴィーコは「自学自習者」[2]と名付けられたこと

を誇りとし，自己の学問的遍歴をつぶさに『自叙伝』の中に書き残している が，彼とて一応の基礎教育や専門教育を受けなかったわけではない。しかし，ヴィーコのばあい，彼の言う「天稟」と「明敏さ」が独自な性質だったために当時の伝統的教育の枠内で満足できなかったのであろう。彼は多くの挫折を体験しながらも独力で手当り次第に古典を読み漁り，ついに4名の生涯の師を偉大な先人の中から見出した。曰く，プラトン，タキトゥス，ベイコン，グロティウス。これらの古典的思想家の学説と研究法を総合し揚棄して一つの新科学を樹立したい，というのがヴィーコの学究生活の窮極的目標であったが，その現実化が畢生の大著『新科学』――実質的には完成されなかったが――であった。

ところで，ヴィーコの不幸な生涯，死の間際まで続いた貧困との苦闘，家庭内の不祥事，生前ついに獲得できなかった世間的栄誉等については，これまでほとんどすべてのヴィーコ研究者により，一種の義憤をもって繰り返し，筆を尽くして物語られてきた。ヴィーコ自身もまた，その『自叙伝』において，自己の不運，周囲の人々の自分の著作や学識に対する無理解と認識不足，そこより生ずる自分への世間の不当な冷遇等々を語ってやまない。今日のヴィーコに対する評価に照らせば，確かにヴィーコの悲憤にも，後代の研究者の義憤にもそれなりの根拠があると言えよう。しかし，翻って思えば，当時のイタリアの歴史的，社会的現実を前提にするかぎり，庶民出身のヴィーコが身分階級の区別が厳存していた風土の中で，曲がりなりにも「ナポリ大学雄弁学〔修辞学〕勅任教授」(regius eloquentiae professor) に就任できたこと自体が稀有な幸運だったと言えるのではあるまいか。しかも，「修辞学」教授という大学内での最下級の身分に生涯放置され，俸給面でも専門学科教授の10分の1という薄給しか給付されなかったことさえ，ヴィーコ自身がのちみずから告白しているごとく，彼の「法律学」への献身の根本的動機であり，また生活に窮した余りの副業的引請け仕事であった一貴顕の伝記執筆がグロティウス再発見の機因であった。これらの屈折した怨念や悲憤，それに対抗し，それを克服していった信念と意志，そして最後に獲得した一種の自己満足――これら一切をヴィーコ流に摂理の働きと解釈してしまえば事は簡単であるが，神の特殊的摂理は現実にはきわめて多くの周囲の人々を介してヴィーコを生涯にわたって導き，保護していた。

事実，ヴィーコはその最期に至るまで，多くは彼自身予想もしていなかった奇遇により，多数の有力者，先輩，友人から好意を受け，引き立てられ，時にはヴィーコ本人の意志に反してまで新しい前途を開いてもらっている。現に問題の『自叙伝』さえもヴィーコの本意に反していわば無理強いして執筆・公刊を求められたのであり(9)，ヴィーコの記述に嘘はないと判定される。しかも，当時のヴィーコは主著『新科学』にまだ具体的に着手さえしていない一介の無名教授にすぎなかった。

　また同じ『自叙伝』にヴィーコ自身が書き残しているごとく，学問上，思想上の主題以外で彼を非難，攻撃した人物は彼の友人，先輩，後輩の中に誰一人見当らない。ヴィーコという奇矯な哲学者には，それなりに一種の人間的魅力，さらには一種のカリスマさえ備わっていたのであろう。そして，思想家ヴィーコを厳しく批判，弾劾したヴィーコと面識のなかった批評家，学者たちさえ，それがまともな批判者である限りは，そのほとんどが礼儀正しく，誠実であり，この一貧乏教師に対して最大限の敬意を失っていない。要するに，ヴィーコは人間としても，思想家としても生涯多くの支持者，理解者，共鳴者に恵まれていた。

　これらの温かい支援も，しかし，ヴィーコ自身がその晩年に至るまで渇望してやまなかった世間的栄誉と，それに劣らず彼が必要としていた金銭的収入の増大と必ずしも直結しなかった。それにさいし，ヴィーコの王侯・貴族・貴顕に対するほとんど阿諛に堕しかねない過大な敬意や遜譲はかえって逆効果を招来したと思われる(10)。ヴィーコという稀に見る人間心理の繊細・鋭敏な洞察者は――彼の児童教育論を参照せよ――(11)，のちのジャン＝ジャック・ルソーのばあい同様，一種の被害妄想に終生苦しめられていたのかもしれない。

　以上のごとき性格のヴィーコにとって，自著に対する他人の批判は良かれ悪しかれ思想家としての彼の死命を制する重大事であった。その意味で，ヴィーコ哲学形成の最終段階において彼に決定的影響を及ぼし，同時に真の意味での哲学者ヴィーコ完成の契機を与えた一人の批評家が存在した。しかも，この人物が果たしたヴィーコにとっての歴史的役割について従来ほとんど十分な注意が払われていない。

　この特異な人物はジャン・ル・クレール(12)という当時のヨーロッパ学芸界で知らない人がなかったジャーナリスト兼書評家であった。この当代の汎ヨーロッパ的な権威ある書評家に対して，ヴィーコは『自叙伝』

の中ばかりでなく,『新科学』(初版,再版)の補正部分においてこの人の書評の原文を引用,同書の最終決定版(第3版・改訂版)では唯一の「ル・クレール書簡」により巻頭を飾って感謝の意を表している。ところが,当のル・クレールは自分がヴィーコに及ぼした甚大な影響はもとより,ヴィーコの『新科学』の完成についても全く関知しなかったらしい。現に,ヴィーコが贈呈した『新科学・初版』に関して,果たして彼がそれを受け取ったのか,受け取ったとしても,それを読んだのかいなか,ついに全く不明であり,ヴィーコ自身はル・クレールがすでに死去してしまったのか,あるいは老齢のため学界の活動から引退したのであろう,と推測している。このような次第からヴィーコとル・クレールの関係は一種の一過性的エピソードとして従来はほとんど重視されていない。果たしてそれでよいのであろうか。

2. 形而上学・哲学・文献言語学

ヴィーコとル・クレールとの関係がこれまで正当に評価されなかった他の主要な原因は,両者の文通の開始が『新科学・初版』成立以前に開始され,上述のごとく,この畢生の主著が——不完全な形態とはいえ——公刊された時期には断絶していたという事実からも由来している。これまでのヴィーコ研究者のほとんどが——クローチェ,ジェンティーレ等の著名な学者たちさえ——,『新科学』,それも,その最終的形態である『新科学・改訂版』SN (II) を前提にヴィーコ哲学思想の解明に立ち向かっている。そのため,たとえば『新科学・初版』SN (I, i) と『新科学・再版』SN (I, ii) の綿密な照合などはほとんど無視され,これら二つの版の本格的対比・検討さえいまだに行なわれていない。もちろん,ヴィーコの決定的な思想そのものを論ずるばあいには,『新科学・改訂版』の研究でこと足りるであろう。しかし,彼の最終的思想形態の発展ないし成立を検討するにさいしては,その種の遡源的研究法は一種の「先決問題要求の虚偽」(petitio principii) の歴史的現象への適用へと帰結せざるをえない。

さて,問題を本題に戻せば,ヴィーコとル・クレールの文通の開始期はヴィーコ哲学思想の最終形成段階に当たっている。そこに至るまでの彼の思想的発展過程については,ヴィーコがナポリ大学教授に就任以前の前段階を別とすれば,ヴィーコ研究者の間で基本的時代区分法に関す

るかぎり，ほとんど異論が見られない。たとえばニコリーニは，
第1期形態（1695-1707年）
第2期形態（1708-16年）
決定的形態（1717-23年）
に区分し，続く『新科学・初版』形成期（1723-25年）へと繋いでいる。しかし，最後の2期は一括されてよいと思われるので，以下，問題の全期間を3期に区分して概説しよう。

(i) 第1期（1695-1707年）——「道徳哲学」体系

この時期におけるヴィーコの学問的成果は，最初の数カ年を別とすれば，もっぱらナポリ大学修辞学教授の職責としてほとんど毎年秋に行なわれた新学年度ラテン語開講演説である。この種の演説は本来多分に儀礼的な性質のものであるが，現存する6演説を一括して検討すれば，そこには，ヴィーコ自身がのちに公刊を意図して補正した口述草稿の「要覧」に明言されているごとく，一つの実践哲学的体系が明らかに読み取られうる。[18] すなわち，6演説をI, II, III…VIで表示し，「要覧」により区分すれば，

〔1〕「人間本性ニ適合シテイル研究諸目的ニツイテ」—— I, II, III
〔2〕「政治的諸目的ニツイテ」—— IV, V
〔3〕「きりすと教徒ノ目的ニツイテ」—— VI

の3部門に大別され，各部門の表題に用いられている「目的」という表現が明示しているごとく，全6編は「行為論」の一体系，すなわち実践哲学ないし道徳哲学の一体系を形成している。さればこそ，そこには，1.「人間」〔個人〕，2.「国家」〔市民社会〕，3.「神」〔宗教〕という当時の一般的な哲学的パラダイム[19]がそのまま用いられている。ヴィーコは毎年度の儀礼的演説を6年度にわたり活用して，独自な道徳哲学体系を樹立した。

(ii) 第2期（1708-16年）——「形而上学」より「自然法」へ

この時期は第7回開講演説（1708年）をもって開始される。開講演説とはいえ，今回は内容的に見れば，前期計6回の「哲学」的道徳論ないし「行為」論とは「余りにもかけ離れた」「論題」[20]が対象であった。今やヴィーコの主題は「一切の人間的かつ神的な知識を統合する」原理

I ヴィーコとル・クレール 333

論へと発展した。この原理論は，当時ナポリの思想界，学芸界を二分して激しく討論されていた「古代近世優劣論争」と関連して，単に両時代の「方法論」ないし「研究法」の優劣を論ずるのではなく，むしろ両者の利点を相補い合う「研究法」を目指すところより成立するとされる。この第7演説は多くの補正を施されて『現代的研究法』De ratione の表題で1709年3月に公刊される。哲学者ヴィーコの処女出版であり，イタリア学芸界への登場である。この著作では，まずデカルトの「批判論」——幾何学的方法——への痛烈な弾劾が行なわれ，それに対抗してヴィーコの早くよりの哲学原理であった「論点論」，さらにはのちの基本的な認識論原理である「真理＝事実〔作ラレタモノ〕」(verum-factum) 論が提示されている。また「法律学」についての歴史的考察を介して彼独自の「歴史観」，「道徳的神学」論等が，かなり非整合的な形態においてであるが，すでに表明されている。要するに，ヴィーコは「古代」と「現代〔近世〕」のローマ法（市民法）による学術，文化の対比を契機として，両者を仲介ないし中継している中世の意義について考察を迫られ，両時代の歴史的脈絡を一種の神学ないし摂理念の時間的具現化の中に見出した。彼の研究はかくして『古代叡智論』〔第1巻・形而上学編〕De sapientia〔I. metaphysica〕（1710年）と題される「形而上学」の完成へと向かったのである。

　この難解な著作の内容，またそれの惹起した論争とその反駁等について，ここでは立ち入らないが，ヴィーコの包括的哲学ないし学問体系——単なる道徳哲学論ではなく——の三部作は上述の『古代叡智論「第1巻・形而上学編」』のみが公刊され，予告された「第2巻・自然学編」，「第3巻・道徳論編」の2巻はついに完成されずに終った。「第2巻・自然学編」に関しては若干の断片的論考が遺されていたが，惜しくもその後散逸して現存しない。「第3巻・道徳論編」については全く着手された形跡が見当らないと言われている。

　以上の事実は何を示唆しているであろうか。「最古代」の「叡智」を「らてん語ノ起源ヨリ発掘スル」試みが「自然学編」で挫折した，と解釈されてよいのではあるまいか。全人類のアダムの堕罪による堕落というキリスト教神学論は，一種の類比的思考法も作用して，ベイコンにさえはるかに古代の地球上に一大文化が実在したと最期まで確信させた。しかし，「古代人ノ叡智」の中に，近代的「自然学」の原理がそのまま

見出されるはずはなかった。とはいえ,古典語による古代人の叡智の探索はヴィーコの言う「文献言語学」(filologia) の意義へと彼の眼を次第に開かせていった。

この原理的行き詰まりと苦闘の時代は第2期のほぼ後半期間中 (1710年の「形而上学編」発刊より1716年まで) 続く。その間,彼は1713年ごろより,半ば義理に迫られ,半ば生活費補充のために,一貴族の伝記を引き受け,約3カ年をその執筆に捧げた。しかし,この3カ年は空費ではなかった。彼が「第4の著作家(28)」を発見したのはまさにこの伝記関係文書の渉猟中であったからである。ヴィーコが「古代人ノ叡智」の中に空しく探求していたものは,「近代人」グロティウスの古典研究法と,その成果である「自然法」理念の中に,少なくともその原型が見出された。かくしてヴィーコの真剣なグロティウス研究が数年続くことになる。(29)

(iii) 第3期 (1717-25年) ——「普遍法」の克服・『新科学』の誕生

この時期の前半はニコリーニにより「決定的形態期」と呼ばれているが,次の時期をも含めてまさにヴィーコにとって,あらゆる意味で「決定的」であった。まずヴィーコのグロティウス研究の成果の一端が次のように公表された。

1717年 (10月18日) …『開講演説』(30)
1720年 (7月)   ………『普遍法梗概』(31) 公刊
      (9月)   ………『普遍法=I. 原理論』公刊
1721年 (9月)   ………『普遍法=II. 法律学者恒常性論』公刊
1722年 (8月)   ………『普遍法=註記』公刊

この『普遍法=II』の第2部「文献言語学ノ恒常性」冒頭部分に「新シキ科学ガ試ミラレル(32)」と表題を付された一章があり,ここに『新科学』への第一歩が踏み出される。他方,『普遍法』はかなりの反響を呼び,概して好評であったが,なかでもヴィーコを欣喜雀躍させた一書簡があった。それはル・クレールからの手紙であった。(33) その内容は1722年1月9日付でヴィーコが人を介してル・クレールに手紙を付して贈呈した『普遍法』への礼状で,発信日付は1722年9月8日,つまり書物は約8カ月を要して届いたことになる。さらに,ル・クレールの手紙には『古代近世文庫』次号 (第18号—1722年度末発刊予定) に「書評」を

掲載する，と約束までしてあった。この好意ある礼状と「書評」の予約はヴィーコとその支援者を「大変喜ばせた」が，「それと同じ程度に」反対者たちには「不快感を与えた」。そして，彼らは「書評」云々はル・クレールの「個人的御世辞」にすぎまい，万一「書評」が「公的評価」として『文庫』に掲載されれば，その時こそ見ものであろう，ル・クレールは「50年来」「イタリア」から優れた著作が出ていないし，今さら出るはずがない，と繰り返しているのだから，とはやし立てていた。[34]

ル・クレールの丁重な礼状と「書評」の約束によって，ヴィーコには今やイタリア国境を越えて汎ヨーロッパ的著作家，思想家としての地位が保証されようとしていた。

この書簡がいつヴィーコの手に届いたかは文献上明らかでないが，翌1723年春ごろではあるまいか。また，問題の「書評」の出現は反対派の人々の否定的確信，賛成派の人々の，そして恐らくはヴィーコ自身の危惧にもかかわらず約束通り同1722年度（年末と思われる）の『古代近世文庫』18号に掲載された。[35]この「書評」は遅くとも翌1723年中葉にはヴィーコに届いたと思われるが，その間にヴィーコの生涯の痛恨事とも言われるべき一事件が生じた。

1723年1月19日，ナポリ大学法律学早朝第1講座教授の公募が公表された。[36]これは正規の法律学講座であったし，待遇も最古参とはいえ「雄弁学」教授ヴィーコの俸給とは比較にならない高額であった。ヴィーコは「法律学の分野における上述のごとき業績」——『普遍法』等の公刊——に鑑み，かつ全教員中の「最古参者」であり，大学への貢献度も大きかったとの自負もあって早速応募，同年4月10日試問講義を行なった。綿密，該博なヴィーコの大論議も，[37]ヴィーコ自身の確信も一片の妄想に終った。一友人の世故に長けた忠告に従ってヴィーコは進んで「身を引いた」と書いている。公式記録には，ヴィーコが試問委員合計29人から1票も獲得できなかったことしか残されていないという。[38]

この事件がヴィーコに与えた打撃は深刻であった。老齢教授の彼にとっては再度の専門講座教授職挑戦の希望は存しなかった。折も折ヴィーコのこの絶望的心理状態を救ったものこそ，かねての約束のル・クレールの「書評」であった。「母国〔ナポリ〕において相応しい地位を得ることに絶望」[39]したヴィーコには国外から強力な支援が与えられ

た。同時にヴィーコの「法律学」へのこだわりも恐らく一挙にして消滅した。今や彼は「法律学」を学問的にも、世俗的にも冷静、無私な眼で直視できる心境に入ったのではあるまいか。

『新科学・初版』(1725年10月)公刊後のことであるが、ヴィーコは一友人への私信の中で次のごとき率直な告白を行なっている。

> ……私は絶叫しながら言いたいのです、これまでの私の脆弱な、天稟の諸著作のすべてをできるものなら私が執筆しなかったものとしたい、そしてこの作品〔『新科学』〕一つが私のものとして遺ってほしい、と。なぜなら、他の全著作はこの大学で何らかの第一級の講座をこの私自身が持ちたいがために執筆されたのだったからです。(40)

『普遍法』までもが出世、増収の一手段であった! 事実は『普遍法』の「法」がいわゆる「法律」でなかったからこそ専門法律学者から1票も投じてもらえなかったのであろう。ともあれヴィーコは、いわゆる近世「自然法」の基本的な限界の批判を介して、独自な「新科学」樹立の作業に取りかかる。グロティウス、セルデン、プーフェンドルフ――いずれも新教徒思想家――の「自然法」ではなく「自然法の諸原理」を「諸国民の人間性」に求める第1巻、「習俗の発生」を古代ギリシアの「暗黒および神話時代」の「年代記」によって解釈した第2巻、計2巻の大著が完成された。それは1723年4月に着手、1725年6月ごろ完結され、あとは印刷を待つばかりとなった。これが幻の著作『新科学・否定的形態』である。(41)(42)

ヴィーコは、ここでまた「不幸な運命の一撃」を受ける。新著作の献呈を嘉納した高僧コルシーニ枢機卿から財政難を口実に、当時の常識に反して、出版費用の負担を拒絶されたのである(1725年7月20日)。ヴィーコは自分の「貧窮」に拘束されつつも、いな、むしろ「貧窮」にもめげず、『新科学』の自費出版を志す。約2カ月の間に、全2巻の大著は「12葉十二折判」(288頁)の「小著」に縮小され、同1725年10月には印刷、製本が完了した。結果としては「自然法」弾劾という「否定的」主張が表面から姿を消した。ヴィーコ秘蔵の1カラット¼のダイヤモンド付き指輪も印刷・製本費として消えた。ともあれ、かくして『新科学・初版』が誕生した。それは激烈な陣痛を伴って世に出た未熟児

I ヴィーコとル・クレール

であった。そのため同時に『普遍法』になおまつわっていた「法律学」的混在物の一切が今や原理的には完全に克服された。「否定」の「否定」が弁証法的に「肯定」と化した。

　なお，この決定的時期においてヴィーコに『新科学・初版』刊行を断行させた一原因には，彼が『自叙伝』の執筆を依頼された(45)という事実も加算されるべきであろう。この名誉ある懇請は 1725 年 6 月ごろと推定されているから，ヴィーコがちょうど『新科学・否定的形態』の出版費拒絶で愕然として途方に暮れていた時期と一致する。世俗的栄誉心と言ってしまえばそれまでであるが，当時のヴィーコにとってナポリの有名人「8 人」の 1 人に選ばれたことが，どれほど自信を与えたかは計り知れない。第 3 期のヴィーコの思想発展ないし転回ほどダイナミックでドラマティックなものはない。

3. ル・クレールと『新科学』

　上述で明らかなごとく，ル・クレールとヴィーコの接触は文通上のものにすぎず，それも第三者を介してのはなはだ形式的なものであった。往復書簡そのものもヴィーコより 3 通(46)（『普遍法』発送の添書，「書評」の礼状，および『新科学・初版』贈呈の添書），ル・クレールよりは書簡 1 通（『普遍法』の礼状）と同書の「書評」しか交わされていない。そして既述のごとく，ヴィーコの『新科学・初版』の贈呈に対して，ル・クレールからはついに何の応答もなかった。

　以上のごとき，表面的にはいわば行きずりの異国人同士の文通にすぎなかったにもかかわらず，ヴィーコはル・クレールの『普遍法』の書評に当初から感激し，その『自叙伝』中で同一文章を 2 度にわたって引用している。『自叙伝』から最初の引用を示す(47)（OGV 版では『書評』全文とヴィーコ「礼状」全文所載）。

　……文献言語学に関しては，彼〔ル・クレール〕は次のごとく評価している。「彼〔ヴィーコ〕は〔ノアの〕大洪水以降ハンニバルがイタリアに戦火をもたらした時代までの主要な諸時期を要約して示している。なぜなら，彼はこの書物の全体の中で，この年代間に次々と生じたさまざまな事柄について論じており，また，非常に精通した学者たちさえこれまで全く注目しなかった多数の民衆的誤謬を訂正しつつ，非常に多数の題材について文献言語学の多

くの考察を行なっているからである。」

　すなわちヴィーコは，ル・クレールの『書評』により，単に『普遍法』2巻を全ヨーロッパに好意をもって紹介された事実に感激したのではない。この権威あるジャーナリストは『普遍法＝I』が「道徳」と「法律学」，「神性」と「人間性」の対比を「精神」に内在する「神的な光明」により揚棄しようと努める一種の形而上学書であると解釈している。また『普遍法＝II』における「法律学者の恒常性とは，道徳哲学が基づいている光明の真理と不変性である」と明快に洞察されており，その「数学的方法」が指摘され，この作品は「哲学的，法律学的，かつ文献言語学的な題材の不断の一混合体である」と結論されている。要するに『普遍法』2巻は「法律書」でも「自然法」論でもなく，ヴィーコ独自の「形而上学」，「哲学」——「理念」と「実践」の両面における「叡智」——および「文献言語学」の3学問の「混合体」であった。そして「混合体」なればこそ，ヴィーコは『普遍法』に述べられた「形而上学的仮定」から「真ノ全般的教養」——「百科全書的教養」——が完成されうるのではあるまいか，と主張している，と言うのであった。

　専門職獲得に失敗したヴィーコに，かくしてル・クレールの書簡，特に続いて到着した『書評』は，ヴィーコ自身の果たしつつあった業績を自覚させたと思われる。折も折，ヴィーコは世俗的にも，したがって学問的にも「法律学」の呪縛から解放されたところであった。彼自身自分の言う「法律学者」が専門法律学者の意味する概念と性質を異にしていることに果たしてそれまで気付いていたであろうか。しかし，彼が文字通りの法律学者の「自然法」——いわゆる近世自然法——の理神論的偏向に，すなわち，それら新教的「自然法」理念には当然ながら「創造神」や「産出説」が欠如していることに気付くのはすでに時間の問題であったろう。また，この種の神学的な「光明」なしにはヴィーコの「文献言語学」も成立しえない。幸か不幸か否定的形態の『新科学』全2巻は資金欠乏により永久に葬り去られた。直ちに未熟児『新科学・初版』の公刊。この作品の末尾「目録」——「民衆的誤謬」合計40の列記——の冒頭でも，上述のル・クレール「書評」からの引用文がそのまま取り入れられている。ル・クレールの批判によりヴィーコが自己の「文献言語学」的方法に関していかに自信を抱かされたかの反証であろう。

I　ヴィーコとル・クレール　　339

そればかりではない。『新科学・再版』(1730年) にも同一の「目録」が「一覧」と改題されて，そのまま巻末に残された。さらに，『新科学・改訂版』(1744年決定版) においては，「再版」の巻頭で「献辞」の次に置かれている「本著省察の機因」と称する一種の「序言」に代って，ル・クレールの「書簡」(1722年9月4日付) がラテン語のまま全文収載された。すなわち，ヴィーコにとってル・クレールのこの書簡こそ『新科学』執筆の「機因」そのものであった。

　話はこれに留まらない。「序言」の代りに掲載されたこの「書簡」は本来かなりの説明文を付加して要約される予定であった。未公刊に終ったこの「草稿」によると，まず『新科学・改訂版』が旧版とは「全く異なった方法」で貫かれていると言明されたのち，『自叙伝』「補遺」末尾部分 (〔B〕・II 註(42)以下の本文3段落) がほぼ同文のまま収載されている。その第1段落の末尾でル・クレールの『古代近世文庫』への言及，および「書評」からの3度目の同文引証が行なわれているのであるが，「草稿」では，それに代って冒頭に所載されたル・クレール書簡から次の一節がラテン語原文のまま引用されている。

　　……コレラ〔哲学的ニモ文献言語学的ニモ卓絶シタ事柄〕ハワレワレノ北方ノ学者タチニ彼ラノモトニ劣ラズいたりあ人タチノモトニオイテモ明敏サト学識ガ発見サレルコトヲ示ス機会ヲ小生ニ提供スルコトデアリマショウ。イヤ事実ソレドコロカ，寒冷地域ノ住民カラ期待サレウルコト以上ニ学識ノアル，明敏ナ事柄ガいたりあ人タチニヨッテ言ワレテイルコトヲ示スデアリマショウ。

　この「序文」的解説がなぜ最終的には未公刊に終ったかは明らかでない。『自叙伝』改訂版——「補遺」も加えて——の出版の可能性が最後まであったためかもしれない。あるいは『新科学・改訂版』SN (II)(1744年) がその後十余年にわたり改訂，補正を加えられたため，ル・クレール書簡のみ収録・公開して謝意を表することの方が効果的と考えられたのかもしれない。ともあれ，以上の事実はル・クレールが最後までヴィーコにとって，「異論の余地なく，われわれの時代の博学者の王者，ジョヴァンニ・クレリコ」(Jiovanni Clerico, senza contrasto principe degli eruditi dell'età) であり，彼を全ヨーロッパの学芸界に登場

させてくれたばかりか，その犀利な書評によって『新科学』成立の「機因」となった思想家でもあり，恩人でもあったことを証拠立てている。

あとがき
周知のごとく『新科学・再版』(1730年12月)から実に十余年ののち『新科学・改訂版』(1744年7月)がついに世に出た。他方ヴィーコ『自叙伝』は1728年ヴィーコ自身の意に満たない形のまま公刊されてしまい，その後の補正部分は『新科学・再版』(1730年12月)の出版の時点で中絶したまま，生前についに公刊されずに終った。しかし，この時点においてヴィーコの思想的基本原理も方法論もほぼ確立したと断定されてよいであろう。(58)いずれにせよ，ル・クレールから受けた批判はヴィーコの脳裡に完全に定着した。『新科学・初版』の売切れ，再版の執筆，刊行という多忙な文筆活動と並行して，かつては『新科学』の「一素描」であるとヴィーコが認めていた『普遍法』は，いみじくもル・クレールの推賞した「2寓話」以外は著者本人自身にも納得のゆかない作品と化していた。この年代以降ヴィーコは自己の業績に対する世人の高い評価にさえ自得できなくなる。彼は一種のファウスト的精神を具現し始める。

　ヴィーコがこのような人々から自著に与えられた有利な判定に満足せずに，次いでそれを否認し，拒否していることが増上慢として誰かに受け取られるようなことは決してあるべきではない。なぜなら，これこそ彼がこのような人々に対して抱いている最高の尊崇と敬意の証拠であり，その逆ではないからである。粗野で高慢な著作家は自分の作品を他の人々の正当な非難や筋道の通った修正に反対してまでも維持しようとするものだからである。他の者たちは，たまたま小心であるばあい，彼らの著作に与えられた好意的判断に満足し，まさにこの判定そのものが原因となって，もはや自著の完全化に立ち向かおうとしない。ところが，ヴィーコにとっては，偉大な人々の賞讃は精神を拡大して彼の作品を訂正し，補正し，さらに優れた形態に変革させるに至る。……〔否定的な証明法による〕これらの特性はその醜い様相によって，知性を養うよりも苦しませるのであり，知性にとっては肯定的なやり方こそ甘美に感じられる。肯定的な方法は真理の美を形成する適切なもの，便宜なもの，均一なものを知性に表示するからであり，真理によってのみ人間の精神は喜び身を養うからである。

続けてヴィーコ=ファウストは言明する。

> ヴィーコは『普遍法』の諸巻に不満足である。なぜならば、その中でヴィーコはプラトンおよびその他の著名な哲学者たちの精神から異教民族の創設者たちの愚昧で単純な精神へと下降して行くことを試みていたからである。ところが全く反対の進路を取るべきであった。かくして、彼はそこでは若干の主題で誤りを犯すに至った。『新科学・初版』においては、主題においてではないにせよ、順序について確かに誤った。なぜなら、諸言語の原理から切り離して理念の原理を取り扱ったからである。この両原理は本性上相互間で結合されていた。さらにまた、両者を相互に切り離しつつ、ヴィーコはこの科学の主題で取り扱われた〔否定的〕方法から論考したが、これら主題は他の〔肯定的〕方法をもってすれば、上述の2原理双方から徐々に出現してくるはずであった。ここよりして、そこには順序の点で多くの誤りが生じた。
> これらすべては『新科学・再版』において訂正された。⁽⁵⁹⁾

われとわがうちなる「常に否定する精神」(der Geist, der stets verneint)——メフィストフェレス——と終始対決を重ねつつ、「不断に努め苦しむ」(immer strebend sich bemüht)ヴィーコの「英雄的精神」はさらに超人的努力を十余年続けて、1744年7月ついに不滅の大著『新科学・改訂版』を世に送る。巻頭には「トロヤーノ・アックワヴィーヴァ枢機卿への献辞」、次いで「ル・クレール書簡」。この大著を真に飾ったものは何か。それはヴィーコの心の中で22年生き続けたこの書簡だったに違いない。そのヴィーコも半年前にすでに鬼籍に入っていた。ル・クレールもまた死去してすでに8年、ヴィーコに対して自分が果たした歴史的役割はおろか、恐らくはヴィーコの名前さえ生涯二度と口にすることなく世を去ったと思われる。

註
(1)——いわゆる「アナール学派」や「日常生活」(la vie quotidienne, das Alltagsleben) に依拠した可及的厳密な思想成立の地盤を探究しようという見地が、近世以降の哲学者や思想家の再検討によって果たした成果は現

在刮目に値する。資料・文献の入手と活用に関して画期的手段を提供しつつある高度情報社会の出現こそ,その意味では現象学的社会学の基本的「観方」(Einstellung) を普遍化する大前提だったと言えよう。時間的・空間的にわれわれと異なった時点・空間点——社会学的に表現すれば,時代・集団——に帰属している人物の思想を理解するためには,われわれはわれわれの「自然的観方」(natürliche Einstellung)——すなわち,われわれにとって「常識」的な「立ち向かい方」——に関して「判断中止」をまず行ない,その上で「資料」,「文献」等々の具体的,類型的論拠に基づいて,その人物の「生まれて,愛して,死んだ」社会ないし集団に広い意味での「感情移入」(Einfühlung, empathy, objectivation de moi)——誤解を受けやすい日本語訳語や仏訳語であるが——しなければならない。それにさいし,思想家,作家自身が遺した『自叙伝』は貴重な資料であるが,同時に危険な文献でもある。意識的・無意識的に筆者の「主観性」がもっとも介入しやすいからである。しかし,その種の『自叙伝』が存在するかぎり,それを無視した思想家や作家の研究は成立しえない。たとえば,ヴォルテールの遺した唯一の自伝的作品(拙訳『ヴォルテール回想録』,1989年,大修館)は誤解,曲解,自己主張に溢れた自伝であり,むしろフリードリッヒ大王に対する非難,攻撃書と呼ばれた方が正しい。しかし,当時の社会と風潮,その中で文字通り歴史的な文筆活動を行なったヴォルテールという人物を識るためにはこの小品以上の著作は存しない。ヴィーコ『自叙伝』のばあいも研究者の不用意な感情移入のため,従来余りにも主観的に,その片言隻語が利用されてきたのではないかと思われる。

(2)——「自学自習者」(l'autodidasolo)。〔A〕・III, 註(29)参照。

(3)——ヴィーコは1684年ナポリ大学〔哲学科?〕に入学。その後1689-92年間法学部に在籍。1694年11月12日,サレルノ大学院で博士号を取得したことは文献的に裏付けられているが,大学生活の実態については全く不明。〔A〕・I, 註(25)参照。

(4)——「天稟」(ingegno) と「明敏さ」(acutezza) については,〔A〕・I, 註(2)参照。

(5)——〔A〕・II, 註(23)および本文参照。

(6)——〔A〕・III, 註(53)前後参照。

(7)——〔A〕・III, 註(57)参照。

(8)——〔A〕・IV, 註(64)参照。

(9)——〔B〕・I, 末尾, 註(40)以下を参照。他に筆者「まえがき」冒頭参照。

(10)──この種の「逆効果」の一結果として、『新科学・否定的形態』が発行不可能となったことも、ヴィーコ理論完成の一大契機であった。後述。
(11)──たとえば、〔A〕・II, 註(45)の本文、ヴィーコの教育論講義(?)を参照。
(12)──「ジャン・ル・クレール」(Jean Le Clerc, 1657-1736)。〔A〕・II, 註(47); VI, 註(2)等参照。この人物の活躍については早くはアザールが古典的名著『ヨーロッパ精神〔意識〕の危機』"La crise de la conscience européenne, 1680-1715," 1935〔野沢協訳、法政大学出版局〕や『18世紀ヨーロッパ思想』"La pensée européenne an XVIIIe siécle," 1946 の随所で言及しているが、必ずしもまとまっていない。ル・クレールは同じくアムステルダムで全ヨーロッパ的啓蒙運動に努めたベール(Pierre Bayle, 1647-1706)の雑誌『文芸界通信』"Les Nouvelles de la répubiqe des lettres, 1684-1687"に対抗して『文庫』を創設したと言われているが、のちヴォルテールらの「百科全書家(アンシクロペディスト)」に持てはやされたベールと異なり、現在までのところ、ほとんど忘れられた文筆家と化している。

なお、最近に至って、ル・クレールの神話解釈論がヴィーコに影響を与えたという主張が広がり始めた。セヴェリーノは書いている。

『古代叡智論』(1720)以降、歴史の解釈について有効な一原理の存在に疑念を抱かせたり、古代人の神秘的叡智という主題を打倒させるに至らしめて、ヴィーコの思想に危機をもたらしたものは、カンテッリによれば、ル・クレールによってヴィーコに及ぼされた影響であり、否定的な意味ではベールによる感化であった。(G. Severino, "Principi e modificazioni della mente in Vico," 1981, p.41.)

この主張の端緒は、Gianfranco Cantelli: "Vico e Bayle: premesse per un confronto," 1971, 次いで M. Sina: "Vico e le Clerc," 1978 はこの主張を否認。他は、Giuseppe Modica: "La filosofia del《Senso Comune》in Giambattista Vico," 1983, p.138 を参照。しかし、ポンパさえもすでに疑念を呈しているが──cf. Leon Pompa: "Vico: A Study of the 'New Science'," 1975, pp.35-6 (note)──ル・クレールに関する限り、上記の説は資料的に(内的、外的批判とも)全くの空論。以下で明らかにするごとく、ル・クレールのヴィーコへの影響は単なる学説上の問題ではない。

History of ideas という研究法は多くの成果を収めた反面、思い付き的な思想・学説の関係付けの悪例が多い。F.-B.英訳版『自叙伝』序文に依拠し、今なお西南ドイツ派的な自然科学・文化科学二分法に基づいた空疎・冗舌なヴィーコ論の一例として、Isaiah Berlin: "Vico and Herder: Two

Studies in the History of Ideas," 1976 を参照。その他 I. Berlin (1975), F. Fellmann (1976), D. P. Verene (1981), M. E. Albano (1986)――( )内は代表作の刊行年――等々。

(13)――〔A〕・VI, 註(3), (4)参照。以下の〔文献〕「ル・クレール『書評』」参照。

(14)――〔B〕・I, 註(7)参照。

(15)――上述〔A〕・VI, 註(3)を参照。

(16)――「遡源的研究法」ないし「非歴史的遡源」(la méthode rétrograde) とは、ある思想家の後代への思想的、社会的、政治的影響等から逆推して、その思想家自身の真意を解釈しようとする研究法であり、歴史的事実の考察にさいしてもっとも警戒されるべき過誤である。それは比喩的ないし類比的に表現して、歴史的研究における一種の「先決問題要求の虚偽」(petitio principii) である。

ヴィーコ研究書の中で、この種の方法論的欠陥による問題作を示せば、シェー=リュイの古典的な著書などがその好例であろう。このフランス人ヴィーコ研究者は、ヴィーコの『自叙伝』その他を仏訳し、彼の宗教思想、政治思想、歴史観等に関しては鋭い洞察と正鵠を射た解釈を行なっており、ヴィーコ学説の真髄は一種の「行為論哲学」(une philosophie de l'action) であり、集団論的には「共通意識」(le sens commun)――のちの社会学的用語で表現すれば folkways ないし mores (William Graham Sumner)、あるいは la représentation collective (Emile Durkheim) と呼ばれてよいであろう――の形成と生成を考察する一種の社会学であるという卓見を述べている。それにもかかわらず、彼はヴィーコの「歴史哲学」という先入見に捕われた余りに、ヴィーコにとって『新科学』成立の基本的原理となった「文献言語学」的方法論の発見という重大な事実を完全に度外視している。Cf. Jules Chaix-Ruy, "La formation de la pensée philosophique de G.B. Vico," 〔1943〕1979 (rep. ed), p.110, 117 etc.

(17)――この「前段階」におけるヴィーコの思想的、文学的彷徨時代の「原体験」、特に同時代の代表的詩作「絶望者の想い」'Afetti di un disperato, 1693' に表現されているペシミズムを重視し、その背景にロッカ家令嬢へのかなわぬ思慕の想いが存した、というシェー=リュイの解釈はうがちすぎと思われる。Ch. 仏訳版, 21 頁参照。この詩については、〔A〕・I, 註(47)参照。

(18)――〔A〕・III, 註(63), (64)以下参照。

(19)――〔A〕・III, 註(99)参照。

⑳──〔A〕・IV 本文冒頭参照。「原理において一切の人間的かつ神的な知識を統合する」ような論題を探究した，とあり，それは上記 6 演説の「論題とは余りにかけ離れていた」と明言されている。しかし，第 6 演説には，第 7 演説への萌芽あり。

㉑──〔A〕・IV，註(6)参照。「研究法」，「方法論」等の用語に関して，ここではまだ思想的未熟さが目立つ。

㉒──〔A〕・II，註(45)としての引用の初期演説の内容，同註(38),(39)参照。

㉓──〔A〕・IV，註(51)参照。正確な表題は『らてん語ノ起源ヨリ発掘サレルベキ古代いたりあ人ノ最古ノ叡智ニツイテ・全3巻』(第1巻「形而上学編」，第2巻「自然学編」，第3巻「道徳論編」・1710年)。この表題に当時のヴィーコの古代思想，文化への傾倒が窺われる。

㉔──〔A〕・IV，註(48)参照。

㉕──上記註(23)参照。

㉖── Cf. Francis Bacon : "New Atlantis," Works (Spedding ed.) Vol. III, p.140, 'Preface,' p.123. ベイコンの『古代人ノ叡智ニツイテ』"De Sapientia Veterum," 1607 のヴィーコへの強烈な影響については，〔A〕・IV，註(23)およびその本文参照。

㉗──〔A〕・IV，註(59),(60),(61)参照。表題『アントニオ・カラッファ伝』(1716 年)。

㉘──〔A〕・IV，註(64)─(68)参照。グロティウスと，その a priori および a posteriori の論証である。Cf. Grotius : "De iure belli ac pacis libri tres, etc, 1625," Lib. I, cap.1, XII, 1.

㉙──グロティウスの影響，その註釈執筆等については〔A〕・IV，註(64)─(70)およびその本文参照。

㉚──〔A〕・V，註(5)の本文参照。

㉛──『普遍法』合計 4 巻については〔A〕・V，註(9),(10)およびその本文参照。

㉜──〔A〕・V，註(17)およびその本文参照。

㉝──〔A〕・V，註(18)の本文参照。

㉞──以上の「　」内は『自叙伝』中のヴィーコ自身の表現の引用。〔A〕・V，註(18)以下の本文参照。

㉟──「書評」本文の註(1),(3)等参照。

㊱──〔A〕・V，註(26),(27)参照。

㊲──〔A〕・V，註(28)─(43)参照。

㊳──〔A〕・V，註(44),(45)参照。

(39)── 〔A〕・VI, 註(1)の本文参照。
(40)── 〔A〕・VI, 註(15)参照。
(41)── 〔A〕・VI, 註(10)参照。
(42)── 〔A〕・VI, 註(6)—(9), 他に註(15)中の「モンティ宛書簡」からの引用文参照。
(43)── 〔A〕・VI, 註(12)。
(44)── 〔A〕・VI, 註(13)以下参照。他に, "G. Vico : Principj di una scienza nuova," Ristampa anastatica dell'edizione Napoli 1725, a cura di T. Gregory," 1979.
(45)── 上記註(9)参照。
(46)── Vico : 'Lettere a Giovanni Leclerc,' 9 gennaio 1722 ; XV. Kal. Novembris Anno MDCCXXIII (18 ottobre 1723) ──cf.〔OGV, I〕pp. 35-6 ; 5 novembre 1725. Le Clerc : 'Lettera a Vico〔latine〕,' 8 settembre 1722.
(47)── 〔A〕・VI, 註(3)の本文参照。ほぼ同文章の引用が同じ〔A〕・VI, 註(16)にあり。〔B〕・IIでは最後の一文章のみ引用。「書評」本文, 註(18)の原典と対比せよ。なお, OGV版『自叙伝』では「書評」伊訳全文とヴィーコの「礼状」(ラテン文)がこの箇所に収載されている。Cf.〔OGV, I〕pp.30-36. 他に〔ON, V〕pp.89-99.
(48)──「書評」I 末尾, II の冒頭参照。
(49)──「数学的方法」という「嫌らしいもの」(la bête noire) は最後までヴィーコに付きまとった。『新科学・改訂版』の「公理」(degnità) 参照。
(50)──「書評」II 末尾参照。
(51)── 〔A〕・III, 註(52),(53)および本文参照。
(52)──「真ノ全般的教養」(vera ἐγμυκλοπαιδεία)。〔A〕・VI, 註(15)参照。
(53)── 〔A〕・VI, 註(4)末尾参照。
(54)──「本著省察の機因」'Occasione di meditarsi quest'opera,'〔ON, IV-ii〕p.349 ;〔OGV, V〕p.7.
(55)── 〔A〕・V, 註(18)本文参照。Cf. **SN(II)**──原典リプリント版(イタリア書房, 1989年)。
(56)── Cf.〔OGV, V〕pp.7-8.
(57)── Vico : 'Lettera all'imperatore CarloIV, 6 aprile 1731.' なお,『新科学・初版』後生じた軽蔑的な書評に応じた『註記』ないし『釈明』(1729年)──〔B〕・II, 註(16)—(25)参照──の中でも3度にわたりル・クレールが引証されていることも注意に値する。

⑸⑻——事実,ヴィーコは『新科学・再版』以降この畢生の著書の完結に一切の精力を傾注したが,その間,10回にも及ぶ補註,訂正にもかかわらず,基本的方法論や原理は確立していた。また,老齢,貧困,家族内の不祥事,疾病等々も原因して,特異な開講演説『英雄的精神論』(1732年)——『自叙伝』「解説」註⑼本文参照——以外,目ぼしい著作活動を行なっていない。
⑸⑼——〔B〕・II,註⑽以下の本文を参照。以上の2段落の文章は上記「草稿」の中にほぼ同文のまま収載されている。

〔付〕ル・クレール「ヴィーコ『普遍法』書評」〔本文〕

第8論文[1]

I. よはんねす・ぱぷてぃすた・うぃくす著『普遍法ノ唯一ノ原理オヨビ唯一ノ目的ニツイテ，全一巻。最高王立法院評議員，刑事部副部長，ふらんきすくす・うぇんとぅら閣下ニ謹呈ス』一千七百二十年，なぽりニテ公刊。四折判，全二〇〇頁。[2]

ナポリ大学，雄弁学教授デル・ヴィーコ氏の本著は筆者に送付されたのち6カ月余り[3]遅れてやっと筆者の手許に届いたので，今回より以前〔の号〕に取り上げることができなかった。これはきわめて難渋な題材，きわめて多様な考察で充満し，かつきわめて簡潔な文体で書かれている作品であるから，その正確な梗概を作成するとすれば法外な長さを要することであろう。そればかりか，著者は独自の多くの表現を持っており，それが相互に継続し，それらは全著作を注意深く読まないかぎり，十分に理解されそうにはない。それらの表現を説明せずに報告するだけにしておけば，それを理解できる人はほとんどいないであろう。そして，それらを説明するためには，多くの言葉を用いなければならないであろう。それについて一小例を示し，同時に本著作の目的を知らせるために，この第1部の「結論」をほとんど逐語的に以下に述べよう。「御覧のごとく」と著者は言う，「すべての事物の唯一の原理，すなわち知性から，またいわば3要素，すなわち識ること，欲すること，出来ることから，精神の真理に向かっての努力〔衝動〕だけにより，神的な光明，すなわち，明晰に識られた真理に人々が付与する打ち勝ち難い同意を用いて，全人間性〔人道〕は神より由来し，そして神へと戻って行くであろう。神がなければ，地上にはいかなる法律も，いかなる市民社会も存在しえず，砂漠，狂暴，汚辱が存在することであろう。」[4]以上の意味するところは次の通りである。諸美徳の認識，特に正義と人間性〔人道〕の認識に到達するためには，知性を用いるべきである。知性は神がわれわれに与え給うたものであり，また神は知性に，識ること，欲する

こと，および出来ることという〔3種の〕能力を付与し給うたのである。何らかの認識に到達するためには，真理を識るために努力すべきであり，真理とはその明証性が疑うことを許さないときにおいてのみ人が知覚するものである。この明証的な認識は神的な光明であり，これに人は反抗することができないし，またそれは決して人を欺かない。これにより人は人間相互間で持たなければならない人間性〔人道〕に関して確信させられる。したがって，この人間性〔人道〕の観念は神より由来している。人間性〔人道〕を法によって導き給うたのは神であり，また人間性〔人道〕はわれわれを相互に神御自身，すなわちこの観念の創作者へと導く。したがって神がないとすれば，人間たちの間には法律も，社会も全く存在しえないことであろうし，人間たちは残忍な野獣のごとく相互に隔離されて生きていたことであろうし，彼らは考えうるかぎりの世にも下賤で世にも恐怖すべきあらゆることを行なっていたことであろう。以上の教義はホッブズ[5]やその他の人々のごとき，一切を人間の気まぐれに依存させようと欲した著作家たちの学説に全く反対である。著者は数学的順序〔方法論的序列〕によってこの結論に至っている。すなわち，まずわずかな原理を設定し，そこより次いで無数の帰結を引き出しているが，これらは一般的に考察された道徳と法律学を含んでおり，そこよりこの2科学の細目を引き出すのは困難ではないと思われる。この細目を辿ってゆくことはわれわれにはできないが，著者の言葉に多少なりとも親しんでしまった人々，そして著者の言うことを若干の入念さをもって瞑想〔省察〕してくれる人々はこれらの帰結の真理についてたちまち著者に同意するに至るであろう。それのみか，それらの人々はその途次において，予想だにしていなかった興味深い探究や指摘を見出すであろう。そしてそれらは著者の主要な主題を例証するのに役立つであろう。その主題とは，道徳と法律学を神の叡智，正義，神聖および善性より流出された光明として論考により証明することである。

II. よはんねす・ばぷてぃすた・うぃくす著『法律学者ノ恒常性ニツイテノ他ノ一巻。最高王立法院評議員，刑事部副部長，ふらんきすくす・うぇんとぅら閣下ニ謹呈ス』一千七百二十一年，なぽりニテ公刊。四折判，全二六四頁。

本著の表題は最初曖昧に見えるが，著者の意味する法律学者の恒常性とは道徳哲学が基づいている光明〔原理〕の真理と不変性であることに注意を払えば，それは明晰となるであろう。その結果として，この道徳哲学を研究し尽くした人々は今後意見を変えるようなことはないであろう。著者は前著において次のごとく論じた。すなわち，本来の意味で人間と呼ばれているものを形成している二つの部分，すなわち知性〔作用〕と意志〔作用〕は両者ともに腐敗されてしまっている。(6)知性〔作用〕は誤謬によって欺かれてきたし，意志〔作用〕は渇望によって誘惑されてきた。これら二つ〔誤謬と渇望〕は両者ともに人間の理性と福祉に反している。このことこそ人間を不幸に化した原因である。しかしながら，いかに腐敗されているとはいえ，人間の裡には，真理への愛と真理を識りたいという一種の努力が残存している。そして，人間が真理を明晰に識るや，彼の裡には正しいものへの愛が生ずる。叡智は精神に永遠の諸真理の認識を提供し，この認識によって精神を浄化する。そしてこの光明は次いで意志〔作用〕にとって規準の役を果たす。良識なき者は不断の誤謬の中にあり，意見と行動を絶えず変える。彼らはある種のものを愛したことを後悔し，またその逆に自分たちがかつて憎悪したものを愛する。しかし，ひとたび叡智に到達した人々は，その生涯において恒常的である。かくして，神的および人間的学識の諸原理についてこれまで公刊されたものの一切は，そして前著〔第1巻〕において書かれたことに適合することの一切は必然的に真理であり，それこそ本巻が示そうとするところである。

　著者は一切の科学を二つの序列に還元する。その一つの序列は人間本性にとって必要なものを包括し，他の一つの序列は人間の自由に依存するものを包括する。著者は前者を哲学という総称で，後者を文献言語学という総称で呼んでいる。しかしながら，著者はギリシア人やローマ人が行なったごとく，後者を前者から分離してはならず，むしろ後者はいわば前者の一継承である，と主張する。これら二つの学問〔科学〕は二つながら法律学者(すなわち叡智の人間)が彼の意見に関して恒常的であるのに役立つ。前者〔哲学〕により彼は永遠の真理と関連させて法律を検討するが，これは哲学者の仕事である。また後者〔文献言語学〕により彼は法律の用語を説明するが，これは文献言語学者の義務である。

以上により理解ができることは，本著全体が検証しているごとく，著者は次のごとく意図しているのである。すなわち，哲・学・者・は，単に哲学の思弁的諸原理ばかりでなく，また単に論理学や通常の形而上学が提供するような，そこに立ち止まるや先にはもはや進まずに，精神のみを楽しませる認識ばかりでなく，法律学や道徳の諸原理の在り方に見られるごとき実践の諸原理をも検討するべきなのである。

　全巻は2部に分けられており，第1部は叡・智を取り扱い，21章を含む[ママ](7)。また，第2部は文・献・言・語・学・を著者がこの語に付与した意味に即して取り扱い，巻末にまで及んでいる。第2部において，著者はまず，ソクラテスの教義に従えば，適切に行なわれた質問によって，人々に自分たちの精神から科学や美徳の諸原理を引き出すことを教育しないかぎり，何・び・と・に・も・科・学・も・美・徳・も・教・え・る・こ・と・は・で・き・な・い・で・あ・ろ・う・，ということを示している。著者は人々が彼らの魂の中に諸科学の種子を所持しており，それらを培えば，それらは果実を生み出すと想定している。著者がきわめて真実に近いと判断していることは，人間が真理を発見できないとすれば，それは精神の誤謬からというより，むしろ心情の悪徳から由来しているということである。著者はこれを第1章で述べ，引き続いて，その十分な証拠を示している。

　次いで著者は一切の科学より，特に習俗の教義〔道徳論〕より懐疑主義を追放するべきである，と注意する。習俗の教義は懐疑と相容れない。懐疑は美徳の実践を阻止せずにはいないし，懐疑主義は美徳の遂行を中断させるからである(8)。著者はキリスト教的形而上学は真実である，と正当に主張しているが，それはこの形而上学が，一神が存在し，この神の認識，権力および意志は無限であるとわれわれに教えるからである。人は神を感官によってではなく，精神によって識るのであるから，その結果として，真の宗教は人がこの精神的存在に捧げる礼拝に存している。このことは異教を破滅させる。真の宗教はまた精神の清純さと心情の敬虔さに存しており，人々が相互間に負っている一切の義務もここより流出する。最高度に啓示された諸事物の観想と市民的慎慮の中において，人間の独創的叡智が存しているのもこの点においてである。ギリシア人やローマ人の間において，最古代の叡智が働いたのもこの同じ点においてであった。

　敬虔には宗教が続いたが，宗教とは人がわが身を犯罪者と感じたため

神性について抱いた恐怖であった。魂の清純さは身体の清純さと，人が神性に捧げる外的な礼拝によって補足される。そして外的な礼拝は少なくとも異教徒の間では，心情の改悛や謙遜よりも，むしろ儀式に存していた。しかし，もし哲学者が以下のごとく論考したとすれば，この宗教の虚偽を認めることができたことであろう。「私は私の精神が制限されているのを感得する。なぜなら，私が理解できない無数の事物が世に存在するからである。永遠の秩序の認識によって私は永遠の諸真理を識り，もし無限が世に存するのが事実とすれば，無限の諸知性ともろともに私は永遠の諸真理に参与する。それゆえ，永遠の秩序の観念は制限された精神の観念ではなく，無限の精神の観念である。神はこの無限の精神であり，私の精神ではない。この光明は制限されているからである。この観念は私の身体から由来してはいない。身体はさらに制限されているからである。」著者はまた，まさにこれにより，キリスト教の真理を証明できることを示している。それは本書そのものの中で見られうるところであろう。著者の思考するやり方，彼の表現の言い廻しは余りにも特殊的であるから，彼が言わんと欲するところを，それに親しんでいない人々にわずかの言葉で理解させるのはむずかしい。本書を味読するためには，著作そのものを一貫して読むべきであり，心を尽くして瞑想しなければならない。人がこれを行なうとすれば，著者がその読者たちに思考すべき事柄を提供したこと，また彼らに独特で注意に値する諸観念を提示していることが知られるであろう。以上に述べたことは，ほぼ第2章および続く三つの章の内容である。

　著者は次に異教徒哲学者たちの形而上学的教義を瞥見し，キリスト教神学に適合する教義とそれに反対の教義とを示している。著者はプラトンのもとでは精神的諸理念の永遠性というその教説を是認する。しかし，魂の先行的存在についてプラトンが教えたことは否認している。この哲学者が魂の不死性や神的摂理について述べたことは同じく真理である。著者はストア主義者の運命ないし宿命（Fatum）を，もしこれにより，一切を必然と化す，原因と結果の連鎖が意味されるのならば，否認する。しかし，これにより，神が人間精神に識らしめ給う永遠の諸真理が意味されるのなら，宿命を是認する。著者はエピクロスの諸原理を絶対的に弾劾する。この哲学者は物体と真空〔空虚〕以外には何ものも存在しないと述べ，彼の元子に偶有的な協力を，感官に一切についての

I　ヴィーコとル・クレール　　353

判断を帰しているからである。著者は哲学者たちが至高善についてかつて何も知らず，彼らの美徳がきわめて不完全であることを指摘している。プラトンやストア主義者の道徳には，キリスト教徒の道徳に適合するさまざまな箇所が存している。エピクロスに関して言えば，この人は一切を物体に関係付けるので，キリスト教道徳とかけ離れすぎており，容認できない。またアリストテレスの至高善に関する諸観念も訂正されなければならない。

　著者はこれよりキリスト教徒の市民的教説，ないし法律学の優秀さに筆を転ずる。この法律学は彼らの宗教の諸原理に適合しているからである。しかし，デル・ヴィーコ氏がここで本来意味している法律学とは市民的〔国家的〕法律の訴訟に関する科学〔学問〕ではなく，自然法であると思われる。著者は付言的にエピクロスを批判しているが，それはこの哲学者が法律を人々の意見に依存させているからである。人々の意見は変動的で不確実であるから，著者によれば，一般に自然法と呼ばれているものを変化させ，不確実と化す。著者はマキャヴェッリ，ホッブズおよびスピノーザのみでなく，ベール氏もこの見地であったとして非難している。同氏も，仮に今なお存命中であったとしたならば，いわゆる自然法を，氏の懐疑論的諸原理の一帰結がどんなものであったにせよ，必ずや否認したことであろう。プラトンは霊魂の不死性と理念(イデア)の不変性を確立したので，自然法に対して好意的である。この点について哲学者たちに追従した古代の法律学者たちもまた，不動な，したがって，キリスト教の諸原理に適合した諸原理の上に法律学を樹立するのに貢献している。キリスト教はわれわれに自然の光明を提供するからである。以上のごときが，概括して述べれば，デル・ヴィーコ氏が21章より成る氏の第2巻の第1部で設定している内容である。

　第2部は〔第1部に較べて〕はるかに長編であり，文献言語学の恒常性について論じている。著者はこの言語学を科学の形態に還元しようと試みている。文献言語学とは，と著者は述べている，言語の研究であり，言語の歴史を与える。そこでは言語の起源および進歩，さらに諸言語の慣用に即して，本来の意味および比喩的な意味が与えられる。しかし，語の歴史を与えることにより，文献言語学は事物の歴史を与えることを余儀なくされる。そして，他の知識，たとえば，古代碑銘学，賞牌学，年代記学等々の援助を利用する。著者はまた $\varphi\iota\lambda o\lambda \acute{o}\gamma o s$ 〔言語学

者〕という語が単に話すことを愛する人間のみでなく，学究的人間をも意味することを指示しておいた方がよかったかもしれない。なぜなら，λόγοιはしばしば文芸〔学芸〕に関して，またラテン語におけるratioのごとく一教派の教説について用いられるからである。現にデル・ヴィーコ氏は以下において，文献言語学が言葉に劣らず事物にもかかわることを説明している。

著者は〔ノアの〕大洪水以降ハンニバルがイタリアに戦争をもたらした時代までの主要な諸時期を要約して示している。なぜなら，彼はこの書物の以下の全体の中で，この年代間に生じたさまざまの事柄について論じており，また多数の題材に関して多くの文献言語学の指摘を行なっているからであるが，それにさいし，きわめて有能な人々も十分に注意を払わなかった多数の民衆的誤謬を指摘している。著者はこの年代記の末尾において，ティトゥス・リウィウスが第2次ポエニ戦争から始めてローマ史を従来以上の真実性をもって記述すると称しながらも，アルプスのどの場所を通ってハンニバルがイタリアに侵入したのかを知らなかったことを証拠立てている。ウァッロは世界の持続の時期を3部に区分したが，その第1期を未知の時代，第2期を寓話的時代，第3期を歴史的時代と名付けた。著者は第2期をさらに2時期に区分し，その前期は寓話が主要な諸神について述べていることを含み，オリンピック競技を創設したヘラクレスの時代にまで及ぶ。この競技によって，時代をオリンピア紀に区分することが始まった。また，その後期はより下級の諸神の歴史，ないし英雄的時代の歴史を与える。この時期はアルゴ船周航者巡周記，トロヤ戦争，オデュッセウスの巡航，アエネアスの周航を含む。

これらの事実が真実であるかどうかは，そこに存している諸々の難点のため，言うのが容易ではない。ヘラクレスがテセウスより何年ぐらい古いか，また後者はネストルよりどのくらい先立っていたかを記録しようと企てた人々が存在している。しかし，この意見と，テセウスをヘラクレスの母親アルクメーネの夫であるアンフィトリオンと同時代とする見地とをどうして調和させることができたのか。テセウスがヘラクレスを自分の模範とし，その模倣に努めたため，第2のヘラクレスと人に呼ばれた，などということがどうして可能であったのか。寓話的歴史の中にはこれに類する無数のその他の難点が存している。

Ⅰ　ヴィーコとル・クレール　　355

歴史的時代の歴史そのものさえ，その発端についてははなはだ不完全である。なぜなら諸国民はほとんど相互に識り合っていなかったからである。ギリシア人は特に最古代の歴史，すなわちユーフラテス彼岸に住んでいた諸民族の歴史として存していたものをエジプト人の歴史同様に全く識っていなかった。それに，ギリシア人は寓話を非常に愛好したので彼らの言うことは信頼できない。[23]

　諸言語の起源の探究にさいしても，きわめて大きな曖昧さが存しており，大部分の語源学ほど不確実なものはない。しかも，この学問を手段として，諸言語を相互に由来させていることは，著者がこの箇所その他で示している通りである。ここよりして詩人たちの言葉に関しての，文献言語学者たちの誤謬が生じている。彼らは詩人の言葉を詩人たち自身の発明によるものと信じたからであり，その結果として，彼らによれば，散文的文体が最初の文体であった，としたからである。著者はこの逆〔詩的文体の散文的文体への先行〕を主張し，第12章において，それについて多くの論拠を誌している。[24]

　以上の箇所および無数のその他の箇所は長文の抜粋として解説されるに値するであろう。しかし，それをここで行なうことはできない。ここでは本著作の意図を概括的に示せば足りるであろう。ここに見られるのは哲学的，法律学的および文献言語学的な題材の不断の一混合体である。なぜなら，デル・ヴィーコ氏は同氏の諸作品を読むすべての人が同意するであろうごとく，これら3科学に特に専念し，それらについて十分に思索されたからである。これら3科学の間にはきわめて強靭な一紐帯が存しているので，他の二つについて十分に大きな知識を持たないかぎり，どの一つについてもその全範囲にわたって深く立ち入り，識ったとは誰も誇りえない。さればこそ，全巻の末尾にイタリアの学者たちがこの著作に寄せた頌辞が見られるのである。これによっても，彼らが著者を形而上学，法律および文献言語学についてきわめて有能な人物として，また彼の著作を独創的で，かつ重大な発見に満ちた作品と見なしていることが理解されうる。[25]以上がわれわれがここで言いうることであり，本著は確かに読者の注意に値する。しかし，著者の諸理念と文体に慣れ親しむためには時間を要するであろう。

訳 註

(1)――「第8論文」(Article VIII)。ル・クレールのこのヴィーコ著作書評は『古代近世文庫』(第18号, 1722年)に所載された。この号の「第1部」は新刊書の紹介,「第2部」が書評に当てられているが, 合計10の書評のうちヴィーコの『普遍法』2巻に関する批判は8番目に置かれている。『文庫』同号の冒頭の「目次」'TABLE DE LIVRES Dont it est parlé dans la 2. partie du TOME XVIII.'によれば「デル・ヴィーコ氏著『法の起源, および法律と文献言語学の恒常性』」'LIII. L'Oribine du Droit & la Constance de la Jurisprndence & de la Philologie, par Mr Del Vico'と表示されており, ヴィーコの2著作の内容を原著2巻の表題以上に明快に示している。

　なお, OGV版『自叙伝』では, 以下の『書評』全文がヴィーコにより伊訳されて収載されている。Cf.〔OGV,I〕pp.30-36. 他に〔ON,V〕pp. 89-97.

　ヴィーコの「書評」伊訳は,「表題」(ル・クレールはラテン語で記述)以外は, フランス語原文をきわめて忠実に訳している。特に注意に値するのは, ル・クレールが犯した誤訳ないし誤読までをヴィーコがそのまま伊訳していることである。以下の註⑳, ㉑参照。ル・クレールへのヴィーコの遠慮からであろうか。いずれにせよ, ヴィーコの事大主義はヴィーコ解釈にさいして要注意。

(2)――以上の表題その他はラテン語, ヴィーコの原著のまま表示されている。「I」は『普遍法』第「I」巻の意味。「ふらんきすくす・うぇんとぅら」(Franciscus Ventura)――フランチェスコ・ヴェントゥーラ (Francesco Ventura, ? -1759) ――については『自叙伝』〔A〕・V, 註⑸参照。

(3)――「6カ月余り遅れて……」。ヴィーコは『普遍法=I, 原理論』(1720年9月初頭公刊) および『普遍法=II, 法律学者恒常性論』(1721年8月末―9月初旬発刊) ―― cf. 'Nota,'〔ON, II―iii〕pp.775, 786 ―― を知人ナポリ・ドメニコ会修道院修道士トンマーゾ・アルファーニ (Tommaso Maria Alfani 1679-1742) の紹介でル・クレールに送った。アルファーニは博学な修道士, 文芸人で顔が広く, 王侯貴族とも接触が多かった。問題の2著書は, ロヴァニオで研究生活を送っていた青年伯爵ウィルデンシュタインを介して, ル・クレールに回送された。そのため1722年1月9日に発送された2著作は同年9月初旬に至ってル・クレールに届いている (この書簡については〔A〕・V, 註⒅の本文参照)。したがって「6カ月余り」ではなく,「9カ月」かかって到着したというのが真相である。

なお，ヴィーコのル・クレール宛書簡（イタリア語）── 'Lettera a Giovanni Leclerc, 9 gennaio,' 1722 ──は両者の関係と，ル・クレールのヴィーコへのその後の強烈な影響を暗示する貴重な文献であるから，全訳して示す。

〔『普遍法』2巻贈呈に添付されたル・クレール宛書簡〕

謹啓　この2著作の思索へと私を駆り立てましたもっとも強烈な，いな唯一の刺激は全ヨーロッパに行き渡っております顕著きわまる貴下の御名声でございました。全ヨーロッパは貴下を現代文芸人の筆頭として称賛しているからであります。その結果として，私はたとえ小さくとも何らかの成果を挙げ，貴下のお目に留まり，貴下の御庇護を賜わりたいものだとの熱意に燃え上がりました。かつ，この刺激の及ぶところ，誰にもせよ一つの優れた先例を目前にしつつ，どうやら凡庸な成果を挙げうるに至るのでありますから，私のこの脆弱な労作が多少なりとも賞讃に値するものを含むとすれば，それは顕著きわまりなき貴下に由来しておりますので，当然の理趣として，それは御足下に戻って行くべきでありましょう。わが国〔イタリア〕のもっとも有名な文芸人，トマーゾ〔トンマーゾ〕・アルファーニ神父尊師は貴下と御文通の間柄との趣にて，ディ・ウィルデンシュタイン〔フォン・ヴァレンシュタイン〕伯爵閣下に恭しく敬意を表するとともに，同侯が目下御遊学中のロヴァニオの地より，同侯の御好意により2著作を貴下の御手許にお届け頂くことをお願い申し上げる有難き機会を私に与えて下さいました。このようにして，作品は，それ自体の中に持っていない価値を貴顕の声望より受け，そのお手許より声望この上なき貴下の足下に参上致すことでございましょう。ついでながら，私は貴下の全ヨーロッパを通じて尊崇の的である御高評を恐れずにはいられませんだけに，私の数々の過ちについては最大の御好誼をもって御海容下さるものと確信しております。それらは私の天稟の脆弱さ，学識の欠如，そして最終的には，瞑想に必要な若干の安逸を私にかつて許してくれたことのない逆境から生じたものであります。何卒この些小にして粗末な贈物の中に贈呈者の微意をお汲み取り下さらんことを恭しく御願い申し上げます。恐惶謹言。

　　　　　　　　　　　　　　　　　　　　ナポリにて，1722年1月9日

当時のル・クレールがその『古代近世文庫』を介して，いかに全ヨーロッパ的に声望が高かったか，またこの人物の批評がいかにヴィーコを力付けたかを証拠立てている一文献である。

(4)──以上の引用文はヴィーコの原典では次のとおり。

結　論
　　カクシテ, 貴下ハ, 声名高キふらんきすくす・うぇんとぅらヨ, 諸事物ノ唯一ノ原理——精神——ヨリ, マタ言ウナレバ三種ノ要素——識ルコト, 欲スルコト, 出来ルコト——ヨリ, 真理ニ向カッテノ精神ノ唯一ノ衝動ニヨリ, 神的ナ光明, ツマリ真理ニ対スル克服不可能ナ同意ノ力デ, 一切ノ人間性〔人道〕ハ神ヨリ由来シテ存在シテオリ, 神ニヨリ支配サレ, 神自身ニ戻ッテ行クコトヲ知ッタノデアル。カツ, 神ガナケレバ地上ニハ何ラノ法律, 何ラノ国家, 何ラノ社会モナク, 孤独, 粗暴ト醜悪ト瀆神ガ存スルコトヲ知ッテイルノデアル。(ON, II-i, p.258)

(5)——ホッブズ (Thomas Hobbes, 1588-1679)。「人間ハ人間ニトッテ狼」(homo homini lupus) や「万人ノ万人ニ対スル戦イ」(bellum omnium contra omnes) 等の引用句で周知の「人間利己主義」説を指す。ホッブズ哲学の実体に関しては, 拙稿『ホッブズとロック —— Human life as a race and as a pilgrimage ——』(東洋大学大学院紀要, 第 19-20 集, 1983-84 年) 参照。

(6)——「腐敗されてしまっている」(corrompu)。原因は「神学」的に表現すれば人類の始祖アダムの堕罪の因果である。また,「生物学」的には「腐敗サレテイル」(corrumpti) 状態は「健康デアル」(sani) の反対語。『自叙伝』〔A〕・IV, 註(42)を参照。

　なお,「知性」(l'Entendement) の原語は 'intellectus' であるから, ジョン・ロック流の「知性」ないし「悟性」(understanding, Verstand) ではない。

(7)——「2̈1章」は「2̈0章」が正確。ヴィーコの不注意から「第5̇章」が欠落し,「第6̇章」とされ, 以下順次に「第21章」に及んでいるからである。Cf. 〔ON, II-ii〕p.284 et seq.

(8)——この一節の文章は悪文。「懐疑主義」(le Scepticisme) は男性であるが, 人称代名詞 'la' が誤用——直前の 'la Doctrine' に引かれて——されたとして訳す。

(9)——「魂の先行的存在」(la préexistence des âmes)。いわゆる「霊魂先在説」(la doctrine de la préexistence de l'âme) を指す。プラトンが『ファイドン』"Phaidon" で開陳している主張で, 人間の霊魂は身体との結合以前に他の霊界に存在していたと説く。

(10)——「市民的〔国家的〕法律の訴訟に関する科学」(la Science litigieuse des Lois Civiles)。'les lois civiles' はいわゆる「民法」ではなく,「教会法」(le droit canon ; il dirirto canonico ; la ragione canonica) と対比

された「市民法」(le droit civil ; il diritto civile ; la ragione civile) を意味する。〔A〕・I, 註(32)およびその本文参照。

(11)――ベール (Pierre Bayle, 1647-1706)。いわゆる啓蒙時代前期の代表的な懐疑主義的哲学者。ロッテルダム大学教授として終る。その『歴史的,批判的辞典』"Dictionnaire historique et critique, 2 vols.," 1695-97 (邦訳『歴史批評辞典』,野沢協訳『ピエール・ベール著作集』全8巻のうち第3～5巻,法政大学出版局刊) はヨーロッパに多大な影響を与えた。ル・クレール自身も密かに第2のベールを目指して,同じオランダの地で『文庫』による啓蒙運動に入った,と言われている。

(12)――「21章」は正確には「20章」。上記註(7)参照。

(13)――'Pars posterior : De constantia philologiae,'〔ON, II-ii〕pp.307-583. 前編 'Pars prior : De constantia iurisprudentis,'〔ON, II-ii〕pp.268-303は正味36頁。後編は正味276頁であるから著作としては著しい不均衡が見られる。

(14)――「文献言語学とは,……比喩的な意味が与えられる。」'La Philologie est une étude du Langage, qui en donne l'Histoire ; on en montre l'origine & les progrès, & selon l'usage des Langues, les significations propres & figurées.' この部分はヴィーコの原文では次のとおり。

　　「文献言語学トハ言語一般ノ研究デアリ,マタ言葉ノ起源ト進歩ヲ詳述シ,カクシテ言語ヲ諸時期ニ区分シ,ソノ結果トシテ言語ノ諸特性,転換オヨビ用法ヲ把握シヨウトスルコトニヨリ,言葉ヲ取リ扱イ,カツ言葉ノ歴史ヲ述ベル探索デアル。」〔ON, II-ii〕p.308.

(15)――「古代碑銘学,賞牌学,年代記学等に……」(celles〔connaissances〕des Inscriptions Anciennes, des Médailles, de la Chronologie etc.)。ヴィーコと直接関係はないが,この時代より約130余年のちモムゼン (Theodor Mommsen, 1817-1903, 1902年ノーベル賞受賞) がローマ法と古代イタリア碑銘学の研究が契機となって周知の『ローマ史』 "Römische Geschichte," V Bücher, 1854-85 を著した事実との類似性が注意されるべきであろう。もちろん,ついに未完成に終ったモムゼンの『ローマ史』とのち『新科学』へと揚棄されたヴィーコのローマ法解釈や自然法はほとんど類比を許さないが,ローマ法における政治権力の影響力に関する洞察や,碑銘学,賞牌学,年代記学――たとえウァッロに由来する素朴な年代記にせよ――等のいわゆる実証的検証手段の重視の点で両者の研究態度は完全に一致している。この限りにおいて,ヴィーコは長らく主張されてきたごとき,新ヘーゲル学派の先駆者というより,むしろヘー

ゲル批判的学派——こんな用語は存在しないにせよ——の先人である。モムゼンに関しては，Karl Chist : 'Theodor Mommsen und die ﹥Römische Geschichte﹤,' als 'Einleitung' zu diesem Werk, "Theodor Mommsen : Römische Geschichte," (Deutscher Taschenbuch Verlag,1984, 8 Bde.) Band 8, S.7-66 を参照。

(16)——'$\varphi\iota\lambda\delta\lambda o\gamma o s$' は '$\varphi\iota\lambda o$'（愛する）と '$\lambda o\gamma o\sigma$'（言語，学説）の合成語。したがって，'logos' をどう理解するかにより 'philologos' の意味内容も異なってくる。原典の「アクセント」は付け間違い。

(17)——'$\lambda\delta\gamma o\iota$'——'$\lambda\delta\gamma o s$' の複数形——は「詩」（$\Pi o\ell\eta\sigma\iota$s）に対比する「散文」の意味や，「演説」の意味でしばしば用いられた。

(18)——「著者は〔ノアの〕大洪水以降……指摘している。」この2文章（伊訳）は〔A〕・VIで二度も引用され（註(3), (16)），〔B〕・IIにおいても部分的に引用，さらに『新科学・初版』，「目録」の序文的部分に，そのまま引用されている。〔A〕・VI，註(4)参照。

(19)——「ハンニバルが云々……」。ヴィーコの原文次のごとし。

第二次ぽえに戦争。ろーま市創設以来五百三十五年。コノ年代ヨリてぃとぅす・りうぃうすハローマノ出来事ノ真ノ歴史ヲ書クト述ベテイル。シカモはんにばるノあるぷすヲ越エテノいたりあヘノ侵入ニツイテハ，コノ人ニツイテアレホド多ク，アレホド立派ニ物語ッテイナガラモ，こてぃなぇ・あるぷすヲ通ッタノカ，ぽえになぇ・あるぷすヲ越エタノカヲ知ッテイナイ。〔ON, II-ii〕pp.311-2.

ヴィーコがハンニバルのアルプス越えというきわめて有名なリウィウスの一節をなぜここで取り上げ，かつ，この山越えの正確な通路をリウィウスが知っていなかった，となぜ書いたのか，解しがたい。正確な歴史的，地理的記述の困難さを強調したのであろうと推測されるが，ヴィーコはリウィウスの原典を誤読している。リウィウスによれば，ハンニバルの軍隊——手兵については，歩兵10万，騎兵2万から歩兵2万，騎兵6千と両極の推定あり——に同盟軍が加わり，総勢歩兵8万，騎兵1万，他に駄馬，象57頭等がアルプス越えに参加，現代フランスのローヌ河を越えて出発して以来，イタリアに入るまでに総計3万6千人と多数の騎馬，駄馬等を失った，とされている（Titus Livius (59 B.C.—17 A.D.) : "Ab urbe condita," XXI, 38)。アルプス越えの径路に関しては，ローヌ河（Rhodanus）を渡って西北に向かい，ローヌ河支流デュランス河（Druentia）を徒渉，現在言う低アルプスないしプロヴァンス・アルプス地区からローヌ河を北上，途中恐らく支流イゼール河伝いに右折したらし

いとされている (Titus Livius : op. cit., XXI, 32 et seq.)。そして，この記述の最終部分で次のごとく述べられている。

　　以上ニツイテハ万人ノ間デ知ラレテイルコトデアルダケニ，私ハドノあるぷすヲ彼〔はんにばる〕が越エタカニツイテ異論ガ出サレテイルコトニ一層驚カザルヲエナイ。ソシテ一般ニハ彼ガぽえにぬむ峰 (Poeninum iugm)ヲ通ッタノデアリ，――ココヨリマタあるぷすノコノ山頂ガぽえにぬむ峰ト名付ケラレタ――ト信ジラレテオリ，こえりうす (Lucius Coelius Antipater, circ. fine II. saecl. A. D.)ハはんにばるガくれもな (Cremo) 峰ヲ通ッテあるぷすヲ越エタトシテイル。以上ノ二ツノ山道ハ彼ヲたうりに族ニデハナク，さらっし山岳族ヲ経テ，りぶい・がっり族ヘト導イテイタコトデアロウ。マタ当時コレラノがりあヘノ道ガ開拓カレテイタコトハアリソウモナイ。(Titus Livius : op. cit., XXI, 38.)

　　訳註・(a)――'Poenum' は「カルタゴ」の形容詞。たまたま同音語だったので，ハンニバルのアルプス越えと関連付けられた。現在の「ペニンヌ」(Pennine) 峰。
　　　　(b)――'Cremo'は今のクレモナ。イタリア北部の都市。
　　　　(c)――「タウリニ族」(Taurini)。イタリア北部の部族。
　　　　(d)――「サラッシ山岳族」(Salassi)。アルプス山岳中の部族。
　　　　(e)――「リブイ・ガッリ族」(Libui Galli)。北部イタリアのガリア部族。

以上のごとく，リウィウスの原典はきわめて明快であり，またヴィーコが言及している「コティアェ・アルプス」(Cotiae Alpes) ――「レ・ザルプ・コティエンヌ」(Les Alpes Cotiennes) ――にも触れられていない。ヴィーコに往々見られる読み間違いである。なお，ハンニバルのアルプス越えについては大別して5説あり。Cf. T. Livius : op. cit., XXI-XXII〔Loeb ed., V〕'Maps and Plans,' 1. Hannibal's route over the Alps.

(20)――ウァッロについては〔A〕・IV, 註(25)(c),〔A〕・V, 註(22)参照。また,〔A〕・V, 註(23)参照。「3時期」についてヴィーコの原典では次のとおり。

　　歴史トハ何カ？
〔5〕歴史トハ諸時代ノ証人デアル。
うぁっろニヨル諸時代ノ区分
〔6〕うぁっろニヨレバ，今ニ至ルマデ諸時代ハ，暗黒時代，寓話的時代，歴史的時代ノ三時代トシテ数エラレテイル。
〔7〕暗黒時代ノ歴史ハ今マデ絶望視サレテイタ。ソシテ，コノ時代ニ

ツイテノ歴史ガ絶望視サレテイタレバコソ, 暗黒時代ナノデアル。
〔ON, II-ii〕p.312.
(なお, ル・クレールは「暗黒時代」(tempus obscurum) を「未知の時代〔区分〕」(la 〔partie〕 Inconnue) と意訳, ヴィーコはこれに応じて (la 〔parte〕 incognita) と伊訳している。
(21)――「第2期〔寓話的時代〕をさらに2時期に区分し云々……。」
ワレワレノ諸原理ニヨル寓話的時代ノ区分
〔8〕寓話ノナイシ英雄的時代ノ歴史ハ二時期ヨリナルトサレテヨイデアロウ。スナワチ, 諸大民族ノ時期オヨビ諸小民族ノ時期デアル。ソシテ, へらくれすガぎりしあ人タチニトッテモットモ活用サレタ時代区分デアルおりんぴっく競技ヲ創設シタノデアルカラ, 諸大民族ノ寓話的時代ノ歴史ハへらくれすニマデ及ビ, コノ歴史ハ諸大民族ノ十二神ヲ物語ル。
出来事ノ最初ノ歴史デアル神話学ガ今マデナゼ不作デアッタカ？
〔9〕サテ, コノ寓話的時代ノ神話学ハコノ寓話的時期ノ習俗ヤ国家トイウヨリ神々ノ本性ガ寓話ニヨリ覆イ隠サレテイル卜今マデハ考エタノデ, 神々ニツイテノ事柄ガ民衆ニ知ラレナカッタ。ソレユエ, アレホドノ世紀ガ過ギ去ッタノチ, 神話学ソノモノガカクモ不確実, カクモ多様デ, カツ全ク不作デアルコトモ, 容赦ニ値スルト考エラレル。
〔10〕ナオ, おりんぴっく競技創設者ヲモッテ完結シタ寓話的時代ノ歴史ハあるご船同行者ヲ含ム。コノ時代ハマタへらくれすガ天上ニ迎エラレタノチノ爾余ノ諸寓話, とろヤ戦争, おでゅっせうスノ巡航, あえねあすノいたりあヘノ漂着ヲ含ム。ソシテ, コノ寓話的時代ハ双方トモ, ワレワレニヨッテハ「諸小民族ノ」時代, スベテノ学識者ニヨッテ適切ニ「英雄的」時代ト呼バレテイル。(〔ON, II-ii〕pp.312-13.)
(a)――「諸大民族」(maiores gentes), 「諸小民族」(minores gentes)。

以上の引用を本文と対比すれば明らかなごとく, ル・クレールの記述は若干の点で不正確である。ヴィーコの言う「諸大民族」,「諸小民族」をル・クレールは「主要な諸神」(les principales Divinités),「より下級の諸神」(les moindres Divinités) と誤読し, その結果ヴィーコ自身が「寓話的時代」後期を「英雄的」時代として区分したと説明している。「諸大民族」,「諸小民族」に関しては, ヴィーコ自身が以下の第5章, 〔20〕で解説している。

「……コレラノ言葉〔大民族, 小民族〕ヲろーま人ハ他ノキワメテ多

クノバアイ同様ニ, 類似的ナモノヲ意味スルタメニ取リ上ゲテ, 大部族オヨビ小部族ノ貴族ヲ意味シタ。スナワチ, 前者ハろむるす〔ろーまノ創設者〕ニヨッテ選バレタ家長カラ, イワバろーま民族以前ノ家長カラ出自シテイル人々デアリ, 後者ハ当然ノコトナガラろーま民族成立後の家長カラ出自シテイル人々デアル。コノ二ツノ言葉ハ本来ノ語トシテ解釈サレ, 一般ニ受ケ取ラレタノデ, 後述ノゴトク, ろーま史ニキワメテ大キナ曖昧サヲ生ミ出シタ。」(op. cit., Cap. V,〔20〕,〔ON, II—ii〕p. 337.)

なお, ヴィーコのばあい, 'gentes'は単に「部族」のみでなく「民族」の意味にも用いられている。

(22)——この一節は, 第1章,〔11〕の前半の要約である。Cf. op. cit., Cap.I,〔11〕,〔ON, II-ii〕p.313.

(23)——この一節は第1章,〔13〕-〔17〕の概要。Cf. op. cit., Cap.〔13〕-〔17〕,〔ON, II-ii〕pp.314-16.

(24)——この一節は第1章,〔20〕-〔22〕, および第12章,〔1〕-〔4〕以下の要約。Cf. op.cit., Cap.I,〔20〕-〔22〕; Cap.XII,〔1〕-〔4〕,〔ON, II-ii〕pp. 316-17 ; p.362 et seq.

(25)——「さればこそ, ……理解されうる。」の2文章は, ヴィーコ『自叙伝』本文中にほとんどそのまま伊訳して引用されている。〔A〕・VI, 註(3)参照。ル・クレールの本「書評」からの引用については, 他に上述の註(18),〔A〕・IV, 註(3),(4),(16);〔B〕・II, 註(38)-(43)を参照。

II 思想史における「伝説」(légendes) の諸問題
――― モンテスキューとヴィーコをめぐって ―――

序　言

　21世紀が目前に迫った現在，高度情報社会の成立とともに新しい情報メディアは今やいわゆる社会科学ないし人文（人間）科学の領域にまで強烈なインパクトを与えつつある。情報社会学の見地より表現すれば，従来の「コンセプト」（concept）中心の思考法の時代から「イメージ」（image）が優勢な「感得」（feeling）の時代へと変容しつつあるのであり，ハイテクノロジーの急速な発達と国民生活の飛躍的向上はすべての発展国において，程度の差はあれ，前代未聞の新文化を醸成しつつある。ハードウェアとソフトウェアの跛行，前者のいわば暴走的な発展による後者の「立ち遅れ」――いわゆる「文化遅滞」（cultural lag）――に由来する諸問題は周知のごとく原理的には勝義に哲学的課題であり，総合的視点から研究されなければならない。しかし，本論文においては，対象を思想史，ないし学説史における「伝説」(légendes) の成立とその検討に限りたい。なお，ここでいう「伝説」とは思想史，学説史における，各種の「根拠」なき「伝承」ないし「断定」を意味する。そして「根拠」とはもっぱら「現世的事実」（matter of fact）に基づく「事実問題」（quid facti）としての論拠であり，その限りにおいて「権利問題」（quid juris）――「当為」（Sollen）の問題――にはかかわらない。

　ルネサンス期における三大発明，羅針盤，爆薬，印刷術のうち，印刷術が西欧諸国民の思考法に及ぼした強烈な影響については，最近まで必ずしも十分に研究されていなかった。現代のわれわれは，印刷術というメディアと，これを介しての「コンセプト」中心の思考法に慣れすぎてしまったため，かえって，このメディアの及ぼした歴史的役割に関して

認識が不足していたのであろう。

　　〔印刷術の発明による〕伝達〔手段の〕転移は西欧キリスト教徒が彼らの聖書と自然界を見るやり方を変化させた。それは神のみ言葉をより多様化（multiform）して，神の作品〔自然界〕をより一様化（uniform）して出現させた。
(5)

　ガリレイ，カンパネッラ，ベイコンはもとより，ジョン・ロック，ヴィーコ，ジョーゼフ・バットラーに至るまでに信奉されていた「2冊の書物(6)」──「神的啓示の書物」（the book of divine Revelation）と「神的創造の書物」（the book of divine Creation）──の対比がかくして崩壊し始める。「聖書」はあらゆる国語に翻訳され，普及され，同時に個別化されて新教諸教派を次々と発生させる。「自然界」は「コンセプト」化され，客観化され，ついには機械論的構成体と化す。その後のルネサンス中・後期，バロック，啓蒙時代等々の歴史的諸段階，そして20世紀末期の現在に至るまでの文化的，社会的諸変遷については，少なくとも西欧文化に関する限り，良かれ悪しかれ印刷術という伝達メディアが果たした役割を抜きにしては論じえない。「わが記したることは記したるままに」（「ヨハネ伝」X,22）。「記されたること」，まして「書物」の形態をなして「記され」，「普及され」たことは，コンセプトとして固定化せずにはいない。ここより各種のイデオロギーが生じたとも考えられる。

　しかし，すでに10余年来知識社会学の発展から，クーンの「知覚的変革」（perceptual transformations）論に代表されているごとく，単一化的コンセプト論──たとえば「システム」──は揚棄されつつある。この「知覚的変革」は現象学的社会学の視点から批判すれば，人間の知覚作用に関する一種のコペルニクス的転換，より正しく訳出すれば「革命」そのものと言えよう。しかも，この「知覚革命」はハイテクノロジーの生産する映像伝達メディアの発達と相関的に知覚における「イメージ」領域をますます拡大し，多様化しつつあり，それに伴い「コンセプト」を変革するとともに，多種多様な，多次元的諸映像文化を醸成しつつある。その結果，あらゆる種類のイデオロギー，すなわち「記され」「固定化された」「コンセプト」は人間の行動原理としての権威と魅

力を失うに至り,これに反比例して,ついには非合理,反合理,感情的,映像的行動原理として各種の神秘主義的,オッカルト的,カバラ的擬似宗教や占星術,卜占,錬金術,終末論等までが世界的に大流行しつつある。新しき中世の開幕と呼ばれるゆえんである。

　以上のごとき時流の中にあって,哲学や諸社会科学も次第に変革の波に洗われ,新しい方向を志向し始めた。歴史学においては,かつての西欧文化を筆頭に置いて形成された歴史段階説はすでに雲散霧消しつつある。必ずしもヴィーコ哲学の「回帰」——「繰り返し」——論を借用したわけでもないであろうが,新しい「中世」としての21世紀への突入を予測したためか,ローマ帝国没落期の研究がきわめて盛んとなった。ことにアメリカでは,合衆国の現状をローマ衰亡期と類比して悲痛な警告を発している社会学者が少なくない。この反面,文化・社会人類学や考古学は研究・調査手段の飛躍的発達の成果として著しく実証化し,全世界を通じて個別的に新しい発見が次々と行なわれつつある。史学においても「理論」と「現地調査」という「両極化」現象が見られると言えよう。

　哲学や諸社会科学について概説すれば,そこに見出されるのは,専門諸学科相互間の特殊性の「曖昧」化ないし「不確実」化,それに伴う全般的な「卑俗化」ないし「日常化」である。その反面,出版技術の驚異的発達の結果,専門研究書,学術誌,紀要,解説書,文献,資料が新刊書はもとより古典的貴重書に至るまで比較的安値に入手可能となった。しかし,上述のごとく,専門分野が錯綜し,専門研究家の数の増大とともに著作・論文・研究書の公刊数が次第に増加し,あまつさえ必要不可欠とされている古典文献・資料までが簇出される結果,思想史や学説史の研究者にとってはすでに書籍や文献の購入と繙読がほとんど知力,体力,資力の限界を越えていると言うも過言ではない。

　しかし翻って思えば,この事態に必ずしも辟易するには当たらない。思想史や学説史の基本原理がどうあらねばならないか,という「当為」(quid juris) の問題,いわゆる哲学的原理批判問題は別として,「事実」(quid facti) 問題に対象を限定すれば,最近の著作はもとより,それらが準拠してきた古典的著作に関してさえ,きわめて多くの「伝説」(légendes) ——時には「神話」(mythes) と呼ばれる——が見出されるからである。そればかりではない。マス・メディアと出版技術のこれほ

どの急速な発展にもかかわらず,より正しくは,これほどの急激な発展が原因して,いわばそのソフト面である,「原典」ないし「テキスト」校訂技術の著しい立ち遅れが見られる。すなわち,古典的校訂方法が現在もなお意識的,無意識的に一般に墨守されており,いたずらに研究者を迷わせ,「伝説」的解釈の伝承を助長しつつある。

この反面,ハイテクノロジーの驚異的発達は文献研究の領域に新しい分野を開発しつつある。最新印刷技術を駆使して行なわれつつある各種古典的著作・全集・文献・資料の復刻,コンピューターを活用して行なわれ始めた多くの著作・文献・資料目録,さらにはデータ・ベースの作成等々のごとき前代未聞のあらゆる試みが開始されつつある。これらの中で特に注目に値するのは古典著作の「語彙集」(lexicon, lexique, lessico)であろう。コンピューター技術を十全に活用して編集される最近の「語彙集」——以下CL (computer lexicon) と略記——は旧来の解釈的,校訂的「語彙集」とは内容の量質ともに全く異にしている。CLの共通的特徴は次の通りである。①CLは純然たる客観的資料である。編者の解釈は介入しない。②主要キー・ワード「見出し語」(lemma)に関しては徹底的で遺漏がない。③「見出し語」の「頻度」(frequency),それらの全著作中における「配分」(distribution)が一目瞭然である。もちろん「見出し語」の選択自体がすでに編者の見地——現象学的に表現すれば,対象著作への「立ち向かい方」(Einstellung; attitude)——に依存せざるをえないのであるから,純然たる客観主義とは言い切れないかもしれない。しかし,どの学問分野にせよ,その分野での「術語」(technical terms) ないし「ジャルゴン」(jargons)——良い意味でも悪い意味でも——はほぼ一定数であり,ことに問題視されている用語を専門家が見落とすはずはないから,所期の客観性は貫きうると思われる。万一,あるCLの「見出し語」選択に関して疑念が存するとすれば,別の選択基準に基づいて必要な「見出し語」を選出し,補足的CLを編纂すれば足りる。そのさい,既存のCLの「見出し語」はそのまま使用できるからである。

ところで,CLに関する真の問題点は「見出し語」選択の客観性にあるのではない。むしろ,CLの底本とされた「原典」それ自体にすべてのCLの真価が懸っている。たとえば,ロック『人間知性論』の最新版,グラスゴー全集版によって,この古典哲学書のCLを編纂したばあ

い，同書第4版を底本として選択した編者ニディッチの独断的校訂理念に同意できない学者にとって，そのCLは使用に耐えない。同書には5種の版が存するのであるから，まずそれら各版のCLを5種編纂し，各版ごとに「見出し語」を比較・検討し，必要に応じて増補し，最終的に5版を総合したCLを編集するのが至当であろう。要するに，学問的に信頼に値する「原典」が存在しないかぎり，いかなる情報メディア技術の粋を凝らしたCL編纂も所詮徒労に終るしかない。一言に尽くせば，印刷技術，情報分析・解明技術の長足の進歩にもかかわらず，思想史，学説史研究の分野では，それらの高度の技術を適用すべき原資料さえ厳密に言えばほとんど確立されていない。思想史，学説史において「伝説」や「神話」が「事実」として今なお生き続けているゆえんである。

以上の「原典」問題ともからんで「イメージ」による「コンセプト」領域の徐々の侵略ないし変容というマス・メディアの影響は論理学から始まって文芸に至るまで，およそ思考と言語にかかわる一切の学問領域に一種の騒乱状態を引き起こした。なかでも言語学や哲学的言語学とも言われるべき解釈学は最大の被害者であり，原理的にも，方法論的にも，実践的にも，各人各派が対立，抗争してアナーキズム的混乱状態に陥っていると言えよう。ここより，あらゆる領域において古典再検討の動向が過去20年来再開され，現今では，古典中の古典，ギリシア・ローマの思想，文化の再認識，再評価にまで至っている。同時に，過去の再検討は必ず現在の再認識を伴わずにはいない。史学における「年代記」学派，社会科学における「エスノメソドロジー」(ethnomethodology)派等々の「日常生活」(everyday life ; La vie quotidienne ; Alltagsleben) 重視派の登場である。文化人類学，社会人類学の実地調査の成果もこの傾向を助長した。かくして，学説や思想は，それを生み出した思想家の生活そのものと相関的にできるだけ正確に，しかしダイナミックに把握されなければならない，というきわめて平凡な真理が，「コンセプト」という色眼鏡がずり落ちるにつれて，思想家や研究者に再び見え始めた。かつて騒がしい議論の対象とされた「感情移入」(empathy; Einfühlung) の可能性に関して，「感情移入」がまず与えられてこそ，個人としての自己が成立する，と説く現象学的な社会心理学も上記の思潮に大いに貢献した。今から1世紀前新カント学派は「カントに帰

れ!」(zurück zu Kant !) をモットーとした。現在の思想界の全般的動向は,「日常生活に帰れ!」(back to everyday life !) である。「常識」ないし「日常的感覚」——common sense——に立ち戻れ,である。ヒュームやヴィーコが再評価され始めた理由である。現象学までが,現代神学の両極化に関する用語を借用して表現すれば,「超越論的」(transcendental) 現象学も「地平線的」(horizontal) 現象学も「相互主観性」(intersubjectivity) ——「主観相互性」ないし「間主観性」とも——という「循環論法」(vicious circle ; Zirkelbeweis) の底無し沼の中で苦闘しつつある。いずれの見地に立つにせよ,それぞれの「日常生活世界」の真只中で,「行為者」(agent, actor) として「行為」している「人間」こそ「人間科学」ないし「社会科学」の原点である,というのが現代の哲学の基本的原理である。その意味では「人間」が主体性を取り戻したのであり,ニーチェが狂気に陥るまで慨嘆した「ヒューマニズム」という一種の擬似宗教的な思弁的幻想は,死骸の人骨より組成されたロボットが錬金術的に生命を持つに至り,創造者である人間に叛逆するというフランケンシュタイン物語の主人公同様にすでに克服された,と言えよう。人間性の真の発現は単に「超越論的」でも,単に「地平線的」でもない。その両極間の無数の次元において,集団を介して多元的に,それぞれ固有の様相ないし次元を形成する。そして,そのすべての次元が,それぞれの原理ないし「志向性」に依拠して「真」——「真実」あるいは「真理」——として学問としての価値を持つ。その限りにおいて,芸術も一種の真理探究である。逆に科学も哲学的思弁も芸術的創作と無縁ではない。科学的真理は,それがいかなる領域のものであれ,支離滅裂,不条理,撞着的ではありえない。

以上のごとき思想的,文化的「危機」において,思想家や学説史の研究の目指すべき方向はおのずから明らかである。それはまず「原典に戻れ!」(zurück zum Text !) ということである。そして「原典」にまつわる「伝説」や「神話」を一つ一つ打破してゆくこと以外にはない。上述のごとく,「原典批判」に関しては,原理上も方法上も技術上も,マス・メディアの長足の進歩,発展に対して,余りにも「立ち遅れ」がはなはだしい。この「遅滞」を克服する唯一の手段は情報メディアを可及的に活用しつつ,その実践の中から「ソフト」を創成してゆくことでしかない。

「現代の精神的状況」(die geistige Situation der Zeit) については，以上の概説をもって終りとし，以下，「原典」批判の実例を提示して，参考に供したい。モンテスキューに関する2論文は理論的にはすでに詳論した内容であるが，ここに改めて具体的資料を提示し補正して発表する。ことに「エルヴェシウス書簡」に関する論争はきわめて最近に至って，ついに決着された難問であり，その思想史研究における波紋は多大であると思われる。

ヴィーコについての論究は，正確には「伝説」の打破ではなく，「検討」を目的としている。モンテスキュー論と対比されれば，「伝説」という「イドラ」との対決がいかに多様な様相を持つかが認識され，その意味で読者に少しでも示唆するところがあれば幸いである。[14]

第1章 モンテスキューに関する二つの「伝説」

モンテスキューに関して，最初のまとまった伝記[1]を著わしたルイ・ヴィアンはそれまでのモンテスキュー頌辞（éloge）が公平ではないと判断し，その種の「伝説」(légendes) を排除することを目的として自分はモンテスキュー伝を執筆する，と宣言している。しかし，皮肉なことに，ヴィアンの記述はその後多くの「伝説」の源泉となり，時には「神話」化して，その後のモンテスキュー研究者を惑わせてきた。[2] このようにして，モンテスキューはその生涯に関しても，学説に関しても今に至るまで，無数の「伝説」の対象とされ，その後の研究者の間に空しい論争を喚起させ続けている。[3] しかし，ここでは主題を限定して，

1　ロックとモンテスキューの理論的関連性に関する「伝説」
2　「エルヴェシウス書簡」の真偽問題

の二つの主題を解明したい。

1　ロックとモンテスキューの理論的関連性に関する「伝説」

モンテスキューの権力分立理論はかつて一般的にはロックの政治学説の影響ないしその継承とされ，この定説は何ら検討されることなしに19世紀初頭以来最近に至るまで無条件に信奉されてきた。ことに政治学者の間にその「伝説」が根強く残存したのは代表的政治学史の悪影響であろう。さらに遡れば，この「伝説」的解釈の源泉はドデューの古典[4]

的モンテスキュー政治論であると推測される。ロックとの思想的,理論的関連についてドデューは同著で次のごとく結論している。

> モンテスキューはジョン・ロックが提供してくれていた手本〔モデル〕をもっぱら完成したのであり,またその手本はそれ自身下書きよりもはるかに立派なものであった。

かくして,ブレート・ド・ラ・グレセーまでもが,ロックのモンテスキューへの直接の感化を無条件に認めるに至り,優れたロック政治論研究者であるガフさえ,同じ前提のもとに,一脚註においてモンテスキューがロックに負っている「事実」を指摘している。

この反面,早くはエズマン,続いてモンテスキュー研究者側からはシャックルトン,ロック側からはダンなどがこの「定説」を否認するに至り,1世紀半の長きにわたり近世政治学史を迷わせてきた「伝説」には少なくとも専門研究者の間においては,すでに終止符が打たれたと思われる。

ではあるが,上述の結論はもっぱら「内的批判」(internal criticism)によるものである。そこで以下「外的批判」(external criticism),すなわち文献・資料的探求により,この「伝説」の生成過程を明らかにしたい。

(a) Parrelle ないし Parelle 版の諸問題

モンテスキューの大著『法の精神』の中には,周知のごとく「イギリス政体」に,「政治的自由」を「直接の目的」とする「政体組織」(constitution)の実例として言及している有名な一章が存している。この第2部第11編第6章には多くの版に次の脚註が付されている。

> モンテスキューが本章で設定している諸原理の大部分はロックの『市民政治論』,第12章より採用されている。

たとえば,ガフによれば,この脚註は 1839 年版『法の精神』に付されている,と明記されている。しかし,1839 年版に問題の脚註が付された事実だけでは,ロックとモンテスキューの思想的,学説的関連性に

関して説得力に乏しい。かつ，この断定的脚註はいかなる根拠により，誰が，いつ付加したものか，も明らかでない。そもそも，「内的批判」によっても，思想史的考察によっても，この脚註の主張そのものの由来がきわめて不明確である。この点に関して，パリの国立図書館における調査の結果，次の事実が明らかになった。

同図書館カタログには[15]，モンテスキューの遺志を継いで著者の歿後最初の決定版として上梓された1758年全集版[16]以降1935年に至るまでの一切のモンテスキュー全集が記載されている。まず，18世紀中には，上述の1758年版を含めて合計14種類[17]の全集が刊行されている。これらのどの版にも，『法の精神』の問題の箇所に上述の註記は見当らない。次いで19世紀に入って計10全集[18]（うち1版は『法の精神』のみ）にも同じく問題の脚註は存在していない。しかし，1826年刊行のパレル版全集"Oeuvres de Montesquieu," avec les notes de tous les commentateurs, édition publiée par L. Parrelle. Paris, Lefèvre, 1826. 8 vol. in-8°. portrait. cote〔Z.29841-29848 et 8° Z.11777〕の第2巻，7頁〔Liv. XI, ch. VI〕に初めて問題の「イギリス政体論」についての上述の註記が見出される。しかし，註に署名はない。[19]

さて，1826年のパレル（L. Parrelle）版以降，国立図書館カタログには1880年のアシェット版全集に至るまで，若干の再版，時に3版をも含めて，なお18種の全集が記載されている。つまり，上述の合計25種の全集と加算すれば1758年版全集以来周知のガルニエ版（1880年），専門研究者の間でかつて定本とされていたラブレー版（1875-79年）を含めて総計43種の全集が刊行されていたことになる。

ところで，モンテスキュー全集において，特に『法の精神』に関して，各種の註記が付され始めた年代を検討してみると，それは次の全集以降である。"Oeuvres complètes de Montesquieu," nouvele édition, contenant toutes ses oeuvres et les notes d'Helvétius sur une partie de «L'Esprit des lois», à Basle chez J. Decker, 1799. 8 vols. in-8° cote〔Rés. Z.3365-3372〕.

したがって，それ以前の諸版に問題のロック『統治二論』[20]に言及した註記が見当らないのは当然である。それら13全集の編纂法，収載されているモンテスキューの諸頌辞，思想の紹介，解釈等の傾向は明らかにダランベールやヴォルテールに代表される「百科全書家」の見地が支配

II 思想史における「伝説」(légendes) の諸問題

的である。換言すれば,それはいわゆる「哲学者たち(フィロゾーフ)」に代表される本来の啓蒙主義的思想であり,端的に表現すれば啓蒙君主による社会革新主義——これはプラトンの理念の継承であるが——であり,その後のフランスにおける過激な革命思想とは縁が遠い。

　上述の1799年という時点において全集版に註記が付け始められたことは,その註記者がエルヴェシウスであることとともに,きわめて暗示的である。これについては,次の「エルヴェシウス書簡」論において再説するとして,以上の事実はモンテスキューの評価に関して,フランス大革命という思想的大激動期を経て,モンテスキューの評価ないし解釈が変化し始めたことを証拠立てている。この点を1799年版以降アシェット版全集に至るまでの30全集版について,1.「ロック註記」(以下「註記」と略記)の有無(符号※で示す),およびウァルクナル(後述)の「註」および「伝記概要」の有無(符号○および●),2. エルヴェシウスの「註」および「書簡」の有無(符号△および▲)を中心に列記して示そう。[21](「編」は編纂者,記名のないときは×,「刊」は出版者を意味する。便宜上番号を付すが,上記に引用した1799年Decker刊行版全集を(14)——1758年版全集より14番目に当たる——として以下に列挙する。)

(14) （△▲）1799—X：Decker 刊。 8 vols. Helvétius—**Notes** ; **Lettres**
〔Rés. Z.3365—3372〕 (Tome I, p.352)「註記」なし。

(15) 1816—Augier 編：Lefèvre 刊。6 vols.
〔Z.29794—29799〕 (Tome I, p.287)「註記」なし。

(16) 1817—X：Belin 刊。2 vols.
〔Z.29805—29806〕 (Tome I, p.129)「註記」なし。

(17) 1818—(15)と同じ。portrait あり。5 vols. "Esprit" については同じ。
〔Z.29800—29804〕「註記」なし。

(18) 1819—X：Lequien 刊。8 vols.
〔Z.29807—29814〕 (Tome I, p.252)「註記」なし。

(19) 1821—X：Touquet 刊。2 vols.
〔Z.29822—29823〕 (Tome I, p.188)「註記」なし。

(20) 1821—(19)と同じ。〔Z.29816—29817〕

(21) 1821—(19)と同じ。〔Z.29820—29821〕

(22) （△）1822—Tracy 編：Dalibon 刊。8 vols. Helvétius：**Notes**

(▲) 〔Z.2982429831〕(Tome III, p.8)「註記」なし。
(23) 1823—Plancy 編：Duprat-Duverger 刊。1 vol. Helvétius：**Lettres**
〔Z.29840〕(p.85)「註記」なし。
(24) 1824—X：Dabo 刊。8 vols.
(※○) 〔Z.18332〕(Tome I, p.305)「註記」なし。
(25) 1826—Parrel 編：Lefèvre 刊。8 vols. W：**Notes**
〔Z.29841—29848〕(Tome II, p.7)「註記」あり。
(26) 1826-27—X：de Bure 刊。2 vols.
(△▲○) 〔Z.29861—29862〕(Tome II, p.98)「註記」なし。
(27) 1826-27—X. Dalibon 刊。8 vols. Helvétius：**Notes ; Lettres.** W：Notes
〔Z.29832—29839〕(Tome II, p.417)「註記」なし。
(28) 1827—(26)と同じ。ただし，1 vol.〔Z.5195〕
(29) 1834—(26)と同じ。1 vol.〔Z.5196〕
(30) 1834—Thiessé 編：Pourrat frère 刊。5 vols.
(※○●) 〔Z.29853—29857〕(Z. 29855＝Tome III, p.293)「註記」なし。
(31) 1835—Parelle 編：Lefèvre 刊。1 vol. W：**Notice** (pp. v-xxii); Notes
(※) 〔Z.5197〕(p.293)「註記」あり，末尾＝(P) と署名あり。
(32) 1838—X：Firmin-Didot frères 刊。1 vol.
(※○) 〔Z.9665〕(p.265)「註記」あり。(P) の署名あり。
(33) 1839—Parelle 編：Lefèvre 刊。2 vols. W：**Notice ; Notes** (31)と内容は全く同じ。
(●) 〔Z.29849—29850〕(Tome I, p.189)「註記」あり。(P) と署名あり。
(34) 1856—Lahure 編：Hachette 刊。2 vols. W. **Notice** (Tome I, pp. i-viii)
(※) 〔Z.29867—29868〕(Tome I, p.130)「註記」なし。
(35) 1857—X：Firmin-Didot frères 刊。1 vol. (32)と全く同じ。
(●) 〔Z.5198〕(p.265)「註記」あり。(P) と署名あり。
(36) 1859—Lachure 編：Hachette 刊。2 vols.
(●) 〔Z.29869—29870〕
(37) 1862—Ibid. 2 vols.〔Z.29871—29872〕
(38) 1865—Ibid. 3 vols.〔Z.29873—29875〕
(39) 1866—Ibid. 3 vols.〔Z.29876—29878〕
(40) 1870—Ibid. 3 vols.〔Z.29879—29880〕
(41) 1873-4—Ibid. 3 vols.〔Z.29881—29883〕

(34)と内容全く同じ。「註記」なし。

II 思想史における「伝説」(légendes) の諸問題

(42) 1875-9—Labouraye 編：Garnier frères 刊。7 vols.
〔Z.28206〕(Tome IV, p.7)「註記」あり。(Parrelle) と署名あり。
(43) 1880—X：Hachette 刊。3 vols. 全巻にわたり註記なし。
この版その後再版さる。1889, T. II〔8° Z. 11931〕；1892. T. I〔8° Z. 13307〕；1897. T. III〔8° Z. 11931〕；1901. T. II〔8° Z.3228〕；1903〔8° Z. 13307〕；1905-8. T. I-III〔8° Z. 5774〕；1908-14. T. I-III〔8° Z.6388〕。
—"Esprit" は T. II に収載されている。

　以上の全集一覧で明白なごとく，問題の「註記」を付している全集版は上述の全43版のうち，(25)，(31)，(32)，(33)，(35)，(42) の6版にすぎない。そして，上述のごとく，この「註記」は，(25)(1826年) Parrelle 版より始まり，(31)(1835年) Parelle 版に受け継がれ，(32)(1838年) Firmin-Didot frères 刊版，(33)(1839年) Parelle 版，(35)(1857年) Firmim-Didot frères 刊版，(42)(1875年) Labouraye 版と続く。
　まず，(25)Parrelle 版には10頁ほどの「出版者序文」が付されているが，その末尾で，この版の特徴の一つは「原作者」（モンテスキュー）が「訳出〔仏訳〕」したり，「模倣」した——「影響された」——諸文節を指摘したことである，と述べられている。また，全集表題には明記されていないが，収載されているダランベール「モンテスキュー頌辞」に付された多くの「註記」にはウァルクナルに由来するものが数多い——(27)，(28)参照——。以上の事実は，ダランベールの「モンテスキュー頌辞」に代表されていた同時代人による「百科全書家」的なモンテスキュー像がこの Parrelle 版を嚆矢として変化し始めたことを示唆している。すなわち，モンテスキューの歴史的「実像」ではなく時代に即した「解釈」が行なわれ始めたのである。
　(25)Parrelle 版は，かくして(31)(1835年) Parelle 版，(33)(1839年) Parelle 版に引き継がれる。特筆すべきことは，「出版者」ないし「編纂者」Parelle が(31)以降，「序文」にも，問題の「註記」にも (P) と署名していることである。なお，(25)の表題においてのみParrelleとなっていることは，当時かなり不安定であった正字法が原因であり，(25)，(31)，(33)の3版の「出版者」が Parelle であることは，3版の内容の対照により明白である——(33)は(31)と全く同一の版——。次に(32)(1838年)，(35)(1857年)の2全集は Firmin-Didot frères 刊とあるのみで編纂者は明記していな

い。㉟は㋜の再版であるから,問題は㋜の「発行者」ないし「編纂者」が誰かということである。この版には「序文」その他一切付加されておらず,代わって多くの筆者の註が脚註として付されている。表題は次の通り。

"Oeuvres Complètes de Montesquieu, avec de notes de Dupin, Crevier, Voltaire, Mably, Servan, La Harpe, etc. Firmin-Didot frères, 〔1 vol.〕1838〔Z.9665 ㊵〕; 1857〔Z.5198〕.

この表題は〔et une Notice sur la vie de Montesquieu, Par C.-A. Walckenaër. Publié par L. Parelle〕という付加的部分(25)を別とすれば,㉛Parelle版と全く同一であり,同版との緊密な関係をすでに暗示しているが,事実この㋜,㉝両版も Parelle (Parrelle) の編纂版である。それは既述の「フランス国立図書館蔵書目録」により裏付けられる。同じ目録の「Parrelle (Louis)(26)」(「Parelle」は見当らず)の項目にこの編纂者の著作ないし編纂書が列記されているが,その中にコルネイユ,クレビヨン(父),マレルブ等の全集版と並んでモンテスキュー関係の刊行版が4件記載されている。それらは,㉛(1835年),㋜(1838年),㉝(1839年),㉟(1857年)の4種で,その「整理番号」も上に列記した諸版と完全に一致している。要するに「出版者」名を明記した諸版も,それを秘匿した2版も,つまり,「ロック註記」の付された五つの版はすべて Parelle の手により編されたものである。

なお,この『目録』の「Parrelle」の項目には何の間違いか ㉕(1826年)版が記載漏れになっている。また,ガフが上述のごとく,1839年の全集に「ロック註記」が付された,と書いた理由は明らかではないが,彼が㉝(1839年)Parelle編;Lefèvre刊の版を見たことは間違いないであろう。

(b) 「ロック註記」の定着と問題点

1826年より1857年にわたり,Parelle により「ロック註記」付き全集が5回公刊されたとはいえ,上記の一覧表に明らかなごとく,その間およびその後20年近くの間は,問題の「註記」を無視した全集版が圧倒的に多数であった。この「註記」を決定的に定着させ,モンテスキュー政体論はロック理論の継承である,という「伝説」を定説化したのは,何といっても㊷(1875-9年)Labouraye版であろう。今世紀中

II 思想史における「伝説」(légendes)の諸問題　377

葉のマソン版全集の刊行に至るまで、70余年の間権威をほしいままにした同全集では、(Parrelle)——Parelleでなく——と出典を明記して、問題の「註記」がそのまま脚註として採用されている。そのため、これに対抗した形の数多いHachette刊行版——(43)(1880年)以降——の健闘にもかかわらず、ロック→モンテスキューという政治思想系譜は今世紀中葉には常識化したとさえ言えよう。この風潮の中にあって、イギリス国民の国民感情からして、たとえば『法の精神』の古典的英訳版の中で、現代出版者の手により問題の箇所に問題の「ロック註記」が付されているのは、むしろ当然であるかもしれない。しかし、カイヨワや、『法の精神』の最高権威であったド・ラ・グレセーまでが既述のごとく、この系譜付けを盲信するに至っている事実は思想史における「伝説」の恐ろしさをわれわれに教示していると言えよう。

では、のちのモンテスキュー解釈にこれほどの影響を及ぼしたパレルとはどんな人物であったのか。遺憾ながら、詳細は不明である。フランス国立図書館の代表的伝記辞典には記載されていず、もちろん現代の大事典や人名辞典にも項目が見当らない。わずかに、既述の『フランス国立図書館蔵書目録』収載の編纂諸全集により、一種の古典作家全集編纂者、職業的な古典解説者であったことが知られる。

パレルはかくして、少なくとも専門政治学者でも、哲学者でも、思想家でもないことが明らかである。そのパレルが何を根拠にロックとモンテスキューを直結させたのであろうか。㉕(1826年)パレル版以来、㉛(1835年)、㉝(1839年)の両版に付されている多くの註、あとの2版の「序文」中に収載されている「モンテスキュー伝概要」によれば、パレルがウァルクナルのこの伝記に準拠していることは明らかである。

ウァルクナルは本来地理学者であったが、幅広い知識人として文芸評論家としても活躍した、と言われる。さらに、モンテスキューの孫がイギリスに亡命して保管していた祖父の文書をフランスに取り戻すのに努力した人物とされている。こんな事情から、彼は『普遍伝記事典』の中の項目「モンテスキュー」を分担・執筆しており、当時としては最新情報に通じた、最高のモンテスキューの権威者として通用していたと推測される。

もっとも、ウァルクナルはこの記事の中で、イギリスのロック学説がモンテスキューの「自由な政体」理論に影響したとは決して述べていな

い。したがって，パレルがどこからロック『市民政治論』第12章「国家の立法的，執行的，および連盟的権力について」とモンテスキュー『法の精神』，第11編第6章「イギリスの政体組織について」を直結させたのかは依然として不明である。次章に述べるエルヴェシウス「伝説」も，あるいは若干の示唆を与えうるかもしれないが，決定的と言うには遠い。英仏思想・文化交流史に関しては，さらに綿密な文献的研究が必要とされるゆえんである。「伝説」の根絶には内的批判だけでは所詮不十分なのである。

2 「エルヴェシウス書簡」の真偽問題

モンテスキューに関する第2の「伝説」はエルヴェシウスの2書簡である。問題の書簡のうち1通はモンテスキュー宛[38]，他の1通は友人ソーランに寄せられた私信[39]である。モンテスキュー宛書簡の内容の要点は次の通りである。

1. 1747年モンテスキューのラ・ブレードの館に招かれて公刊予定の大著（『法の精神』）の批判を請われたので意見は十分述べた。
2. その後同著の草稿を渡され「3回まで読み直した」。その大著の「大きな諸美点」には感激している。
3. 貴兄はしかし社交界に入ろうとする青年が老婦人たちを取り扱うように，偏見と妥協しておられる。
4. 君主国に貴族階級が絶対に必要なのか。イギリス政府は自由な政府として賞揚するに値するのか。貴兄の3政府の分類は不合理ではないか，等々。

当時のモンテスキューの生活を辿れば明らかなごとく，1747年にエルヴェシウスがラ・ブレードに招かれた事実はない。まして，モンテスキューが彼の批判を請う理由がない。同じく，モンテスキューが大著の草稿をエルヴェシウスに出版直前の時点で披露したはずはない。『法の精神』の草稿完成の過程と出版までの諸事情は往復書簡その他で詳細に判明している。

次に書簡の批判自体も不可解である。出典の明確なのちの一書簡[40]でエルヴェシウスは受理したばかりの『法の精神』に関して，「それは世にも偉大な，美しい作品です」，「41頁の落丁」にもかかわらず，「ほとんどすべてを読了しました」と絶賛している。書簡文体にしても「貴兄」

(mon cher ami) などと親しく呼びかけていない。また同一書簡に他の友人たちと並んで「ソーラン氏も私同様御著に感嘆しております」と言明されていることも注意に値しよう。その他エルヴェシウスはのち自著『精神論』[41]の中でモンテスキューに9回言及しているが,すべて「天才」,「著名なる高等法院議長」としての引証であり,「一人ならず君主がその息子に読ませ再読させるべき作品である」『法の精神』を「若干の国々」で国内導入禁止にしていることほど「ばかばかしいことがあろうか[42]」と諷刺しているのを初めとして,モンテスキューの保守性の批判など見られない。

ソーラン宛のエルヴェシウス書簡の内容はさらに激しい。モンテスキューの「法服貴族の偏見」の保持こそ,「彼の一切の誤謬の源泉」とされ,『ペルシア人の手紙』時代の革新的気概が「野心」を損ねかねなかったのを後悔して今回は「旧弊な諸観念」の「正当化」に努めた云々……。友人ソーランへの私信であるから,エルヴェシウスがモンテスキューをどのように罵倒しようと勝手であろう。しかし,この書簡の中には,その執筆当時(1747年)まだ完成されていなかったことが確実な「封建法」に関する諸編(1748年9月完成)がすでに批判されていたり,まだ形成もされていなかった「哲学者たち」——1760年前後以降——の「党派心」が攻撃されていたり,要するに「歴史的事実」について支離滅裂な時代錯誤的表現が見出される。この時代に関して常識的知識を持つ研究者にとって到底まともな書簡とは考えられない。[43]

それにもかかわらず,最近まで真偽論争が続いた事実は「伝説」の弊害の根強さを反証している。しかも,この「伝説」は「エルヴェシウス書簡」真偽論争から,いわば独立して,モンテスキューの思想史的役割について一種の新しい「伝説」を固定化するに至っている。それはモンテスキューが若い時代は「共和主義者」として「革新的」であったが,のち「保守化」したという解釈である。若きモンテスキューは「共和主義者」,晩年のモンテスキューは「君主主義者」,両時代のシンボルは『ペルシア人の手紙』と『法の精神』,という単純きわまる「伝説」は今なお広く盲信されている。その意味で,問題の書簡は学説史や思想史における「伝説」の波及的効果の恐ろしさを教えてくれる。[44]では,この偽書簡の「作者」は誰か。

(a) ラ・ローシュとエルヴェシウス

……すでに多くの公刊文書に記されていることだが、エルヴェシウスは『法の精神』の大成功を収めた当時友人の幾人かに驚きの気持を表明した。以下がエルヴェシウスから聞き取っている、ありのままの挿話である。彼はモンテスキューの友人であり、収税請負人〔エルヴェシウスの本業〕としての地方巡行中にモンテスキューのラ・ブレードの領地において多くの時を一緒に過ごすのが常であった。二人の哲学的会話の中で議長〔モンテスキューの通称〕は友人に『法の精神』に関する労作の話をしていた。次いで彼は原稿を印刷に付する前にエルヴェシウスに届けさせた。エルヴェシウスは、著作をも真理をも等しく愛していたので、この著作〔草稿〕を読むや、そこに見出されるのがかねてより彼自身が直接の会話にさいしても、書信を通じても攻撃してきた諸見解なので悲嘆に暮れた。そして、これらの見解は、フランスのもっとも素晴しい天才の一人により、しかも才智に輝き、偉大で目新しい諸真理に溢れた一書物の中で政治的格率として今や〔同書公刊ののちには〕〔有難く〕公認されようとしているだけに、エルヴェシウスには一層危険であると思われた。しかし、彼の天性の謙譲さと、『ペルシア人の手紙』の著書〔としてのモンテスキュー〕への感嘆が〔災いして〕彼自身の判断に対する自信を揺がせたので、彼は『スパルタクス』の作者で、二人の共通の一友人でもあり、堅実で深遠な精神の持主のソーラン氏に問題の原稿を伝達する許可をモンテスキューに求めた。ソーラン氏は二人がかねてより、もっとも嘘のない、もっとも公平な判者として評価していたからである。ソーランもエルヴェシウスと同意見であった。著作が公刊されるや、そしてその驚異的成功を眼にするや、意見は変えなかったものの、〔エルヴェシウスとソーラン〕二人は公衆の判断と二人の友人〔モンテスキュー〕の栄光に敬意を表して、沈黙を保った。

その後モンテスキューの若干の観念が大きな偏見を強化するのに役立ったり、また個人的な諸情念がそれらの考えを実践原理として確立するに至ってしまっているので、〔今や〕モンテスキューの友人たちが彼自身に寄せていた諸判断を公衆の被見に供することは無益ではない。このような考え方から、以下4書簡のうちの2書簡〔問題の2書

簡〕を公開することを決定した。この2書簡は目下印刷中の〔出版者〕ディドーによるモンテスキュー新全集の冒頭にも収載, 公表される予定である。この新版全集中の『法の精神』には, エルヴェシウスが自己所有の同書版本の欄外に記入した註記も付加した。『精神論』や『人間論』の著者による『法の精神』の一部分〔主としてイギリス政体論に関する部分〕の批判的検討は理性と自由のすべての友の関心を惹かずにはいない, と考えたからである。[45]

以上は問題の「2書簡」——他に内容的に関連のある2書簡, 計4書簡——の公表にさいして付されている「前書き」である。筆者はラ・ローシュ。文面中に言及されているごとく, この文筆家は上記全集と前後してモンテスキュー全集の校訂も行ない, そこに「2書簡」を収載, 同時に「エルヴェシウス註記」も初めて登場する。歴史的に考察すれば, 問題の書簡そのものよりも, 上記の「はしがき」の影響がより大きかったと思われる。後代の研究者は, いわゆる「校訂者」の誠実さを盲信する余りに, 面倒な古典的書簡の検討などには真剣な関心を寄せないからである。さればこそ, 最近に至るまでモリエール[46]やド・ラ・グレセ[47]のごとき専門家中の専門家までが「2書簡」に幻惑され, 結果としては「若き共和主義者・モンテスキュー, 晩年のイギリス的君主政体礼讃者〔即保守主義者〕モンテスキュー」というパターンの呪縛から脱しえなかったのであろう。

さて, ラ・ローシュは『普遍的伝記辞典』[48]の記述によると, 生年未詳, 歿年1806年, 初めベネディクト派僧侶, 次いで司祭を務めたが, 革命に遭遇するや自由の戦士となったという。彼は早くよりエルヴェシウスと親交を結び, この哲学者の死去(1771年)にさいしては遺言執行人となり, 故人の全草稿, 文書類の保管を託された。彼はその後死に至るまで各種の文芸評論的著作活動に携わったが, 最大の業績は『エルヴェシウス全集』(全16巻) "Oeuvres Complètes d'Helvétius," Paris, P. Didot l'aîné. L'an III°de la République. 1795, XIV vols. と, 『モンテスキュー全集』(全12巻)[49] "Oeuvres complètes de Montesquieu," nouvelle édition, avec des notes d'Helvétius sur, L'Esprit des Lois 〔publiées par l'abbé J.-B.-L. de La Roche〕, Paris, P. Didot l'aîné, an III, 1795, XII vols.[50] の校訂と刊行であった。この全集版に初めてエ

ルヴェシウスの『法の精神』「註記」が付されたこと，また同じく「2書簡」が収載されたことは，この全集は校訂や製版そのものが杜撰でテキストとして信頼が置けないというのちの評価は一応別問題として，両全集の校訂責任者「市民ラ・ローシュ」(citoyen La Roche) の啓蒙的意図を明白に証拠立てている。革命後の反動期に突入しつつある時代において，僧侶にまで利用され始めたモンテスキュー学説の保守性をモンテスキューの「親友」（？）エルヴェシウスの名において叩く必要があった。

ここに至って，エルヴェシウス書簡問題は前節の1.(a)のロック註記問題と直結する。上記註(21)以下の本文に列挙したモンテスキュー諸全集には，ここで次の2全集が冒頭に追加されなければならない。前例に即して番号を付すと，
(12) 1795—La Roche 編：Didot l'aîné 刊。12 vols. Helvétius : **Notes** ; Lettres〔Rés. Z.3353—3364〕
(13) 1796—J.-B. Bernard 編：Plassan, Bernard et Grégoire 刊。5 vols.〔Rés. Z.1279—1283〕

なお，この両全集のうち前者(12)にはエルヴェシウス以外の註記は付されておらず，後者には全く註記が欠如している。また，エルヴェシウスの註記は，ラ・ローシュの偽作ないし訂正の可能性があればあるほど，「自由の政体」としてのイギリスの政体組織の否認を眼目としているのであるから，「政治的自由」の論拠としてのロック政治論が取り上げられるはずもなかった。むしろ，ラ・ローシュの「2書簡」偽作は『法の精神』の保守性，「晩年保守化したモンテスキュー」の映像を固定化させ，のちのパレルの「ロック伝説」と交錯しつつ，いたずらにモンテスキュー学者の研究を混乱させ，空論を喚起し，政治学説史，思想史，社会史までを「伝説」により惑乱させたのである。しかし，現在では，この「エルヴェシウス書簡」伝説にはついに止めが刺された。最近公刊され始めた，きわめて信頼に値する権威ある『エルヴェシウス書簡集』によれば，

　　……「エルヴェシウス」と自称する一スイス人によりモンテスキューに宛てて書かれた諸書簡が，われわれの著作〔エルヴェシウス〕のものとされていたが，筆跡と署名の相違は明瞭である。要するに，若干の正典外的

書簡がエルヴェシウスの名のもとにラ・ローシュにより公表されたが，この人物は革命の大義のために哲学者〔エルヴェシウス〕の死後の協力を持ち出すことを心得ていた。これはラ・ローシュの確言にのみ典拠を頼っている一切の書簡について，われわれが一種の慎重さを要請されてきた事例である。[(54)]

(b) ヒュームの証言の問題

以上により，問題の2書簡がラ・ローシュの偽作ないし書簡原典改竄作であることは間違いないと思われる。ところが，その反面ラ・ローシュの主張が一から十まで創作ではなかったことを裏付ける有力な証言も残されている。しかも，この証言にはいわば絶対の信憑性があるとされてよい。それは哲学者のヒュームの一書簡中に見られる。

　……エルヴェシウスとソーランの二人がパリで私に話したところでは，彼らはモンテスキューから『法の精神』について相談を受けたとのことです。彼らは2人の決定的意見として，この著書は〔公刊を〕中止すべきである，彼らの予想では彼の名声を非常に損なうであろう，と率直に言いました。彼らは自分たちの判断を〔今となっては〕当然ながら恥じずにはいられないと，私も無理もないことと思ったのですが，私に語りました。しかし，彼らの付言したところでは，貴兄のお目にも留まっているでしょうが，公衆はあの著作への彼らの最初の感嘆から非常に醒めてしまっています。そして，彼らが日増しになお醒めてゆくであろうと私たちは確信しています。……
　エルヴェシウスとソーランは彼らの側からこの自由な発言が彼らに対するモンテスキューの友情を少しも損ねることはなかった，と小生に確言しました。[(55)]

しかも，ヒュームはこの二人のモンテスキュー批判の逸話をアダム・ファーガソンの名著『市民社会史試論』[(56)]（1767年）の原稿を読んだとき自分が抱いた危惧の念と[(57)]，その予想外の大成功の現実に接して抱かされた複雑な感情の一先例として引証している。またヒュームはフランス滞在当時エルヴェシウスとは特に親しく交際している。上記のモンテスキューについての逸話がヒュームの聞き違い，まして創作であるはずはない。

そればかりではない。ヒュームは生前のモンテスキューに恩義を受けており、このフランス哲学者の説に共鳴したため人口論についてウォーレスと論争し、両者の論文の仏訳の世話をモンテスキューに斡旋してもらったり、それ以前には『法の精神』を贈られて疑問点を質問して著者に喜ばれたり、さらには『人間知性に関する哲学的試論』(1748年)——のち『人間知性の研究』(1758年)と改題——その他の著作をモンテスキューに贈呈し、同時に『法の精神』の英訳抜粋版をスコットランドで発刊したいと許可を求めたりしている。モスナーの言葉を借りれば、モンテスキューこそ「ヒュームの天才を認めた最初の卓絶した思想家」だった。

　ヒュームはかくして直接モンテスキューと面識はなかったにせよ、『法の精神』の内容には十分通じていたし、また文通を介して彼の人柄と考え方も知っていた。エルヴェシウスとソーランの逸話にはそれゆえ、たとえ誇張はあったにせよ、それなりの根拠と説得力が存していたに相違ない。エルヴェシウスは『精神論』(1758年)が発禁になって以来ロックの経験論をフランス流に感覚主義化した「判断するとは感得することなり」を原理としており、そのため素朴な唯物論者と誤解され、その反動としてエルヴェシウス自身も半ばは無意識に急進化していった傾向が見られる。

　かくして当のモンテスキュー本人が死去 (1755年) して十余年ののちには本人自身の記憶が「伝説」化してモンテスキュー忠告「伝説」と化したとも推測される。こう解釈すると、還俗神父、過激文筆家ラ・ローシュがエルヴェシウスに接して感激し、本人から口伝された「歴史的事実」に基づいて、エルヴェシウスの処女作『精神論』に「改正」的「補註」を付したり、のちには故人の書簡までを「革命の大義」のために「補正」したことも、学問的当否は別として、決して納得できないことではない。結論としては、この問題はさらに今後の探究に期待するほかはない。

む す び

　最後に上述1、2両節の論考の文献的結果を総括、表示して、両「伝説」がどこで連絡し、後代にどう影響したかを明示しよう。

	Helvétius notes (△); Lettres (▲)	Locke note (Parelle) (※)	Walckenaër notes (○); notice (●)
⑿ 1795	△ ▲		
⑭ 1799	△ ▲		
㉒ 1822	△		
㉓ 1823	▲		
㉕ 1826		※	○
㉗ 1826-27	△ ▲		○
㉛ 1835		※	○ ●
㉜ 1838		※	
㉝ 1839		※	○ ●
㉞ 1856			●
㉟ 1857=㉜		※	
㊱ 1854=㉞：㊲1862：㊳1865：㊴ 1866：㊵1870：㊶1873-4			●
㊷ 1875-9		※	

　以上の一覧表で明らかなごとく，㉕（1826年）——Parrelle 刊行版・初版——より同版再版㉛（1835年）の期間が「エルヴェシウス書簡」伝説と「ロック註記」伝説との接点である。その意味で㉗（1826—27年）版は示唆的である。この版以降「エルヴェシウス」伝説は確立され，視点はモンテスキューの遺稿を抱えて亡命した孫モンテスキューの帰国と遺稿・文書のフランスへの回復という歴史的事件に直接関与したウァルクナルの「註」と「伝記概要」に移行する。同時にパレルにより，「ロック註記」伝説が一般化する。「ロック註記」がウァルクナル「註」，「伝記概要」と並行して全集に採用されていることを注意せよ。この段階においては，「エルヴェシウス書簡」伝説はすでに定説化し，全集に採用される「必要性」がもはや失われたのであろうと推測される。それと同時に「エルヴェシウス書簡」の「イデオロギー」はモンテスキューの「保守性」の指摘であり，ひいてはイギリス自由政体論批判を含蓄していたから，「ロック註記」の主張とは相容れなかったことも考え合わされるべきであろう。かくして，上述の二つの「伝説」は英仏思想交流史とも複雑に交錯し，良かれ悪しかれ ㊷（1875-9年）のラブレー版により「ロック註記」に関するかぎり定説化するに至る。そし

て，いわばその余波として「エルヴェシウス書簡」の「イデオロギー」的「伝説」も無批判に「定説」化され，「晩年君主主義者に転落した共和主義者モンテスキュー」という非歴史的モンテスキュー像はその後1世紀にわたって生き続けてきた。高度情報社会の現在，文献批判の抜本的科学化が希求されるゆえんである。

第2章　ヴィーコ『自叙伝』の諸問題

　近世の著名な思想家の中でジャンバッティスタ・ヴィーコほど生前と死後の評価に大差のある人物は稀であろう。また，その死後の評価に関して，彼ほど千差万別な毀誉褒貶を短い期間中に次々と受けてきた思想家も少ないであろう。曰く，近世史学の先駆者，実証的言語学の創始者，民族心理学的人類発達史の開拓者，知識社会学的認識論の確立者，現象学的意識論の先覚者，ネオ・カトリシズム的産出論の主唱者，偽装せる理神論者，社会的行為論の先駆者，常識ないし日常感覚論者，時代錯誤的な歴史回帰論者等々まことに広範な学問諸領域よりヴィーコは評価され，賞賛され，批判され，時には非難されつつも，ともあれ同時代を超越した偉大な先人と見なされてきた。ヴィーコ思想のこのような多様性ないし多面性はそもそも何に由来するのであろうか。この問題の個別的，具体的解明は容易な事業ではないが，哲学的見地からあえて簡潔に要約して言えば，ヴィーコの立論の基底に，上述の全領域を包摂ないし包括する新哲学原理が含蓄されていることを意味している。そして，この「原理」による既存の全学問分野の再検討こそ「新科学」（La scienza nuova）――初めは「一新科学」（una scienza nuova）――の目的であった。ところが，この「新科学」はヴィーコの提唱以来こんにちに至るまで幾たびか「試みられ」てはきたが，いまだに「成就」はおろか，正しくは「着手」さえされていない，と解釈されてよいであろう。それはヴィーコの「原理」そのものが従来さまざまな形で誤解，曲解され，多くは我田引水的に利用されるに留まっていたからであろう。

　過去八，九年来ヴィーコ再検討の気運が西欧思想界における「危機」の深刻化とともに高まり始めたことは，たとえば，ハイデッガーやニーチェ再評価の動向と並んではなはだ暗示的である。現代の現象学的認識論からすれば，哲学的第1原理の「次元」ないし「志向性」の原点は

「超越論的」か「地平線的」かの2種に帰する。そして，両者の中間にいわば無限の諸「次元」が成立する。ヴィーコ哲学が，ハイデッガー，ことに後期フッサールに，その反面ニーチェ，それも同じく後期ニーチェに通じるゆえんである。
(2)

本論ではしかし，哲学的原理問題そのものではなく，より具体的な「文献批判」の問題に主題を限定したい。そして，ヴィーコ理論が従来正しく理解されなかった根本的原因が，ヴィーコの哲学思想の成立過程についての文献的検討の不十分さにあることを，現存資料の許す限りにおいて明らかにしたい。

1 フェッラーリのヴィーコ解釈

前世紀中葉においてヴィーコの全著作集を刊行したフェッラーリは本来ヴィーコ哲学と相容れない思想の持主であった。

> ……われわれはもはや言うことはできない。「人生は捕えられないのだから，人生などわれわれの知ったことか」と。われわれは言うべきである，「理性が人生を捕えない以上，理性などわれわれの知ったことか」と。それゆえ，仮定的な超現世のために，もはや現世を諦めたりするな。むしろ，押し付けられた現世的苦悩の弁明者である，一切の超現世的幻想の壊滅を！ ここにこそフェッラーリの「革命」があり，人生の浮沈へのこの回帰の中にこそ彼のヴィーコとの唯一の接点が存している。単に〔懐疑論の〕「薄明り」ばかりでなく，人間性の哲学の全構成法がヴィーコから彼を引き離しているからである。
> (3)

(a) フェッラーリの人物と著作

以上のガリンの解釈を理解するためには，フェッラーリが初め観念論的理想主義者，次いで懐疑論者，最後には一種の「科学的啓示」論者であったことを知っておく必要があろう。彼はまた，単なる文筆家ではなく，同時に政治家として実践的な人道主義者であった。フェッラーリは18世紀初頭1820年より1870年に及ぶ「リソルジメント」の闘士として青年期に一時はフランスに亡命，のち帰国してからも「共和主義的・民主主義的連邦主義」を標榜して文筆活動，実践活動の双方に献身した。代表的著作は，

『歴史哲学の原理と理論に関する試論』"Essai sur le principe et les limites de la philosophie de l'histoire," 1843
『革命の哲学』"Filosofia della rivoluzione," 1851
『イタリア諸革命史』"Histoire des révolutions d'Italie," 1856-58
『イタリア政治的著作家講義』"Corso sugli scrittori politici italiani," 1862
であるが,彼の名を不朽と化したのは,青年時代に彼が編纂刊行した『ヴィーコ全集』"Opere di Giambattista Vico," 1835-37, 6 voll.〔sec. ed.1852-54〕8 voll. および,同『全集』(初版)の序論として執筆された『ヴィーコの精神・ヴィーコの最初の歴史的著作を付す』[7] "La mente di Giambattista Vico di G. Ferrari, Aggiuntovi il primo scritto istorico di Vico," 1837 であった。

以上の諸著作の発行年度で明白なごとく,ヴィーコ論と全集は彼の処女作である。この活発な文筆家は上に引用したガリンの引用文に見られるごとく,のち——恐らくはヴィーコ関係諸著作以降——ロック,ことにヒューム哲学に接して一大転期を迎える。彼自身の告白によると,

> 私はあの幸運な朝のことを決して忘れないことであろう。その朝デイヴィッド・ヒュームの書物を手に,私は太陽が昇天するにつれて,私が幼児時代から心に抱いていた疑念が昇天してゆき,結果が原因から分離し,天空が私の頭上に落下することもなしに神から離脱するのを見た。[8]

いわゆる「神のみ業の書物」(自然界)という伝統的理念の崩壊である。かくして「創造神」なき「自然界」は人間とともに「生きている」自然と化し,理論的には「科学的啓示」の原理となる。実践的には「生活」概念の重視と化す。ひいては人生の「浮沈」,人間特有の「歴史」への反省に帰結する。

では,若きフェッラーリがヴィーコの思想に打ち込んだ原因は何であったのか。

> ……文明の加速度的経過があれほど多くの書物を置き去りにし,あれほど多くの著述家を忘れ去り,あれほど多くの観念を排撃しつつあったにもかかわらず,彼〔ヴィーコ〕は18世紀とその世紀の破壊的諸論争を沈黙

II 思想史における「伝説」(légendes)の諸問題

のうちに通過してしまった。彼は無名状態の中で偉大化し，姿を現わした。しかもその間彼の同時代の頂点的人物たちは誰一人として新しい諸進歩の中にあって一瞬も持ちこたえることができなかったとされてよいであろう。彼は彼の死後，かつてヨーロッパにおいて諸観念の革命を指導してきた人々を彼の偉大さによって圧迫し，影を薄くさせた。──今やヴィーコの追憶はミシュレ，バランシュ等により復権されている。彼の天才はあらゆる著述家によって認められている。なお為すべきことは何か。[9]

時代はまさにミシュレの画期的な『ヴィーコ著作選集』(仏訳)[10]が出版された直後であった。フェッラーリが祖国イタリアの偉大な先覚者の全集を志したのも不思議はない。しかし，フェッラーリは決してヴィーコに心酔してはいない。「序言」の結論として彼は書いている。

> われわれは註釈を行なわなかった。今一度言っておく。批判は生ける者たちに，歴史は死せる者たちに。……註釈はそれゆえ，偉大な人物ないしは先行する時代の書物にしがみつこうと努める，退廃した文化の旧式な形態である。ヴィーコの地位は非常に異なっている。彼はわれわれの世紀を描写した，しかし，縮小画(ミニチュアー)として。彼はわれわれに予測した，しかし，空想に耽りながら予言によって。われわれの諸観念は幻覚，予言および現実の間に存在している一切の距離だけ彼を越えている。[11]

かくしてフェッラーリによれば『新科学・初版』(1725年)は「天才の歴史における最大の〔異常〕現象，思想の歴史における，もっとも独自な時代錯誤」[12]であるが，「われわれの世紀の歴史的時期を指示している諸原理，今や抵抗しがたい力によって歴史，諸社会科学，諸技芸，共同生活を革新するに至るまで伝播しつつある諸原理はすべてが『新科学〔初版〕』の中で広範囲にわたる適用とともに，しばしばそれらの帰結の巨大な数量もろとも暗示されている。」[13] しかし，その後の版 (1745年) に関しては彼の批判は厳しい。

> 彼〔ヴィーコ〕は自分の体系の重力に振り回されていた。自分の先見的諸法則を歴史の一切の問題に搬入せずにはいなかった。……発明者であったのちに技巧家となった。広範な革新者であったのちに諸事実を我慢に耐えない暴虐に服せしめた。[14]

『新科学〔改訂版〕』が諸国民の運命を閉じこめている，〔回帰というような〕循環が孤立的な誤謬でないとすれば，現代の確信によって主張されている，人類の無制限な進歩はたしかに孤立的な理念ではなく，ヨーロッパ文明に認められる一切の諸性格と結ばれている。[15]

若きフェッラーリの薔薇色の理性主義的人道主義がここでは後期のヴィーコ理論の保守性を反撃しつつあるかのごとくである。

(b) フェッラーリのヴィーコ『自叙伝』批判

では，ヴィーコの『自叙伝』をフェッラーリはどのように批判しているであろうか。彼によれば，全集発刊に当たり，ヴィーコの生涯に関する「小作品」の「良心的な検討」を行なった。そもそも，この作品は，

　イタリアでは常に単なる自叙伝と見なされていたが，フランスではヴィーコの最善の判定者たちから忠実な物語と受け取られ，そこには彼の思想が通過した諸変容の秘密が暴露されているとされる。[16]

と断定し，『自叙伝』から「この著作〔『新科学』〕は彼の文芸的生涯がこのようであり，そしてこれ以外ではなかった（tale e non altra）ことを証拠立てているとされてよいであろう」という一節を引証している。[17]
さらに，上述引用文の末尾には次の記註が見られる。[18]

　フランス人たちは『新科学』が一つの時代錯誤であり，一つの独り言である，ということに気付かせた最初の人々であった。しかし，彼らはこの〔異常〕現象〔『新科学』〕の研究が思考学（イデオロジー）の中に開発している広大な分野に考え及ばなかった。そして，ここよりして，ヴィーコの「生涯」〔『自叙伝』〕を真実の知性的一分析と受け取ることにより，行き過ぎを冒した。[19]

要するに『新科学』が一方では「天才の歴史」における「最大の〔異常〕現象」であり，[20] 他方では「思想の歴史」における「もっとも独自な時代錯誤」である，[21] とフランス人は鋭く指摘しながら，彼らがヴィーコの『自叙伝』のみに固執し，『新科学』——いずれにせよ時代遅れの作[22]

II 思想史における「伝説」（légendes）の諸問題　391

品ではあるが——の中に示唆されている,「思考学(イデオロジー)」という「新しい科学」への志向をなぜ読み取れないのか,とフェッラーリは批判する。

ここで問題の焦点が明確化する。「フランス人たち」は,たとえばミシュレが代表しているごとく,「歴史家」の視点からヴィーコを考察し,「歴史学」に対するこの「預言的天才」の功績を力説する。そして,この天才の「預言」がこんにちすでに「非常に時代遅れ」であるという事実こそ,彼の「預言」の実現の証拠であり,翻っては彼が受けた「啓示」の正しさを裏付けている。では,この「預言者」はどう生きたか,比喩的に表現すれば,彼が受けた「啓示」はどこから由来したのか。この究明こそ,19世紀歴史家の責務である。ここよりヴィーコ『自叙伝』は一種の「預言書」として,時には一つの「使徒行伝」として熱狂的な註釈の対象とされた。

これに反し,フェッラーリは『新科学』を新しい人間思考の科学,すなわち「思考学(イデオロジー)」の貴重な文献と見なす。彼にとっても,現代に対してのヴィーコの主著の内容の「時代錯誤」性はすでに一種の常識として問題ではない。「科学」に,「人間の科学」に,まして「動物学」の一部としての「人間」の「思考」の「科学」には「預言者」も「啓示」も一切無関係である。「新しい科学」——たとえば「思考学」——の形成過程の解明こそヴィーコ研究の主題でなければならない。彼の『自叙伝』のごときは,たとえ「天才」の作品とは言え,何らの「法則」もそこには見出されない。「発見〔したこと〕をすでに識られた領域としてわれわれに提示するという」「本性的幻想」に基づく「伝記」は何の役にも立たない。要するに,

> ヴィーコの〔『新科学』〕の各行は彼の能力の結果をわれわれに明かしてくれる。彼の『生涯』の一頁といえども秘密を明かしてくれない。

以上を要約すれば,「フランス人たち」は「歴史学」生成の見地から,フェッラーリは「思考学(イデオロジー)」に代表される「経験科学」としての「人間本性」の「科学」の視点からヴィーコを取り上げている。後者の基本原理は,上述第1章との関係からエルヴェシウスを引証して述べれば,

> 人は道徳を他の一切の科学と同様に取り扱うべきであり,一つの経験的

自然学のごとき一道徳〔学〕を作らなければならない。[26]

フェッラーリはしたがって,いわゆる「史学」でいう「歴史」ではなく,むしろ「自然誌」(l'histoire naturelle) の原理によっており,この「自然史」ないし「自然誌」がそのまま「道徳史」[27]として成立するか否かは,その後の哲学認識論の中心問題であった。そして今なお根本的解決に達していないが,現象学ないし現象学的社会科学の認識論ないし知識社会学はこの主題を多次元的かつ総合的に究明しつつある。[28][29]その限りにおいて,フェッラーリの主張も,現代社会科学成立史における貴重な一資料と言えよう。

2 古典テキスト校訂の諸問題

さて,問題をヴィーコの『自叙伝』に戻せば,フェッラーリの見解が一種の「伝説」として後代に多大な難問を残した事実が指摘されなければならない。現代の思想史,学説史研究者は方法論上さまざまな視点ないし原理に立つとはいえ,すでにミシュレのごとく,ましてフェッラーリのごとく単純ないし単一的立場に立たない。いわば両者の視点を総合し,――揚棄とは言えないまでも――包括した原理に依拠している。その限りにおいて,ミシュレの史学も,ましてフェッラーリの「思考学」も,極言すれば時代と伝統の生んだ文字通りの「イデオロギー」,すなわち,一種の「伝説」ないし「神話」と見なしうる。この視点からすれば,フェッラーリのばあい,その「伝説」は,前章に述べたごとき,いわば単純な,「個人的」伝説とは異なり,「集団」的,「伝統」的な「伝説」として原資料そのもの,古典テキストそれ自体に――本人は無意識であったが――影響を及ぼしている。パレルやラ・ローシュの「伝説」が「即時代」的,「個人的」,「意図的」なテキスト改竄より成立したとすれば,フェッラーリのばあいは,「伝説」が「伝統的」,「集団的」,「学説」的なテキスト軽視により惹起された,と言えよう。後者はそれゆえ,「伝説」と言うより,むしろ「神話」(le mythe) と呼ばれた方が適切かもしれない。以下この点を具体的に究明しよう。

(a) ヴィーコ『自叙伝』定本の問題

ヴィーコ『自叙伝』には単行本版,全集版を加えて現在入手可能な8

II 思想史における「伝説」(légendes) の諸問題

種の版があり，一般にはニコリーニ版（N版）がもっとも信頼に値する とされている。(30)その構成を表示すれば，ヴィーコ自筆の2部分（〔A〕，〔B〕で表記）と，「ヴィッラローザ侯爵補記」（同侯爵が付加したもの）の2部分に大別されるが，後者は本論考に直接関係がないので省略する。また，便宜上ニコリーニの章別区分を用いることにする。

　自叙伝（ヴィーコ自筆）
　　〔A〕自叙伝本文（全6章）── 1725-28年に執筆〔1728年公刊〕
　　　Ⅰ．幼少年時代── 1668-86年
　　　Ⅱ．ヴァトッラ滞在および自己完成的研究── 1686-95年
　　　Ⅲ．ナポリへの帰還・ヴィーコ哲学第1期形態── 1695-1707年
　　　Ⅳ．ヴィーコ哲学の第2期形態── 1708-16年
　　　Ⅴ．ヴィーコ哲学の決定的形態── 1717-23年
　　　Ⅵ．『新科学・初版』── 1723-25年
　　〔B〕自叙伝補遺（全2章）── 1728-31年に執筆〔生前未発表〕
　　　Ⅰ．各種の二次的著作── 1702-27年
　　　Ⅱ．『弁明』および『新科学・再版』── 1728-31年

さて，以上の本文，ならびに関係文献として，ル・クレール「ヴィーコ『普遍法』書評」を訳出する途次において，不可解な事実に気付かされた。その問題点については別に略記したが，(31)ここでは古典テキスト校訂という視点から詳論したい。説明の便宜上ヴィーコが『自叙伝』に，続いて『新科学』の執筆に取り組んだ前後の事情を表示する。

　　ヴィーコ：著作その他　　関係事件
1720年：『普遍法梗概』（7月刊）
　　　　『普遍法＝Ⅰ．原理論』（9月刊）。
1721年：『普遍法＝Ⅱ．法律学者恒常性論』（9月刊）。
1722年：『普遍法』(全3巻)をル・クレールに贈呈（1月9日）。
　　　　『普遍法＝註記』（8月刊）。
　　　　　△ル・クレール『普遍法』「礼状」（9月8日付）。
　　　　　△ル・クレール『『普遍法』書評』『古代近世文庫』18号（年末発行）。
1723年：ヴィーコ，法学講座落選（4月10日）
　　　　　△ル・クレール「礼状」到着（春ごろ？）
　　　　『新科学・否』に着手（4月—1725年6月まで）。①
　　　　　△ル・クレール「書評」到着（秋ごろ？）。②
　　　　ル・クレール宛「礼状」〔『普遍法＝註記』とともに〕③

〕〔A〕・Ⅴ

```
              （ラテン暦 11 月 15 日〔10 月 18 日〕付）。
1724 年：『新科学・否』に専念，枢機卿コルシーニに献呈申
       し出て受理さる（11 月）。                              ⎫
1725 年：『新科学・否』2 巻本完成（6 月）。                      ⎬ ⑤
       〔『自叙伝』(A)・I-V までの草稿，ヴェネツィアに発送（6   ⎪〔A〕・VI
       月 23 日以前）〕。                                       ⎪
                                                               ⎬
            コルシーニ，出版援助を拒絶（7 月 20 日）。           ⎪
       『新科学・初版』急遽完成（8 月—9 月間で）。                ⎪
       『新科学・初版』自費出版（10 月）。コルシーニに献呈。      ⎪
            コルシーニ「礼状」（12 月 8 日付）。                  ⎭
     註記──①『新科学・否』は『新科学・否定的形態版』の略記
            ②ル・クレール「書評」については「ヴィーコとル・クレール」，付
            〔文献〕ル・クレール「ヴィーコ『普遍法』書評」参照。
            ③ル・クレール宛「礼状」原文ラテン語。Cf. **Vita**(**A**),〔OGV, I〕
              pp.35-6.
            ④『自叙伝』草稿の問題は，ここでは一応除外する。
            ⑤〔A〕・V,〔A〕・VI は〔A〕第 5 章，同第 6 章を示す。
```

以上の一覧は『普遍法』合計 4 巻の公刊から『新科学・否定的形態版』
──枢機卿コルシーニの資金援助拒絶のため公刊不可能となり，原稿も
散逸──の書き直しによる『新科学・初版』完成までに至るヴィーコ晩
年の一大波瀾期における著作活動と関係文書の表示である。そして，こ
の時期の前半が『自叙伝』中の〔A〕第 5 章，後半が〔A〕第 6 章で取
り扱われている。

さて，別に論じたごとく，ヴィーコは，この期間中にル・クレールか
ら「礼状」──『普遍法』に対する「礼状」で同書の「書評」を約束
（1722 年 9 月 8 日付）──を受理（1723 年春ごろ），それと前後して，
「法学講座」教授選出試問に応募して失敗（1723 年 4 月 10 日）。この心
の打撃を，恐らくはル・クレール「礼状」と「書評」の約束に励まされ
つつ癒すために，大著『新科学・否定的形態』に専心し始める。待望の
『「普遍法」書評』の到着（1723 年秋 ?）とその好意的内容もヴィーコ
に自信を与えるとともに激励となった。彼はル・クレールに丁重な礼状
（ラテン文）を書き，同時に『普遍法＝註記』を添えて講評を請うてい
る。それに対し，ル・クレールからは何の応答もなかった。

ヴィーコとル・クレールのこの期間の文通関係は以上で終っている。

II　思想史における「伝説」（légendes）の諸問題

すなわち，ル・クレール2通（a.『普遍法』への「礼状」，b.「『普遍法』書評」），ヴィーコ1通（a.「書評」への「礼状」）の3通である。ヴィーコ側からは他に，『普遍法』（全3巻）贈呈の添書（1722年1月），おくれて『新科学・初版』贈呈の添書（1725年11月5日）があるが，ここでは除外した。これらをこれまでの表示では太字で表記しておいた。

以上を予備的知識としてヴィーコ『自叙伝』原典を検討してみると，全8種の版のうちフェッラーリ版（OGV版）『自叙伝』のみに〔A〕・VIの内容に関して著しい相違が見出される。主要な相違点を列記すれば，

1. 〔A〕・VI 第1文節には，『書評』の抜粋的引用の代りに『書評』全文──2「論文」とも──がヴィーコ自身によりきわめて正確に伊訳されて掲載されている。[33]
2. 〔A〕・VI 第2文節には，簡単な繋ぎの文章[34]を置き，続いてヴィーコよりル・クレール宛「礼状」[35]が全文掲載されている。次いで短い繋ぎの文章[36]があり，第3文節に結ばれる。

以上の内容的異同は何を意味するのであろうか。それは明らかに，ヴィーコのル・クレールへの絶大な感謝と尊敬の心情を表している。現に『自叙伝』のクライマックスとも言うべき第6章──『自叙伝』公刊部分の終章──は『書評』と「礼状」の追加のため内容は全体の2/3増大し，ル・クレールの権威があったればこそヴィーコが欧州学芸界に登場できたという事実を鮮明に印象づけずにはいない。しかもフェッラーリ版『自叙伝』の内容の相違については，ニコリーニ版その他の諸版の本文中に何一つ註記も解説も付されていない。フェッラーリ自身も，彼のヴィーコ全集に収載されている諸著作の由来や校訂の経過について，学術的に綿密なテキスト批判をほとんど行なっていない。まして，『自叙伝』は彼がもっとも軽視した作品である。詳細な解説，校訂が望めないのは当然であろう。

ニコリーニの選集の編者「註記」を検討してみると，フェッラーリ版『自叙伝』の「註記」[37]に依存していると推定される若干の例が見られるから，恐らく彼もフェッラーリ異本『自叙伝』の存在を知っており，一応目は通していたと推測される。また，ヴィーコ自身は不満足だったにせよ，公刊本が存在し，原稿は紛失されたにせよ，その草稿が保存されて

を借用した混合的校訂本である。そのため，**SN（I, ii）** の正確な表題さえ不明である。以下の註(52)参照。

3. 以上の校訂上の諸点について，ON 版『新科学・I』版は「註記」において何ら言及していない。たとえば，後述のごとく，フェッラーリ版から推定して **SN（I, ii）** の表題を上記に表示したが，傍点箇所が示しているごとく，「共通的」(commune) という一形容詞の付加はもとより，「関して」(intorno) ――古語で堅い印象――を「めぐっての」(d'intorno) ――口語的用法――に改めたことさえ，筆者ヴィーコの思想的発展ないし変化，少なくとも読者に対する「視点」ないし「観方」(attitude; Einstellung) の移行を表明している。まして，**SN（I, i）** に付されている「これにより諸民族云々……」というかなり長文の付加語の有無は，ヴィーコのグロティウス的「自然法」理念との対決姿勢を示唆しており，重大な意味を持つ。1730 年，すなわち **SN（I, ii）** 公刊の段階において，果たして「別個の自然法」云々の付加語を除去するまで彼自身の「自然法」理念が確立していたかどうか。恐らくは同じ付加語が残されていたと推定せざるをえないが――現実には後述のごとく除去――，現在の校訂テキストによる限り，この点に関して全く不明である。
(42)

4. **SN(II)** ないし『新科学・II』(Scienza Nuova Seconda) に関しても，書物としての構成上の問題について各種の疑問点が残されているが，これについても，1740 年版原典が復刻された現在（**SN(II)** 原典リプリント版，イタリア書房，1989 年），改めて徹底的に究明されるべき課題であろう。ただし，これは本論文の当面の論題ではない。

次にフェッラーリ版の問題点を取り上げよう

1. フェッラーリの校訂の基本原理は **SN（I, i）** の重視である。前述のごとく彼によれば，ヴィーコは晩年に保守退嬰化したとされている。
(43)
「最終期において彼は一切の文明にローマの没落を予告した。」
(44)

2. フェッラーリは『第 1 ・新科学』として **SN（I, i）** のみを認め，**SN（II）** は **SN（I, ii）** の再版であるとし，上述のごとく両者を一括して「第 2 ・新科学」と呼んでいる。それはよいとしても，3 種の版の間のテキストの異同はもとより，それらの正確な表題，献辞その他がほとんど省略されている。そのうえ，テキストの内容からも，「巻」，「章」

II 思想史における「伝説」(légendes) の諸問題　　399

の区別からも明らかなごとく，SN（I, ii）を定本としてSN（I, i）を校訂し，しかも，その根拠については「読者に寄す」（Al lettore）と題された解説の中で全く言及されていない。そればかりか，この巻（OGV版，IV）の表題は，"Principj Di Una Scienza Nuova d'intorno alla comune natura delle nazioni di Giambattista Vico, secondo l'Edizione ded MDCCXXV〔1725〕con note di Giuseppe Ferrari"『諸国民の共通的本性をめぐってのジャンバッティスタ・ヴィーコの一新科学の諸原理・1725年版に即する。ジウゼッペ・フェッラーリの註記付』となっており，SN（I, i）（1725年版）を底本に校訂し，註記を施したとされている。要するに，フェッラーリにとって「第1・新科学」に収載されたSN（I, i）と「第2・新科学」に一括して収められたSN（I, ii）と，その再版とされているSN（II）は内容上の解釈と校訂上の原理に矛盾が見られ，端的に言えば校訂原則が支離滅裂である。

3.『第2・新科学』すなわちSN（I, ii）とSN（II）の合体とされているOBV版，Vについても，混乱が見られる。そもそもOGV版，V（SN（I, ii）とSN（II）を含む）の表題が上述IVと全く同一であるのは，何を意味するのか。フェッラーリの解釈では，SN（I, i）（1725年）に即してSN（I, ii），ましてSN（II）の校訂ができるはずがないのである。フェッラーリ自身がこの巻の「読者に寄す」で断定しているところでは，

> 2種〔『第1・新科学』と『第2・新科学』〕の間には題材の一般的配分の中においてばかりでなく，順序の中にも，方法の中にも，諸理念ないし支配的傾向の中にも何らの対応も存していない。[45]

のであり，SN（I, ii）を執筆の「時期」にはヴィーコの「思想が彼の衰退の曲線を示し始めた」ことが知られる。[46] 要するにフェッラーリはSN（I, i）を重視したために校訂原理が混乱したという印象を与える。いずれにせよ，フェッラーリの全集によっても，SN（I, ii）の正確な「表題」も，内容の「構成」もほとんど不明である。

以上を要約し，表示すれば次のごとくであろう。

	Scienza Nuova Prima	*Scienza Nuova Seconda*
Nicolini:	SN (I, i) ⟶ SN (I, ii)	⟶ SN (II)
	Prima Scienza Nuova	*Seconda Scienza Nuova*
Ferrari:	SN (I, i) ·············· > SN (I, ii)	SN (II)

註）⟶は思想的発展，……＞は衰退，線の太さはその強度を表わす。

すなわち，ニコリーニは，原典校正の点ではきわめて杜撰であったとはいえ，SN (I, i) より SN (I, ii) の間には思想的発展，ないし体系的整合化が行なわれたと解釈し，さらに全面的な原理的，方法論的な文献の再検討が不断に行なわれた結果，SN (II) に結実したと見なす。事実，歴史理論の先人として『新科学』を論ずるばあい，ニコリーニの主張は首肯に値する。まして，いわゆるデモクラシーが曲り角に到達し，「中世」の「回帰」――内実はたぶんに異質的とはいえ――が叫ばれる現在ヨーロッパの現実を背景に世界史を再評価するとき，ヴィーコ復活の一種の必然性も納得できよう。ではあるが，SN (II) を重視する余りに，『新科学・I』の二つの版について校訂が杜撰であることは許されてよいことではあるまい。

フェッラーリはこれと正反対の立場から，まず『第2・新科学』すなわち SN (I, ii) と SN (II) を軽視した。その結果，SN (I, ii) がヴィーコの思想的変遷の一転期を示す貴重な文献であることを洞察していたにもかかわらず，SN (I, i) に対する先入見に支配され，SN (I, ii) と SN (II) をいわば無理に一括したため校訂上の原理が成り立ちえなかった。かくして，彼は校訂に関してはなはだ無責任にならざるをえなかった。彼によれば，ヴィーコ哲学の「精髄」は SN (I, i) のみに見出され，SN (I, ii) 以降のヴィーコ理論は，われとわが体系に振り回され，次第に理論的にも，方法論的にも混乱・矛盾の淵に沈んで行き，最後には老人の譫語と化した，とフェッラーリは断言する。

　　思考学的な諸法則にとって進歩は歴史の中において不可避的であったが，これらの法則そのものが一つの無制限の進歩へと人類の全体を不断に駆り立てて行く。歴史は人間の態度の中にア・プリオーリに読まれうるのである。……現在の時代は，過去の進歩的時期が提供している一切の性質をより強力に示している。

要するに,

　　『新科学』〔再版判以降〕の神託は現代文明の一切の経験に関しては沈黙
　を守るであろう。
(49)

　世界文化の現状に鑑みて，果たして誰が正しかったのか。思想や学説に由来する「伝説」の実体に関するかぎり，ヴィーコの「神託」が適中したと言うほかはない。
　なお，フェッラーリは『第2・新科学』に関して重大な文献を提供している。それはOGV, Vの冒頭に記載されている「未刊断片」と題された文章である。フェッラーリはその冒頭で次のごとく解説している。
(50)

　　　第2の『新科学』の最初の版〔『新科学・再版』〕には冒頭に「本書の動
　　機」，末尾に「目録一覧」が付された。第2版〔『新科学・〔第3版〕改訂
　　版』〕では「目録一覧」は除去され，また「本書の動機」にはル・クレール
　　が20年以前に『普遍法』の贈呈に感謝して書いた短い書簡が置き換えら
(51)
　　れた。書簡は彼の『自叙伝』中にすでに入れられており，「目録一覧」は
　　本巻〔『新科学・改訂版』〕の末尾に未公刊2付記を加えて見出されるはず
　　である。「本書の動機」はすでにまた『自叙伝』の中に印刷されている。
(52)
　　したがって，われわれに残された仕事は未公刊の短い断片を公表すること
　　だけである。この断片はヴィーコが〔『新科学・〔第3版〕改訂版』〕に付加
(53)
　　しようと欲していたもので，ジョルダーノにより発見された。

　以上の言明によれば，「本書の動機」，すなわち「挿絵解説」はすでに『新科学・再版』の冒頭に置かれたとされており，これはヴィーコ『自叙伝』中の告白と一致する。次に重大な事実は『新科学・〔第3版〕改訂版』(**SN** (**II**))の冒頭にル・クレールの「短い書簡」，すなわち「『普遍法』への礼状」（上述第1章, (a)参照）が置かれていたという「事実」である。これが果たして「事実」か，それともフェッラーリの錯覚か，少なくともニコリーニ版では確認しようがない。この定本ではル・クレールは完全に無視され「人名索引」にも記載されていない。この伝統を継承して，筆者の知るかぎりでは，かつてル・クレールとヴィーコの関係に本来の意味で言及した論文は存在していない。
(54)

　ここで，ヴィーコとル・クレールの往復文書を『新科学』との関連で

要約しよう。ヴィーコの1および3書簡は直接関係ないが，参考のため示す。

ル・クレール——ク.①
 1.「『普遍法』への礼状」——「普・礼」(1722年9月8日)
 2.「『普遍法』書評」——「書評」(1722年末)
ヴィーコ——ヴ.
 1.「『普遍法』贈呈添書」——「普・添書」(1722年1月9日)②
 2.「『書評』礼状」——「書評・礼」(1723年10月18日)
 3.「『新科学（初）』贈呈添書」——「科・礼」(1725年11月5日)
　　註①「——」の次の語——ク.；「普・礼」等——は略記，以下同断。
　　　②『普遍法=註記』贈呈添書の意味も含む。
　　　③『自叙伝』は以下でN.ニコリーニ版，F.フェッラーリ版，『新科学』
　　　　 I, II, IIIは3種の版の略記。

	『自叙伝』		『新科学』		
	N.	F.	I	II	III
ク.「普・礼」:	全文	全文			全文(巻頭)
ク.「書　評」:	抜粋	全文	抜粋(巻末)	抜粋(巻末)	
ヴ.「書・礼」:		全文			

　以上で一目瞭然であるごとく，ヴィーコのル・クレール文書への強烈な執念が知られる。それはなぜか。「祖国」ナポリにおいて不当に等閑視された自著が事実は全ヨーロッパ的権威者に認知されているという証拠を示したかったのであろう。ヴィーコの権威への畏敬の念と執着はほとんど病的でさえあった。しかし，当時の文芸界の実情に鑑みればル・クレールはヴィーコが確信していた通りの権威者であった。また，ヴィーコが『新科学』の前提としての『普遍法』，したがって両著作の理論的関連性——ヴィーコ自身の見地は『自叙伝』未公刊部分で告白されているごとく，さまざまに変化するにせよ——に関してル・クレールから洞察に溢れた同意を獲得したことを広く公表したい気持もあったと思われる。
　また，フェッラーリ版『自叙伝』がル・クレール関係文書3通の全文を収載していることは示唆的である。『自叙伝』初版がヴィーコの意に

II　思想史における「伝説」(légendes) の諸問題　　403

副わない，不完全な版であったこと，のち自分ながら納得のゆく『自叙伝』の出版も志されていたことは事実であるから，そのためにも，ル・クレールとの関係の強調について完璧を期した草稿が書き下ろされ，それがフェッラーリ版であると推測できる。しかし，『自叙伝』改訂版は公刊の見込みがなく，『新科学』第3版の出版に焦点が集中したため，いわばル・クレールとの文通関係の原点に立ち戻り，「普・礼」を『新科学』第3版の巻頭に置き，その過程において，現在の定本ニコリーニ版『自叙伝』——「定本」と呼んでいいかどうかは別問題として——草稿が完成（？）したと推定される。この推測は上述の「未公刊断片」によっても裏付けられる。その内容は『自叙伝』「補遺」（〔B〕・II 註(38)以下3文節）の全文がほぼそのまま取り入れられており，わずかに主語の「ヴィーコ」が「われわれ」に，「その」が「この」に訂正されたほか若干の文章が付加されているだけである。この事実は『自叙伝』「補遺」のうち『新科学・初版』の改訂と，『普遍法』との関係についての記述が少なくとも一時的には『新科学』（恐らく再版）の「序文」として採用されようとしたことを明示しており，ヴィーコが両主著の思想的脈絡と彼自身の思想の発展の段階をル・クレールの指摘を介して公表したいと欲していたことを実証している。

結　語

以上のヴィーコ2主著刊本の検討は何をわれわれに教示してくれるであろうか。第1は古典テキストの校訂にさいしては，それらが思想や学説研究の文献・資料であるとき，いわゆる「定本」の作成を志してはいけない，ということである。近世以降の学術的印刷本の校訂は手写本を寄せ集めて行なわれる古典文芸作品の復元的校訂作業とは全く質を異にした原理に基づかなければならない。たとえば，ヴィーコのどの作品を重視しようと，それに依拠してヴィーコの思想をどう解釈しようと，それはそれぞれの専門家の自由であり，その結果は読者としての専門研究者が批判するであろう。しかし，ある特定の立場や解釈から出発して特定の古典著作を「定本」化しようとすれば，本章で取り上げたごとき，きわめて非科学的校訂とならざるえない。モンテスキューの事例と対比して名付ければ，ヴィーコについての2例は「専門家」的偏向による錯

誤と呼ばれてよいであろう。その意味では，極言すればフェッラーリの「思考学(イデオロジア)」的「信念」(belief)——ヒュームの表現を借りれば——もニコリーニの「新ヘーゲル学派」的「歴史」理念も，それぞれ一種の「伝説」ないし「神話」でしかない。すなわち，モンテスキュー「伝説」と較べれば，学術的，学問的，「専門」学者的であるとはいえ，結果においては，少なくとも古典テキスト検討の結果に照らせば，「伝説」に支配された不完全な校訂と言うほかはない。ことにヴィーコのばあい，ニコリーニもフェッラーリにもヴィーコに及ぼしたル・クレールの強烈な影響に関する洞察が全く欠如している。ヴィーコの言う「学者の自惚れ」(la boria de' dotti)からヨーロッパ諸国間の文化交流史への配慮が不足していたからかもしれない。ないしは母国の偉大な先覚者の威信に幻惑されてオランダ在住ジャーナリストの歴史的実像が把握できなかったからかもしれない。とすれば，ニコリーニもフェッラーリもヴィーコという新しい「伝説」に研究の当初から捕われていたことになる。これでは現在の思想史，学説史研究者の使用に耐える古典的テキスト「定本」の校訂ができるはずがない。

　本論考の結論は不幸にして，きわめて否定的，懐疑的であり，目覚しい成果を挙げたとは言いえない。しかし，わずか二人の18世紀思想家の事例の検討とはいえ，この代表的で周知の哲学者たちに関してさえ，いかに信頼に値する原典が乏しいか，なかんずく，いわゆる「定本」がいかに研究者を迷わせ，また迷わせつつあるかの一端は十分に明らかにされたと信ずる。本論の結論を要約すれば次のごとくである。

　近世以降の古典的著作家の「印刷本」に関するかぎり，「印刷」術以前の古典復元的校訂原理をそのまま適用すべきではない。むしろ各種の古典的出版書はそのまま再刻して公刊すべきである。そうでないばあいでも，これらの書物に関しては，古典テキストという概念の中に，いわゆる「テキスト」ばかりでなく，「表題」，「題辞」，「頌辞」，「序言」，「挿絵」，「図表」，「巻，章，節」等の構成，「欄外見出し」，「註記」，「あとがき」，「追記」，「目次」，「索引」，「付記」等々，要するに一巻の著作を構成している一切の要素が「原典」として含まれる，という認識が必要とされるであろう。高度情報社会の中にありながら，専門研究者が古典テキストの杜撰さに振り回されている現状は，悲喜劇以前の道化芝居

II　思想史における「伝説」(légendes)の諸問題

の趣がある。学問研究は大衆相手の芝居ではない。それにはまず「伝説」や「神話」が研究の「場」から手間はかかっても一つ一つ追放されなければならない。

註
序言
(1)――「いわゆる」を付したのは，現在「社会科学」(sciences sociales; social sciences) と「人文科学」(sciences humaines; human sciences) が総合されつつあるからである。歴史的に考察されれば，現代の「社会科学」は中世の「4学科」(Quadrivium) ―― 算術・音楽・幾何・天文学 ―― より生成した「自然科学」的原理と方法論の社会現象への適用が成立させた「科学」諸領域であり，旧来の「人文科学」はもっぱら中世の「古典学」(humanites; humanitiés) ―― ラテン語，ギリシア語 ―― の伝承と，同じく中世の「3科学」(trivium) ―― 文法，修辞〔雄弁〕学，論理学 ―― の伝統が混合されて成立した学問領域である。この3大区分のほかに「哲学」(philosophies) ―― 自然哲学 (natural phil.) 道徳哲学 (moral phil.) に二大別される ―― やその他の特殊課目を総括して「哲学学部」が形成されていた。この学部は基礎学部 ―― したがって「修士コース」しか持たなかった ―― であったから，「専門3学部」である「神学部」，「法学部」，「医学部」へ入学するための「一般教養」学部とされていた。そして，専門3学部プラス哲学学部の全4学部のシンボルがいわゆる角帽，その4学部の総称が「大学」(universitas) であった。

以上のごとき歴史的背景からカントは，神学，法学，医学の3学部を「上位学部」，哲学部を「下位学部」と呼んでいるが，カント時代のプロシア，アダム・スミス時代のスコットランドでは上位，下位の地位上の区別や，待遇上の差別は見られなかった。他方，当時の後進国ナポリ市においては「雄弁学勅任教授」ヴィーコは専門学部教授の$^1/_{10}$の待遇しか与えられず生涯貧困に苦しんでいる（拙論「アダム・スミスとエディンバラ公開講座」，拙訳 D. ステュアート『アダム・スミスの生涯と著作』御茶の水書房，1984 年，256 頁以下参照）。

なお現在世界的傾向として「人文学」ないし「人文科学」(humenities) は「人間科学」(human sciences) へと脱皮しつつあり，それに伴って単な

る「自然」(nature)と対比して「人間的自然」ないし「人間本性」(human nature)とは何か，という近代的な「哲学」問題が発生する。「人間本性」に関する形容詞は moral ——「道徳〔的〕」と通例訳されるが——であるから，「道徳哲学」(moral philosophy)から，のちの一切の諸「社会科学」(social sciences)が成立したことが知られる。もっとも現在の諸社会科学——いわゆる「社会学」(sociology)をも含めて——の慣用では「社会的」(social)は主として「集団的現象」に，「文化的」(cultural)はもっぱら「価値」(value)論の含蓄を前提した「歴史的現象」に適用されている。「社会科学」が次第に「人間科学」,「人間本性科学」と改称され始めたゆえんである。これら一切の動向の源泉として「古典的」哲学の終焉をもたらした「一文人」(a man of letters)デイヴィド・ヒュームの「哲学」ないし「反哲学」がこんにち再評価され始めているのもゆえなしとしない。

(2)—— この現象に関する社会科学的研究はこれまでほとんど行なわれていない。「広告」に関する調査・研究の一例として，筆者たちの研究班による次の報告，『「広告」の情報社会学的研究に関する調査——「広告」コンセプト・イメージの試論的分析』(情報社会学研究所刊，1983年)『情報社会における青少年の価値観についての総合調査——「多次元的自由連想調査法」を用いて』(同研究所，1987年)等を参照。

(3)—— Cf. W. F. Ogburn: "On Culture: with Respect to Culture and Original Nature," 1922.

(4)—— たとえば「イメージ」文化の再生という意味では，現代西欧文化は再び新しき「中世」に入りつつあると言える。ホイジンガ的な中世文化の再認識，ネオ・トーミズムの台頭，全般的にカトリシズムの復活（西独の戦後の復興はもとより，現在に至るまで，その政権の中枢はカトリシズムに存している。教会税——新教牧師をも含めての！——の実施を参照せよ）等々は早くよりこの動向の前兆を成していたと見なしうる。マス・メディアの発達は本来この動向とは別個の問題であるが，それは西欧ないし欧米キリスト教文化の一種の崩壊現象と相関的に「現代的状況」(modernité)と呼ばれる社会現象を促進しつつある。——「現代的状況」は詩人ボードレール (Ch. Baudelaire) の一論文より借用された用語で，最近活用されている一種の「パラダイム」(paradigm)。1.「日常化ないし卑俗化」(banalisation), 2.「両極化」(polarisation), 3.「不確実化ないし

II 思想史における「伝説」(légendes) の諸問題　407

曖昧化」(incertitude, ou ambiguité) を3標識とする。Cf. Ch. Balandier; Edward A. Tiryakian etc.。キリスト教神学に例を取れば、現在「超越論的神学」(transcendental theology) 対「地平線的神学」(horizontal theology) の両極化が見られる。前者の代表的一例はM. ブーバー (Martin Buber)、後者は世俗的、実践的神学理論、旧教ではいわゆる戦闘的カトリシズム論などが代表的事例。

(5)―― Cf. Elizabeth L. Eisenstein: "The Printing Revolution in Early Modern Europe," 1983, p.271. この著作はきわめて示唆に富み、教えるところが多い。

(6)――「2冊の書物」、すなわち「聖書」と「自然」の対比ないし対応は、ルネサンス時代の慣用的表現である。ラヴジョイの名著がある。Cf. Arthur O. Lovejoy: "The Great Chain of Being: A Study of the History of Ideas," (1936) 1976.

(7)―― Cf. Thomas S. Kuhn: "The Structure of Scientific Revolution, Second Edition, Enlarged," 1970, p.112 et passim.

(8)――「古典的校訂方法」とは、散逸した古典文献の諸断片を収集して、いわゆる「定本」を作成する技法を言う。出版術成立以前の写本その他の段階においては、これ以外の方法は考えられないから、この種の「内的批判」に基づいた一種の「合理的」方法を用いるほかはないであろう。しかし、少なくとも近世以降の「出版」本に関しては、「定本」校訂は無用である。ことに、校訂者が自己の「解釈」に基づいて、原典や見出し語等を訂正するのは沙汰の限りである。フレイザー (Alexander C. Fraser) のロック『知性試論』校訂本、テンニース (Ferdinand Tönnies) のホッブズ『法学要綱』（2著作合本）校訂版等々は今なお決定的校訂版として刊行されているが、放恣な改訂、校訂は現在すでに許されるべきではない。古典的校訂技術は最近の古典的思想家の全集刊行にさいしても、無反省に適用されている。たとえば、ジョン・ロック『人間知性試論』の「定本」とは何を意味するのか？ 研究者にとって必要なのは原著者が直接関与して公刊した5種の版の異同である。校訂者の解釈や主張ではない。①不完全な筆写稿本や断片から「原典」ないしそれに近いものを「再構成」することを目的とする古典的校訂技術と、②印刷本がすでに存在している近世以降の著作家の作品の諸版を対比・検討し、同時に「評価」し――文芸作品のばあいなどしばしば行なわれるが――、決定版と判定する校訂作業

と，③研究者の資料として極力，諸版の異同，誤植等々を厳密・正確に検討し，信頼に値する客観的資料として諸版を校訂する作業とは，それぞれ目的に応じて技術も手段も校訂理念も異なっていなければならない。

(9)―― 第5版の重要性については，たとえば拙稿「世界航海史とジョン・ロック」（東洋大学アジア・アフリカ文化研究所研究年報，1979年度）84頁，註(48)参照。

(10)―― 筆者の乏しい知識の範囲内において，卓絶したCLと評価できるものには，Aldo Duro : "Concordanze e Indici di frequenza dei Principi di una scienza nuova――1725 di Giambattista Vico," 1981〔Lessico Intellettuale Europeo XXV〕―― ヴィーコ『新科学・初版本』CL ―― がある。このCLは，同じヴィーコの『開講演説集 I-VI』の校訂本 "Giambattista Vico : Le orazioni inaugurali I-VI," a cura di Gian Galeazzo Visconti, 1982〔Centro di Studi Vichiani Diretto da Fulvio Tessitore : Opere Di Giambattista Vico I〕とともに，ヴィーコ研究史上画期的な業績である。ヴィーコの全作品にわたって，それぞれCLと，この「全集」の校訂版が完成したとき，真のヴィーコ研究が可能となる。その意味で，ヴィーコの本格的研究は目下緒に就いたばかりである。

　同じCLシリーズにMarta Fattori : "Lessico del Novum Organum di Francesco Bacone," 1980, 2 vols.〔Lessico Intellettuale Europeo XXIII-XXIV〕あり。ベイコン『ノヴム・オルガヌム』のCLであるが，ベイコンに関しては英語版，ラテン語版ともに今もってスペッディング版全集（1857-59年刊）が最大の権威的原典である。『ノヴム・オルガヌム』に関しては周知のファウラー版――改訂再版（1889年）が存している。上述のCLはこれら2版のほか各種の単行本版，全集版を参照しているが，ベイコンについてさえ，120年以前の全集原典に依拠しなければならない現在ではやむをえない処置であろう。なお，このベイコンCLはナントで開催された最近のベイコン・シンポジウムで討論に活用されている。Jean-Claude Margolin : 'L'idée, nouveauté et ses points d'application dans le Novum Organum de Bacon,' in "Francis Bacon : Science et Methode. Actes du Colloque de Nantes," édités par Micher Malherbe et Jean-Marie Pousseur, 1985.

(11)―― common senseの定義ほど困難なものはない。まずcommon「日常的，共通的，相互的等々」が何らかの「集団」を，多くは無意識に，前提

しているからである。次に sense「感覚，感情，感得，感受性等々」も，古典的術語をあえて活用して表現すれば，$πάθος$ (passion) と $πράξις$ (action) のバランスの間で常に揺いでいるからである。周知のごとく，アリストテレスの理論では，$πάθη$ (passions) と $πράξεις$ (actions) の均衡が $ήθη$ (ethics; manners; mœurs; Sittlichkeiten) を形成する。この三分法はたとえばヒュームの『人間本性論』の3巻にそのまま採用され，1.「知性論」(「行為 (action)」の原理としての「知性 (understanding) 論」), 2.「情念論」(「諸情念 (passions)」および，これに対応する「行為者 (agest)」としての「人間論」, 3.「道徳論」(「道徳論 (morals)」は形而上学的，神学的原理に依るのでなく，「行為」と「情念」の「均衡」，すなわち「エートス ($ήθη$ ethics)」として考究されるべし）という形態で論じられている。

さて，「行為者」の「集団帰属」(ascription) の様相と，それに伴う「感覚」(sense) の変容の双方が一行為者「集団」に共有されるとき，common sense が成立する。スティールの有名な定義(?)を引用すれば，

われわれが常識 (common Sense) と呼ぶものは，この語〔感〕のおかげで苦しんでいる。なぜなら，この語は時には，一切の人間に共通である能力以上のものを含蓄しないからである。ところが時には正しい理性 (right Reason)〔人間理性に内在しているとされる道徳的規範〕や，また一切の人間が同意すべきはずのものを意味するからである。"The Spectator," No. 259〔Steele〕〔Everyman's Lib. ed., Vol. II〕 p.271.

要するに，common sense という表現は $κοινονοημοσύνη$ （ギリシア），sensus communis（ラテン）から現代に至るまで，広くは「常識」，「共通意識」から狭くは「倫理」，「道徳」に至るまでを，時と場合と集団との相関関係において意味する用語である。なお，注意されるべきは，common sense の成立にはその基本的前提として，言語論的には早くもフンボルトが指摘している「内的言語形式」(innere Sprachform) ——vgl. Wilhelm von Humboldt: "Über die Verschiedenheit des menschlichen Sprachbaues und ihren Einfluss auf die geistige Entwikkelung des Menschengeschlechts," (1827-30) 1836,〔Rep. ed. 1935〕, §11. 'Innere Sprachform,' S. 91-101.—— という難問が，存在論的には，現代のシュッツの表現によれば「日常生活世界」(the everyday life-world; die Lebenswelt des Alltags) として人々が「文句なしに与えられていると受け取

る」(simply take for granted; schlicht gegeben vorfinden)——vgl. Alfred Schütz/Thomas Luckmann: "Strukturen der Lebenswelt," 1975, S. 23.——「現実界」が存在していることである。common sense の解明に，まず「エポケー」が必要とされる理由である。ヴィーコに関しては，Giuseppe Modica: "La filosofia del «SENSO COMUNE» in Giambattista Vico," 1983 を参照。

(12)——上述註(4)参照。

(13)——「フランケンシュタイン」は本来はロボットの名称ではなく，その製作者の名前である。ともあれ，この作者が詩人シェリー（Percy Bysshe Shelley）の夫人であること，夫人はまた近代アナーキストの代表的イデオローグ，ゴドウィン（William Godwin）とその夫人メアリー・ウールストンクラフト（Mary Wollstoncraft）——『婦人人権の弁護』"A Vindication of the Rights of Woman," 1792 の著者——の一人娘であることは，まことに象徴的である。Cf. Mary Wollstoncraft Shelley: "Frankenstein, or The Modern Prometheus," 1818.

(14)——周知のごとく，早くよりモンテスキューとヴィーコは対比され，両者の思想的関連についても論議されてきた。本論文は両者の対比を目的としてはいないが，その種の単純な対比自体が学説的に成立しえないという一反証となろう。

第1章

(1) —— Louis Vian: "Histoire de Montesquieu; sa vie et ses oeuvres d'après des documents nouveaux et inédits," 1878 〔Slatkin Rep. ed. 1970〕, p. x.

(2)——この問題については，拙著『モンテスキュー——生涯と思想』全3巻（酒井書店，1975年）の随所，特に第3巻，328頁以下の「付録・参考論文 モンテスキューとロック」参照。

(3)——たとえば，モンテスキューの息子スゴンダ執筆の『モンテスキューの生涯』("Mémoire pour servir à l'éloge de M. de Montesquieu," par M. de Secondat son fils, 〔1755〕) は研究文献として貴重な内容を含んでいるにもかかわらず，ヴィアンの素人批評家的誹謗が原因となって現在なお無視されている。拙訳，ド・スゴンダ『モンテスキューの生涯』。上記拙著『モンテスキュー』，第3巻，328-58頁参照。この原典については，L.

Vian: op. cit., pp.396-407 ; "Montesquieu" Oeuvres complètes, préface de G. Vedel etc. (Collection Microcosme), 1964, pp.15-19 を参照。モンテスキュー研究の一権威とされているモリエールは，この伝記の記事の正確さを疑問視している。Cf. Jean-Jacques Granpre Molière : "La théorie de la constitution anglaise chez Montesquieu," 1972, pp.97, 98 etc. モリエールの独断性については後述。

(4)―― 現在なお繙読されている代表的政治学史を列記しておく。

Jean-Jacques Chevalier : "Les grandes oeuvres politiques, de Machiavel à nos jours," 1957, p.121 ; G. Mosca : "Histoire des Doctrines politiques depuis l'Antiquité," 1955, p.198 ; George H. Sabine ;" A History of Political Theory," (Revised ed.) 1956, p.560 ; Marcel Prélot : "Histoire des idées politiques," 1961, p. 385 et suiv., p. 397.

(5)―― Joseph Dedieu : "Montesquieu et la tradition politique anglaise en France. Les sources anglaises de l'«Esprit des lois»," 1909, chap.VI, pp.160-61.

(6)―― Op. cit., p. 191.

(7)―― "Montesquieu : De l'Esprit des Loix, texte établi et présenté par J. Brèthe de la Gressaye," Tome II (1955), p. 330 et suiv. ド・ラ・グレセーのこの『法の精神』校訂本は卓抜な内容である。同氏は最近物故されたらしく，1975年来の筆者との文通が1985年より途絶えた。モンテスキューのラ・ブレード城近郊の小居城に同氏を訪れたのが，筆者が問題のロックに関する脚註（『法の精神』I. 6）やエルヴェシウス書簡真偽論の文献的究明に取り組んだ一つの契機であった。

(8)―― Cf. J. W. Gough : "John Locke's Political Philosophy," (1950), 1974^2, pp. 104 ff.

(9)―― Ibid., p. 104 note (2).

(10)―― Cf. Charles Eisemann : ' La pensée constitutionelle de Montesquieu,' in "Bicentenaire de l'Esprit des Lois : Montesquieu, sa pensée politique et constitutionelle," 1952, pp.133-60.

(11)―― Robert Shackelton : "Montesquieu ; A Critical Biography," 1961, p.287.

(12)―― John Dunn : "The Political Thought of John Locke," 1969, p. 8. なお，崩壊した「伝説」に悪乗りした形のイデオロギー的モンテスキュー論

にはここでは触れない。Cf. Louis Althusser: "Montesquieu: La Politique, et l'Histoire," 1959, p. 114; p. 92 suiv.

(13)── 'La plupart des principes que Montesquieu pose dans ce chapitre sont tirés du *Traité du Gouvernement civil,* de Locke, ch. XII.'

(14)── Cf. J. W. Gough: op. cit., p. 104, note (2).

(15)── "Catalogue général des livres imprimés de la Bibliothèque Nationale," Paris, 1935, Tome CXVIII - Cote 〔Z.2984-29848〕.

(16)── "Oeuvres de M. de Montesquieu, nouvelle édition revue, corrigée et considerablement augmentée par l'auteur〔publiée par F. Richer〕── *Amsterdam ; et Leipsick, Arkstée et Merkus (Paris, Pissot),*" 1758, 3 vols. in-4.°〔Z.5191-5193〕この全集版はそのまま復刻されてマソン版全集（全3巻）の第1巻を成している。"Oeuvres complètes de Montesquieu," publiées avec le concours de la Recherche Scientifique sous la direction de M. André Masson, 1950-55, 3 tomes, Tome I.

(17)── カタログに記載の順序により，それらの発行年度のみ示す。1758, 1767, 1771, 1761, 1764, 1764-65, 1769, 1772, 1777, 1785, 1788, 1795, 1796, 1799。

(18)── 1816, 1818, 1817, 1819, 1821, 1821, 1821, 1822, 1823, 1824.

(19)── Op. cit., Tome II. p. 7. 以下「註記」の場所はすべて "Esprit," Liv. XI, chap. vi.

(20)── ロック『統治二論』"Two Treatises of Government"──後編だけの俗称が『市民政府論』"Traité du Gouvernement civil"; "A Treatise of Civil Government"──については，拙稿「シドニーとロック」（東洋大学アジア・アフリカ文化研究所『研究年報』第15号，1981年）参照。

(21)── エルヴェシウス「書簡」については次章で詳論。以下の例証ではHelvétius—**notes: Lettres** と略記。〔　〕内は cote（国立図書館整理番号），（　）内は「ロック註記」に関する該当箇所の巻数，頁数。W. **notes** および **notice** は，後述の Walckenaër の「註」Notes および「モンテスキュー伝概要」"Notice sur la vie de Montesquieu" の略記。※──「ロック註記」のある全集。△──エルヴェシウス「註記」ないし「書簡」所載の全集。〇──ウァルクナル「註」ないし「伝記概要」所載の全集。資料は "Catalogue," cité──上記註(15)──pp. 230-46.

(22)── 「出版者序文」'Avertissement de l'Editeur'〔Z. 29841〕Tome I pp. i-

II　思想史における「伝説」（légendes）の諸問題

xiii署名なしの短い解説。この版の特徴として，①従来の諸版より正確，②より正確で完全な引用，③モンテスキュー諸版の諸異文，④原著者が訳出したり模倣した古代・現代の諸著作家の諸節（4°Les passages des auteurs anciens et/modernes qu'il 〔Montesquieu〕a traduits ou imités），⑤ ダランベールの「頌辞」への重要な一追加および従来収載されたことのない伝記上の多数の細目，⑥ Dupin, Crévier, Voltaire, Mably, Servan, La Harpe等から採用された集註本註釈（un commentaire *variorum*）が挙げられている（ibid., pp, xii-xiii）。この部分は再版(31)(1825年)以降の「序文」では多少簡潔化され，末尾に〔Parelle〕と署名あり。

(23)── ウァルクナル（Walckenaër）については後述。以下の註(36)─(37)および本文参照。

(24)── たとえば，「フランス国立図書館蔵書目録」"Catalogue général des livres imprimés de la Bibliothèque nationale," 1933で検索すると，Parrelle (Louis)──Parelleはない。

(25)──(31)(1835年) Parelle版に初めて採用されているウァルクナル「モンテスキュー伝概要」"Notice sur la vie de Montesquieu" 1 vol.〔Z. 5197〕pp. v-xxii──(34)(1856年) 2 vols.〔Z. 29867-29868〕Tome, I, pp.i-viii──の内容は，『古代・現代普遍伝記辞典』"Biographie Universelle Ancienne et Moderne,"1843 (Michaud) 中の項目「モンテスキュー」"Montesquieu" と全く同一（cf. op. cit., pp.78-92）。

(26)── Cf. "Catalogue," cité ; article "Parrelle (Louis)."

(27)──"Oeuvres complètes de Montesquieu," citées (publiées par Masson) 1950-55, 3 tomes.

(28)── Cf. (42)(1875-9) Labouraye版。Tome IV, p. 7, note (1).「註記」の文章については上記註(13)参照。

(29)── Cf. "Montesquieu : The Spirit of the Laws. Translated by Thomas Nugent," with an Introduction by Franz Newmann, 1962 (Hafner ed.) p.151, note (g).

(30)── Roger Caillois : "Montesquieu : Oeuvres complètes," 1949-51, tome II, p. 1505, note (1).

(31)── Brèthe de la Gressaye : op. cit., tome II (1955) p. 330 et suiv. 上記註(7)参照。

(32)──この点で優れた公正な解説はドラテに見られる。"Montesquieu ; De

l'Esprit des l'Lois," 1973, edition de R. Derathé, tome I, p. 477.
(33)―― Cf. "Biographie Universelle Ancienne et Moderne," 1843.
(34)―― たとえば，"Petit Robert, 2," 1975 を参照。
(35)―― 上記註(24)参照。
(36)―― Walckenaër, Charles Athanase, baron de, 1771-1852.
(37)―― 筆者が披見したのは"Biographie Universelle Ancienne et Moderne," 1844 である。同『伝記概要』に引用されているモンテスキューの孫の記述によると，1824 年ごろまでの事項が取り入れられている。したがって，パレルがこれに初めて接した当時は最新のモンテスキュー伝ないし紹介文書だったのである。
(38)―― Lettre d'Helvétius à Montesquieu〔1747〕―n°391. "Oeuvres complètes de Montesquieu," citées (éd. Masson), tom III, pp. 1102-3； "Oeuvres Complèts D'Helvetius," 1795――以下略称 "Helvétius," (La Roche)――14 vols.〔Olms Rep. ed., 1967〕, tome XIV, pp.61-71. この全集は，以下で言及するラ・ローシュ (La Roche) 刊行版である。
(39)―― Lettre d'Helvétius à Saurin〔1747-1748〕―n°746. "Montesquieu," (Masson), tome III, pp. 1538-40； "Helvétius," (La Roche), tome XIV. pp. 71-7.
(40)―― Lettre d'Helvétius à Montesquieu〔Fin décembre 1748〕―n°431. "Montesquieu," (Masson) ibid., pp.1151-53. この書簡の原文はボルドー図書館保有，出典確実。同書簡は "Helvétius" (La Roche) に記載なし。
(41)―― De l'Esprit, 1758. エルヴェシウス (Claude Adrien Helvétius, 1715-71) の代表作。Cf. "Helvétius" (La Roche) tome I-VI. 普及版で示せば 9 回の引用箇所は次の通り。"Helvétius: De l'Esprit," Présentation de François Châtelet, 1973〔marabout université〕, pp.132-33； p.169； p. 305； p. 309； p. 321； p. 375； p. 396； p. 407； p. 420. 特に，pp.132-3 の「原註」(?)には La Roche (後述) の「註記」が付されており，この校訂者が偽作追加した疑いが濃い。
(42)―― この箇所については，前註(41)に引用した版の pp.132-35 の「註」参照。本文中のエルヴェシウスのモンテスキュー讃辞的な言及の箇所に，同じモンテスキューがイェズイタ派神父ミーヨ (Millot) によって宗教の弁護のために利用された実例が挙げられている。しかも校訂者 (La Roche)「註記」として，「この註は〔『精神論』〕原版にも〔著者〕草稿にも見当ら

ないが，このまま残しておく」とある。「原註」偽作者の良心の証かもしれない。

(43)── この問題の詳細については拙著『モンテスキュー』第3巻，70頁以下参照。以下に引用される諸作品についても，同3巻本の各所を参照。

(44)── 権威ないし定評のある古典的校訂本，註釈も時として「伝説」の源泉と化す。その例は枚挙にいとまがない。

(45)── La Roche: "Avertissement sur les Lettres suivantes," cf. "Helvétius" (La Roche), Vol. XIV, pp.55-8.『人間論』"De l'Homme, de ses facultés intellectuelles et de son éducation," 1772 はエルヴェシウスの後期代表作。Cf. op. cit., Vol. VII-XII.

(46)── Cf. Jean Jacques Granpre Molière: "La théorie de la constitution anglaise chez Montesquieu," 1972. 本書は現代における「君主主義者に堕落した共和主義者モンテスキュー」(Montesquieu républicain dégénéré en monarchisté) 神話の代表作。Cf. p. 45 et passim. そもそもモリエールはモンテスキューの基本的着想，──歴史的には，古代ローマ共和国における「元老院」(Senatus) と18世紀フランス王国における「高等法院」(parlement) の類比，同時代的には「高等法院」とイギリス「議会」(Parliament) の類比，等々──を全く理解していない。ここよりイギリス国民の政治的「自由」の源泉を誤解している。Cf. op. cit., pp. 94.「書簡」に関しては，ケブナー説を「理論」的に大反撃している。Cf. op. cit., p.255 ; 257-260 ; 265 etc. ケブナーについては，R. Koebner: 'The Authenticity of the Letters on the "Esprit des lois" attributed to Helvétius' in "Bulletin of the Institute of Historical Research," XXIV, 1951, pp.19-43を参照。内部批判を主とし，「書簡」と『精神論』の内容の対比から偽書と断定している。また「書簡」の偽作者をラ・ローシュと推定。1950年代の研究としては卓抜である。その後のラ・ローシュ偽作説の代表的研究者にコートニあり。Cf. C. P. Courtney: "Montesquieu and Burke," 1973, p. 147, note 2.

(47)── Cf. Brèthe de la Gressaye: op. cit., Tome II (1955), p. 330 et suiv.

(48)── Cf. "Biographie Universelle," citée, article: 'La Roche.' ラ・ローシュ (Pierre-Louis Lefebvre de la Roche, ?-1806) とあり。以下の註(50)参照。

(49)── 上記註(38)以降略記引用している "Helvétius" (La Roche) 版である。表題には「校訂者」ないし「編纂者」の姓名は明記してないが，冒頭の

「はしがき」にラ・ローシュの署名あり。Cf. op. cit., 'Avertissement sur cette Edition etc.,' Tome I. pp. v-x. なお，現在に至るまでエルヴェシウス全集（再刻版，1969年）はこれ以外に存在していない。『書簡集』については後述。

(50)── 〔　〕内は図書整理者の付加。ラ・ローシュの姓名が l'abbé J.-B. 〔Jean-Baptiste〕-L. 〔Lefèbre〕 de La Rocheとあるのに注意。当時ラ・ローシュは革命時代の呼称法，現代ソビエトの「同志」（タヴァーリシチ）に類する「市民ラ・ローシュ」（citoyen La Roche）を用い，革命暦に固執していたから，「師」（abbé）と自称するはずはない。J.-B.についても上記註(48)に Pierre-Louis とあり，どちらが正しいか不明。

(51)── 1799年刊行の Decker 刊行全集（上述 1.a の番号(14)）の「まえがき」によれば「エルヴェシウスの書類と原稿の遺産受領者，この哲学者が所持していて，欄外にさまざまな註記や所感が記入してある『法の精神』一冊の所有者である市民ラ・ローシュ」がディドー版モンテスキュー全集の校訂に協力した，と明記されている。Cf. op. cit., 'Avertissement sur cette Edition,' p. ii.

(52)── 上記註(41)，(42)参照。

(53)── 「国立図書館カタログ」によれば，an IV-1796と記されている。Cf. "Catalogue," cité, p.234. しかし，Decker刊行版(14)「まえがき」によれば，1797-98年間に刊行とある。Cf. 'Avertissement,' cité, pp. iii-iv.

(54)── Cf. "Correspondance générale d'Helvétius," Volume I : 1737-1756/ Lettres 1-249, 1981, 'Introduction,' p. x. この書簡集，第2巻（Volume II : 1757-1760/Lettres 250-464）は1984年に公刊された。

(55)── David Hume: Letter to the Rev. Hugh Blair, 1 of April 1767.── "The Letters of David Hume," (1932) 1969 (Greig ed.), Vol. II, p.137.

(56)── Adam Ferguson: "Essay on the History of Civil Society," 1767.

(57)── David Hume: Letter to the Rev. Hugh Blair, 11 Febr. 1766 ── op. cit., p. 12. 「……言うのも残念なことですが，それら〔原稿〕は全然小生の期待に応えてくれませんでした云々……。」

(58)── 拙著『モンテスキュー』第3巻，112頁参照。

(59)── 同書，142頁。ヒューム『人間知性に関する哲学的試論』"Philosophical Essays concerning Human Understanding," 1748はのち訂正されて，『人間知性の研究』"An Enquiry concerning Human Understanding," 1758

(60)―― 同書，142 頁。この訳本については同書，293 頁，註(78)参照。
(61)―― Cf. Ernest Mossner: "The Life of David Hume," 1954, p. 232.
(62)―― 'Juger, c'est sentir,' "De l'Esprit," Discours Premier, Chap. 1, p. 25 (éd., Châtelet).
(63)―― 大は各国の「正史」から「政党史」，「社史」，各種「団体史」，「家譜」，いわゆる「個人史」に至るまで，この種の「正しい歴史」の時代に即応しての「改正」，「補正」は日常茶飯事である。
(64)―― 例を示せば，Mark Hulliung: "Montesquieu and the Old Regime," 1976, pp.205-8。

第2章

(1)―― ヴィーコの「新科学」が受けた誤解は，彼に少し遅れて登場したヒュームの「人間本性」(human nature) の哲学についての曲解ときわめて類似的である。ヴィーコはナポリ人，ヒュームはスコットランド人，二人とも，一種の「限界人」(marginal man) であったこと，国際政治的，宗教的動乱の真只中――ナポリの政変，スコットランドのイギリスの併合等々――で世俗的栄誉に関しては挫折者であったことに注意。

(2)―― ヴィーコ『新科学』の3種の版には内容的に著しい相違が見られ，その立論も相互に非整合的である。ここでは，それら3版を一貫している基本原理に関して，現象学的社会学の見地から指摘したにすぎない。

(3)―― Cf. Eugenio Garin: "Storia della filosofia italiana, (1966) 1978," 〔Piccola Biblioteca Einaudi 80〕vol.III, p.1183. フェッラーリ (Giuseppe Ferrari, 1811-76). 引用文中の「薄明り」(penombre) については，たとえば，ロックの「蓋然性の薄明り」(the twilight of probability) ―― John Locke: "Essay," IV, xiv, 2 ――参照。

(4)―― 「科学的啓示」(revelazione scientifica)。Cf. "Dizionario della Letteratura Italiana," A cura di E. Bonora, 1977, 2 vols. I. articolo. 'Ferrari,' p.198. かつての「啓示」宗教の代りに「科学」を置く考え方。

(5)―― 「リソルジメント」(il Risorgimento)。ここでは1820年より1870年の統一国家イタリアの達成まで継続された政治的，文化的運動。いわゆる「イタリア国家統一運動」。

(6)―― 「共和主義的・民主主義的連邦主義」(un federalismo repubblicano

e democratico)。

(7) ——「ヴィーコの最初の歴史的著作」とは『ナポリ謀叛事件記録』(1703年, ラテン語) を指す。〔A〕・III. 註(45)。

(8) —— Cf. Garin: op. cit., p.1182.

(9) —— Cf. G. Ferrari: "La mente," citata, 'Prefazione,' p. v.

(10) —— ミシュレ編『ヴィーコ著作選集』。Jules Michelet (1798-1874): "Oeuvres choisies de Vico, contenant ses mémoires, écrits par lui-même, la science nouvelle, les opuscules, lettres, etc.; précédées d'une introduction sur sa vie et ses ouvrages," 1835, 2 vols. なお, バランシュ (Pierre Simon Ballanche, 1776-1847) は詩人的歴史家。主著 "Essai sur les institutions sociales," 1818; "Essais de palingénésie sociale," 1827-29.

(11) —— Cf. G. Ferrari: op. cit., p. xiv.

(12) —— 'il più singolare anacronismo nella storia delle idee,' Cf. **SN** (**I, i**), 'Al lettore,'〔OGV, IV〕p. i.

(13) —— Ibid., p. i.

(14) —— **SN** (**II**), 'Al lettore,'〔OGV, V〕p. i.

(15) —— Ibid., p. iii.

(16) —— **SN** (**I, i**), 'Al lettore,'〔OGV, IV〕p. iii.

(17) ——〔B〕・I, 末尾, 註(41)以下。〔A〕・I,「まえがき」参照。

(18) —— **SN** (**I, i**), 'Al lettore,'〔OGV, IV〕p. iii, nota (1).

(19) ——「思考学」(L'ideologia)。「イデオロギー」とルビを付したが,「思考学」は仮訳。トラシー (Antoine-Louis-Claude Destutt de Tracy, 1754-1836) の『思考学要綱』"Eléments d'Idéologie," 1801-15, 4 vols. (rééd., 1824-25, 4 vols.):(rééd. moderne, 1970, Vol. 1, Vol. 2)に由来する。エルヴェシウス, コンディヤック (Etienne Bonnot de Condillac, 1715-80) らの伝統を受け継いだ感覚論に基づいた「思惟」ないし「思考」の科学(以下 penser を「一般的」には「思考」,「特殊的」には「思惟」と訳す) をトラシーは「思考学」(idéologie) と名付ける。「思考学は動物学の一部である」'L'Idéologie est une partie de la Zoologie,' (op. cit., vol. 1,' Préface,' p.xiii) を第1原理とし,「思惟することは感得することなり」'penser c'est sentir' (op. cit., p.25) が「思惟〔思考〕」の基本原理である。さて, 人が「思惟し, 話し, 論考する」'penser, parler, raison-

ner'ときに「生ずる」'se passer'ことの探究が「思考学」であるが，これを(1)「主題」(Sujet)のみから捉えれば,「思考学それ自体」(Idéologie)，(2)「手段」(Moyen)としてのみ注目すれば「一般文法」(Grammaire générale)，(3)「目的」(But)のみ考慮すれば「論理学」(Logique)と三分される。(op. cit., pp.4-5, note (1))

ところで，人間の「諸欲望」(désirs)に関する「規準」(règles)は「道徳」に関係するが，上記の「思考学すなわち諸観念の科学」(l' idéologie ou la science des idées)と関連させられなければならない。「判断すること，話すこと，意志すること」(juger, parler, vouloir)は「一つの共通の源泉」(une source commune)を持つからである(op. cit., pp. xiv-xv)。かくして，『思考学』全4巻は次のように5部より構成される。

"Eléments d'Idéologie," 4 vols. (1801-15)　( )内は初版の発刊年次。
〔1〕　Vol. 1—**Première Partie**: *Idéologie proprement dite* (1801).
〔2〕　Vol. 2—**Seconde Partie**: *Grammaire〔générale〕* (1803).
〔3〕　Vol. 3—**Troisième Partie**: *Logique* (1805).
〔4〕　Vol. 4—**Quatrième et Cinquième Parties**: *Traité de la volonté et de ses effets* (1815).

筆者は，第1，第2巻——再版(1824-25年)復刻版で1970年，Vol.1, Vol.2再刻，他2巻は目下未刊——しか通読していないが，上述の一見明快な筋立てにもかかわらず，論旨が必ずしも明晰ではない。現代の立場から批判すれば，心理学的分析，自然科学——「動物学」——的客観主義，行為論的目的論等々の「次元」の異なった諸問題が「無意識に」混交されているからであろう。ともあれ，ここでは，この「思考学」がいわゆる「イデオロギー」としてフェッラーリに影響していることに注意。

(20)——「最大の〔異状〕現象」(il più grande fenomeno), 'fenomeno'は元来人間の予測能力を超えて発生した自然現象を意味する。そこには，たとえばかつて「ハレー彗星」の出現が文明国においてさえ惹起した社会的大動揺のごとく，多くは不吉な「前兆」が含意されている。

(21)——「〔異常〕現象」については，ミシュレの次の言葉を参照。

しかしながら，もしヴィーコ自身が彼の体系の着想をどのような諸作品が準備してくれたかをわれわれに識らせてくれなかったとしたならば(『ヴィーコ本人自身により執筆された生涯』)，人はこの〔異常〕現象を理解するのに苦労したことであろう。—— M. Michelet: op. cit., Tome

I, 'Discours sur le système et la vie de Vico,' p. iv.

「時代錯誤」(anachronismo) についてはその表現は見当らないが、ヴィーコという「預言者的天才」(le génie prophétique) —— op. cit., p. iii ——の不幸は、「未来の言葉のみ話すことしか知らなかった」ことにあり、「それは当時〔同時代〕においては早すぎたとしても、こんにちにおいては恐らく、すでに非常に遅れている。この偉大にして不幸な天才にとって、時は決して至らなかった」とある (op. cit., 〔Avant-propos〕, p. vii)。「独り言」(monologue) という表現もミシュレには見当らないが、孤独な思索人ヴィーコという言及は至るところに開陳されている。

(22) ——「偉大な発明者の生涯はほとんど彼の諸観念の歴疋〔記述〕にほかならない。」Cf. M. Michelet: op. cit., '〔Avant-Propos〕,' p. vi.

(23) ——「いかなる法則のもとでヴィーコの自叙伝は書かれたのか云々……。」**SN (I, i)**, 'Al lettore,' 〔OGV, IV〕 p. iv.

(24) ——「本性的幻想」(l'illusione naturale)。Cf. op. cit., p. v.

(25) —— Cf. op. cit., p. viii.

(26) —— 'On doit 〔devait〕 traiter la morale comme toutes les autres sciences, et faire une morale comme une physique expérimentale.' Helvétius: op. cit., (éd., Châtelet) 'Préface,' p. 13.

(27) ——「道徳史」(L'histoire morale)。「道徳」と訳すほか訳語がないが、ヒュームによるまでもなく (Hume: "Enquiry," Sec. 1)、単なる nature に対比して human nature に関する形容詞が moral である。18, 19世紀 ——時には現代に至るまで——、moral には「宗教」がからむので、問題はさらに複雑化する。フェッラーリが既述のごとくのちヒュームの影響を受けたことは暗示的である。いわゆる「思考学」もヒューム哲学の一継承科学(?)と言えるからである。その意味で、従来一般には全く無視されているが、ヒューム哲学において「動物」との類比が果たしている意義に注意。Cf. Hume: "Treatise," B. I, P. iv, 7; B. II, P. i, 12; B. II, P. ii, 12; B. II, P. iii, 9; "Enquiry," Sec. IX.

(28) —— われわれは18世紀中葉より19世紀初頭に至る期間における「歴史」を一括して「自然史的歴史」と呼んでいる。詳しくは拙訳、D. ステュアート『アダム・スミスの生涯と著作』(御茶の水書房、1984年) 中の参考論文(二)参照。

(29) —— ここでは詳論しえないが、新カント学派の再評価と関連させて要約す

れば，かつて支配的であった西南ドイツ学派の「自然科学」対「文化科学」（リッカート）的二分法ではなく，マールブルク学派――コーヘンでなく，後期カッシーラー――の統一的原理が現象学，特に後期フッサール説等と結合されつつある。今やヴィーコはこのような総合的原理から，彼の「真理トハ事実〔作ラレタモノ〕ソノモノナリ」（verum est ipsum factum）説を中心に取り上げられている。『自叙伝』「解説」，参照。しかし，この問題はここでは直接関係がない。

(30)―― N版, F版, ON版, OGV版, A版, S版, R版, BC版である。「凡例」参照。筆者もN版を底本として訳出した。

(31)――参考論文・Ⅰ「ヴィーコとル・クレール」参照。

(32)――同上「ヴィーコとル・クレール」。

(33)――〔A〕・Ⅵ, 冒頭「フランス語から正確に訳して示せば次のような言葉で，この著作をわけが分からないと言っている人々に反対して一般的に評価している。」傍点部分を「記述した。」と訂正，『書評』伊訳全文が続く。Cf.〔N版〕pp.58-59；〔ON, V〕p.59；〔OGV版〕I, p.30.『書評』伊訳全文については，〔ON, V〕pp.89-97；〔OGV版〕I, pp.30-35,『書評』については，拙訳参照。

なお『書評』末尾の「イタリアの学者たちの……頌辞云々……」に次の「註記」――「ヴィーコの註記」とフェッラーリの註付――あり。

「これらの人々とは他の人々の中でも，ドン・ジョヴァンニ・キアイエーゼ（D. Giovanni Antonio Chiaiese），当時は教会法のきわめて博学な勅任講師，現在モトラ司教，ベルナルド・マリア・ジャッキ神父（il P. Bernardo Maria Giacchi〔sic Giacco〕, 1678-1744），卓絶した聖フランシスコ派説教師，きわめて教養のある詩人ドン・アニェッロ・スパニョーロ（D. Agnello〔sic Aniello〕Spagnolo〔sic Spagnuolo〕）である。この詩人は人々の目の前で野蛮な暗殺者によって与えられた残忍な死のためにすべての人々から哀悼されているだけに，すべての人々にとり彼の生涯の甘美な想い出によって一層懐しい。」（〔ON, V〕p.97, nota (1)；〔OGV, I〕p.35, nota (11).)

(34)――「繋ぎの文章」は次のとおり。

「ル・クレール氏が彼〔ヴィーコ〕に個人的に書いた書簡と，同じく同氏がまた上記『文庫』の中で公刊した報告および評価に答えて，ヴィーコは次の書簡を書いた。」Cf. op. cit.,〔ON, V〕p.97；〔OGV, I〕p.35.

㉟——「礼状」。内容は次の通り。

　謹啓。よはんねす・くれりくす様。よはんねす・ばぷてぃすた・うぃくすヨリ。昨〔1722〕年度オ寄セクダサイマシタ、有難キ極ミノ貴翰ハ当地なぽりニオイテ世評ニヨリ駆リ立テラレテ、アレヤコレヤト人心ヲ感動サセマシタ。ナゼナラバ、キワメテ学識ノアル、最善ノ人物タチハ、カネテヨリ人間性〔人道〕ニツイテノワレワレノ諸起源ニ心ヲ寄セテイタノデアリマスカラ、万人、異口同音ノ判断ニヨリ文芸界ノ第一人者デアラセラレル貴下ガ、問題ノ諸著書ニ関シテホボ意見ヲ同ジクサレタコトノタメ多大ノ歓喜ニ溢レタカラデアリマス。マタ、アラユル種類ノ学識ノ諸作品ニ関スル貴下ノ驚嘆スベキ判断ノ御錬磨ヲ彼ラハ知悉シテオリマスガ、ソレト言ウノモ、ふらんす、どいつ、いたりあニオイテ多数ノ文芸人タチハ学者タチノ日刊紙ヤ論文集ヲ彼ラガ編集スル折ニハ諸学科ノサマザマナ領域ヲ通ジテ著作ガ完成サレ次第誰モガ共通ニ貴下ノ御熟達ヲ頼リトシテイルカラデアリマス。貴下ハ貴下ノ『〔古代近世〕文庫』諸号ノ中デ、ヨリ重々シイ学問的労苦カラ人心ヲ安メルタメニ、唯一人聳エ立ッテオラレルガゴトクデアリマス。確言申シ上ゲルマデモナク、彼ラハ貴下ガワレワレノ作品ニツイテ先ニ貴翰デ明々白々ニ下サレタ御判定ヲ、貴下ノ『古代近世文庫』ノ中ニオイテモ、同一ノママニ確言サレルデアロウト期待シテオリマシタ。

　半可通学者タチヤ下ラナイ人間タチノ大衆ハ自分タチノ判断ニヨッテデハナク貴下ノ素晴シイ名声ニ怯エテ貴下ノ不滅ノ御名ヲ尊敬シテイマスノデ、ワレワレノ体系ニツイテノ誤ッタ思イ込ミヲ世ニモ惨メニモ和ラゲ始メマシタ。貴下ガアノ諸巻〔『普遍法』二巻〕ヲ急ギ通読シテ下シタカラデアリマス。カツ、ソノ上デ私ノ精神ガアルイハ軽薄デアル、アルイハ誤ッテイル、アルイハ空疎デアルト御指弾ヲ下サレタトシタナラバ、アノ作品ハ無価値デアル、ナイシ確カニ取リ上ゲルニ値シナイ、ト学者界全体ニ御示シ下サッタコトニナッタデアロウコトハ疑イノ余地ガアリマセン。学者タチノ中デモ、アル文献言語学者タチハ記憶ノ誇示ノタメニ哲学ソノモノヲ教エテイタリ、マタ権威ニ対シテ歪曲サレタ敬虔心ニアフレテイルタメ、一切ノ理性ヲ否定スルニ至リ、ツイニハ、古代人タチノイカナル言辞ニセヨ、ソレガ誤ッテイヨウガ、アルイハ誤ッタ伝統ノタメ曲解サレテイヨウガ、ソレガ非難サレルノヲ許スクライナラ、己レノ人間性ヲ捨テル方ガマダヨイ、トマデ申シマス。トコロガ、

彼ラニ真ッ向カラ敵対的ナ哲学者ガオリ，彼ラハ若干ノ真理ト方法ノ基準ニヨリ自分タチハスデニ全知ニナッタト考エ，文献言語学ニハソレダケニ無知デハナイガ，モットモ悪意ニ満チタ仇敵デアリ，諸言語，詩人，歴史家，雄弁学者ノ研究ヲスベテ弾劾シ，哲学者ノ名ノモトニ世ニモ野蛮なすてぃきあ人カあらぶ人デアリ，古代人カラ伝承サレ，ワレワレガ本研究ニヨリ再建シテ享受シテイル人間性ヲ，彼ラノ全力ヲ尽クシテ，スベテ根絶ショウト努メテイマス。コレラノ人々タノ中間ニ屁理屈屋ヤ法廷三百代言ガオリ，文献言語学ニセヨ，哲学ニセヨ，コレラドレ一ツニセヨ，スベテニキワメテ無知デアリマス。彼ラノウチ，最初ノ連中ハ確カニ雑多ナ学問ハ十分ニ教エラレテイマスガ，形而上学ニハ全然未経験デス。形而上学トハ，私ノ信ズルトコロデハ，コレラノ仕事ノ全部門ニ，アタカモ精神ガ全肢体ニ行キワタッテイルヨウニ，浸透シテイルモノデアリマスカラ，彼ラハ論考ノ長イ論議ニ耐エルヨウニト本性ニヨッテモ作ラレテイズ，幾何学ニヨッテモ慣ラサレテオリマセン。コノ長イ論考ニヨッテノミスベテノコノ〔論議トイウ〕苦業ハ織リ上ゲラレテイルカラデス。第二ノ形而上学熟達者タチハ，マタ恐ラクハ幾何学的方法ニモ練達シテイルデショウガ，シカシ彼ラノ書物ニイワバ要綱ヲ提供スル学識〔基礎教養〕ニハ無知デス。最後ノ連中ハコレラ一切ノ補助手段ヲ奪ワレテオリ，スベテガワレトワガ身ニツイテハ傲慢ニ，私ニツイテハ軽蔑的ニ判断シテイマスノデ，タマタマ酔ッ払イ，ウトウトシナガラ無関心ニワレワレノ書物ヲ手ニシテイテ，偶然彼ラガソレヲ披見シタバアイ，彼ラハ何モマッタク理解シナイカ，アルイハ彼ラノ天稟ノ快楽ト比ベテ，マッタク新シイモノ，予想外ノモノヲ読ミ取ルカモシレマセン。ナゼナラバ私ハ彼ラノ精神ヲ多クノ新規ナ事柄デ乱スカ，アルイハ邪悪ナ瞑想〔省察〕ニヨッテ彼ラヲ損ナッタトサレテイルノデ，私ガイワバ彼ラニ対スル恭順ヲ否定シタトシテ，彼ラハサマザマナ事柄カラ名目ヲ引キ出シテ私ヲ非難シタノデス。アル人ハ文法的典拠ノ大胆ナ転覆者トシテ，マタ他ノ人ハ人間性ノ諸原理トきりすと教ノ諸原理ノ不器用ナ接合者トシテ，多クノ人々ハ法〔正義〕ノ諸原理ノ詭弁論者的革新者トシテ，最後ニスベテノ人々ガ曖昧カツ不明瞭トシテ彼ラノ論説ニヨリ私ヲ罵倒シマシタ。

　ワレワレ全員ノ予想ヨリ早急ニ貴下ノ『古代近世文庫』十八巻，第二部ガ当地ニ届キマシタガ，ソノ中デ貴下ハワレワレノ体系ニツイテ真正

ノ梗概ヲ提示サレ、マタソレニツイテ卓越シタ判断ヲ下シテオラレマス。コノ判断ニ従イ、ソレニ即シテ前進シヨウト欲スル読者タチニ対シテ、貴下ハ四種ノ勧告ヲキワメテ適切ニモ書キ加エテオラレマス。スナワチ、本書ヲ注意深ク、不断ニ、一度カギリデナク、ソシテ熟慮シツツ読ムベシ、トサレテオリマス。ソシテ、マコトニ、何トモ感謝ノ極ミデアリマシタガ、コレヲ頌辞ヲモッテ飾ッタ賢者タチヲ貴下ハ学識アルいたりあ人ト呼ンデオラレマス。コノヨウナ讃辞ニワレワレノ都市〔なぽり〕ノ、マタ他ノいたりあ地区ノキワメテ学問ノアル、マタ最善ノ多クノ人々モ与ッテオリマス。以上ニヨリ、小生ガ貴下ニ対シ衷心ヨリ、ドノヨウナ、ドレホド大キナ、イカホドノ感謝ノ念ヲ抱イテイルカヲ御察シ下サイ。貴下コソ、カノ明晰キワマル御判断ニヨリ、小生ニハ不滅〔ノ名〕ヲ生ンデ下サイマシタシ、小生ノ保護者タチニハ「賢者タチ」($\sigma o \varphi o i$) ト呼ビカケテ下サイマシタシ、ソレト同時ニ小生ノ中傷者タチハ愚者ノ数ニ貶メラレタノデス。拙著ニ対スル「註記」〔『普遍法=註記』〕、スナワチ「ワレワレノ原理ニ即シテ詳述サレタほめろすノ詩二編」、オヨビ「神話的規範」ヲモ加エテ御送付申上ゲマス。コノ規範ハ最古ノ詩人タチヤぎりしあ・らてんノ歴史ノ寓話的発端ヲ詳述スルノニ有益デアルト愚考致シマス。貴下ノ御判断ニヨッテモ、事実ソノヨウデアルカ否カ、オ知ラセ願エレバ幸甚ニ存ジマス。学芸界ノ巨大ナル精華、小生ノ至高ノ堡塁(トリデ)ニ捧グ。恐惶謹言。なぽりニテ、一千七百二十三年旧暦十一月十五日〔十月十八日〕。〔OGV, I〕pp.35-6

(36)――「繋ぎの文章」は次のとおり。

「このような書翰とともに彼は上述の『普遍法=註記』を同封し、当地の港に接岸中でアムステルダムに帰港する途中のオランダの一帆船を通じて発送した。しかし、それらを入手したという何らの返答もいまだに受け取らない。」(Op. cit.,〔ON. V〕p.99 ;〔OGV, I〕p.36.)

次いで「しかし、ヴィーコは祖国云々……」と続く。

さすがに ON 版――クローチェ校訂〔ON, V〕――『生涯』(pp.3-76)、「ヴィッラローザ侯爵補記」(pp.77-84)には「二つの追加」(Due appendici) として、「ヴィーコ著作目録」(pp.85-89) とヴィーコ自身の訳出による「ル・クレール『普遍法』書評」および関係註記、ヴィーコのラテン文「礼状」(pp.89-99) が収録されている。しかし、校訂版として必ずしも親切でなく、ル・クレールがヴィーコに及ぼした影響に関して、ここに

II 思想史における「伝説」(légendes) の諸問題 425

もクローチェの全くの無関心が反証されている。「礼状」については上記註(36)，ル・クレール「書評」については論文 I「ヴィーコとル・クレール」の〔付〕ル・クレール「ヴィーコ『普遍法』書評」参照。

(37)── Cf.〔N 版〕p. 53, note (1); p. 108, note (3).

(38)──『自叙伝』の発刊の経過については，〔B〕・II, 本文，註(11)等参照。

(39)── Cf.〔ON, III〕pp.323-41.

(40)── 内容は別としても，たとえば SN (1, i) では，「章」(Capo) SN (I, ii) では「巻」(Libro) が用いられている。

(41)── Cf. "Giambatista Vico: Principi di una scienza nuova," 1725〔Ristampa anastatica dell'edizione Napoli 1725, a cura di T. Gregory, 1979〕pp.1-10.「題辞詩」については〔A〕・VI, 註(14)。

(42)── 以上の重大な事実を知ることができたのは，上記註(41)に引用したごとく SN (I, i) の原典リプリント版が 1979 年に公刊されたからである。なお，SN (I, ii) の正確な表題については以下の註(52)を参照。

(43)── たとえば，
　　　ヴィーコの思索の最終時期においては，彼は彼の天才の一切の不規則性を，彼の予知〔能力〕と彼の無知の間の，また彼の体系と彼の時代の間の一切の反立を再び身に帯びた。(Cf. 'Al lettore,'〔OGV, V〕p. i.)
上述註(14)の本文参照。

(44)── Ibid., p.ii. この種の「終末論」的ヴィーコ解釈の文芸的現代版として，D. P. Verene: "Vico: La Scienza della Fantasia," 1984 を参照。

(45)── Ibid., p. xiii.

(46)── Ibid., p. xiv.

(47)── われわれのヴィーコ解釈は，この種の「歴史」家的評価にはよらない。ニコリーニ，クローチェ的ヴィーコ解釈は歴史的ヴィーコを曲解しており，その限りにおいて，一種の「伝説」である。『ヴィーコ自叙伝』，「解説」，「まえがき」その他各所の訳註参照。

(48)── Cf. 'Al lettore,'〔OGV,V〕p. ix.

(49)── Ibid., p. ii.

(50)──'Frammento inedito di una prefazione alla terza edizione della Scienza Nuova.' Cf.〔OGV, V〕pp.7-8.

(51)──「短い書簡」(la breve lettera) とは，上述のル・クレールによる「『普遍法』への礼状」を指す。上述註(30)以下参照。他に〔A〕・V. 註(19)以

下に全文あり。
(52)——「本書の動機」'Occasione dell'Opera' とは、フェッラーリの説に従えば、〔B〕・II冒頭のロドーリ神父よりの『書簡』およびヴィーコの『返辞』を主体にした一種の「序文」——同〔B〕・II註(49)の本文——に代って置かれたもので、「挿絵解説」'Spiegazione della dipintura proposta al frontispizio che serve per l,' introduzione dell' opera を指すと思われる。

しかし、ニコリーニ版＝SN (I, i), SN (I, ii)合体版によれば、「挿絵解説」は『新科学・再版』と無関係で、むしろSN (I, i) の「本書の理念」'Idea dell'Opera' が SN (I, ii) にも冒頭に置かれたと——言明されてはいないが——受け取れる。ヴィーコ自身の『自叙伝』（〔B〕・II, 註(49)の本文）によれば、フェッラーリが正しいと思われる。ただし、この「本書の動機」が『自叙伝』の中に「印刷されている」という彼の言明は誤り。

なお、『新科学・再版』SN (I, ii) の正確な表題は、ニコリーニの一註記——〔B〕・II, 註(50)——によれば次のとおりである。

"Cinque Libri di Giambattista Vico de'principj d'una scienza nuova d'intorno alla comune natura delle nazioni in questa seconda impressione con più propia maniera condotti e di molto acresuiti. M DCC XXX 〔1730〕"『諸国民の共通的本性をめぐっての一新科学の諸原理のジャンバッティスタ・ヴィーコによる全五巻・本再版において、より適切に統一され、多量に増訂さる。1730年』

(53)——ジョルダーノ (Giordano) については未詳。
(54)——「ヴィーコとル・クレール」参照。この論文中にル・クレール「『普遍法』書評」の全訳収載。

たとえば、クローチェさえ、その名著で、「神話と宗教」に関する諸学説に触れたさい、次のようにル・クレールにはただ1回言及しているにすぎない。「新エウエメロス主義はジュネーヴ〔出自の〕ーオランダ〔居住者である〕博学者、ジャン・ル・クレールによって権威をもって代表されていたが、この人物に対してヴィーコは自著『普遍法』に注意を払ってもらったというので、あれほどの敬意と感謝を口外せずにはいなかった……。」Cf. Benedetto Croce: "La filosofia di Giambattista Vico," 1962, p.64.「新エウエメロス主義」(neoevemerismo) は、古代の優れた人間が宗教の起源であると説いた、古代ギリシア哲学者エウエメロス (Euemeros, circ. 340-269 B. C.) の主張の近代版。

II 思想史における「伝説」(légendes) の諸問題

(55)——文意にほとんど関係のない小詞の改定以外は,『自叙伝』の主語「彼」ないし「ヴィーコ」が,ここでは「われわれ」——「序文」その他における「著者」を意味する——に,「それ」が「これ」——以下の「作品」——に書き換えられている。〔B〕・Ⅱにより主要な相違を示す。

第 1 文節〔〔B〕・Ⅱ, 註(38)以下の本文〕傍点は異同箇所。

「〔しかし,〕初版本はヴィーコによって……異なっているのである」「なぜなら,それ〔初版本〕は本書〔再版〕とはまったく異なった一方法をもって導かれていたのであり,それゆえ本書は『第 2 新科学』と呼ばれるべきであり,われわれは『第 1〔新科学〕』を上述の『3』カ所のために〔のみ〕放置しておいたのである。」「さらにまた〔しかし〕,『普遍法』の 3 巻は決して……誤謬の中の二つである。」「かくして,1722 年 9 月 8 日付のアムステルダムからのラテン文書簡の中で彼〔ル・クレール〕はわれわれに概括して次のような判断を提供した。コレラ(書物)〔『普遍法』全 2 巻〕ハワレワレノ北方ノ学者タチニ彼ラノモトニ劣ラズいたりあ人タチノモトニオイテモ明敏サト学識ガ発見サレルコトラ示ス機会ヲ小生ニ提供スルデアリマショウ。イヤ事実ソレドコロカ,寒冷地域ノ住民カラ期待サレウルコト以上ニ学識ノアル,明敏ナ事柄ガいたりあ人タチニヨッテ言ウレテイルコトラ示ステアリマショウ。」(〔A〕・Ⅴ, 註(19)以下の「書簡」参照)。

第 2 文節〔〔B〕・Ⅱ, 註(44)以下の本文〕

「ヴィーコ〔われわれ〕がこのような人々から……順序の点で多くの誤りが生じたのである。」

第 3 文節〔〔B〕・Ⅱ, 註(46)以下の本文〕

「これらすべては『新科学・再版』において……訂正を喜んで受け入れたいからと言うのであった。」「これらの第 1 および第 2「註釈」は,その後われわれが次々に書き進めた第 3「註釈」とともに本書の中に今回すべてが収載されている。」

以上の文面からすると,ヴィーコ自身は『新科学・再版』を「全く異なった一方法」による著作,『第 2 新科学』と呼ばれるべきである,と断言している。その限りにおいてはフェッラーリの解釈が妥当と言えよう。

結 語

(1)——「学者の自惚れ」(la boria de' dotti)。Cf. **SN** (Ⅱ), capov.〔745〕.

訳者あとがき

　ナポリで買うこと，ジョヴァンニ・バッティスタ・ヴィーコの『新科学原理』〔発行地〕ナポリ

　周知のごとく，モンテスキューは『ペルシア人の手紙』で突如文名を獲得し，フランス翰林院会員にまで選出されたが，やがて見聞を広げる必要を痛感するや，身辺を整理し，ヨーロッパ旅行に出た。万事に几帳面なモンテスキューは詳細な「旅行記」をしたためているが，その一節に上述のメモが残されている。1728年8月末ヴェネツィア滞在中の記事である。モンテスキューは翌1729年ローマを経て4月末ナポリを訪れているが，『新科学』についても，ヴィーコについても，何一つ言及していない。いな，それどころか，モンテスキューの全著作を通じてヴィーコの名前が登場するのは，後にも先にも上記の引用文中での1回のみである。
　それにもかかわらず，あるいは，それゆえにこそ，この二人の思想的関連については，その後ヴィーコが再評価され始めるにつれて，上記の1行のメモを契機に，ありとあらゆる揣摩臆測が生じた。たとえば，クローチェはモンテスキューに『新科学』購入を薦めた人物を推定，確証し（？），モンテスキューが翌年ナポリで購入した『新科学』1冊はラ・ブレード城の蔵書中に現存する，と断言している。しかし，その後公刊されたモンテスキュー蔵書目録の中にヴィーコの著作は1冊も見当らない。『新科学』購入の有無論争などはまだしも，ナポリにおけるモンテスキューとヴィーコの会見説，モンテスキューの歴史論はヴィーコからの借用ないし盗用であるとの説等々，その後もさまざまな無責任な推測や断定が出現した。——ついでながら，今にして思えば，1728年の時点でモンテスキューがヴェネツィアにおいて『新科学』の評判を耳にしたこと，また出版地ナポリにおいてさえ，ついに現物を入手できな

かったことは，ヴィーコ『自叙伝』〔[B]・II〕の記事を反証している。

ヴィーコに関して，他に一つの有名な紀行記録がある。

　……同氏〔ガエターノ・フィランギエーリ〕はモンテスキュー，ベッカリーア，また同氏自身の諸著作について滔々と論じた。……同氏はまだ30歳代ではないかと思う。
　それに引き続き，同氏は私に一人の昔の著者について語ってくれたが，この人物の測り知れない深遠さに現在のイタリア人法律仲間たちは非常に刺激され，精神を高揚されているという。その人はジャン・バッティスタ・ヴィーコという名前で，同氏の仲間たちはこの著作家にモンテスキューに対する以上の愛着を寄せている。この連中は一種の神聖な宝物扱いをしながら私にこの書物について話してくれたが，私がざっと目を通したところでは，いずれ到来するはずの，ないしは到来せずにはすみそうもない善と正義についての巫覡書的な予告が，伝統と生活に関する真剣な諸考察に基づいて述べられているように思われた。ある民族がこのように偉大な先祖〔族長〕を持てるのは，まことに素晴らしいことである。ドイツ人にとってはハーマン〔の著作〕がいつかはそのような一法典となるであろう。

　以上はゲーテ『イタリア紀行』の一節で，ナポリ訪問中の記事である。日時は1787年3月5日。モンテスキューのナポリ滞在からほぼ正確に60年のちのことである。「シュトゥルム・ウント・ドラング」——「感情がすべてだ！」(Das Gefühl ist alles !)——の青年血気の一時代からすでに脱却していたゲーテは40歳直前，ゲーテより3歳年少のフィランギエーリはナポリ市名門の御曹司，辣腕の政治家，同時に卓絶した政治学者。大著『法制定の科学』（全8巻）をすでにほぼ完結し，全ヨーロッパ的名声を獲得しつつあった。モンテスキューに学び，ルソーに感化されたフィランギエーリのヴィーコへの心酔！　ゲーテがハーマンをドイツのヴィーコに擬したのも肯ける。
　時代は今やフランス革命前夜，いわゆる「啓蒙時代」(Aufklärung)——この日本語訳はいかにも暗いが——は，あらゆる領域において，その終末期に至らんとしていた。ヴィーコは歿後40余年にして祖国ナポリの知識人の間に「族長」として甦り，その主著は「巫覡書的予告」(die sibyllinischen Vorahnungen) を宣布しつつあった。老齢のジェン

ナーロ・ヴィーコが実父のために,「短い碑銘」で飾られた石碑を「教会の片隅」に建立したのはゲーテのナポリ訪問の 2 年後, 1789 年, フランス革命勃発の年であった(「ヴィッラローザ侯爵補記」参照)。「北方の博士」(der Magus aus Norden)——救世主キリスト生誕祝福者——ハーマンの名はこのようにしてヴィーコと結ばれるに至る。ヴィーコ哲学のドイツ思想界での受容と評価の前兆であり,またその一発端であった。そればかりではない。不思議な暗合から,モンテスキューの場合と同様にゲーテも全著作を通じて,その後ヴィーコについて全く言及していない。

上述の二つの挿話が暗示しているごとく,ヴィーコほど今なお「神話」や「伝説」の濃霧に覆われている近世の思想家は稀であろう。もとより,この入り乱れた霧を一挙に払拭することは不可能であろうが,問題をヴィーコ哲学の究明に絞った場合,この不可解な事態の根本的原因がヴィーコの原典(テキスト)自体の不確実さに存していることは疑えない。たとえば,主著『新科学』に関してさえ,その 3 種の版について原典の厳密・正確な校訂版がいまだに公刊されていない。ガーダマーの言葉を借りていえば,ヴィーコの「原典への存在」(das Sein zum Texte)そのものが,象徴的な意味以前に,より客観的な「事実」として確証ないし「確実化」されなければならない。この観点からすれば,さしあたりの仕事として,フェッラーリ『ヴィーコの精神』とクローチェ『ヴィーコの哲学』という対蹠的な二古典的研究書の対比研究を手掛りに,これら二大先駆者のヴィーコ原典批判そのものを再検討することも無意義ではないであろう(参考論文・II参照)。幸い過去 10 年来,ヴィーコ哲学の源泉を成した西欧古典文献は,ギリシア,ローマ時代に関してはもとより,中世,ルネサンス,バロック時代に至るまで,ほとんどありとあらゆる分野にわたって入手可能となった。ことに過去六,七年この方イタリア近世古典に関しては,一次資料(原典テキスト)はもとより,二次,三次資料に至るまで,権威書の再刻,復刻,再刊,その他新たな研究書を含めて目を見張らずにはいられないほどの活発な出版活動が行なわれ始めた。この波に乗ってヴィーコについても,1960 年代以降テキスト,研究書,論文集,復刻・再刊版,関連資料等を含めると,関係書籍が 10 年単位でほぼ倍増してきたと言える。この情況下にあって,一般に古典の研究方法そのものが大きく変化し始めた。なか

でも，戦後華々しく登場した，主としてアメリカ流の history of ideas のやり方はすでにその限界に達したのではあるまいか。「事象そのものに戻れ！」(Zu den Sachen selbst！)「ラヴジョイに帰れ！」(Zurück zu Lavejoy！) 自己陶酔的美辞麗句，奔放で空疎な饒舌，放恣で論拠不十分な思想的脈絡付けはすでに過去のものとなりつつある。事実 *history* of ideas が *story* of ideas と化したのでは「歴史哲学」の始祖ヴォルテールが泣くであろう。現に，一方ではそれなりの碩学クローチェ，ジェンティーレ，ニコリーニまでもがヴィーコ曲解の張本人扱いを受けながら，他方 F.-B.版『ヴィーコ自叙伝』の時代遅れの「序文」が今なお権威として引証されているのは研究者の怠慢でしかない。

では，現在なぜヴィーコが再認識されつつあるのか。その世界史的な理由の一つは米ソを含めての西欧文化圏に瀰漫している危機意識の反映であろう。現在のアメリカ合衆国の政治，経済，社会等々，要するに文化的情況をかつてのローマ帝国没落期に類比して，すでに早くより多くのアメリカ社会学者，政治学者等が警告を発している。ヨーロッパに関しては，事態はさらに深刻である。「死に至る存在」(das Sein zum Tode) の哲学者ハイデッガーや，その対極ともいうべき「酒神的（バッコス），熱狂的（ディテュランボス）」生命力讃美のニーチェ——この二人とも今から 10 余年以前にはナチズムとの関連から知識人にとって嫌悪の的であった！——，さらに遡ってニーチェの原点，根元的意志とその否定による擬似東洋哲学的ショーペンハウアーの復活等々……まさにヴィーコの「反復」(ricorsi)——ないし「回帰」——が現実の問題として西欧思想界の真只中で実現しつつある。かくして，ヴィーコ哲学を一種の「終末論」(eschatology) と理解するにせよ，その逆に手の込んだ「進歩の観念」(idea of progress) と解釈するにせよ——前者の同調者が次第に増加しつつあるのは暗示的である——，この種の良かれ悪しかれ「イデオロギー」的研究者にとって，『新科学』はまことに適切な「巫占書的予告書」であろう。

しかし，この種の一面的なヴィーコ解釈をも含めて，現代のすべてのヴィーコ研究者を魅了せずにはいない「言うに言えない何かしら」(ce je ne sais quoi) が彼の著作には潜んでいる。それは，あえて表現すれば，ヴィーコ哲学の基底を成している一種の現象学的な社会哲学である。「ココトイマ」(hic et nunc) に収斂され，「肉により閉された」「絶

対的自我」という「実存」の世界から，どのようにして「空間」的には「社会」が，「時間」的には「過去」，「現在」，「未来」，要するに「歴史」が成立するのか，——このような現代現象学の基本的諸原理，2世紀ののちに至って，ベルクソンが，フッサールが，ジェームズが，メルロー=ポンティが，シェーラー等々が，それぞれの「観方」(Einstellung) から取り組んだ難問の核心をヴィーコの「明敏」(acutezza) と「天稟」(ingenio) は早くもすでに発見し，指摘し，——体系的ではないにせよ——究明に全力を挙げている。そればかりではない。ヴィーコ独自の人類史における「空想力」(fantasia) の役割についての鋭い洞察は，現代のわれわれに示唆するところが非常に大きい。極言すれば，ヴィーコは，「概念」(concept) と「映像」(image) の共存ないし競合による新しい文化に向かって驀進しつつある現代高度情報社会をすでに「予言」していた，とさえ解釈できる。

　それにしても，『新科学』は難解な書物である。この『黙示録』の「七つの封印」を解く鍵は何であろうか。それはもはやニコリーニの厖大な2冊本『新科学註釈』だけではありえない。『新科学』は単なる歴史哲学の著作ではないからである。それに『新科学』は1日にして成ったのではない。ヴィーコ自身が晩年，それも主著の最終的形態成立のかなり以前に，自分は『新科学』のため「20年」の歳月を費やした，と洩らしている。われわれにとって幸いにも彼はその間の研究経過を書き遺している。『方法叙説』を無視してはデカルトを論じえない。『方法叙説』に対抗してヴィーコは『自叙伝』を執筆した。とすれば，『ヴィーコ自叙伝』こそ，ヴィーコ哲学の最善の註釈ではないか。少なくとも，ヴィーコ思想生成に関する不可欠の資料ではないか。

　私が『ヴィーコ自叙伝』の訳出に取り掛かったのは今から10余年前のことである。最初には参考文献や資料の不足から，最後にはそれらの過剰から，また，さまざまな俗事に時間を奪われたことも原因して訳業の完成までには予想外の時間を要した。原典それ自体の訳出は，難渋な文章とはいえ，それほどの難事業ではなかった。問題はヴィーコ特有の博引旁証にあった。その上，ヴィーコの古典解釈には伝統を無視した独断的主張が頻出する。そこで，全力を尽くして，読者の入手しやすい諸版を明示しつつ註記したが，私自身としてはこれで十二分とは考えていな

い。ここでは，あくまで『新科学』への「註釈」という限界内で註記を付したにすぎない。

　本訳書は東洋大学社会学部，同大学院社会学研究科，同社会学研究所の紀要（昭和60年度）に発表した翻訳および論考の再刻である。今回一書として公刊するに当り，『自叙伝』本文，註，参考論文等について全面的にかなりの削除，訂正，補足を行なった。訳註に関しては，紙面の都合上原文引用を大幅に割愛したが，専門研究者の便宜を考慮して，入手しがたい西欧テキストに関しては原典を必ず例示した。

　本『自叙伝』はもともと「一文芸人」の特異な「告白」としても高く評価され，愛読されてきた歴史を持っている。したがって，その限りにおいて，本書は，専門家的ないし学術的な註記を度外視して読まれても，広く一般の読者に訴える文芸的価値を秘めているはずである。そこにはヴィーコという一人の人間が，彼の主張した「永遠の理念的歴史」を，個人的に制約された時間・空間の中で，どのように「走り過ぎ」て行ったか，そして，彼の「英雄的精神」がどのように発揮され，何を後世に遺したかが，良い意味，悪い意味の双方を含めて，比類なく「人間」的に，「詩」的に述べられている。

　ゲーテは晩年『わが生涯より。詩と真実』（Aus meinem Leben. Dichtung and Wahrheit）という表題の下に一大長編自叙伝を「創作」した。ここで言われている「詩」（Dichtung）は「フィクション」（fiction）の意味であるから，くだいて訳出すれば，ゲーテの表題は「うそとまこと」となる。つまり作り話の混入した自叙伝を意味する。果たして，この「詩」，「作り話」という表現がたちまち問題にされた。ゲーテはこれに答えて，「個別的出来事」が「真実」で，それらの出来事の「関連性」，つまり全体的なまとめ方は「詩」——「創作」あるいは「作りごと」——たらざるをえない，と苦しい弁明をしている。この釈明には，のちの現象学の「地平」（der Horizont）の先駆的言明も含まれているが，さすがのゲーテもそこまでは洞察が至っていない。周知のごとく，プラトンは「理想国」から「詩人」を追放した。その反面デカルトは——若い時代の言葉であるが——三流詩人でも詩人という連中は哲学者以上の良識的判断を備えている，と粋なことを述べている。「詩」と「真実」，「うそ」と「まこと」，「主観的判断」と「客観的事実」のかか

わり合いについて，何と言ってもヴィーコほど鋭い感覚と洞察を備えていた哲学者は稀であろう。その意味でヴィーコの『自叙伝』は現代人にとって，まことに興味の尽きない一編のヒューマン・ドキュメント，およそ詩的でない最近のジャルゴンを用いて表現すれば，貴重な「自分史」である。

　本訳書は長い間ともに研究に努めてきた，哲学，社会科学，文学等の多くの同僚，後輩の示唆や要望に支えられて，ここに一応完成した。これらすべての友人，知己に改めて感謝の意を表明すると同時に，その他広く一般の読者諸賢からも，御叱正と御教示を期待したい。

　最後に，本訳書の出版にあたっては，畏友花田圭介氏が法政大学出版局に紹介の労をとられた。氏の御厚意に厚く御礼申し上げるとともに，かかる面倒な古典著作の出版を積極的に引き受けられた法政大学出版局の稲義人・平川俊彦両氏に衷心よりの謝意を申し述べる。

　1990年4月

訳　　者

人 名 索 引

1. 人名表記は慣例に従う．必要に応じて〔　〕内に別表記を示す．エルヴェシウス〔＝エルヴェシユス〕
2. 古典ギリシア・ラテン人名，作品名については φ は フ に，v は ウ に統一する．ファイドン，ウェルギリウス等．
3. イタリア慣例の名前呼称は適宜に表記する．ガリレオ→ガリレイ．

ア 行

アイゼンシュタイン(エリーザベート)〔＝エーゼンステイン〕　29,408
アインシュタイン(アルバート)　18,30
アヴェラーニ(ジウゼッペ)　294
アヴェロエス　64,75,86,177,189,207-8,211,220
アウグスティヌス　61,173,186-7,211,222-3,255,269,279,281,329
アウグスティーノ〔＝アゴスティーノ〕(ステウキィオ)　79,211-2
アウグスティーノ〔＝アゴスティーノ〕(ニーフォ)　79,211-2
アウグスト〔2世・ポーランド王〕(フリードリッヒ)　308
アウグストゥス〔ローマ皇帝〕(オクタウィアヌス)　92,210,253,310
アウリジオ(ドメニコ・ド)　97,100,106,245,247,259
アエネアス　355,363
アガメムノン　166
アカンポーラ(ジョヴァン・ロレンツォ)　77,209
アギス王　167
アキレウス　93,166-7,258
アクウィランテ(フランチェスコ・アントニオ)　58,183
アザール(ポール)　301,344

アジャンマシェ〔＝ハーゲンマッヒャー・ペーター〕　267
アダム・スミス　406,421
アダムズ(H.P.)　212
アックルジオ(フランチェスコ)　121,180-2,213,242,277
アックワヴィーヴァ(ドン・ジェロニモ)　57,183
アックワヴィーヴァ〔枢機卿〕(トロヤーノ)　273,325,342
アックワヴィーヴァ(マッテオ)　79,212
アックワディエス(フェリーチェ)　49,54-6,179-80
アッバニャーノ(ニッコラ)　224
アティアス(ジウゼッペ)〔ダ・リヴォルノ〕　135-6,294-5
アティアス(ジウゼッペ)〔ダ・コルドヴァ〕　136,294
アポロン　166
アポッロドロス　193
アメリオ(ロマーノ)　15,28
アリウス　295
アリストテレス　18,20,54,60,63-7,74-6,79,105-6,171,189-90,196,198-201,204-5,207-8,211-2,239-40,246,258,262,313,354,410
アルヴァレス(エマヌエーレ)　49,52,176
アルキデス　317,324
アルクイヌス(アルバヌス・フラックス)

437

93, 231
アルクメーネ　355
アルジェント(ガエターノ)　269
アルタン〔伯爵夫人〕(アンナ・フォン・アスペルモント, フォン)　142, 300
アルタン〔枢機卿〕(ミハエル・フリードリッヒ・フォン)　142, 278, 300
アルチアーティ(アンドレア)　121, 181-2, 213, 278
アルテュセル(ルイ)　413
アルノー(アントワーヌ)　60, 67, 76, 198, 208, 222, 240-1, 280
アルバーノ(?)　77, 210
アルバーノ(アイヴェ・エデュス)　345
アルピーノ(プロスペロ)　104, 256
アルファニウス〔=トンマーゾ・アルファーニ〕　273, 357-8
アルフォンソ(・ディ・アラゴーナ〔=ダラゴーナ〕)　85, 218
アルベルトゥス・マグヌス　270
アルマンツォッロ〔マンシュール〕　93, 232
アルミニウス(ヤーコフ)　288
アレクサンドロス〔大王〕　20, 92-3, 171, 300, 313
アレッサンドロ(オットボーニ)〔8世〕　229
アンドレーア〔神父〕(ガエターノ・ディ)　78, 82, 216
アンドレーア(ジェンナイオ・ディ)〔=ジェンナーロ〕　82, 216
アンドレーア(フランチェスコ・ディ)　82, 213, 216, 242
アンフィトリオン　355
イソクラテス　201
インノセンス(ピニャテッリ)〔12世〕　92, 229
インノセンス(ベネデット)〔11世〕　229
ヴァッサッロ(ピエーロ)　234
ヴァッラ(ロレンツォ)　62, 187-8
ヴァッリスニエリ(アントニオ)　154, 304-5
ヴァッロ(マルクス・テレンティウス)　117, 130, 252-3, 255, 274-5, 288, 293, 360, 362
ヴァルクナル(シャルル・アタナーズ)　374-378, 413-4
ヴァレッタ(ジウゼッペ)　114, 272
ヴァレッタ(フランチェスコ)　114, 272
ヴァレンティニアヌス〔3世・皇帝〕　244
ヴィアン(ルイ)　371, 411
ヴィーコ(カタリーナ)〔妻〕　316, 322
ヴィーコ(アントニオ)〔父親〕　50-1, 55-6, 174, 186
ヴィーコ(カンディーダ)〔母親〕　50, 52, 174
ヴィーコ(イニャーツィオ)〔長男〕　317, 324
ヴィーコ(ジェンナーロ)〔次男〕　165, 312-3, 319, 321-4, 430-1
ヴィーコ(フィリッポ)〔三男〕　324
ヴィーコ(ルイーザ)〔長女〕　300, 316, 324
ヴィーコ(アンジェーラ・テレーザ)〔次女〕　317-8, 324
ヴィーコ(ジウゼッペ)〔実弟〕　225
ヴィスコンティ(ジィアン・ガレアッツォ)　409
ヴィダーニア〔卿〕(ヴィンチェンツォ)　97, 99-100, 244
ヴィダーニア〔猊下〕(?)　118, 277
ヴィッラローザ〔侯爵〕(カルロ・アントニオ・デ・ローザ・マルケーゼ・ディ)　284, 315, 323-4, 393, 425, 431
ヴィトーロ(ドメニコ)　156, 307
ウィルデンシュタイン〔伯爵〕(?)　116, 357-8

ウィンデルバント（ウィルヘルム）　32
ウェストフォール（リチャード）　295
上村忠男　237
ウェルギリウス　62, 77, 188, 210, 291
ヴェルツァーニ〔博士〕（？）　294
ヴェルデ（フランチェスコ）　49, 55-6, 179
ヴェレーネ（ドナルド・フィリップ）　196, 345, 426
ヴェントゥーラ（フランチェスコ）　269, 349-50, 357, 359
ヴォエト（ヨハンネス）　276
ウォールポール（ホーレス）　44
ヴォルテール　25, 223, 270, 283, 292, 343, 374, 414, 432
ウォーレス〔＝ウォーリス〕（ロバート）　384
ヴォーン（フレデリック）　234
ウッリョア（フェリーチェ・ランツィーナ）　92, 228
ウベルノ（ウルリコ）　111, 272
ヴリーランド（ハミルトン）　267
ウールストンクラフト（メアリー）　411
ヴルテイオ（エルマンノ）　49, 54, 55-6, 179-81
ウルバヌス〔＝ウルバーノ〕〔8世・教皇〕　19, 30
ウルピアヌス（ドミティウス）　290
エインハルドゥス　231
エウエメロス　427
エスカローナ〔公爵・兼〕ヴィッレーナ〔侯爵〕　78, 137, 218-9, 296
エジツィオ（マッテオ）　297
エスタヴァン（フランチェスコ・サヴェリオ）　302
エスペルティ〔師〕（ジウゼッペ・ルイージ）　39, 146, 154, 235, 302-4
エズマン（シャルル）　372, 412
エピクロス　36, 60, 65-6, 70-71, 73-6, 84, 133, 155, 191, 194, 196-7, 205, 235, 254, 288, 354
エリザベータ〔皇后〕　141
エルヴェシウス〔＝エルヴェシュス〕（クロード・アドリアン）　371-386, 392, 413, 415-7, 419
オクタヴィアヌス（ユリウス・カエサル）〔ローマ皇帝〕　210
オグバーン（ウィリアム・フィードリング）　407
オデュッセウス　355, 363
オトマン（フランソワ）　119, 121, 277

カ 行

カイヨワ（ロジェ）　378, 414
カエサル（ユリウス）　93, 150, 231, 253, 300, 304, 325
ガエターニ〔枢機卿〕（ボニファチオ）　13
カーサ（ジョヴァンニ・デッラ）　80, 146, 213, 302
カシーニ（パオロ）　25, 206, 250, 267
カステッリ〔神父〕　15
カストロ（パウロ・ディ）　121, 277
ガーダマー（ハンス＝ゲオルク）　431
カッサンドラ　248
カッシオドルス　93, 230
カッシーラー（エルンスト）　32-3, 421
ガッセンディ（ピエール）　11, 70, 205, 215
カッドワース（ラルフ）　234
カテリーナ・ダラゴーナ　78, 84, 217
カテリーナ・ゼーノ（アポストロ・エ・ピエール）　263
カトー　91, 322, 325
カトゥッルス　77, 209
カニジオ（エッリゴ）　49, 56, 180
カパッソ（ニコラ）　247, 307
カピトリヌス　167

人名索引　439

ガフ(J.W.)　372, 377, 412
カープア〔=カーポヴァ〕(レオナルド・ディ)〔=リオナルド・ダ〕　78, 80, 100, 188, 212-6, 246-7, 272
カペーチェ(ジウゼッペ)　135, 138, 219-20, 296-7
カミッロ・スクローファ　247
カラヴィータ(ドメニコ)　122, 278
カラヴィータ(ニコロ)　78, 83-6, 122, 216, 278
カラッチョロ〔侯爵〕(アントニオ)　143, 300
カラッチョロ〔太公〕(ジウゼッペ)　135, 144, 301
カラッチョロ(マリア・ヴィットリア)　142, 298
カラッファ(アドリアーノ)　108, 266
カラッファ〔元帥〕(アントニオ)　97, 108, 266, 346
カラーファ(ヴィンチェンツォ)　77, 209
ガリレイ(ガリレオ)　12-22, 24, 27-8, 30-1, 214, 303, 366
ガリン(エウジェニオ)　11-2, 23, 26, 28-31, 37, 44, 187-8, 206, 212-5, 221, 304, 366, 388-9, 418
カール〔大帝〕　93, 230-1
カール〔6世・オーストリア家皇帝〕　139, 297
カルヴィン(ジャン)　61, 186-7
ガルツィヤ(アントニオ)　231
カルネアデス　36
カルロ〔3世・ハープスブルク家〕　98, 236
カルロス〔2世・スペイン王〕　118
カルロ・ボルボーネ〔7世〕〔=シャルル・ド・ブルボン=エスパーニュ〕　259, 300, 318, 325
ガレノス(クラウディウス)　20, 212, 246

カロジェラ〔神父〕(アンジェロ)　154, 304, 315, 323-4
ガロファーロ(ガエターノ)　262
カロプレーゾ(グレゴーリオ)　75, 78, 84, 208, 217, 266, 312
カンテッリ(ジャンフランコ)　344
カンテルミ(イッポリータ)　77, 209
カント(インマヌエル)　283, 369, 406
カンパニーレ(ドメニコ)　276
カンパネッラ(トンマーソ)　11-7, 21-2, 25-7, 29, 30, 37, 366
キアイエーゼ(ジョヴァンニ)　422
キケロ　62, 65, 68, 76, 174, 188, 190, 199-201, 205, 208, 227, 230, 239-40, 253, 300
ギボン(エドワード)　230
キュジャス(ジャック)　120-1, 277
クウィンティリアヌス(ファビウス)　84, 218, 290, 313
クオーコ(ヴィンチェンツォ)　256, 259
グラヴィーナ(ジャンヴィンチェンツォ)　109, 266-7
グラッシ(ホラティオ)　30
クラテュロス　101, 250-2
クリスティーナ(・ディ・ズヴェーツィア)　229
グリマーニ〔枢機卿〕(ヴィンチェンツォ)　98, 236
クリュシッポス　52, 177
クリュセイス　166
クリュセス　166
クレヴィエ(?)　414
クレビヨン(プロスペル・ジョリィヨ・ド)　377
クレメンス〔11世〕(アルバーニ)　92, 109, 229, 266
クレメンス〔12世・教皇〕→コルシーニ　148, 168, 284, 311
グレッセーロ〔=グレッツァー〕　81,

440

215
クロー(ベンジャミン) 294
クローチェ(ベネデット) 26, 32-4, 42, 44, 184-5, 213, 215, 219, 234, 262, 264, 332, 425-7, 429, 431-2
グロティウス(フーゴー) 20, 33-4, 36, 44, 97, 109-10, 132-3, 155, 224, 266-8, 282, 287, 293-4, 305, 330, 335, 337, 346, 399
グローノフ(フリードリッヒ) 110, 268
クーン(トーマス) 366, 408
ゲーテ(ヨーハン・ウォルフガング・フォン) 430-1, 434
ケブナー(アール) 416
ケンソリウス 275
ゲンミンゲン(ルードウィッヒ・フォン) 114, 272
ゴドウィン(ウィリアム) 411
コートニ(C.P.) 416
コペルニクス 28, 366
コーヘン(ヘルマン) 421
コメニウス(ヨーハン・アモス) 241
コルシーニ(ネーリ) 168, 313
コルシーニ〔枢機卿〕(ロレンツォ) 123, 134, 148, 168, 282, 284-5, 287, 289, 294, 312, 315, 324, 395, 398
コルネイユ(ピエール) 377
コルネーリオ(トマーゾ) 80-1, 213, 215-6
コロンブス 20
コント(オーギュスト) 34, 293
コンスタンティヌス〔大帝〕 187, 243
コンディヤック 205, 419
コンティ(アントニオ) 148, 150, 152, 303

サ 行

サヴォワ〔太公〕(ユージェーヌ) 268
佐々木力 237
サムナー(ウィリアム・グレイアム) 345
サルヴィーニ(アントン・マリア) 111, 114, 146, 271-2, 294, 302
サルピ(パオロ) 236
サングロ(カルロ) 135, 138, 219-20, 296-7
サングロ(パオロ・ディ) 255
サングロ(ライモンド・ディ) 255
サングロ(ルーチョ・ディ) 103, 255
サン・ジョヴァンニ〔侯爵夫人〕 245
サントステファーノ〔伯爵〕 78, 83, 216-7
サントロ(フランチェスコ) 135, 142-4, 300
ジェッサーリ(ベルナルディーノ) 159, 308
ジェームズ(ウィリアム) 433
シェーラー(マックス) 433
シェリー(パーシィ・ビッシュ) 411
シェリー(メアリー・ウールストンクラフト) 411
シェ=リュイ 211, 345
ジェンティーレ(ジョヴァンニ) 33, 206, 262, 332, 432
ジェンナイオ(ダンドレーア) 82, 216
シドニー(オルジャーノン) 414
シーナ(マリオ) 344
ジャナッタージオ→ニコロ・マリア
シャックルトン(ロバート) 372, 412
ジャッコ〔=ジャッキ〕〔神父〕(ベルナルド・マリア) 31, 289-290, 422
ジャンネッリ(バジーリオ) 245
ジャンノーネ(ピエトロ) 245, 307
シュヴァリエ(ジャン=ジャック) 412
シュッツ(アルフレート) 410-11
ジューニオ〔=アドリアーン・デ・ヨンゲ〕 81, 216
シュロッテンバッハ(ウォルフガング・フォン) 139, 297-8, 300
ジョーヴィオ(パオロ) 81, 216

ジョーウィット　192
ショーペンハウアー(アルトゥール)　432
ジョルダーノ(ピエトロ)　178
ジョルダーノ(?)　402, 427
シラノ・ド・ベルジュラック　11-14, 24-7
シルウェステル〔皇帝〕　187
ジルソン(エティエンヌ)　220
シレーネ　248
スアレス　49, 54, 64, 79
スカリジェロ(ジュリオ)　252-3
スカレア〔太公〕(フランチェスコ・スピネッリ・ディ)　148, 165-7, 310, 312, 316
スコトゥス(ドゥンス)　54, 178
スキピオ　92, 230
スティール(リチャード)　410
ステュアート(デュゴールド)　406, 421
スパニョーロ(アニェッロ)　422
スピノーザ　155, 203-4, 221, 223, 288, 354
スミス→アダム・スミス
セイバイン(ジョージ)　412
セヴェリーノ(ジュリオ)　33, 34, 344
セネカ　21
ゼノン〔キュプロスの〕　54, 72, 105, 178-9, 190-1, 193-5, 206, 258, 261
ゼノン〔エレアの〕　105, 258, 262
セルヴァン・ド・ジェルフェー(ジョゼフ)　414
セルヴィッロ(アントニオ)〔ヴィーコ女婿〕　135, 143, 300
セルギウス　93, 231
セルデン(ジョン)　132-3, 155, 267, 287, 294, 337
ソクラテス　11, 14, 19, 23, 72, 89, 171, 226, 313
ソジオ(リーベロ)　28

ソステーニ〔神父〕(ロベルト)　135, 137, 145, 295, 302
ソッチョ(パスクワーレ)　204, 224, 235
ソッツィーニ(ファウスト；レリオ)　287
ソーラン(ベルナール・ジョゼフ)　379-85, 415

タ　行

ダウン(ウィーリッヒ・フォン)　137-8, 296
タキトゥス　33, 78, 87-8, 109, 216, 221, 224, 235-6, 263, 268, 310, 330
タッソ(トルクワート)　77, 209, 317, 324
ダッフリット(ニッコロ)　141, 298
ダランベール(ジャン・ル・ロン)　241, 374, 376, 413
ダレイオス　301
タレス　251
ダン(ジョン)　372, 412
ダンテ(アリギエーリ)　62, 80
チアヴァッリ(ピエール・アントニオ)　58, 183
チカテッリ(エンマヌエル)　84, 217
チッカレッリ(ロレンツォ)　39, 146, 302
チリッロ(ニコラ)　302
チンミーノ(アンジェラ)　135, 145, 301-2
ツィンガレッリ　176
ツェークル(ハンス・ギュンター)　201
ツェーノ(ピエール・カテリーノ)　263
ツッカート(ジョヴァンニ)　303
デイヴィッドソン(N.S.)　236
ディオゲネス・ラエルティオス　177, 190-1, 193-4, 197, 205, 251
ディ・ガッラス〔伯爵〕　300
ディドー　381

ティトゥス・リウィウス→リウィウス
ディ・トラエット(カラーファ) 316
ティフォン 248
ティリヤキアン(エドワード) 408
デ・ヴィトリ(エドアルド) 301
テオクリスト 210
テオドシウス〔皇帝〕 244
テオドリクス(マグヌス) 93, 230
デカルト(ルネ) 11-2, 20, 25-7, 40-1, 43, 53, 60, 65-6, 73-6, 78, 86, 104, 173, 177, 194, 196-7, 204-5, 207-8, 214-5, 219-23, 240-1, 256-7, 259, 272, 303-4, 334, 434
デ・サンクティス(フランチェスコ) 42, 44, 184, 208, 212, 229, 247, 266, 272
デ・ストーリア 206
テセウス 355
デトレ〔枢機卿〕(チェザーレ) 92, 229
デモクリトス 205, 214
デッラ・カーサ(ジョヴァンニ) 81, 213
デッラ・トッレ〔侯爵夫人〕(マリア) 142, 300
デュパン(クロード) 414
デュルケム(エミール) 345
デュ・ロワ(アンリ) 60, 73-4, 76, 207, 256
デル・ヴェッキオ(ファブリツィオ) 49, 57-8, 182-3
デ・ルーヴォ(ヴィンチェンツォ) 182, 240, 242
テレーザ(ボルゲーゼ) 266
テレンティウス 92, 230
テレーザ〔皇女〕 77, 209, 210
デ・ローザ(カルロ・アントニオ) 57, 182
テンニース(フェルディナント) 408
テンプル(ウィリアム) 246
ドゥーロ(アルド) 409

トスカーナ〔大公〕 30
ド・スゴンダ 411
トッリチェッリ 20
ドデュー(ジョゼフ) 371, 412
トーマ(ジウゼッペ) 84, 217
トマージオ(クリスティアーノ) 111, 272
トーマス・アクゥィナス 187, 223, 270
ドメニコ・ジェンティーレ 278
ド・ラ・グレセー(ブレート) 267, 372, 378, 382, 412, 414, 416
トラシー(デステュ・ド) 419-20
ドラテ(ロベール) 414
トーランド(ジョン) 234
ドーリア(パオロ・マッティア) 78, 86, 97, 103, 107, 220-1, 259-61, 302
トリボニアノス 162, 310-11
トルクウァトゥス 167
トルノ(ジェリオ) 125, 160, 284, 309
ドレイク(スティルマン) 18, 30
トレヴィザーノ(ベルナルド) 97, 107, 264
ドン・キホーテ 44

ナ 行

ナウジェーロ〔=ナヴァジェーロ〕(ベルナルド) 81, 216
ニコリーニ(ファウスト) 33, 183, 203-4, 207-9, 220, 223, 228-9, 232, 245, 247, 250, 254-6, 258, 262, 274, 276, 278, 280, 283, 291, 297, 300-1, 304, 309, 333, 394, 396-405, 426-7, 432-3
ニコール(ピエール) 198, 222
ニコロ・マリア(ジャナッタージオ) 55-6, 179-80
ニーチェ(フリードリッヒ) 370, 387, 432
ニヌス 292-3
ニュージェント(トーマス) 414

ニュートン(アイザック) 135, 150, 294, 295, 303
ネストル 355
ノア 124, 293, 338, 355, 361

ハ 行

バイエ(アドリアン) 26, 221
バイエルン〔公爵〕→マクシミリアン
ハイデッガー(マルティン) 387, 432
ハーヴィ(ウィリアム) 256
パウロ〔6世・教皇〕 216
パウロ・ヴェネート〔=パウロ・ニコレッティ・ダ・ウディーネ〕 49, 52, 177
パウロ・ディ・カストロ 121, 277
バーク(エドマンド) 267
バークリ 223
パスカル(ブレーズ) 60, 76, 208, 222-3, 270, 279
バタローニ(ニコラ) 234, 262, 291
パーチ(ジャンバッティスタ) 186
バットラー(ジョーゼフ) 366
パッパコーダ(フェデリコ) 85, 218
ハドリアヌス〔皇帝〕 243
パトリーチ(フランチェスコ) 79, 212
パトロクロス 167
ハーバート〔卿〕(エドワード) 43-4
パヒニアヌス(アエミリウス) 111, 118-20, 277
ハーマン(ヨーハン・ゲオルク) 430-1
パラケルスス 206
パラッツゥオロ〔神父〕(アントニオ・マリア・ダ・) 320, 325
バランシュ(ピエール・シモン) 390, 419
バランティエ(シャルル) 408
ハリアング(マーク) 418
ハリソン(ジョン) 295
バーリン(アイザイア) 344
バルツォ(アントニオ・デル・) 52, 54, 177

バルトーロ(サッソフェッラト) 213
バルベリーニ〔枢機郷〕(マッフェオ)→ウルバヌス〔8世・教皇〕
パルメニデス 258
バレル(ルイ) 372-77, 386, 393, 414-5
ハンニバル 124, 338, 355, 361, 362
ピエトロ・アントニオ 278
ピエトロ(・ユリアーニ・イスパーノ・ダ・リスボーナ) 49, 52, 177
ピーコ(・デッラ・ミランドラ) 79, 113, 211-2, 269-70
ヒース(トーマス) 195
ピスカルディ(セラフィーノ) 137, 296
ヒスト(カール) 360
ピタゴラス 72, 101, 194, 202, 251, 262-3
ピッコローミニ(アレッサンドロ) 79, 212
ピッテリ(フランチェスコ) 160, 309
ヒメネス(フランシスコ) 93, 231
ヒポクラテス 104, 256-7
ピュアリ 193
ヒューム(デイヴィド) 42, 370, 384-5, 389, 405, 407, 410, 417-8, 421
ピンドロス 142
ファウスト 341-2
ファウラー(トーマス) 409
ファーヴル(アントワーヌ) 120-1, 277
ファエドルス 171, 313-4
ファーガソン(アダム) 384, 417
ファットーリ(マルタ) 409
ファルデッラ(ミケランジェロ) 303
フィチーノ(マルシーリオ) 79, 86, 211-2, 220
フィデンツィオ(・グロットグライオ)〔=カミッロ・スクローファ〕 247
フィランギエーリ(ガエターノ) 430
フィリッポス 313

フィレンツェ〔大公〕 15
フィロマリーノ(ジャンバッティスタ) 135, 142, 298
フェデリーチ(ジウリオ・チェザーレ) 33, 42, 44
フェッラーリ(ジウゼッペ) 41-2, 44, 388-406, 418-28, 431
フェリーペ〔5世〕 135, 137, 296
フェルマン(フェルディナント) 32, 345
フォントネル(ベルナール・ル・ボヴィエ・ド) 25, 246
フッサール(エードムント) 187, 387, 421, 433
プトレマイオス 28
ブーバー(マルティン) 408
フビーニ(マリオ) 44, 173-4, 183, 227
プーフェンドルフ(サムエル・フォン) 133, 155, 267, 287, 294, 305, 337
ブラウン(ジョン) 256, 259
ブラエフ 179
プラウトゥス 264
プラトン 14, 33, 42, 44, 54, 60, 64-6, 71, 74-9, 86-8, 99, 101, 109, 112, 163, 170, 190-4, 201, 204, 210-13, 221, 223-4, 236, 250-2, 263, 268, 288 313, 330, 353-4, 359, 434
ブラーニャ(カルロ) 80, 213
ブランコーネ(ジョヴァンニ) 218
フランコーネ(パオロ) 221
ブランシュヴィック(レオン) 270
ブリセイス 166
フリードリッヒ〔大王〕 206, 343
プリニウス(ガイウス)〔大〕 276, 290
フリント(ロバート) 45
プルタルコス 212
ブレアー(ヒュー) 417
フレイザー(アリグザンダー) 408
プレロー(マルセル) 412
ブレンクマン(エッリコ) 97, 100, 244-5

プロティノス 86, 220
プロフュリオス 220
プロメテウス 249
フンボルト(ウィルヘルム・フォン) 410
ベイコン(フランシス) 15, 19, 29, 33, 37, 78, 87-8, 98, 101, 107, 109, 201, 215, 222-4, 227, 236, 239, 241, 248-50, 252-3, 263, 265, 303, 330, 334, 346, 366, 409
ヘクトル 167
ヘーゲル(ゲオルク・ウィリアム・フリードリッヒ) 24, 34, 234, 360
ベッカリーア(チェザーレ・ボネサーネ) 430
ベッロフィオーレ(ルイージ) 263
ペトラルカ(フランチェスコ) 60, 62, 76, 80, 188, 208, 246, 302
ペラギウス 61, 186
ヘラクレイトス 250
ヘラクレス 21, 23, 130, 249, 293, 355, 363
ベール(ピエール) 288, 344, 354, 360
ベルクソン(アンリ) 433
ベルス 293
ベントリ(リチャード) 246
ホイジンガ(ヨハン) 407
ボイル(ロバート) 20, 60, 72, 206
ボエティウス 230
ボダン(ジャン) 189, 310
ボッカッチョ(ジョヴァンニ) 62, 188
ホッブズ(トーマス) 43, 197-8, 234, 266, 288, 350, 354, 359, 408
ボッロメオ〔伯爵〕(カルロ) 138, 297
ボードレール(シャルル) 407
ボノーラ(エットーレ) 418
ホメロス 93, 117, 130, 166-7, 268, 272-5, 425, 427
ホラティウス 62-3, 188-9
ボルゲーゼ(マルカントーニオ) 300

人名索引 445

ポルチーア〔伯爵〕(ジィアナルティコ・ディ) 39, 135, 146, 148, 151-3, 302-4
ポルチーア〔枢機卿〕(レアンドロ・ディ) 39, 146, 302
ポルツィオ(ルカントニオ) 97, 107, 259
ボルボーネ(カルロ)〔=シャルル7世〕 259
ポンス(アラン) 241
ポンパ(リオン) 45, 344
ポンペイウス 76, 208, 300, 301, 322, 325

マ 行

マキャヴェッリ(ニッコロ) 220, 354
マクシミリアン〔バイエルン選挙侯〕 76, 208-10
マソン(アンドレ) 413
マッサ(?) 62, 188
マッツォーニ(ジャコボ) 79, 211-2
マブリ(ガブリエル・ボンノ・ド) 414
マホメット 93, 231
マリーノ(ジャンバッティスタ) 184-5
マルクス(カール) 187, 234
マルゴラン(ジャン=クロード) 409
マールブランシュ(ニコラ・ド) 60, 75, 208, 223
マレルブ(フランソワ・ド) 377
マンシュール〔カリフ〕 232
マンリウス・カピトリヌス 167
マンリウス・トルクウァトゥス 167
ミシュレ(ジュール) 42, 390-3, 418, 420
ミドルトン(コンヤーズ) 295
ミル(ジョン・ステュアート) 33
ミュッラー 193
ミーヨ〔神父〕 415
ムーサ〔芸術神〕 291

ムラトーリ(ロドヴィコ・アントニオ) 215, 323
メディチ(ロレンツォ・デ・) 270
メディナ チェーリ〔公爵〕 78, 84-5, 217-9, 220
メフィストフェレス 342
メルセンヌ〔神父〕(マラン) 26
メルロー=ポンティ(モーリス) 433
メローナ〔神父〕(ニコラ) 325
メンケ(フリードリッヒ・オットー) 308
メンケ(ヨーハン・ブルクハルト) 148, 158, 305, 308
モディカ(ジウゼッペ) 344, 411
モスカ(ジェー) 412
モスカ(フェリーチェ) 99, 107-8, 114-5, 117, 126, 149, 159, 303, 309, 312
モスナー(アーネスト) 385, 417
モーゼ 293
モムゼン(テオドール) 276-7, 360
モリエール(ジャン=ジャック・グランプル) 382, 411-2, 416
モレスキ(バルトロメオ) 49, 183
モンテアレグレ(ヨーゼフ・ヨーアヒム) 318
モンティ(フィリッポ・マリア) 284, 287, 347
モンテーニュ(ミシェル・ド) 230
モンテスキュー(シャルル・ド・スゴンダ:ド・ラ・ブレード・エ・ド) 246, 257, 267, 365, 371-386, 405, 411-418, 429-31
モンドルフォ(ロドルフォ) 26

ヤ 行

ヤンセン(コルネリウス) 222-3
ユークリッド 60, 66, 79, 195-8
ユスティニアヌス〔皇帝〕 100, 111, 245, 276

ユノー〔=ジュノー〕 135, 142, 298
ユピテル〔=ジュピター〕 21, 102, 291, 299-300
ユング(カール) 249
ヨーゼフ〔ジウゼッペ〕〔1世・オーストリア家皇帝〕 135, 138, 236, 297

ラ 行

ラ・アルプ(ジャン・フランソワ・ド) 414
ライプニッツ(ゴットフリート・ウィルヘルム) 150, 241
ラウダーティ〔神父〕(ベネデット) 138, 297, 317, 324
ラヴジョイ(アーサー・O.) 408, 432
ラウフィロ・テリオ〔=ラウフィルス・テリウス〕 322
ラウンツァーナ〔公爵〕 316
ラエリウス(ガイウス) 92, 230
ラ・ブリュイエール(ジャン・ド) 246
ラ・ローシュ(ピエール・ルイ) 380-5, 393, 415-7
リウィウス(ティトゥス) 20, 355, 361, 362
リカルドゥス(アントニウス)〔=エティエンヌ・デシャン〕 60, 61, 186
リキヌス 322, 325
リシュリュー(アルマン・ジャン・デュ・プレシ) 93, 231
リッカート(ハインリッヒ) 421
リッチ〔神父〕(ジウゼッペ) 49, 54, 178
リッピ(?) 76, 209
リナルド(アントニオ・ディ) 100, 245
ルイ〔13世〕 231
ルイ〔14世〕 27
ルクレティウス 60, 70, 76, 205, 255

ル・クレール(ジャン) 70, 111, 116-7, 123-6, 135-6, 162, 203, 205-6, 271, 273, 279-80, 282-3, 294-6, 308, 310-11, 329-364, 394-6, 402-5, 422-7
ルチーナ(ジウゼッペ) 78, 83, 216
ルックマン(トーマス) 411
ルソー(ジャン=ジャック) 173, 329, 331, 430
ルブラーノ〔神父〕(ジィアコモ) 49, 58, 185
レオ〔3世・教皇〕 230
レオノーレ・フォン・ノイブルク〔皇太后〕 135, 139-41, 297
レオポルト〔1世・皇帝〕 139, 297
ローザ(アルベルト・アソール) 185
ローザ(ニコラ・デ) 319
ロスタン(エドモン) 24
ロッカ〔イスキア司教〕(ジェロニモ) 60-1, 185-6
ロッカ(カルラントニオ) 186
ロッカ(サヴェリオ) 186
ロッカ(ジュリア・モニカ) 186, 211, 345
ロッカ〔ヴァトッラ侯爵〕(ドメニコ) 60-1, 185-6
ロッカ(フランチェスコ・アントニオ) 186
ロック(ジョン) 71, 205-6, 233, 241, 288, 293, 303, 359, 366, 368, 371-386, 389, 408-9, 413, 418
ロッシ(カルロ) 84, 217
ロドヴィーチ〔神父〕(ドメニコ) 149, 169, 312
ロドーリ〔神父〕(カルロ) 148-50, 152, 154, 159-60, 303, 311, 426
ロムルス 364

人名索引 447

《叢書・ウニベルシタス　289》
ヴィーコ自叙伝

1990年6月25日　　初版第1刷発行
2015年11月11日　　新装版第1刷発行

ジャンバッティスタ・ヴィーコ
福鎌忠恕　訳
発行所　一般財団法人　法政大学出版局
〒102-0071 東京都千代田区富士見 2-17-1
電話03(5214)5540／振替00160-6-95814
製版・印刷：三和印刷／製本：積信堂
© 1990

Printed in Japan

ISBN978-4-588-14022-8

著 者

ジャンバッティスタ・ヴィーコ
(Giambattista Vico)

1668-1744. イタリアの文芸学者, 哲学者, 思想家. 19世紀に成立した西欧歴史哲学, 民族心理学, 実証主義的言語学, なかんずく現象学的諸社会科学ならびに文芸学の一大先駆者. ナポリに生まれ, 同市の大学の修辞学教授として不遇, 無名のうちに死去. ほとんど独学で古代より近世までの哲学, 文芸, 法律学, 言語学等を修得. 古典ではプラトンとタキトゥス, 近世思想家ではベイコンとグロティウスに影響され, 独自の歴史哲学と文芸論を提唱. 詳細な思想的遍歴については, 彼がデカルトの『方法叙説』に対抗して執筆した本書『自叙伝』に述述されており, その学説は『新科学』(3種の版あり) に述べられている (『新しい学』法政大学出版局刊). 周知のミシュレ, クローチェ, ジェンティーレらのヴィーコ解釈を超えて, ニコリーニの主張によれば, ヴィーコの思想史的業績は自然科学におけるガリレイの成果に匹敵するとされている.

訳 者

福鎌忠恕 (ふくかま ただひろ)

1941年上智大学文学部独文学科卒業. 文学博士. 専攻:知識社会学, 言語社会学. 元東洋大学名誉教授. 1991年死去. 著書:『モンテスキュー——生涯と思想』全3巻 (酒井書店), 訳書:G. バークレ『人間知識の原理』, D. スチュアート『アダム・スミスの生涯と著作』(御茶の水書房), L. ヴァンデルメールシュ『アジア文化圏の時代』(大修館書店), ヴォルテール『回想録』(大修館書店), D. ヒューム『宗教の自然史』『自然宗教に関する対話』『奇蹟論・迷信論・自殺論』(法政大学出版局, 共訳), ほか.